NORWEGIAN ENGLISH

ENGELSK NORSK

Berlitz Dictionaries

Dansk	Engelsk, Fransk, Italiensk, Spansk, Tysk
Deutsch	Dänisch, Englisch, Finnisch, Französisch, Italienisch, Niederländisch, Norwegisch, Portugiesisch, Schwedisch, Spanisch
English	Danish, Dutch, Finnish, French, German, Italian, Norwegian, Portuguese, Spanish, Swedish
Español	Alemán, Danés, Finlandés, Francés, Holandés, Inglés, Noruego, Sueco
Français	Allemand, Anglais, Danois, Espagnol, Finnois, Italien, Néerlandais, Norvégien, Portugais, Suédois
Italiano	Danese, Finlandese, Francese, Inglese, Norvegese, Olandese, Svedese, Tedesco
Nederlands	Duits, Engels, Frans, Italiaans, Portugees, Spaans
Norsk	Engelsk, Fransk, Italiensk, Spansk, Tysk
Português	Alemão, Francês, Holandês, Inglês, Sueco
Suomi	Englanti, Espanja, Italia, Ranska, Ruotsi, Saksa
Svenska	Engelska, Finska, Franska, Italienska, Portugisiska, Spanska, Tyska

NORWEGIAN ENGLISH

DICTIONARY · ORDBOK

ENGELSK NORSK

**with mini grammar section
med minigrammatikk**

2nd revised edition 1995
Library of Congress Catalog Card Number: 78-78086

2nd printing 1996
Printed in The Netherlands

Innhold

Contents

Forord

I valget av 12 500 ord og uttrykk på hvert språk har vi først og fremst tatt sikte på å dekke den reisendes behov. Denne boken – utarbeidet ved hjelp av en databank – vil derfor være en god følgesvenn for turister og forretningsreisende som setter pris på den tryggheten en hendig ordbok gir. Samtidig vil alle som interesserer seg for språket, her finne et grunnleggende ordforråd.

Vi håper at ordboken, i likhet med våre parlører og reise-guider, ved sitt praktiske format vil tiltale dagens reisende.

Foruten alt det en ordbok vanligvis inneholder, finner De også:

- en lydskrift som følger det internasjonale fonetiske alfabetet (IPA)
- en gastronomisk ordliste som gjør det lettere å tyde hva som skjuler seg bak et spisekart i utlandet
- en rekke praktiske opplysninger som tallord, vanlige forkortelser, hvordan man angir klokkeslett, bøyning av uregelmessige verb, samt et avsnitt med nyttige uttrykk

Det sier seg selv at en ordbok av dette formatet ikke kan ansees for å være fullstendig. Vi håper likevel at De med boken i lommen vil føle Dem vel rustet til en reise utenlands.

Vi tar gjerne imot kommentarer, kritikk og forslag som kan bidra til å forbedre fremtidige utgaver.

Preface

In selecting the 12.500 word-concepts in each language for this dictionary, the editors have had the traveller's needs foremost in mind. This book will prove invaluable to all the millions of travellers, tourists and business people who appreciate the reassurance a small and practical dictionary can provide. It offers them—as it does beginners and students—all the basic vocabulary they are going to encounter and to have to use, giving the key words and expressions to allow them to cope in everyday situations.

Like our successful phrase books and travel guides, these dictionaries—created with the help of a computer data bank—are designed to slip into pocket or purse, and thus have a role as handy companions at all times.

Besides just about everything you normally find in dictionaries, there are these Berlitz bonuses:

- imitated pronunciation next to each foreign-word entry, making it easy to read and enunciate words whose spelling may look forbidding

- a unique, practical glossary to simplify reading a foreign restaurant menu and to take the mystery out of complicated dishes and indecipherable names on bills of fare

- useful information on how to tell the time and how to count, on conjugating irregular verbs, commonly seen abbreviations and converting to the metric system, in addition to basic phrases.

While no dictionary of this size can pretend to completeness, we expect the user of this book will feel well armed to tackle foreign travel with confidence. We should, however, be very pleased to receive comments, criticism and suggestions that you think may be of help in preparing future editions.

Veiledning

Ved utarbeidelsen av denne ordboken har vi først og fremst tatt sikte på å gjøre den så praktisk og anvendelig som mulig. Mindre viktige språklige opplysninger er utelatt. Oppslagsordene står i alfabetisk rekkefølge uansett om uttrykket skrives i ett ord, med bindestrek, eller i to eller flere ord. Det eneste unntaket fra denne regelen er noen få idiomatiske uttrykk, sbm De vil finne under det meningsbærende ordet. Når et oppslagsord følges av flere sammensetninger eller uttrykk, er også disse satt i alfabetisk rekkefølge.

Hvert hovedoppslagsord er fulgt av lydskrift (se Uttale), og vanligvis av ordklasse. I fall et oppslagsord tilhører flere ordklasser, er oversettelsene gruppert sammen etter de respektive ordklassene.

Dersom et substantiv har uregelmessig flertallsform, er denne angitt. I tilfeller der det kan oppstå tvil, har vi gitt eksempler på bruken.

Bølgestrek (~) er brukt som gjentagelsestegn for oppslagsordet når dette forekommer senere i artikkelen (f.eks. ved uregelmessig flertallsform, sammensatte ord, etc.).

Når det gjelder uregelmessig flertallsform av sammensatte ord, er bare den delen som forandres, skrevet helt ut; en kort strek (–) står for den uforandrede delen.

En stjerne (*) foran et verb betyr at verbet er uregelmessig. Bøyningsmønstret finner De i listen over uregelmessige verb.

I denne ordboken har vi anvendt vanlig engelsk stavemåte. Alle ord som må regnes som amerikanske, er merket *Am* (se listen over forkortelser).

Forkortelser

adj	adjektiv	*p*	imperfektum
adv	adverb	*pl*	flertall
Am	amerikansk	*plAm*	flertall (amerikansk)
art	artikkel	*pp*	perfektum partisipp
c	felleskjønn	*pr*	presens
conj	konjunksjon	*pref*	prefiks (forstavelse)
n	substantiv	*prep*	preposisjon
nAm	substantiv (amerikansk)	*pron*	pronomen
		suf	suffiks (endelse)
nt	intetkjønn	*v*	verb
num	tallord	*vAm*	verb (amerikansk)

Uttale

I denne delen av ordboken er hvert stikkord fulgt av internasjonal lyd-
skrift (IPA). Hvert enkelt tegn i denne fonetiske skriften står for en
bestemt lyd. Tegn som her ikke er nærmere forklart, uttales omtrent
som de tilsvarende norske bokstavene.

Konsonanter

ð	en slags lespende, stemt s-lyd; uttales med tungespissen løftet mot overtennene
g	alltid som i gå, aldri som i gi
k	alltid som i ku, aldri som i kinn
ŋ	som ng i lang
r	en stemt r-lyd som dannes ved at tungebladet heves mot den bakre del av gommene
ʃ	som sj i øst- og nordnorsk sjø
θ	en slags lespende, stemmeløs s-lyd
w	som o i ost, men meget svak
z	stemt s-lyd
ʒ	stemt sj-lyd

Merk: Transkripsjonen [sj] skal alltid uttales som en s fulgt av en j-lyd,
ikke som i øst- og nordnorsk sjø.

Vokaler

ɑ:	som a i far
æ	omtrent som æ i lærd
ʌ	omtrent som a i katt
e	som i telegram
ɛ	som e i penn
ə	som e i gate
ɔ	som o i tolv
u	som o i ost

1) Et kolon [:] etter en vokal angir lang vokallyd.

2) Noen franske låneord har nasalert vokal (dvs. at ved uttalen går
luften ut både gjennom munn og nese); dette er angitt med en tilde
over vokalen (f.eks. [ɑ̃]).

Diftonger

En diftong består av to vokaler hvorav den ene er sterk (betont) og den andre svak (ubetont), og uttales som en glidende lyd som bare utgjør én stavelse, som f. eks. **ei** i st**ei**n. I engelske diftonglyder er det alltid den andre vokalen som er svak. Dersom diftongen etterfølges av en [ə] medfører dette en ytterligere svekkelse av den andre vokalen.

Trykk

Tegnet ['] står foran den trykksterke stavelsen, [,] foran stavelser med bitrykk.

Amerikansk uttale

Lydskriften her i boken følger britisk uttale. Selv om amerikansk uttale varierer sterkt fra den ene delen av USA til den annen, kan en sette opp visse regler for forskjellen mellom amerikansk og britisk uttale. Her er noen av dem:

1) I motsetning til på britisk engelsk uttales **r** både når den etterfølges av konsonant og på slutten av ord.

2) I mange ord (f. eks. *ask, castle, laugh,* osv.) blir [ɑ:] til [æ:].

3) Lyden [ɔ] uttaler amerikanerne som [ɑ] eller [ɔ:].

4) I ord som *duty, tune, new,* osv. utelates ofte [j]-lyden som på britisk engelsk går forut for [u:].

5) Mange ord har trykkforskyvning i forhold til britisk uttale.

A

a [ei,ə] *art* (an) en *art*
abbey [ˈæbi] *n* abbedi *nt*
abbreviation [ə,briːviˈeiʃən] *n* forkortelse *c*
aberration [,æbəˈreiʃən] *n* avvik *nt*; feil *c*; sinnsforvirring *c*
ability [əˈbiləti] *n* dyktighet *c*; evne *c*
able [ˈeibəl] *adj* i stand til, dyktig; •**be ~ to** •være i stand til; •kunne
abnormal [æbˈnɔːməl] *adj* abnorm
aboard [əˈbɔːd] *adv* om bord
abolish [əˈbɔliʃ] *v* avskaffe
abortion [əˈbɔːʃən] *n* abort *c*
about [əˈbaut] *prep* om; angående; rundt; *adv* omtrent, omkring
above [əˈbʌv] *prep* over; ovenfor; *adv* over; ovenfor
abroad [əˈbrɔːd] *adv* utenlands
abscess [ˈæbses] *n* byll *c*
absence [ˈæbsəns] *n* fravær *nt*
absent [ˈæbsənt] *adj* fraværende
absolutely [ˈæbsəluːtli] *adv* absolutt
abstain from [əbˈstein] •avholde seg fra
abstract [ˈæbstrækt] *adj* abstrakt
absurd [əbˈsəːd] *adj* urimelig, absurd
abundance [əˈbʌndəns] *n* overflod *c*
abundant [əˈbʌndənt] *adj* rikelig
abuse [əˈbjuːs] *n* misbruk *nt*

abyss [əˈbis] *n* avgrunn *c*
academy [əˈkædəmi] *n* akademi *nt*
accelerate [əkˈseləreit] *v* akselerere, øke farten
accelerator [əkˈseləreitə] *n* gasspedal *c*
accent [ˈæksənt] *n* aksent *c*; betoning *c*
accept [əkˈsept] *v* akseptere, •ta imot, •motta
access [ˈækses] *n* tilgang *c*
accessary [əkˈsesəri] *n* medskyldig *c*
accessible [əkˈsesəbəl] *adj* tilgjengelig
accessories [əkˈsesəriz] *pl* tilbehør *nt*
accident [ˈæksidənt] *n* ulykke *c*, uhell *nt*
accidental [,æksiˈdentəl] *adj* tilfeldig
accommodate [əˈkɔmədeit] *v* skaffe husrom
accommodation [ə,kɔməˈdeiʃən] *n* husrom *nt*, losji *nt*
accompany [əˈkʌmpəni] *v* ledsage; akkompagnere
accomplish [əˈkʌmpliʃ] *v* fullende; fullføre
in accordance with [in əˈkɔːdəns wið] i overensstemmelse med
according to [əˈkɔːdiŋ tuː] ifølge; i overensstemmelse med
account [əˈkaunt] *n* konto *c*; redegjørelse *c*; ~ **for** avlegge regnskap

for; **on ~ of** på grunn av

accountable [ə'kauntəbəl] *adj* ansvarlig; forklarlig

accurate ['ækjurət] *adj* nøyaktig

accuse [ə'kju:z] *v* beskylde; anklage

accused [ə'kju:zd] *n* anklagede

accustom [ə'kʌstəm] *v* venne; **accustomed** vant

ache [eik] *v* verke; *n* verk *c*

achieve [ə'tʃi:v] *v* oppnå; prestere

achievement [ə'tʃi:vmənt] *n* prestasjon *c*

acid ['æsid] *n* syre *c*

acknowledge [ək'nɔlidʒ] *v* erkjenne; innrømme; bekrefte

acne ['ækni] *n* filipens *c*

acorn ['eikɔ:n] *n* eikenøtt *c*

acquaintance [ə'kweintəns] *n* bekjent *c*

acquire [ə'kwaiə] *v* erverve

acquisition [ˌækwi'ziʃən] *n* ervervelse *c*

acquittal [ə'kwitəl] *n* frifinnelse *c*

across [ə'krɔs] *prep* over; på den andre siden av; *adv* på den andre siden

act [ækt] *n* handling *c*; akt *c*; nummer *nt*; *v* handle, oppføre seg; spille

action ['ækʃən] *n* handling *c*, aksjon *c*

active ['æktiv] *adj* aktiv; virksom

activity [æk'tivəti] *n* aktivitet *c*

actor ['æktə] *n* skuespiller *c*

actress ['æktris] *n* skuespillerinne *c*

actual ['æktʃuəl] *adj* faktisk, virkelig

actually ['æktʃuəli] *adv* faktisk

acute [ə'kju:t] *adj* akutt

adapt [ə'dæpt] *v* tilpasse

adaptor [ə'dæptə] *n* adapter *nt*

add [æd] *v* *legge sammen; tilføye

addition [ə'diʃən] *n* addisjon *c*; tilføyelse *c*

additional [ə'diʃənəl] *adj* ekstra; ytterligere

address [ə'dres] *n* adresse *c*; *v* adressere; henvende seg til

addressee [ˌædre'si:] *n* adressat *c*

adequate ['ædikwət] *adj* tilstrekkelig; passende, adekvat

adjective ['ædʒiktiv] *n* adjektiv *nt*

adjourn [ə'dʒə:n] *v* *utsette

adjust [ə'dʒʌst] *v* justere; tilpasse

administer [əd'ministə] *v* bestyre; tildele

administration [ədˌmini'streiʃən] *n* administrasjon *c*; ledelse *c*

administrative [əd'ministrətiv] *adj* administrerende; forvaltende; **~ law** forvaltningsrett *c*

admiral ['ædmərəl] *n* admiral *c*

admiration [ˌædmə'reiʃən] *n* beundring *c*

admire [əd'maiə] *v* beundre

admission [əd'miʃən] *n* adgang *c*; opptak *nt*

admit [əd'mit] *v* *bli opptatt; innrømme, erkjenne

admittance [əd'mitəns] *n* adgang *c*; **no ~** adgang forbudt

adopt [ə'dɔpt] *v* adoptere, *vedta

adorable [ə'dɔ:rəbəl] *adj* henrivende

adult ['ædʌlt] *n* voksen *c*; *adj* voksen

advance [əd'va:ns] *n* fremskritt *nt*; forskudd *nt*; *v* *gjøre fremskritt; betale på forskudd; **in ~** på forhånd, på forskudd

advanced [əd'va:nst] *adj* avansert

advantage [əd'va:ntidʒ] *n* fordel *c*

advantageous [ˌædvən'teidʒəs] *adj* fordelaktig

adventure [əd'ventʃə] *n* eventyr *nt*

adverb ['ædvə:b] *n* adverb *nt*

advertisement [əd'və:tismənt] *n* annonse *c*

advertising ['ædvətaizin] *n* reklame *c*

advice [əd'vais] *n* råd *nt*

advise [əd'vaiz] *v* *rådgi, råde

advocate ['ædvəkət] *n* talsmann *c*
aerial ['ɛəriəl] *n* antenne *c*
aeroplane ['ɛərəplein] *n* fly *nt*
affair [ə'fɛə] *n* anliggende *nt;* kjærlighetsaffære *c,* forhold *nt*
affect [ə'fekt] *v* påvirke; vedrøre
affected [ə'fektid] *adj* affektert
affection [ə'fekʃən] *n* hengivenhet *c*
affectionate [ə'fekʃənit] *adj* hengiven, kjærlig
affiliated [ə'filieitid] *adj* tilsluttet
affirmative [ə'fɔːmətiv] *adj* bekreftende
affliction [ə'flikʃən] *n* lidelse *c*
afford [ə'fɔːd] *v* *ha råd til
afraid [ə'freid] *adj* redd, engstelig;
  *be ~ *være redd
Africa ['æfrikə] Afrika
African ['æfrikən] *adj* afrikansk; *n* afrikaner *c*
after ['ɑːftə] *prep* etter; *conj* etter at
afternoon [ˌɑːftə'nuːn] *n* ettermiddag *c;* **this ~** i ettermiddag
afterwards ['ɑːftəwədz] *adv* senere; etterpå
again [ə'gen] *adv* igjen; atter; **~ and again** gang på gang
against [ə'genst] *prep* mot
age [eidʒ] *n* alder *c;* alderdom *c; of ~* myndig; **under ~** umyndig
aged ['eidʒid] *adj* gammel
agency ['eidʒənsi] *n* agentur *nt;* byrå *nt*
agenda [ə'dʒendə] *n* dagsorden *c*
agent ['eidʒənt] *n* agent *c,* representant *c*
aggressive [ə'gresiv] *adj* aggressiv
ago [ə'gou] *adv* for . . . siden
agrarian [ə'grɛəriən] *adj* jordbruks-, landbruks-
agree [ə'griː] *v* *være enig; *gå med på; stemme overens
agreeable [ə'griːəbəl] *adj* behagelig
agreement [ə'griːmənt] *n* kontrakt *c;* overenskomst *c,* avtale *c;* overensstemmelse *c*
agriculture ['ægrikʌltʃə] *n* jordbruk *nt*
ahead [ə'hed] *adv* fremover; **~ of** foran; ***go ~** *gå videre; **straight ~** rett frem
aid [eid] *n* hjelp *c; v* *hjelpe, *bistå
AIDS [eidz] *n* AIDS
ailment ['eilmənt] *n* lidelse *c;* sykdom *c*
aim [eim] *n* sikte *nt;* **~ at** rette mot, sikte på; strebe etter, *ta sikte på
air [ɛə] *n* luft *c; v* lufte
air-conditioning ['ɛəkəndiʃəniŋ] *n* luft-kondisjonering *c;* **air-conditioned** *adj* luft-kondisjonert
aircraft ['ɛəkrɑːft] *n (pl ~)* flymaskin *c;* fly *nt*
airfield ['ɛəfiːld] *n* flyplass *c*
airline ['ɛəlain] *n* flyselskap *nt*
airmail ['ɛəmeil] *n* luftpost *c*
airplane ['ɛəplein] *nAm* fly *nt*
airport ['ɛəpɔːt] *n* lufthavn *c*
air-sickness ['ɛəˌsiknəs] *n* luftsyke *c*
airtight ['ɛətait] *adj* lufttett
airy ['ɛəri] *adj* luftig
aisle [ail] *n* sideskip *nt;* midtgang *c*
alarm [ə'lɑːm] *n* alarm *c; v* alarmere, forurolige
alarm-clock [ə'lɑːmklɔk] *n* vekkerklokke *c*
album ['ælbəm] *n* album *nt*
alcohol ['ælkəhɔl] *n* alkohol *c*
alcoholic [ˌælkə'hɔlik] *adj* alkoholholdig
ale [eil] *n* øl *nt*
algebra ['ældʒibrə] *n* algebra *c*
Algeria [æl'dʒiəriə] Algerie
Algerian [æl'dʒiəriən] *adj* algerisk; *n* algerier *c*
alien ['eiliən] *n* utlending *c; adj* utenlandsk
alike [ə'laik] *adj* likedan, lik; *adv* likedan

alimony ['æliməni] n underholdsbi-
  drag nt
alive [ə'laiv] adj levende
all [ɔ:l] adj all; ~ in alt inkludert; ~
  right! fint!; at ~ overhodet
allergic [ə'lə:ʒik] adj allergisk
allergy ['ælədʒi] n allergi c
alley ['æli] n smug nt
alliance [ə'laiəns] n allianse c
allot [ə'lɔt] v tildele
allow [ə'lau] v *tillate, bevilge; ~ **to**
  *la; *be allowed *være tillatt; *be
  allowed to *ha lov til
allowance [ə'lauəns] n bidrag nt
all-round [ɔ:l'raund] adj allsidig
almanac ['ɔ:lmənæk] n almanakk c
almond ['ɑ:mənd] n mandel c
almost ['ɔ:lmoust] adv nesten
alone [ə'loun] adv alene
along [ə'lɔŋ] prep langs
aloud [ə'laud] adv høyt
alphabet ['ælfəbet] n alfabet nt
already [ɔ:l'redi] adv allerede
also ['ɔ:lsou] adv også; dessuten, like-
  ledes
altar ['ɔ:ltə] n alter nt
alter ['ɔ:ltə] v forandre, endre
alteration [ˌɔ:ltə'reiʃən] n forandring
  c, endring c
alternate [ɔ:l'tə:nət] adj vekselvis
alternative [ɔ:l'tə:nətiv] n alternativ
  nt
although [ɔ:l'ðou] conj skjønt
altitude ['æltitju:d] n høyde c
alto ['æltou] n (pl ~s) alt c
altogether [ˌɔ:ltə'geðə] adv fullsten-
  dig; i det hele
always ['ɔ:lweiz] adv alltid
am [æm] v (pr be)
amaze [ə'meiz] v forbause, forundre
amazement [ə'meizmənt] n forbausel-
  se c
ambassador [æm'bæsədə] n ambassa-
  dør c

amber ['æmbə] n rav nt
ambiguous [æm'bigjuəs] adj tvetydig
ambitious [æm'biʃəs] adj ærgjerrig
ambulance ['æmbjuləns] n ambulanse
  c, sykebil c
ambush ['æmbuʃ] n bakhold nt
America [ə'merikə] Amerika
American [ə'merikən] adj ameri-
  kansk; n amerikaner c
amethyst ['æmiθist] n ametyst c
amid [ə'mid] prep blant, midt i
ammonia [ə'mouniə] n salmiakk c
amnesty ['æmnisti] n amnesti nt
among [ə'mʌŋ] prep blant, mellom;
  ~ **other things** blant annet
amount [ə'maunt] n mengde c; beløp
  nt, sum c; ~ **to** *beløpe seg til
amuse [ə'mju:z] v more, *underholde
amusement [ə'mju:zmənt] n fornøyel-
  se c, atspredelse c
amusing [ə'mju:ziŋ] adj gøyal
anaemia [ə'ni:miə] n anemi c
anaesthesia [ˌænis'θi:ziə] n bedøvelse
  c
anaesthetic [ˌænis'θetik] n bedøvelses-
  middel nt
analyse ['ænəlaiz] v analysere
analysis [ə'næləsis] n (pl -ses) analyse
  c
analyst ['ænəlist] n analytiker c; psy-
  koanalytiker c
anarchy ['ænəki] n anarki nt
anatomy [ə'nætəmi] n anatomi c
ancestor ['ænsestə] n forfader c
anchor ['æŋkə] n anker nt
anchovy ['æntʃəvi] n ansjos c
ancient ['einʃənt] adj gammel; forel-
  det, gammeldags; urtids-
and [ænd, ənd] conj og
angel ['eindʒəl] n engel c
anger ['æŋgə] n sinne nt; raseri nt
angle ['æŋgəl] v fiske; n vinkel c
angry ['æŋgri] adj sint
animal ['æniməl] n dyr nt

ankle [ˈæŋkəl] n ankel c
annex¹ [ˈæneks] n anneks nt; tillegg nt
annex² [əˈneks] v annektere
anniversary [ˌæniˈvəːsəri] n årsdag c
announce [əˈnauns] v *kunngjøre, *bekjentgjøre
announcement [əˈnaunsmənt] n kunngjøring c, bekjentgjørelse c
annoy [əˈnɔi] v ergre, irritere
annoyance [əˈnɔiəns] n ergrelse c
annoying [əˈnɔiiŋ] adj ergerlig, irriterende
annual [ˈænjuəl] adj årlig; n årbok c
anonymous [əˈnɔniməs] adj anonym
another [əˈnʌðə] adj en til; en annen
answer [ˈɑːnsə] v svare; besvare; n svar nt
answering machine [ˈɑːnsəriŋ məˈʃiːn] n telefonsvarer c
ant [ænt] n maur c
anthology [ænˈθɔlədʒi] n antologi c
antibiotic [ˌæntibaiˈɔtik] n antibiotikum nt
anticipate [ænˈtisipeit] v *forutse, *foregripe
antifreeze [ˈæntifriːz] n frysevæske c
antipathy [ænˈtipəθi] n motvilje c
antique [ænˈtiːk] adj antikk; n antikvitet c; ~ dealer antikvitetshandler c
antiquity [ænˈtikwəti] n oldtid c
antiseptic [ˌæntiˈseptik] n antiseptisk middel
antlers [ˈæntləz] pl gevir nt
anxiety [æŋˈzaiəti] n bekymring c
anxious [ˈæŋkʃəs] adj ivrig; engstelig
any [ˈeni] adj hvilke som helst
anybody [ˈenibɔdi] pron hvem som helst
anyhow [ˈenihau] adv på hvilken som helst måte
anyone [ˈeniwʌn] pron enhver
anything [ˈeniθiŋ] pron hva som helst

anyway [ˈeniwei] adv i hvert fall
anywhere [ˈeniwɛə] adv hvor som helst
apart [əˈpɑːt] adv atskilt, separat; ~ from bortsett fra
apartment [əˈpɑːtmənt] nAm leilighet c; ~ house Am leiegård c
aperitif [əˈperətiv] n aperitiff c
apologize [əˈpɔlədʒaiz] v *be om unnskyldning
apology [əˈpɔlədʒi] n unnskyldning c
apparatus [ˌæpəˈreitəs] n apparat nt
apparent [əˈpærənt] adj tilsynelatende; tydelig
apparently [əˈpærəntli] adv åpenbart; øyensynlig
apparition [ˌæpəˈriʃən] n åpenbaring c
appeal [əˈpiːl] n appell c
appear [əˈpiə] v *se til, synes; *fremgå; vise seg; *fremtre
appearance [əˈpiərəns] n fremtoning c; utseende nt; opptreden c
appendicitis [əˌpendiˈsaitis] n blindtarmbetennelse c
appendix [əˈpendiks] n (pl -dices, -dixes) blindtarm c
appetite [ˈæpətait] n matlyst c, appetitt c
appetizer [ˈæpətaizə] n appetittvekker c
appetizing [ˈæpətaiziŋ] adj appetittlig
applause [əˈplɔːz] n applaus c
apple [ˈæpəl] n eple nt
appliance [əˈplaiəns] n apparat nt, anordning c
application [ˌæpliˈkeiʃən] n anvendelse c; søknad c; ansøkning c
apply [əˈplai] v anvende; bruke; ansøke; *gjelde
appoint [əˈpɔint] v utnevne
appointment [əˈpɔintmənt] n avtale c, møte nt; utnevnelse c
appreciate [əˈpriːʃieit] v *verdsette; påskjønne

appreciation [ə‚pri:ʃiˈeiʃən] n vurdering c; verdsettelse c

approach [əˈproutʃ] v nærme seg; n fremgangsmåte c; adkomst c

appropriate [əˈproupriət] adj formålstjenlig, passende, rett

approval [əˈpru:vəl] n godkjennelse c; billigelse c; on ~ på prøve

approve [əˈpru:v] v godkjenne

approximate [əˈprɔksimət] adj omtrentlig

approximately [əˈprɔksimətli] adv cirka, omtrent

apricot [ˈeiprikɔt] n aprikos c

April [ˈeiprəl] april

apron [ˈeiprən] n forkle nt

Arab [ˈærəb] adj arabisk; n araber c

arbitrary [ˈɑ:bitrəri] adj vilkårlig

arcade [ɑ:ˈkeid] n buegang c, arkade c

arch [ɑ:tʃ] n bue c; hvelv nt

archaeologist [‚ɑ:kiˈɔlədʒist] n arkeolog c

archaeology [‚ɑ:kiˈɔlədʒi] n arkeologi c

archbishop [‚ɑ:tʃˈbiʃəp] n erkebiskop c

arched [ɑ:tʃt] adj bueformet

architect [ˈɑ:kitekt] n arkitekt c

architecture [ˈɑ:kitektʃə] n byggekunst c, arkitektur c

archives [ˈɑ:kaivz] pl arkiv nt

are [ɑ:] v (pr be)

area [ˈɛəriə] n område nt; areal nt; ~ code fjernvalgnummer nt

Argentina [‚ɑ:dʒənˈti:nə] Argentina

Argentinian [‚ɑ:dʒənˈtinian] adj argentinsk; n argentiner c

argue [ˈɑ:gju:] v diskutere, debattere, argumentere; trette

argument [ˈɑ:gjumənt] n argument nt; diskusjon c

arid [ˈærid] adj uttørret

*arise [əˈraiz] v *oppstå

arithmetic [əˈriθmətik] n regning c

arm [ɑ:m] n arm c; våpen nt; armlene nt; v bevæpne

armchair [ˈɑ:mtʃɛə] n lenestol c

armed [ɑ:md] adj bevæpnet; ~ forces væpnede styrker

armour [ˈɑ:mə] n rustning c

army [ˈɑ:mi] n armé c

aroma [əˈroumə] n aroma c

around [əˈraund] prep omkring; adv rundt

arrange [əˈreindʒ] v ordne; arrangere

arrangement [əˈreindʒmənt] n ordning c

arrest [əˈrest] v arrestere; n arrestasjon c, pågripelse c

arrival [əˈraivəl] n ankomst c

arrive [əˈraiv] v *ankomme

arrow [ˈærou] n pil c

art [ɑ:t] n kunst c; kunstferdighet c; ~ collection kunstsamling c; ~ exhibition kunstutstilling c; ~ gallery kunstgalleri nt; ~ history kunsthistorie c; arts and crafts kunst og håndverk; ~ school kunstakademi nt

artery [ˈɑ:təri] n pulsåre c

artichoke [ˈɑ:titʃouk] n artisjokk c

article [ˈɑ:tikəl] n gjenstand c; artikkel c

artifice [ˈɑ:tifis] n list c

artificial [‚ɑ:tiˈfiʃəl] adj kunstig

artist [ˈɑ:tist] n kunstner c; kunstnerinne c

artistic [ɑ:ˈtistik] adj kunstnerisk, artistisk

as [æz] conj liksom, som; like; fordi, ettersom; ~ from fra; fra og med; ~ if som om

asbestos [æzˈbestɔs] n asbest c

ascend [əˈsend] v *stige; *stige opp; *bestige

ascent [əˈsent] n stigning c; oppstigning c

ascertain [‚æsəˈtein] v konstatere; for-

visse seg om, *fastslå
ash [æʃ] n aske c
ashamed [ə'ʃeimd] adj skamfull; •be
~ skamme seg
ashore [ə'ʃɔ:] adv i land
ashtray ['æʃtrei] n askebeger nt
Asia ['eiʃə] Asia
Asian ['eiʃən] adj asiatisk; n asiat c
aside [ə'said] adv til siden, til side
ask [ɑ:sk] v *spørre; *be; *innby
asleep [ə'sli:p] adj sovende
asparagus [ə'spærəgəs] n asparges c
aspect ['æspekt] n utseende nt; as-
pekt nt
asphalt ['æsfælt] n asfalt c
aspire [ə'spaiə] v strebe
aspirin ['æspərin] n aspirin c
ass [æs] n esel nt
assassination [ə,sæsi'neiʃən] n mord
nt
assault [ə'sɔ:lt] v *angripe; *overfalle
assemble [ə'sembəl] v samle, *sette
sammen
assembly [ə'sembli] n forsamling c,
sammenkomst c
assignment [ə'sainmənt] n oppdrag nt
assign to [ə'sain] tildele; *tilskrive
assist [ə'sist] v *bistå, *hjelpe; ~ at
*hjelpe til med
assistance [ə'sistəns] n hjelp c; assi-
stanse c, understøttelse c
assistant [ə'sistənt] n assistent c
associate[1] [ə'souʃiət] n partner c,
kompanjong c; forbundsfelle c;
medlem c
associate[2] [ə'souʃieit] v *forbinde; ~
with *omgås
association [ə,sousi'eiʃən] n forening c
assort [ə'sɔ:t] v sortere
assortment [ə'sɔ:tmənt] n utvalg nt,
sortiment c
assume [ə'sju:m] v *anta, formode
assure [ə'ʃuə] v forsikre
asthma ['æsmə] n astma c

astonish [ə'stɔniʃ] v forbløffe, forbau-
se
astonishing [ə'stɔniʃiŋ] adj forbau-
sende
astonishment [ə'stɔniʃmənt] n forbau-
selse c
astronomy [ə'strɔnəmi] n astronomi c
asylum [ə'sailəm] n asyl nt
at [æt] prep på, hos, i
ate [et] v (p eat)
atheist ['eiθiist] n ateist c
athlete ['æθli:t] n idrettsutøver c
athletics [æθ'letiks] pl friidrett c
Atlantic [ət'læntik] Atlanterhavet
atmosphere ['ætməsfiə] n atmosfære
c; stemning c
atom ['ætəm] n atom nt
atomic [ə'tɔmik] adj atom-
atomizer ['ætəmaizə] n sprayflaske c;
spray c, vaporisator c
attach [ə'tætʃ] v feste; *vedlegge; at-
tached to knnytte til
attack [ə'tæk] v *angripe; n angrep
nt
attain [ə'tein] v oppnå
attainable [ə'teinəbəl] adj oppnåelig
attempt [ə'tempt] v forsøke, prøve; n
forsøk nt
attend [ə'tend] v *overvære; ~ on
betjene; ~ to *ta hånd om, *ta seg
av; *være oppmerksom på
attendance [ə'tendəns] n deltakelse c
attendant [ə'tendənt] n vakt c
attention [ə'tenʃən] n oppmerksom-
het c; •pay ~ *være oppmerksom
attentive [ə'tentiv] adj oppmerksom
attic ['ætik] n loft nt
attitude ['ætitju:d] n holdning c
attorney [ə'tə:ni] n advokat c
attract [ə'trækt] v *tiltrekke
attraction [ə'trækʃən] n attraksjon c;
tiltrekning c, sjarm c
attractive [ə'træktiv] adj tiltrekkende
auburn ['ɔ:bən] adj kastanjebrun

auction [ˈɔːkʃən] n auksjon c
audible [ˈɔːdibəl] adj hørbar
audience [ˈɔːdiəns] n publikum nt
auditor [ˈɔːditə] n tilhører c
auditorium [ˌɔːdiˈtɔːriəm] n auditorium nt
August [ˈɔːgəst] august
aunt [ɑːnt] n tante c
Australia [ɔˈstreiliə] Australia
Australian [ɔˈstreiliən] adj australsk; n australier c
Austria [ˈɔstriə] Østerrike
Austrian [ˈɔstriən] adj østerriksk; n østerriker c
authentic [ɔːˈθentik] adj autentisk; ekte
author [ˈɔːθə] n forfatter c
authoritarian [ɔːˌθɔriˈtɛəriən] adj autoritær
authority [ɔːˈθɔrəti] n autoritet c; myndighet c
authorization [ˌɔːθərɑiˈzeiʃən] n tillatelse c; autorisasjon c
automatic [ˌɔːtəˈmætik] adj automatisk; ~ **teller** mini Bank c, kontantautomat c
automation [ˌɔːtəˈmeiʃən] n automatisering c
automobile [ˈɔːtəməbiːl] n bil c; ~ **club** automobilklubb c
autonomous [ɔːˈtɔnəməs] adj selvstyrt
autopsy [ˈɔːtɔpsi] n obduksjon c
autumn [ˈɔːtəm] n høst c
available [əˈveiləbəl] adj tilgjengelig, disponibel, for hånden
avalanche [ˈævəlɑːnʃ] n snøskred nt
avaricious [ˌævəˈriʃəs] adj grisk
avenue [ˈævənjuː] n aveny c
average [ˈævəridʒ] adj gjennomsnittlig; n gjennomsnitt nt; **on the** ~ i gjennomsnitt
averse [əˈvəːs] adj uvillig
aversion [əˈvəːʃən] n motvilje c
avert [əˈvəːt] v vende bort

avoid [əˈvɔid] v *unngå; *unnvike
await [əˈweit] v vente på, avvente
awake [əˈweik] adj våken
***awake** [əˈweik] v vekke
award [əˈwɔːd] n pris c; v tildele
aware [əˈwɛə] adj klar over
away [əˈwei] adv bort; *go ~ reise bort
awful [ˈɔːfəl] adj forferdelig, redselsfull
awkward [ˈɔːkwəd] adj pinlig; klosset
awning [ˈɔːniŋ] n markise c
axe [æks] n øks c
axle [ˈæksəl] n aksel c

B

baby [ˈbeibi] n baby c; ~ **carriage** Am barnevogn c
babysitter [ˈbeibiˌsitə] n barnevakt c
bachelor [ˈbætʃələ] n ungkar c
back [bæk] n rygg c; adv tilbake; *go ~ vende tilbake
backache [ˈbækeik] n ryggsmerter pl
backbone [ˈbækboun] n ryggrad c
background [ˈbækgraund] n bakgrunn c; utdannelse c
backwards [ˈbækwədz] adv baklengs
bacon [ˈbeikən] n bacon nt
bacterium [bækˈtiːriəm] n (pl -ria) bakterie c
bad [bæd] adj dårlig; alvorlig; slem
bag [bæg] n pose c; veske c, håndveske c; koffert c
baggage [ˈbægidʒ] n bagasje c; ~ **deposit office** Am bagasjeoppbevaring c; **hand** ~ håndbagasje c
bail [beil] n kausjon c
bailiff [ˈbeilif] n fogd c
bait [beit] n agn nt
bake [beik] v bake
baker [ˈbeikə] n baker c

bakery ['beikəri] n bakeri nt

balance ['bæləns] n likevekt c; balanse c; saldo c

balcony ['bælkəni] n balkong c

bald [bɔ:ld] adj skallet

ball [bɔ:l] n ball c; ball nt

ballet ['bælei] n ballett c

balloon [bə'lu:n] n ballong c

ballpoint-pen ['bɔ:lpointpen] n kulepenn c

ballroom ['bɔ:lru:m] n ballsal c

bamboo [bæm'bu:] n (pl ~s) bambus c

banana [bə'nɑ:nə] n banan c

band [bænd] n orkester nt; bånd nt

bandage ['bændidʒ] n bandasje c

bandit ['bændit] n banditt c

bangle ['bæŋgəl] n armbånd nt

banisters ['bænistəz] pl gelender nt

bank [bæŋk] n bredd c; bank c; v *sette i banken; ~ account bankkonto c

banknote ['bæŋknout] n pengeseddel c

bank-rate ['bæŋkreit] n diskonto c

bankrupt ['bæŋkrʌpt] adj konkurs, fallitt

banner ['bænə] n banner nt

banquet ['bæŋkwit] n bankett c

banqueting-hall ['bæŋkwitiŋhɔ:l] n bankettsal c

baptism ['bæptizəm] n dåp c

baptize [bæp'taiz] v døpe

bar [bɑ:] n bar c; stang c

barber ['bɑ:bə] n frisør c

bare [beə] adj naken, bar

barely ['beəli] adv så vidt

bargain ['bɑ:gin] n godt kjøp; v *kjøpslå, prute

baritone ['bæritoun] n baryton c

bark [bɑ:k] n bark c; v gjø

barley ['bɑ:li] n bygg nt

barmaid ['bɑ:meid] n barpike c

barman ['bɑ:mən] n (pl -men) bar-

tender c

barn [bɑ:n] n låve c

barometer [bə'rɔmitə] n barometer nt

baroque [bə'rɔk] adj barokk

barracks ['bærəks] pl kaserne c

barrel ['bærəl] n fat nt, tønne c

barrier ['bæriə] n barriere c; bom c

barrister ['bæristə] n advokat c

base [beis] n base c, basis c; fundament nt; v basere

baseball ['beisbɔ:l] n baseball c

basement ['beismənt] n kjelleretasje c

basic ['beisik] adj grunnleggende

basilica [bə'zilikə] n basilika c

basin ['beisən] n bolle c

basis ['beisis] n (pl bases) basis c, grunnlag nt

basket ['bɑ:skit] n kurv c

bass[1] [beis] n bass c

bass[2] [bæs] n (pl ~) åbor c

bastard ['bɑ:stəd] n bastard c; skurk c

batch [bætʃ] n bunke c

bath [bɑ:θ] n bad nt; ~ salts badesalt nt; ~ towel badehåndkle nt

bathe [beið] v bade

bathing-cap ['beiðiŋkæp] n badehette c

bathing-suit ['beiðiŋsu:t] n badedrakt c; badebukse c

bathrobe ['bɑ:θroub] n badekåpe c

bathroom ['bɑ:θru:m] n badeværelse nt; toalett nt

batter ['bætə] n deig c

battery ['bætəri] n batteri nt

battle ['bætəl] n slag nt; kamp c, strid c; v kjempe

bay [bei] n bukt c; v gjø

***be** [bi:] v *være

beach [bi:tʃ] n strand c; nudist ~ nudistbadestrand c

bead [bi:d] n perle c; beads pl perlekjede nt; rosenkrans c

beak [bi:k] n nebb nt

beam [bi:m] n stråle c; bjelke c

bean [bi:n] n bønne c

bear [beə] n bjørn c

*****bear** [beə] v *bære; tåle; *holde ut

beard [biəd] n skjegg nt

bearer [ˈbeərə] n innehaver c

beast [bi:st] n dyr nt; ~ **of prey** rovdyr nt

beat [bi:t] n rytme c; slag nt

*****beat** [bi:t] v *slå

beautiful [ˈbju:tifəl] adj vakker

beauty [ˈbju:ti] n skjønnhet c; ~ **parlour** skjønnhetssalong c; ~ **salon** skjønnhetssalong c; ~ **treatment** skjønnhetspleie c

beaver [ˈbi:və] n bever c

because [biˈkɔz] conj fordi; ettersom; ~ **of** på grunn av

*****become** [biˈkʌm] v *bli; kle

bed [bed] n seng c; ~ **and board** kost og losji, full pensjon; ~ **and breakfast** værelse med frokost

bedding [ˈbedin] n sengetøy nt

bedroom [ˈbedru:m] n soveværelse nt

bee [bi:] n bie c

beech [bi:tʃ] n bøk c

beef [bi:f] n oksekjøtt nt

beehive [ˈbi:haiv] n bikube c

been [bi:n] v (pp be)

beer [biə] n øl nt

beet [bi:t] n bete c

beetle [ˈbi:təl] n bille c

beetroot [ˈbi:tru:t] n rødbete c

before [biˈfɔ:] prep før; foran; conj før; adv tidligere

beg [beg] v tigge; *bønnfalle; *be

beggar [ˈbegə] n tigger c

*****begin** [biˈgin] v begynne; starte

beginner [biˈginə] n nybegynner c

beginning [biˈginin] n begynnelse c; start c

on behalf of [ɔn biˈhɑ:f ɔv] på vegne av; til fordel for

behave [biˈheiv] v oppføre seg

behaviour [biˈheivjə] n oppførsel c

behind [biˈhaind] prep bak; adv bak

beige [beiʒ] adj beige

being [ˈbi:in] n vesen nt

Belgian [ˈbeldʒən] adj belgisk; n belgier c

Belgium [ˈbeldʒəm] Belgia

belief [biˈli:f] n tro c

believe [biˈli:v] v tro

bell [bel] n klokke c; ringeklokke c

bellboy [ˈbelbɔi] n pikkolo c

belly [ˈbeli] n mage c

belong [biˈlɔŋ] v tilhøre

belongings [biˈlɔŋinz] pl eiendeler

beloved [biˈlʌvd] adj elsket

below [biˈlou] prep nedenfor; under; adv nede

belt [belt] n belte nt; **garter** ~ Am strømpeholder c

bench [bentʃ] n benk c

bend [bend] n sving c, bøyning c; krumning c

*****bend** [bend] v bøye; ~ **down** bøye seg

beneath [biˈni:θ] prep under; adv under

benefit [ˈbenifit] n utbytte nt; fordel c; v *ha fordel av

bent [bent] adj (pp bend) bøyd

beret [ˈberei] n alpelue c

berry [ˈberi] n bær nt

berth [bə:θ] n køye c

beside [biˈsaid] prep ved siden av

besides [biˈsaidz] adv dessuten; forresten; prep foruten

best [best] adj best

bet [bet] n veddemål nt; innsats c

*****bet** [bet] v vedde

betray [biˈtrei] v forråde

better [ˈbetə] adj bedre

between [biˈtwi:n] prep mellom

beverage [ˈbevəridʒ] n drikk c

beware [biˈweə] v *ta seg i vare, vokte seg

bewitch [bi'witʃ] v forhekse

beyond [bi'jɔnd] prep hinsides; på den andre siden av; ut over; adv bortenfor

bible ['baibəl] n bibel c

bicycle ['baisikəl] n sykkel c

big [big] adj stor; omfangsrik; tykk; viktig

bile [bail] n galle c

bilingual [bai'liŋgwəl] adj tospråklig

bill [bil] n regning c, nota c; v fakturere

billiards ['biljədz] pl biljard c

*bind** [baind] v *binde

binding ['baindiŋ] n bokbind nt

binoculars [bi'nɔkjələz] pl kikkert c

biology [bai'ɔlədʒi] n biologi c

birch [bəːtʃ] n bjørk c

bird [bəːd] n fugl c

birth [bəːθ] n fødsel c

birthday ['bəːθdei] n fødselsdag c

biscuit ['biskit] n småkake c

bishop ['biʃəp] n biskop c

bit [bit] n bit c; smule c

bitch [bitʃ] n tispe c

bite [bait] n bit c; stikk nt

*bite** [bait] v *bite

bitter ['bitə] adj bitter

black [blæk] adj svart; ~ market svartebørs c

blackberry ['blækbəri] n bjørnebær nt

blackbird ['blækbəːd] n svarttrost c

blackboard ['blækbɔːd] n tavle c

black-currant [,blæk'kʌrənt] n solbær nt

blackmail ['blækmeil] n pengeutpresning c; v presse penger av

blacksmith ['blæksmiθ] n grovsmed c

bladder ['blædə] n blære c

blade [bleid] n blad nt; ~ of grass gresstrå nt

blame [bleim] n skyld c; bebreidelse c; v klandre, bebreide

blank [blæŋk] adj blank

blanket ['blæŋkit] n ullteppe nt; teppe nt

blast [blɑːst] n eksplosjon c

blazer ['bleizə] n blazer c, sportsjakke c

bleach [bliːtʃ] v bleke

bleak [bliːk] adj ødslig, barsk

*bleed** [bliːd] v blø; flå

bless [bles] v velsigne

blessing ['blesiŋ] n velsignelse c

blind [blaind] n persienne c, rullegardin c/nt; adj blind; v blende

blister ['blistə] n blemme c, gnagsår nt

blizzard ['blizəd] n snøstorm c

block [blɔk] v sperre, blokkere; n kloss c; kvartal nt; ~ of flats leiegård c

blonde [blɔnd] n blondine c

blood [blʌd] n blod nt; ~ pressure blodtrykk nt

blood-poisoning ['blʌd,pɔizəniŋ] n blodforgiftning c

blood-vessel ['blʌd,vesəl] n blodkar nt

blot [blɔt] n flekk c; blotting paper trekkpapir nt

blouse [blauz] n bluse c

blow [blou] n fik c, slag nt; vindkast nt

*blow** [blou] v blåse

blow-out ['blouaut] n punktering c

blue [bluː] adj blå; nedtrykt

blunt [blʌnt] adj sløv; butt

blush [blʌʃ] v rødme

board [bɔːd] n planke c; tavle c; pensjon c; styre nt; ~ and lodging kost og losji, full pensjon

boarder ['bɔːdə] n pensjonær c

boarding-house ['bɔːdiŋhaus] n pensjonat nt

boarding-school ['bɔːdiŋskuːl] n pensjonatskole c

boast [boust] v *skryte

boat [bout] *n* båt *c*, skip *nt*
body ['bɔdi] *n* kropp *c*; legeme *nt*
bodyguard ['bɔdigɑ:d] *n* livvakt *c*
body-work ['bɔdiwɑ:k] *n* karosseri *nt*
bog [bɔg] *n* myr *c*
boil [bɔil] *v* koke; *n* byll *c*
bold [bould] *adj* dristig; frekk
Bolivia [bə'liviə] Bolivia
Bolivian [bə'liviən] *adj* boliviansk; *n* bolivianer *c*
bolt [boult] *n* slå *c*; bolt *c*
bomb [bɔm] *n* bombe *c*; *v* bombardere
bond [bɔnd] *n* obligasjon *c*
bone [boun] *n* bein *nt*; fiskebein *nt*; *v* skjære ut bein
bonnet ['bɔnit] *n* bilpanser *nt*
book [buk] *n* bok *c*; *v* reservere, bestille; bokføre
booking ['bukiŋ] *n* bestilling *c*, reservasjon *c*
bookmaker ['buk,meikə] *n* totalisator *c*
bookseller ['buk,selə] *n* bokhandler *c*
bookstand ['bukstænd] *n* bokstand *c*
bookstore ['bukstɔ:] *n* bokhandel *c*
boot [bu:t] *n* støvel *c*; bagasjerom *nt*
booth [bu:ð] *n* bu *c*; bås *c*
border ['bɔ:də] *n* grense *c*; kant *c*
bore¹ [bɔ:] *v* kjede; bore; *n* kjedelig person
bore² [bɔ:] *v* (p bear)
boring ['bɔ:riŋ] *adj* kjedelig
born [bɔ:n] *adj* født
borrow ['bɔrou] *v* låne
bosom ['buzəm] *n* barm *c*; bryst *nt*
boss [bɔs] *n* boss *c*, sjef *c*
botany ['bɔtəni] *n* botanikk *c*
both [bouθ] *adj* begge; both ... and både ... og
bother ['bɔðə] *v* plage; bry seg; *n* bry *nt*
bottle ['bɔtəl] *n* flaske *c*; ~ opener flaskeåpner *c*; hot-water ~ var-

meflaske *c*
bottleneck ['bɔtəlnek] *n* flaskehals *c*
bottom ['bɔtəm] *n* bunn *c*; akterspeil *nt*, bak *c*; *adj* underste
bough [bau] *n* gren *c*
bought [bɔ:t] *v* (p, pp buy)
boulder ['bouldə] *n* rullestein *c*
bound [baund] *n* grense *c*; *be ~ to *måtte; ~ for på vei til
boundary ['baundəri] *n* grense *c*
bouquet [bu'kei] *n* bukett *c*
bourgeois ['buəʒwɑ:] *adj* spissborgerlig
boutique [bu'ti:k] *n* butikk *c*
bow¹ [bau] *v* bukke
bow² [bou] *n* bue *c*; ~ tie sløyfe *c*
bowels [bauəlz] *pl* tarmer
bowl [boul] *n* bolle *c*
bowling ['bouliŋ] *n* kilespill *nt*, bowling *c*; ~ alley bowlingbane *c*
box¹ [bɔks] *v* bokse; boxing match boksekamp *c*
box² [bɔks] *n* eske *c*
box-office ['bɔks,ɔfis] *n* billettluke *c*, billettkontor *nt*
boy [bɔi] *n* gutt *c*; tjener *c*; ~ scout guttespeider *c*
bra [brɑ:] *n* brystholder *c*
bracelet ['breislit] *n* armbånd *nt*
braces ['breisiz] *pl* bukseseler *pl*
brain [brein] *n* hjerne *c*; forstand *c*
brain-wave ['breinweiv] *n* innfall *nt*
brake [breik] *n* bremse *c*; ~ drum bremsetrommel *c*; ~ lights bremselys *pl*
branch [brɑ:ntʃ] *n* gren *c*; filial *c*
brand [brænd] *n* merke *nt*; brennemerke *nt*
brand-new [,brænd'nju:] *adj* splinter ny
brass [brɑ:s] *n* messing *c*; ~ band hornorkester *nt*
brassiere ['bræziə] *n* brystholder *c*
brave [breiv] *adj* modig, tapper

Brazil [brə'zil] Brasil

Brazilian [brə'ziljən] adj brasiliansk; n brasilianer c

breach [bri:tʃ] n åpning c

bread [bred] n brød nt; **wholemeal ~** helkornbrød nt

breadth [bredθ] n bredde c

break [breik] n brudd nt; frikvarter nt

*break [breik] v *bryte; **~ down** *gå i stykker; inndele

breakdown ['breikdaun] n maskinskade c, motorstopp c/nt

breakfast ['brekfəst] n frokost c

bream [bri:m] n (pl ~) brasme c

breast [brest] n bryst nt

breaststroke ['breststrouk] n brystsvømming c

breath [breθ] n pust c

breathe [bri:ð] v puste

breathing ['bri:ðiŋ] n åndedrett nt

breed [bri:d] n rase c; slag nt

*breed [bri:d] v ale opp, oppdrette

breeze [bri:z] n bris c

brew [bru:] v brygge

brewery ['bru:əri] n bryggeri nt

bribe [braib] v *bestikke

bribery ['braibəri] n bestikkelse c

brick [brik] n murstein c

bricklayer ['brikleiə] n murer c

bride [braid] n brud c

bridegroom ['braidgru:m] n brudgom c

bridge [bridʒ] n bro c; bridge c

brief [bri:f] adj kort; kortfattet

briefcase ['bri:fkeis] n dokumentmappe c

briefs [bri:fs] pl truse c

bright [brait] adj skinnende; oppvakt

brill [bril] n slettvar c

brilliant ['briljənt] adj strålende; begavet

brim [brim] n rand c

*bring [briŋ] v *ta med, *bringe;

*medbringe; ~ back *bringe tilbake; **~ up** *oppdra; *ta opp

brisk [brisk] adj livlig

Britain ['britən] Britannia

British ['britiʃ] adj britisk

Briton ['britən] n brite c

broad [brɔ:d] adj bred; utstrakt, vidstrakt; almen

broadcast ['brɔ:dka:st] n sending c

*broadcast ['brɔ:dka:st] v kringkaste

brochure ['brouʃuə] n brosjyre c

broke¹ [brouk] v (p break)

broke² [brouk] adj blakk

broken ['broukən] adj (pp break) knust, i stykker; i uorden

broker ['broukə] n megler c

bronchitis [brɔŋ'kaitis] n bronkitt c

bronze [brɔnz] n bronse c; adj bronse-

brooch [broutʃ] n brosje c

brook [bruk] n bekk c

broom [bru:m] n kost c

brothel ['brɔθəl] n bordell nt

brother ['brʌðə] n bror c

brother-in-law ['brʌðərinlɔ:] n (pl brothers-) svoger c

brought [brɔ:t] v (p, pp bring)

brown [braun] adj brun

bruise [bru:z] n blått merke; v *slå

brunette [bru:'net] n brunette c

brush [brʌʃ] n børste c; pensel c; v børste

brutal ['bru:təl] adj brutal

bubble ['bʌbəl] n boble c

bucket ['bʌkit] n spann nt

buckle ['bʌkəl] n spenne c

bud [bʌd] n knopp c

budget ['bʌdʒit] n budsjett nt

buffet ['bufei] n koldtbord c

bug [bʌg] n veggedyr nt; bille c; insekt nt

*build [bild] v bygge

building ['bildiŋ] n bygning c

bulb [bʌlb] n blomsterløk c; **light ~**

lyspære c

Bulgaria [bʌl'geəriə] Bulgaria

Bulgarian [bʌl'geəriən] adj bulgarsk; n bulgarer c

bulk [bʌlk] n last c; masse c; størsteparten c

bulky ['bʌlki] adj fyldig, omfangsrik

bull [bul] n tyr c, okse c

bullet ['bulit] n kule c

bullfight ['bulfait] n tyrefektning c

bullring ['bulriŋ] n tyrefektningsarena c

bump [bʌmp] v støte; støte sammen; dunke; n støt nt

bumper ['bʌmpə] n støtfanger c

bumpy ['bʌmpi] adj humpet

bun [bʌn] n hvetebolle c

bunch [bʌntʃ] n bukett c; flokk c

bundle ['bʌndəl] n bunt c; v bunte, *binde sammen

bunk [bʌŋk] n køye c

buoy [bɔi] n bøye c

burden ['bə:dən] n byrde c

bureau ['bjuərou] n (pl ~x, ~s) skrivebord nt; kommode c

bureaucracy [bjuə'rɔkrəsi] n byråkrati nt

burglar ['bə:glə] n innbruddstyv c

burgle ['bə:gəl] v *begå innbrudd

burial ['beriəl] n begravelse c

burn [bə:n] n brannsår nt

*burn [bə:n] v *brenne; *svi

*burst [bə:st] v *sprekke; *briste

bury ['beri] v begrave; grave ned

bus [bʌs] n buss c

bush [buʃ] n busk c

business ['biznəs] n forretninger pl, handel c; virksomhet c, forretning c; yrke nt; affære c; ~ **hours** åpningstid c, kontortid c; ~ **trip** forretningsreise c; **on** ~ i forretninger

business-like ['biznislaik] adj forretningsmessig

businessman ['biznəsmən] n (pl

-men) forretningsmann c

bust [bʌst] n byste c

bustle ['bʌsəl] n travelhet c

busy ['bizi] adj opptatt; travel

but [bʌt] conj men; dog; prep unntatt

butcher ['butʃə] n slakter c

butter ['bʌtə] n smør nt

butterfly ['bʌtəflai] n sommerfugl c; ~ **stroke** butterfly c

buttock ['bʌtək] n rumpeballe c

button ['bʌtən] n knapp c; v knappe

*buy [bai] v kjøpe; anskaffe

buyer ['baiə] n kjøper c

by [bai] prep av; med; ved

by-pass ['baipɑ:s] n ringvei c; v *omgå

C

cab [kæb] n drosje c

cabaret ['kæbərei] n kabaret c; nattklubb c

cabbage ['kæbidʒ] n kål c

cab-driver ['kæb,draivə] n drosjesjåfør c

cabin ['kæbin] n kabin c; hytte c; omkledningskabin c; lugar c

cable ['keibəl] n kabel c; telegram nt; v telegrafere; ~ **tv** kabelfjernsyn nt, kabel-TV c

café ['kæfei] n kafé c

cafeteria [,kæfə'tiəriə] n kafeteria c

caffeine ['kæfi:n] n kaffein c

cage [keidʒ] n bur nt

cake [keik] n kake c

calamity [kə'læməti] n ulykke c, katastrofe c

calcium ['kælsiəm] n kalsium nt

calculate ['kælkjuleit] v regne ut

calculation [,kælkju'leiʃən] n utreg-

ning c
calculator [ˈkælkjuleitə] n (lomme)
kalkulator c, lommeregner c
calendar [ˈkæləndə] n kalender c
calf [kɑːf] n (pl calves) kalv c; legg c;
~ **skin** kalveskinn nt
call [kɔːl] v rope; kalle; ringe opp;
rop nt; besøk nt, visitt c; oppring-
ning c; *be called *hete; ~ **names**
skjelle ut; ~ **on** besøke; ~ **up** Am
ringe opp
callus [ˈkæləs] n hard hud
calm [kɑːm] adj stille, rolig; ~ **down**
berolige; roe seg, falle til ro
calorie [ˈkæləri] n kalori c
came [keim] v (p come)
camel [ˈkæməl] n kamel c
cameo [ˈkæmiou] n (pl ~s) kamé c
camera [ˈkæmərə] n fotografiapparat
nt; filmkamera nt; ~ **shop** fotofor-
retning c
camp [kæmp] n leir c; v campe
campaign [kæmˈpein] n kampanje c
camp-bed [ˌkæmpˈbed] n feltseng c
camper [ˈkæmpə] n campinggjest c
camping [ˈkæmpiŋ] n camping c; ~
site campingplass c
camshaft [ˈkæmʃɑːft] n kamaksel c
can [kæn] n boks c; ~ **opener** boks-
åpner c
***can** [kæn] v *kan
Canada [ˈkænədə] Canada
Canadian [kəˈneidiən] adj kanadisk; n
kanadier c
canal [kəˈnæl] n kanal c
canary [kəˈneəri] n kanarifugl c
cancel [ˈkænsəl] v annullere; avbestil-
le
cancellation [ˌkænsəˈleiʃən] n annulle-
ring c
cancer [ˈkænsə] n kreft c
candid [ˈkændid] adj åpen, oppriktig
candidate [ˈkændidət] n kandidat c
candle [ˈkændəl] n stearinlys nt

candy [ˈkændi] nAm sukkertøy nt;
gotter pl, søtsaker pl; ~ **store** Am
sjokoladeforretning c
cane [kein] n rør nt; stokk c
canister [ˈkænistə] n boks c
canoe [kəˈnuː] n kano c
canteen [kænˈtiːn] n kantine c
canvas [ˈkænvəs] n seilduk c
cap [kæp] n lue c, skyggelue c
capable [ˈkeipəbəl] adj dyktig, kom-
petent
capacity [kəˈpæsəti] n kapasitet c; ev-
ne c
cape [keip] n cape c; kapp nt
capital [ˈkæpitəl] n hovedstad c; kapi-
tal c; adj viktig, hoved-; ~ **letter**
stor bokstav
capitalism [ˈkæpitəlizəm] n kapitalis-
me c
capitulation [kəˌpitjuˈleiʃən] n kapitu-
lasjon c
capsule [ˈkæpsjuːl] n kapsel c
captain [ˈkæptin] n kaptein c; flykap-
tein c
capture [ˈkæptʃə] v fange, *ta til fan-
ge; erobre; n arrestasjon c; erob-
ring c
car [kɑː] n bil c; ~ **hire** bilutleie c;
~ **park** parkeringsplass c; ~ **ren-
tal** Am bilutleie c
carafe [kəˈræf] n karaffel c
caramel [ˈkærəməl] n karamell c
carat [ˈkærət] n karat c
caravan [ˈkærəvæn] n campingvogn c;
husvogn c
carburettor [ˌkɑːbjuˈretə] n forgasser
c
card [kɑːd] n kort nt; brevkort nt
cardboard [ˈkɑːdbɔːd] n papp c; adj
kartong-
cardigan [ˈkɑːdigən] n ulljakke c
cardinal [ˈkɑːdinəl] n kardinal c; adj
hoved-
care [keə] n omsorg c; bekymring c;

~ **about** bekymre seg om; ~ **for** bry seg om; **take* ~ **of** passe på, **ta vare på

career [kə'riə] n karriere c

carefree ['keəfri:] adj ubekymret

careful ['keəfəl] adj forsiktig; omhyggelig, nøyaktig

careless ['keələs] adj likegyldig, skjødesløs

caretaker ['keə,teikə] n vaktmester c

cargo ['ka:gou] n (pl ~es) last c, frakt c

carnival ['ka:nivəl] n karneval nt

carp [ka:p] n (pl ~) karpe c

carpenter ['ka:pintə] n snekker c

carpet ['ka:pit] n gulvteppe nt, teppe nt

carriage ['kæridʒ] n passasjervogn c; hestevogn c, vogn c

carriageway ['kæridʒwei] n kjørebane c

carrot ['kærət] n gulrot c

carry ['kæri] v *bære; føre; ~ **on** *fortsette; ~ **out** utføre

carry-cot ['kærikɔt] n babybag c

cart [ka:t] n kjerre c

cartilage ['ka:tilidʒ] n brusk c

carton ['ka:tən] n kartong c

cartoon [ka:'tu:n] n tegnefilm c

cartridge ['ka:tridʒ] n patron c

carve [ka:v] v *skjære; *skjære i, *skjære ut

carving ['ka:viŋ] n utskjæring c, skurd c

case [keis] n tilfelle nt; sak c; koffert c; etui nt; **attaché** ~ dokumentmappe c; **in** ~ hvis

cash [kæʃ] n kontanter pl; v innkassere, heve; ~ **dispenser** mini Bank c, kontantautomat c

cashier [kæ'ʃiə] n kasserer c; kassererske c

cashmere ['kæʃmiə] n kasjmir c

casino [kə'si:nou] n (pl ~s) kasino nt

cask [ka:sk] n fat nt, tønne c

cast [ka:st] n kast nt

*cast [ka:st] v kaste; **cast iron** støpejern nt

castle ['ka:səl] n slott nt, borg c

casual ['kæʒuəl] adj uformell; tilfeldig, flyktig

casualty ['kæʒuəlti] n ulykke c; offer nt

cat [kæt] n katt c

catacomb ['kætəkoum] n katakombe c

catalogue ['kætəlog] n katalog c

catarrh [kə'ta:] n katarr c

catastrophe [kə'tæstrəfi] n katastrofe c

*catch [kætʃ] v fange; *gripe; overrumple; nå, *rekke

category ['kætigəri] n kategori c

caterer [,keitərər] n matleverandør c

cathedral [kə'θi:drəl] n katedral c, domkirke c

catholic ['kæθəlik] adj katolsk

cattle ['kætəl] pl kveg nt

caught [kɔ:t] v (p, pp catch)

cauliflower ['kɔliflauə] n blomkål c

cause [kɔ:z] v forårsake; volde; n årsak c; grunn c; sak c; ~ **to** *få til å

causeway ['kɔ:zwei] n opphøyd vei c

caution ['kɔ:ʃən] n forsiktighet c; v advare

cautious ['kɔ:ʃəs] adj forsiktig

cave [keiv] n grotte c; hule c

cavern ['kævən] n hule c

caviar ['kævia:] n kaviar c

cavity ['kævəti] n hulrom nt

cease [si:s] v opphøre

ceiling ['si:liŋ] n tak nt

celebrate ['selibreit] v feire

celebration [,seli'breiʃən] n feiring c

celebrity [si'lebrəti] n berømmelse c

celery ['seləri] n selleri c

celibacy ['selibəsi] n sølibat nt

cell [sel] n celle c

cellar ['selə] n kjeller c

cellophane ['seləfein] n cellofan c
cement [si'ment] n sement c
cemetery ['semitri] n gravlund c
censorship ['sensəʃip] n sensur c
centigrade ['sentigreid] adj celsius
centimetre ['sentimi:tə] n centimeter c
central ['sentrəl] adj sentral; ~ heating sentralfyring c; ~ station sentralstasjon c
centralize ['sentrəlaiz] v sentralisere
centre ['sentə] n sentrum nt; midtpunkt nt
century ['sentʃəri] n århundre c
ceramics [si'ræmiks] pl keramikk c, leirvarer pl
ceremony ['serəməni] n seremoni c
certain ['sə:tən] adj sikker; viss
certificate [sə'tifikət] n attest c; vitnesbyrd nt, diplom nt, dokument nt
chain [tʃein] n rekke c, kjetting c
chair [tʃeə] n stol c; sete nt
chairman ['tʃeəmən] n (pl -men) formann c
chalet ['ʃælei] n hytte c
chalk [tʃɔ:k] n kritt nt
challenge ['tʃæləndʒ] v utfordre; n utfordring c
chamber ['tʃeimbə] n rom nt
chambermaid ['tʃeimbəmeid] n værelsespike c
champagne [ʃæm'pein] n champagne c
champion ['tʃæmpjən] n mester c; forkjemper c
chance [tʃɑ:ns] n slump c; sjanse c, anledning c; risiko c; tilfelle nt; by ~ tilfeldigvis
change [tʃeindʒ] v forandre; veksle; kle seg om; skifte; n forandring c, endring c; småpenger pl, vekslepenger pl
channel ['tʃænəl] n kanal c; English

Channel Den engelske kanal
chaos ['keiɔs] n kaos nt
chaotic [kei'ɔtik] adj kaotisk
chap [tʃæp] n fyr c
chapel ['tʃæpəl] n kapell nt, kirke c
chaplain ['tʃæplin] n kapellan c
character ['kærəktə] n karakter c
characteristic [,kærəktə'ristik] adj betegnende, karakteristisk; n kjennetegn nt; karaktertrekk nt
characterize ['kærəktəraiz] v karakterisere
charcoal ['tʃɑ:koul] n trekull nt
charge [tʃɑ:dʒ] v kreve; *pålegge; anklage; laste; n pris c; ladning c, byrde c, belastning c; anklage c; ~ plate Am kredittkort nt; free of ~ kostfri; in ~ of ansvarlig for; *take ~ of *påta seg
charity ['tʃærəti] n velgjørenhet c
charm [tʃɑ:m] n sjarm c; amulett c
charming ['tʃɑ:miŋ] adj sjarmerende
chart [tʃɑ:t] n tabell c; diagram nt; sjøkart nt; conversion ~ omregningstabell c
chase [tʃeis] v *forfølge; jage bort, *fordrive; n jakt c
chasm ['kæzəm] n kløft c
chassis ['ʃæsi] n (pl ~) chassis nt
chaste [tʃeist] adj kysk
chat [tʃæt] v prate, skravle; n prat c/nt
chatterbox ['tʃætəbɔks] n skravlebøtte c
chauffeur ['ʃoufə] n sjåfør c
cheap [tʃi:p] adj billig; gunstig
cheat [tʃi:t] v jukse, *snyte
check [tʃek] v sjekke, kontrollere; n rute c; regning c; sjekk c; check! sjakk!; ~ in *skrive seg inn; ~ out *forlate
check-book ['tʃekbuk] nAm sjekkhefte nt
checkerboard ['tʃekəbɔ:d] nAm

sjakkbrett *nt*
checkers ['tʃekəz] *plAm* damspill *nt*
checkroom ['tʃekru:m] *nAm* garderobe *c*
check-up ['tʃekʌp] *n* undersøkelse *c*
cheek [tʃi:k] *n* kinn *nt*
cheek-bone ['tʃi:kboun] *n* kinnbein *nt*
cheer [tʃiə] *v* hylle, hilse med jubel; ~ **up** oppmuntre
cheerful ['tʃiəfəl] *adj* lystig, glad
cheese [tʃi:z] *n* ost *c*
chef [ʃef] *n* kjøkkensjef *c*
chemical ['kemikəl] *adj* kjemisk
chemist ['kemist] *n* apoteker *c*; **chemist's** apotek *nt*
chemistry ['kemistri] *n* kjemi *c*
cheque [tʃek] *n* sjekk *c*
cheque-book ['tʃekbuk] *n* sjekkhefte *nt*
chequered ['tʃekəd] *adj* rutet
cherry ['tʃeri] *n* kirsebær *nt*
chess [tʃes] *n* sjakk *c*
chest [tʃest] *n* bryst *nt;* brystkasse *c;* kiste *c;* ~ **of drawers** kommode *c*
chestnut ['tʃesnʌt] *n* kastanje *c*
chew [tʃu:] *v* tygge
chewing-gum ['tʃu:iŋgʌm] *n* tyggegummi *c*
chicken ['tʃikin] *n* kylling *c;* broiler *c*
chickenpox ['tʃikinpɔks] *n* vannkopper *pl*
chief [tʃi:f] *n* sjef *c; adj* hoved-, over-
chieftain ['tʃi:ftən] *n* høvding *c*
chilblain ['tʃilblein] *n* frostknute *c*
child [tʃaild] *n* (pl children) barn *nt*
childbirth ['tʃaildbə:θ] *n* fødsel *c*
childhood ['tʃaildhud] *n* barndom *c*
Chile ['tʃili] Chile
Chilean ['tʃiliən] *adj* chilensk; *n* chilener *c*
chill [tʃil] *n* kuldegysning *c*
chilly ['tʃili] *adj* kjølig
chimes [tʃaimz] *pl* klokkespill *nt*
chimney ['tʃimni] *n* skorstein *c*

chin [tʃin] *n* hake *c*
China ['tʃainə] Kina
china ['tʃainə] *n* porselen *nt*
Chinese [tʃai'ni:z] *adj* kinesisk; *n* kineser *c*
chink [tʃiŋk] *n* sprekk *c*
chip [tʃip] *n* flis *c;* spillemerke *nt; v* *slå hakk i, snitte; **chips** pommes frites
chiropodist [ki'rɔpədist] *n* fotspesialist *c*
chisel ['tʃizəl] *n* meisel *c*
chives [tʃaivz] *pl* gressløk *c*
chlorine ['klɔ:ri:n] *n* klor *c*
chock-full [tʃɔk'ful] *adj* proppfull, fullstappet
chocolate ['tʃɔklət] *n* sjokolade *c;* konfekt *c*
choice [tʃɔis] *n* valg *nt;* utvalg *nt*
choir [kwaiə] *n* kor *nt*
choke [tʃouk] *v* kveles; kvele; *n* choke *c*
***choose** [tʃu:z] *v* *velge
chop [tʃɔp] *n* kotelett *c; v* hakke
Christ [kraist] Kristus
christen ['krisən] *v* døpe
christening ['krisəniŋ] *n* dåp *c*
Christian ['kristʃən] *adj* kristen; ~ **name** fornavn *nt*
Christmas ['krisməs] jul *c*
chromium ['kroumiəm] *n* krom *c*
chronic ['krɔnik] *adj* kronisk
chronological [,krɔnə'lɔdʒikəl] *adj* kronologisk
chuckle ['tʃʌkəl] *v* klukke, *le
chunk [tʃʌŋk] *n* stort stykke
church [tʃə:tʃ] *n* kirke *c*
churchyard ['tʃə:tʃjɑ:d] *n* kirkegård *c*
cigar [si'gɑ:] *n* sigar *c;* ~ **shop** sigarbutikk *c*
cigarette [,sigə'ret] *n* sigarett *c*
cigarette-case [,sigə'retkeis] *n* sigarettetui *c*
cigarette-holder [,sigə'ret,houldə] *n* si-

garettmunnstykke *nt*
cigarette-lighter [ˌsigəˈretˌlaitə] *n* sigarettenner *c*
cinema [ˈsinəmə] *n* kino *c*
cinnamon [ˈsinəmən] *n* kanel *c*
circle [ˈsəːkəl] *n* sirkel *c*; krets *c*; balkong *c*; *v* *omgi, omringe
circulation [ˌsəːkjuˈleiʃən] *n* sirkulasjon *c*; blodomløp *nt*; omløp *nt*
circumstance [ˈsəːkəmstæns] *n* omstendighet *c*
circus [ˈsəːkəs] *n* sirkus *nt*
citizen [ˈsitizən] *n* borger *c*
citizenship [ˈsitizənʃip] *n* statsborgerskap *nt*
city [ˈsiti] *n* by *c*
civic [ˈsivik] *adj* borger-
civil [ˈsivəl] *adj* sivil; høflig; ~ law sivilrett *c*; ~ servant statstjenestemann *c*
civilian [siˈviljən] *adj* sivil; *n* sivilperson *c*
civilization [ˌsivəlaiˈzeiʃən] *n* sivilisasjon *c*
civilized [ˈsivəlaizd] *adj* sivilisert
claim [kleim] *v* kreve; *påstå; *n* krav *nt*, fordring *c*
clamp [klæmp] *n* krampe *c*; skruestikke *c*
clap [klæp] *v* klappe, applaudere
clarify [ˈklærifai] *v* *klarlegge, *klargjøre
class [klɑːs] *n* klasse *c*
classical [ˈklæsikəl] *adj* klassisk
classify [ˈklæsifai] *v* gruppere
class-mate [ˈklɑːsmeit] *n* klassekamerat *c*
classroom [ˈklɑːsruːm] *n* klasseværelse *nt*
clause [klɔːz] *n* klausul *c*
claw [klɔː] *n* klo *c*
clay [klei] *n* leire *c*
clean [kliːn] *adj* ren; *v* rense, gjøre rent

cleaning [ˈkliːniŋ] *n* rengjøring *c*; ~ fluid vaskemiddel *nt*
clear [kliə] *adj* klar; tydelig; *v* rydde
clearing [ˈkliəriŋ] *n* lysning *c*
cleft [kleft] *n* kløft *c*
clergyman [ˈkləːdʒimən] *n* (pl -men) prest *c*
clerk [klɑːk] *n* kontorist *c*; sekretær *c*
clever [ˈklevə] *adj* intelligent; flink, begavet, klok
client [ˈklaiənt] *n* kunde *c*; klient *c*
cliff [klif] *n* klippe *c*
climate [ˈklaimit] *n* klima *nt*
climb [klaim] *v* klatre; *n* klatring *c*
clinic [ˈklinik] *n* klinikk *c*
cloak [klouk] *n* kappe *c*
cloakroom [ˈkloukruːm] *n* garderobe *c*
clock [klɔk] *n* klokke *c*; at ... o'clock klokken ...
cloister [ˈklɔistə] *n* kloster *nt*
close¹ [klouz] *v* lukke; closed *adj* stengt, lukket
close² [klous] *adj* nær
closet [ˈklɔzit] *n* skap *nt*; garderobeskap *nt*
close-up [ˈklousʌp] *n* nærbilde *nt*
cloth [klɔθ] *n* stoff *nt*; klut *c*
clothes [klouðz] *pl* klær *pl*
clothes-brush [ˈklouðzbrʌʃ] *n* klesbørste *c*
clothing [ˈklouðiŋ] *n* klær *pl*
cloud [klaud] *n* sky *c*
cloud-burst [ˈklaudbəːst] *n* skybrudd *nt*
cloudy [ˈklaudi] *adj* skyet, overskyet
clover [ˈklouvə] *n* kløver *c*
clown [klaun] *n* klovn *c*
club [klʌb] *n* klubb *c*, forening *c*; kølle *c*, klubbe *c*
clumsy [ˈklʌmzi] *adj* klosset
clutch [klʌtʃ] *n* clutch *c*; grep *nt*
coach [koutʃ] *n* buss *c*; jernbanevogn *c*; trener *c*
coagulate [kouˈægjuleit] *v* størkne,

koagulere
coal [koul] *n* kull *nt*
coarse [kɔ:s] *adj* grov
coast [koust] *n* kyst *c*
coat [kout] *n* frakk *c*, kåpe *c*
coat-hanger [ˈkout,hæŋə] *n* kleshenger *c*
cobweb [ˈkɔbweb] *n* spindelvev *c*
cocaine [kouˈkein] *n* kokain *c/nt*
cock [kɔk] *n* hane *c*
cocktail [ˈkɔkteil] *n* cocktail *c*
coconut [ˈkoukənʌt] *n* kokosnøtt *c*
cod [kɔd] *n* (pl ∼) torsk *c*
code [koud] *n* kode *c*
coffee [ˈkɔfi] *n* kaffe *c*
cognac [ˈkɔnjæk] *n* konjakk *c*
coherence [kouˈhiərəns] *n* sammenheng *c*
coin [kɔin] *n* mynt *c*
coincide [ˌkouinˈsaid] *v* *falle sammen med
cold [kould] *adj* kald; *n* kulde *c*; forkjølelse *c*; *catch a ∼ *bli forkjølet
collapse [kəˈlæps] *v* *bryte sammen
collar [ˈkɔlə] *n* halsbånd *nt*; krage *c*; ∼ **stud** krageknapp *c*
collarbone [ˈkɔləboun] *n* kragebein *nt*
colleague [ˈkɔli:g] *n* kollega *c*
collect [kəˈlekt] *v* samle; hente, avhente; samle inn
collection [kəˈlekʃən] *n* samling *c*; tømming *c*
collective [kəˈlektiv] *adj* kollektiv
collector [kəˈlektə] *n* samler *c*; innsamler *c*
college [ˈkɔlidʒ] *n* høyere læreinstitusjon *c*; høyskole *c*
collide [kəˈlaid] *v* kollidere
collision [kəˈliʒən] *n* sammenstøt *nt*, kollisjon *c*; påseiling *c*
Colombia [kəˈlɔmbiə] Colombia
Colombian [kəˈlɔmbiən] *adj* colombiansk; *n* colombianer *c*

colonel [ˈkə:nəl] *n* oberst *c*
colony [ˈkɔləni] *n* koloni *c*
colour [ˈkʌlə] *n* farge *c*; *v* farge; ∼ **film** fargefilm *c*
colourant [ˈkʌlərənt] *n* fargemiddel *nt*
colour-blind [ˈkʌləblaind] *adj* fargeblind
coloured [ˈkʌləd] *adj* farget
colourful [ˈkʌləfəl] *adj* fargerik
column [ˈkɔləm] *n* søyle *c*, pilar *c*; spalte *c*; kolonne *c*
coma [ˈkoumə] *n* koma *c*
comb [koum] *v* gre; *n* kam *c*
combat [ˈkɔmbæt] *n* kamp *c*; *v* bekjempe, kjempe
combination [ˌkɔmbiˈneiʃən] *n* kombinasjon *c*
combine [kəmˈbain] *v* kombinere; sammenstille
***come** [kʌm] *v* *komme; ∼ **across** støte på; *komme over
comedian [kəˈmi:diən] *n* skuespiller *c*; komiker *c*
comedy [ˈkɔmədi] *n* komedie *c*, lystspill *nt*; **musical** ∼ musikkspill *nt*
comfort [ˈkʌmfət] *n* komfort *c*, bekvemmelighet *c*, velvære *nt*; trøst *c*; *v* trøste
comfortable [ˈkʌmfətəbəl] *adj* bekvem, komfortabel
comic [ˈkɔmik] *adj* komisk
comics [ˈkɔmiks] *pl* tegneserie *c*
coming [ˈkʌmiŋ] *n* komme *nt*; *adj* kommende
comma [ˈkɔmə] *n* komma *nt*
command [kəˈmɑ:nd] *v* befale; *n* befaling *c*
commander [kəˈmɑ:ndə] *n* befalshavende *c*
commemoration [kəˌmeməˈreiʃən] *n* minnefest *c*
commence [kəˈmens] *v* begynne
comment [ˈkɔment] *n* kommentar *c*; *v*

kommentere

commerce [ˈkɔmə:s] n handel c

commercial [kəˈmə:ʃəl] adj handels-, kommersiell; n reklame c; ~ **law** handelsrett c

commission [kəˈmiʃən] n kommisjon c

commit [kəˈmit] v *overlate, betro; *begå

committee [kəˈmiti] n komité c

common [ˈkɔmən] adj felles; vanlig, alminnelig; simpel

commune [ˈkɔmju:n] n kommune c

communicate [kəˈmju:nikeit] v meddele

communication [kəˌmju:niˈkeiʃən] n kommunikasjon c; meddelelse c

communism [ˈkɔmjunizəm] n kommunisme c

communist [ˈkɔmjunist] n kommunist c

community [kəˈmju:nəti] n samfunn nt

commuter [kəˈmju:tə] n pendler c

compact [ˈkɔmpækt] adj kompakt

compact disc [ˈkɔmpækt disk] n CD-plate c; ~ **player** CD-spiller

companion [kəmˈpænjən] n ledsager c

company [ˈkʌmpəni] n selskap nt; kompani nt, firma nt

comparative [kəmˈpærətiv] adj relativ

compare [kəmˈpɛə] v sammenligne

comparison [kəmˈpærisən] n sammenligning c

compartment [kəmˈpɑ:tmənt] n kupé c

compass [ˈkʌmpəs] n kompass c/nt; passer c

compel [kəmˈpel] v overtale

compensate [ˈkɔmpənseit] v kompensere, erstatte

compensation [ˌkɔmpənˈseiʃən] n kompensasjon c; skadeserstatning c

compete [kəmˈpi:t] v konkurrere

competition [ˌkɔmpəˈtiʃən] n konkurranse c

competitor [kəmˈpetitər] n konkurrent c

compile [kəmˈpail] v samle

complain [kəmˈplein] v klage

complaint [kəmˈpleint] n klage c

complete [kəmˈpli:t] adj fullstendig, komplett; v fullende

completely [kəmˈpli:tli] adv helt, totalt

complex [ˈkɔmpleks] n kompleks nt; adj innviklet

complexion [kəmˈplekʃən] n hudfarge c

complicated [ˈkɔmplikeitid] adj komplisert, innviklet

compliment [ˈkɔmplimənt] n kompliment c; v komplimentere, ønske til lykke

compose [kəmˈpouz] v *sette sammen; komponere

composer [kəmˈpouzə] n komponist c

composition [ˌkɔmpəˈziʃən] n komposisjon c; sammensetning c

comprehensive [ˌkɔmpriˈhensiv] adj omfattende

comprise [kəmˈpraiz] v innbefatte, omfatte

compromise [ˈkɔmprəmaiz] n kompromiss nt

compulsory [kəmˈpʌlsəri] adj obligatorisk

computer [kəmˈpju:tə] n datamaskin c

comrade [ˈkɔmreid] n kamerat c

conceal [kənˈsi:l] v skjule

conceited [kənˈsi:tid] adj selvgod

conceive [kənˈsi:v] v oppfatte, tenke ut; forestille seg

concentrate [ˈkɔnsəntreit] v konsentrere

concentration [ˌkɔnsənˈtreiʃən] n konsentrasjon c

conception [kən'sepʃən] n forestilling c; befruktning c

concern [kən'sə:n] v *gjelde, *angå; n bekymring c; anliggende nt; bedrift c, foretagende nt

concerned [kən'sə:nd] adj bekymret; innblandet

concerning [kən'sə:niŋ] prep angående, vedrørende

concert ['kɔnsət] n konsert c; ~ hall konsertsal c

concession [kən'seʃən] n konsesjon c

concierge [ˌkɔ̃si'eɔʒ] n vaktmester c

concise [kən'sais] adj konsis

conclusion [kəŋ'klu:ʒən] n konklusjon c, slutning c

concrete ['kɔŋkri:t] adj konkret; n betong c

concurrence [kəŋ'kʌrəns] n overensstemmelse c

concussion [kəŋ'kʌʃən] n hjernerystelse c

condition [kən'diʃən] n vilkår nt; kondisjon c, tilstand c; omstendighet c

conditional [kən'diʃənəl] adj betinget

conditioner [kən'diʃənə] n hårbalsam c

condom ['kɔndəm] n kondoom nt

conduct¹ ['kɔndʌkt] n oppførsel c

conduct² [kən'dʌkt] v ledsage; dirigere

conductor [kən'dʌktə] n leder c; dirigent c

conference ['kɔnfərəns] n konferanse c

confess [kən'fes] v *tilstå; skrifte; bekjenne

confession [kən'feʃən] n tilståelse c; skriftemål nt

confidence ['kɔnfidəns] n tillit c

confident ['kɔnfidənt] adj tillitsfull

confidential [ˌkɔnfi'denʃəl] adj konfidensiell

confirm [kən'fə:m] v bekrefte

confirmation [ˌkɔnfə'meiʃən] n bekreftelse c

confiscate ['kɔnfiskeit] v *beslaglegge, konfiskere

conflict ['kɔnflikt] n konflikt c

confuse [kən'fju:z] v forvirre

confusion [kən'fju:ʒən] n forvirring c

congratulate [kəŋ'grætʃuleit] v gratulere

congratulation [kəŋˌgrætʃu'leiʃən] n gratulasjon c, lykkønskning c

congregation [ˌkɔŋgri'geiʃən] n menighet c; forsamling c

congress ['kɔŋgres] n kongress c

connect [kə'nekt] v *forbinde; kople; kople til

connection [kə'nekʃən] n forbindelse c; sammenheng c

connoisseur [ˌkɔnə'sə:] n kjenner c

connotation [ˌkɔnə'teiʃən] n bibetydning c

conquer ['kɔŋkə] v erobre; beseire

conqueror ['kɔŋkərə] n erobrer c

conquest ['kɔŋkwest] n erobring c

conscience ['kɔnʃəns] n samvittighet c

conscious ['kɔnʃəs] adj bevisst

consciousness ['kɔnʃəsnəs] n bevissthet c

conscript ['kɔnskript] n vernepliktig c

consent [kən'sent] v samtykke; bifalle; n samtykke nt

consequence ['kɔnsikwəns] n følge c, konsekvens c

consequently ['kɔnsikwəntli] adv altså

conservative [kən'sə:vətiv] adj konservativ

consider [kən'sidə] v betrakte; overveie; *anse, mene

considerable [kən'sidərəbəl] adj betraktelig; betydelig, anselig

considerate [kən'sidərət] adj hensynsfull

consideration [kən‚sidə'reiʃən] n overveielse c; omtanke c, hensynsfullhet c

considering [kən'sidəriŋ] prep i betraktning av

consignment [kən'sainmənt] n sending c

consist of [kən'sist] *bestå av

conspire [kən'spaiə] v sammensverge seg

constant ['kɔnstənt] adj konstant

constipated ['kɔnstipeitid] adj forstoppet

constipation [‚kɔnsti'peiʃən] n forstoppelse c

constituency [kən'stitʃuənsi] n valgkrets c

constitution [‚kɔnsti'tjuːʃən] n grunnlov c

construct [kən'strʌkt] v konstruere; bygge, oppføre

construction [kən'strʌkʃən] n konstruksjon c; oppførelse c, bygning c

consul ['kɔnsəl] n konsul c

consulate ['kɔnsjulət] n konsulat nt

consult [kən'sʌlt] v *rådspørre

consultation [‚kɔnsəl'teiʃən] n konsultasjon c

consumer [kən'sjuːmə] n forbruker c

contact ['kɔntækt] n kontakt c; v kontakte; ~ lenses kontaktlinser pl

contagious [kən'teidʒəs] adj smittsom, smittende

contain [kən'tein] v *inneholde; romme

container [kən'teinə] n beholder c; container c

contemporary [kən'tempərəri] adj samtidig

contempt [kən'tempt] n ringeakt c, forakt c

content [kən'tent] adj tilfreds

contents ['kɔntents] pl innhold nt

contest ['kɔntest] n strid c; konkur-

ranse c

continent ['kɔntinənt] n kontinent nt, verdensdel c; fastland nt

continental [‚kɔnti'nentəl] adj kontinental

continual [kən'tinjuəl] adj stadig; **continually** adv uopphørlig

continue [kən'tinjuː] v *fortsette

continuous [kən'tinjuəs] adj uavbrutt, kontinuerlig

contour ['kɔntuə] n omriss nt

contraceptive [‚kɔntrə'septiv] n prevensjonsmiddel nt

contract¹ ['kɔntrækt] n kontrakt c

contract² [kən'trækt] v *pådra seg

contractor [kən'træktə] n entreprenør c

contradict [‚kɔntrə'dikt] v *motsi

contradictory [‚kɔntrə'diktəri] adj motstridende

contrary ['kɔntrəri] n det motsatte; adj motsatt; **on the ~** tvert imot

contrast ['kɔntrɑːst] n kontrast c, motsetning c

contribution [‚kɔntri'bjuːʃən] n bidrag nt

control [kən'troul] n kontroll c; v kontrollere

controversial [‚kɔntrə'vəːʃəl] adj kontroversiell, omstridt

convenience [kən'viːnjəns] n bekvemmelighet c

convenient [kən'viːnjənt] adj bekvem; passende, egnet, beleilig

convent ['kɔnvənt] n nonnekloster nt

conversation [‚kɔnvə'seiʃən] n samtale c

convert [kən'vəːt] v omvende; omregne

convict¹ [kən'vikt] v *finne skyldig

convict² ['kɔnvikt] n domfelt c

conviction [kən'vikʃən] n overbevisning c; domfellelse c

convince [kən'vins] v overbevise

convulsion [kən'vʌlʃən] n krampe-trekning c

cook [kuk] n kokk c; v lage mat, tilberede

cookbook ['kukbuk] nAm kokebok c

cooker ['kukə] n komfyr c; gas ~ gasskomfyr c

cookery-book ['kukəribuk] n kokebok c

cookie ['kuki] nAm småkake c

cool [ku:l] adj kjølig; cooling system kjølesystem nt

co-operation [kouɔpə'reiʃən] n samarbeid nt; medvirkning c

co-operative [kou'ɔpərətiv] adj kooperativ; samarbeidsvillig; n samvirkelag nt

co-ordinate [kou'ɔ:dineit] v samordne

co-ordination [kou,ɔ:di'neiʃən] n koordinasjon c

copper ['kɔpə] n kopper nt

copy ['kɔpi] n kopi c; avskrift c; eksemplar c; v kopiere; etterligne; carbon ~ gjenpart c

coral ['kɔrəl] n korall c

cord [kɔ:d] n tau nt; snor c

cordial ['kɔ:diəl] adj hjertelig

corduroy ['kɔ:dərɔi] n kordfløyel c

core [kɔ:] n kjerne c; kjernehus nt

cork [kɔ:k] n kork c

corkscrew ['kɔ:kskru:] n korketrekker c

corn [kɔ:n] n korn nt; liktorn c; ~ on the cob maiskolbe c

corner ['kɔ:nə] n hjørne nt

cornfield ['kɔ:nfi:ld] n kornåker c

corpse [kɔ:ps] n lik nt

corpulent ['kɔ:pjulənt] adj korpulent; tykk, fyldig

correct [kə'rekt] adj korrekt, riktig; v rette, korrigere

correction [kə'rekʃən] n rettelse c

correctness [kə'rektnəs] n nøyaktighet c

correspond [,kɔri'spɔnd] v brevveksle; svare til, tilsvare

correspondence [,kɔri'spɔndəns] n korrespondanse c, brevveksling c

correspondent [,kɔri'spɔndənt] n korrespondent c

corridor ['kɔridɔ:] n korridor c

corrupt [kə'rʌpt] adj korrupt; v *bestikke

corruption [kə'rʌpʃən] n bestikkelse c

corset ['kɔ:sit] n korsett nt

cosmetics [kɔz'metiks] pl kosmetika pl

cost [kɔst] n kostnad c; pris c

*cost [kɔst] v koste

cosy ['kouzi] adj koselig

cot [kɔt] nAm feltseng c

cottage ['kɔtidʒ] n hytte c

cotton ['kɔtən] n bomull c; bomulls-

cotton-wool ['kɔtənwul] n vatt c

couch [kautʃ] n divan c

cough [kɔf] n hoste c; v hoste

could [kud] v (p can)

council ['kaunsəl] n råd nt; rådsforsamling c

councillor ['kaunsələ] n rådsmedlem nt

counsel ['kaunsəl] n råd c

counsellor ['kaunsələ] n rådgiver c

count [kaunt] v *telle; *telle opp; medregne; *anse; n greve c

counter ['kauntə] n disk c

counterfeit ['kauntəfi:t] v forfalske

counterfoil ['kauntəfɔil] n talong c

counterpane ['kauntəpein] n sengeteppe nt

countess ['kauntis] n grevinne c

country ['kʌntri] n land nt; landområde nt; ~ house landsted nt

countryman ['kʌntrimən] n (pl -men) landsmann c

county ['kaunti] n grevskap nt

couple ['kʌpəl] n par nt

coupon ['ku:pɔn] n kupong c

courage ['kʌridʒ] n tapperhet c, mot nt

courageous [kə'reidʒəs] adj tapper, modig

course [kɔ:s] n kurs c; rett c; løp nt; kurs nt, kursus nt; intensive ~ lynkurs nt; of ~ naturligvis, selvfølgelig

court [kɔ:t] n domstol c; hoff nt; gårdsplass c

courteous ['kə:tiəs] adj høflig

cousin ['kʌzən] n kusine c, fetter c

cover ['kʌvə] v dekke; n ly nt, skjul nt; lokk nt; perm c; ~ charge kuvertavgift c

cow [kau] n ku c

coward ['kauəd] n feiging c

cowardly ['kauədli] adj feig

crab [kræb] n krabbe c

crack [kræk] n smell nt; sprekk c; v *smelle; *slå i stykker, *knekke, *sprekke

cracker ['krækə] nAm kjeks c

cradle ['kreidəl] n vugge c

cramp [kræmp] n krampe c

crane [krein] n kran c

crankcase ['kræŋkkeis] n veivkasse c

crankshaft ['kræŋkʃɑ:ft] n veivaksel c

crash [kræʃ] n kollisjon c; v kollidere; styrte; ~ barrier barriere c

crate [kreit] n sprinkelkasse c

crater ['kreitə] n krater nt

crawl [krɔ:l] v krabbe; n crawl c

craze [kreiz] n mani c

crazy ['kreizi] adj gal; sinnssyk, tåpelig

creak [kri:k] v knirke

cream [kri:m] n krem c; fløte c; adj kremgul

creamy ['kri:mi] adj fløteaktig

crease [kri:s] v skrukke, krølle; n fold c; rynke c; press c

create [kri'eit] v skape; kreere

creature ['kri:tʃə] n skapning c

credible ['kredibəl] adj troverdig

credit ['kredit] n kreditt c; v *godskrive; ~ card kredittkort nt

creditor ['kreditə] n kreditor c

credulous ['kredjuləs] adj godtroende

creek [kri:k] n vik c

*creep [kri:p] v *krype

creepy ['kri:pi] adj nifs, uhyggelig

cremate [kri'meit] v kremere

cremation [kri'meiʃən] n kremering c

crew [kru:] n mannskap nt

cricket ['krikit] n cricket c; siriss c

crime [kraim] n forbrytelse c

criminal ['kriminəl] n forbryter c; adj forbrytersk, kriminell; ~ law strafferett c

criminality [,krimi'næləti] n kriminalitet c

crimson ['krimzən] adj høyrød

crippled ['kripəld] adj vanfør

crisis ['kraisis] n (pl crises) krise c

crisp [krisp] adj sprø

critic ['kritik] n kritiker c

critical ['kritikəl] adj kritisk; risikabel

criticism ['kritisizəm] n kritikk c

criticize ['kritisaiz] v kritisere

crochet ['krouʃei] v hekle

crockery ['krɔkəri] n steintøy nt

crocodile ['krɔkədail] n krokodille c

crooked ['krukid] adj kroket, fordreid; uærlig

crop [krɔp] n avling c

cross [krɔs] v *gå over; adj tverr, sint; n kors nt

cross-eyed ['krɔsaid] adj skjeløyd

crossing ['krɔsiŋ] n overfart c; kryss nt; fotgjengerovergang c; jernbaneovergang c

crossroads ['krɔsroudz] n gatekryss nt

crosswalk ['krɔswɔ:k] nAm fotgjengerovergang c

crow [krou] n kråke c

crowbar ['kroubɑ:] n brekkjern nt

crowd [kraud] n mengde c, folke-
mengde c

crowded ['kraudid] adj overfylt; tett-
pakket

crown [kraun] n krone c; v krone

crucifix ['kru:sifiks] n krusifiks nt

crucifixion [,kru:si'fikʃən] n korsfestel-
se c

crucify ['kru:sifai] v korsfeste

cruel [kruəl] adj grusom

cruise [kru:z] n sjøreise c, cruise nt

crumb [krʌm] n smule c

crusade [kru:'seid] n korstog nt

crust [krʌst] n skorpe c

crutch [krʌtʃ] n krykke c

cry [krai] v *gråte; *skrike; rope; n
skrik nt; rop nt

crystal ['kristəl] n krystall c/nt; adj
krystall-

Cuba ['kju:bə] Cuba

Cuban ['kju:bən] adj kubansk; n ku-
baner c

cube [kju:b] n kube c; terning c

cuckoo ['kuku:] n gjøk c

cucumber ['kju:kəmbə] n agurk c

cuddle ['kʌdəl] v kjæle med; klemme

cudgel ['kʌdʒəl] n kjepp c, klubbe c

cuff [kʌf] n mansjett c

cuff-links ['kʌfliŋks] pl mansjettknap-
per pl

cul-de-sac ['kʌldəsæk] n blindgate c

cultivate ['kʌltiveit] v dyrke

culture ['kʌltʃə] n kultur c

cultured ['kʌltʃəd] adj kultivert

cunning ['kʌniŋ] adj slu

cup [kʌp] n kopp c; pokal c

cupboard ['kʌbəd] n skap nt

curb [kə:b] n fortauskant c; v tøyle

cure [kjuə] v helbrede, lege; n kur c;
helbredelse c

curio ['kjuəriou] n (pl ~s) kuriositet
c

curiosity [,kjuəri'ɔsəti] n nysgjerrighet
c

curious ['kjuəriəs] adj vitebegjærlig,
nysgjerrig; merkverdig

curl [kə:l] v krølle; n krøll c

curler ['kə:lə] n hårrull c

curling-tongs ['kə:liŋtɔŋz] pl krøll-
tang c

curly ['kə:li] adj krøllet

currant ['kʌrənt] n korint c; rips c

currency ['kʌrənsi] n valuta c;
foreign ~ utenlandsk valuta

current ['kʌrənt] n strøm c; adj nåvæ-
rende, aktuell; alternating ~ vek-
selstrøm c; direct ~ likestrøm c

curry ['kʌri] n karri c

curse [kə:s] v banne; forbanne; n
banning c; forbannelse c

curtain ['kə:tən] n gardin c/nt; teppe
nt

curve [kə:v] n kurve c; krumning c

curved [kə:vd] adj krum, buet

cushion ['kuʃən] n pute c

custodian [kʌ'stoudiən] n oppsyns-
mann c

custody ['kʌstədi] n varetekt c; forva-
ring c; formynderskap nt

custom ['kʌstəm] n vane c; skikk c

customary ['kʌstəməri] adj alminne-
lig, sedvanlig, vanlig

customer ['kʌstəmə] n kunde c

Customs ['kʌstəmz] pl toll c; ~ duty
tollavgift c; ~ officer toller c

cut [kʌt] n kutt nt

*cut [kʌt] v *skjære; klippe; *skjære
ned; ~ off *skjære av; klippe av;
stenge av

cutlery ['kʌtləri] n bestikk nt

cutlet ['kʌtlət] n kotelett c

cycle ['saikəl] n sykkel c; kretsløp nt,
syklus c

cycling ['saikliŋ] n sykling c

cyclist ['saiklist] n syklist c

cylinder ['silində] n sylinder c; ~
head topplokk nt

cystitis [si'staitis] n blærekatarr c

D

dad [dæd] n far c

daddy ['dædi] n pappa c

daffodil ['dæfədil] n påskelilje c

daily ['deili] adj daglig; n dagsavis c

dairy ['dɛəri] n meieri nt; melkebutikk c

dam [dæm] n demning c

damage ['dæmidʒ] n skade c; v skade

damp [dæmp] adj fuktig; n fuktighet c; v fukte

dance [dɑ:ns] v danse; n dans c

dandelion ['dændilaiən] n løvetann c

dandruff ['dændrəf] n flass nt

Dane [dein] n danske c

danger ['deindʒə] n fare c

dangerous ['deindʒərəs] adj farlig

Danish ['deiniʃ] adj dansk; ~ pastry wienerbrød nt

dare [dɛə] v *tore, våge; utfordre

daring ['dɛəriŋ] adj dristig

dark [dɑ:k] adj mørk; n mørke nt

darling ['dɑ:liŋ] n kjæreste c, skatt c

darn [dɑ:n] v stoppe

dash [dæʃ] v styrte; n tankestrek c

dashboard ['dæʃbɔ:d] n instrumentbord nt

data ['deitə] pl data pl

date[1] [deit] n dato c; avtale c; stevnemøte nt; v datere; out of ~ umoderne

date[2] [deit] n daddel c

daughter ['dɔ:tə] n datter c

dawn [dɔ:n] n daggry nt

day [dei] n dag c; by ~ om dagen; ~ trip dagstur c; per ~ per dag; the ~ before yesterday i forgårs

daybreak ['deibreik] n daggry nt

daylight ['deilait] n dagslys nt; ~ saving time sommertid c

dead [ded] adj død

deaf [def] adj døv

deal [di:l] n transaksjon c, handel c

*deal [di:l] v dele ut; ~ with *ta seg av; handle med

dealer ['di:lə] n kortgiver c, forhandler c

dear [diə] adj kjær; dyr; dyrebar

death [deθ] n død c; ~ penalty dødsstraff c

debate [di'beit] n debatt c

debit ['debit] n debet c

debt [det] n gjeld c

decaffeinated [di:'kæfineitid] adj kaffeinfri

deceit [di'si:t] n bedrag nt

deceive [di'si:v] v *bedra

December [di'sembə] desember

decency ['di:sənsi] n anstendighet c

decent ['di:sənt] adj anstendig

decide [di'said] v *avgjøre

decision [di'siʒən] n beslutning c, avgjørelse c

deck [dek] n dekk nt; ~ cabin dekkslugar c; ~ chair fluktstol c

declaration [,deklə'reiʃən] n erklæring c; deklarasjon c

declare [di'klɛə] v erklære; *oppgi; deklarere

decoration [,dekə'reiʃən] n dekorasjon c

decrease [di:'kri:s] v minke, minske; *avta; n nedgang c

dedicate ['dedikeit] v hellige

deduce [di'dju:s] v utlede

deduct [di'dʌkt] v *trekke fra

deed [di:d] n handling c, gjerning c

deep [di:p] adj dyp

deep-freeze [,di:p'fri:z] n dypfryser c

deer [diə] n (pl ~) hjort c

defeat [di'fi:t] v *overvinne; n nederlag nt

defective [di'fektiv] adj mangelfull

defence [di'fens] n forsvar nt; vern nt

defend [di'fend] v forsvare
deficiency [di'fiʃənsi] n mangel c
deficit ['defisit] n underskudd nt
define [di'fain] v bestemme, definere
definite ['definit] adj bestemt
definition [ˌdefi'niʃən] n definisjon c
deformed [di'fɔ:md] adj misdannet, vanskapt
degree [di'gri:] n grad c
delay [di'lei] v forsinke; *utsette; n forsinkelse c; utsettelse c
delegate ['deligət] n utsending c
delegation [ˌdeli'geiʃən] n delegasjon c
deliberate¹ [di'libəreit] v overveie, *rådslå
deliberate² [di'libərət] adj overlagt
deliberation [diˌlibə'reiʃən] n overveielse c, rådslagning c
delicacy ['delikəsi] n lekkerbisken c; finfølelse c
delicate ['delikət] adj delikat
delicatessen [ˌdelikə'tesən] n delikatesse c; delikatesseforretning c
delicious [di'liʃəs] adj deilig, lekker
delight [di'lait] n glede c, fryd c; v glede
delightful [di'laitfəl] adj henrivende, herlig
deliver [di'livə] v levere, avlevere
delivery [di'livəri] n levering c, leveranse c; nedkomst c; ~ **van** varebil c
demand [di'mɑ:nd] v behøve, forlange; n krav nt; etterspørsel c
democracy [di'mɔkrəsi] n demokrati nt
democratic [ˌdemə'krætik] adj demokratisk
demolish [di'mɔliʃ] v *rive ned; *ødelegge
demolition [ˌdemə'liʃən] n nedrivning c
demonstrate ['demənstreit] v bevise; demonstrere
demonstration [ˌdemən'streiʃən] n demonstrasjon c
den [den] n hi nt; hule c
Denmark ['denmɑ:k] Danmark
denomination [diˌnɔmi'neiʃən] n benevnelse c; trosretning c; verdienhet c
dense [dens] adj tett
dent [dent] n bulk c
dentist ['dentist] n tannlege c
denture ['dentʃə] n gebiss nt
deny [di'nai] v benekte; nekte
deodorant [di:'oudərənt] n deodorant c
depart [di'pɑ:t] v reise bort, *gå sin vei; *avgå ved døden
department [di'pɑ:tmənt] n avdeling c, departement nt; ~ **store** stormagasin nt
departure [di'pɑ:tʃə] n avreise c
dependant [di'pendənt] adj avhengig
depend on [di'pend] bero på
deposit [di'pɔzit] n depositum nt; pant c; bunnfall nt, avleiring c; v deponere
depository [di'pɔzitəri] n lager nt
depot ['depou] n lagerplass c; stasjon c
depress [di'pres] v tynge ned
depressing [di'presiŋ] adj deprimerende
depression [di'preʃən] n depresjon c; lavtrykk nt; nedgang c
deprive of [di'praiv] *frata
depth [depθ] n dybde c
deputy ['depjuti] n deputert c; stedfortreder c
descend [di'send] v *gå ned
descendant [di'sendənt] n etterkommer c
descent [di'sent] n nedstigning c
describe [di'skraib] v *beskrive
description [di'skripʃən] n beskrivelse

c; signalement nt

desert¹ ['dezət] n ørken c; adj øde

desert² [di'zə:t] v desertere; *forlate

deserve [di'zə:v] v fortjene

design [di'zain] v tegne opp; n utkast nt; hensikt c

designate ['dezigneit] v peke ut

desirable [di'zaiərəbəl] adj attråverdig, ønskelig

desire [di'zaiə] n ønske nt; lyst c, begjær c; v ønske, attrå, begjære

desk [desk] n skrivebord nt; kateter nt; pult c

despair [di'spɛə] n håpløshet c; v fortvile

despatch [di'spætʃ] v avsende

desperate ['despərət] adj fortvilet

despise [di'spaiz] v forakte

despite [di'spait] prep tross

dessert [di'zə:t] n dessert c

destination [ˌdesti'neiʃən] n bestemmelsessted nt

destine ['destin] v bestemme

destiny ['destini] n skjebne c, lodd c

destroy [di'strɔi] v *ødelegge, *tilintetgjøre

destruction [di'strʌkʃən] n ødeleggelse c; undergang c

detach [di'tætʃ] v løsne

detail ['di:teil] n detalj c

detailed ['di:teild] adj detaljert, utførlig

detect [di'tekt] v oppdage

detective [di'tektiv] n detektiv c; ~ story detektivroman c

detergent [di'tə:dʒənt] n vaskepulver nt

determine [di'tə:min] v *fastsette, bestemme

determined [di'tə:mind] adj målbevisst

detour ['di:tuə] n omvei c; omkjøring c

devaluation [ˌdi:vælju'eiʃən] n devaluering c

devalue [ˌdi:'vælju:] v devaluere

develop [di'veləp] v utvikle; fremkalle

development [di'veləpmənt] n utvikling c

deviate ['di:vieit] v *avvike

devil ['devəl] n djevel c

devise [di'vaiz] v uttenke

devote [di'vout] v *hengi

dew [dju:] n dugg c

diabetes [ˌdaiə'bi:ti:z] n sukkersyke c, diabetes c

diabetic [ˌdaiə'betik] n diabetiker c, sukkersykepasient c

diagnose [ˌdaiəg'nouz] v stille en diagnose; konstatere

diagnosis [ˌdaiəg'nousis] n (pl -ses) diagnose c

diagonal [dai'ægənəl] n diagonal c; adj diagonal

diagram ['daiəgræm] n diagram nt; grafisk fremstilling

dialect ['daiəlekt] n dialekt c

diamond ['daiəmənd] n diamant c

diaper ['daiəpə] nAm bleie c

diaphragm ['daiəfræm] n mellomgulv nt

diarrhoea [daiə'riə] n diaré c

diary ['daiəri] n almanakk c; dagbok c

dictaphone ['diktəfoun] n diktafon c

dictate [dik'teit] v diktere

dictation [dik'teiʃən] n diktat c

dictator [dik'teitə] n diktator c

dictionary ['dikʃənəri] n ordbok c

did [did] v (p do)

die [dai] v dø

diesel ['di:zəl] n diesel c

diet ['daiət] n diett c

differ ['difə] v *være forskjellig

difference ['difərəns] n forskjell c

different ['difərənt] adj forskjellig; annerledes

difficult ['difikəlt] adj vanskelig; vrien

difficulty ['difikəlti] *n* vanskelighet *c;* møye *c*

*** dig** [dig] *v* grave

digest [di'dʒest] *v* fordøye

digestible [di'dʒestəbəl] *adj* fordøyelig

digestion [di'dʒestʃən] *n* fordøyelse *c*

digit ['didʒit] *n* siffer *nt*

digital ['didʒitəl] *adj* digital

dignified ['dignifaid] *adj* verdig

dilapidated [di'læpideitid] *adj* forfallen

diligence ['dilidʒəns] *n* flid *c*

diligent ['dilidʒənt] *adj* flittig

dilute [dai'lju:t] *v* spe opp, fortynne

dim [dim] *adj* dunkel, matt; uklar, utydelig

dine [dain] *v* spise middag

dinghy ['diŋgi] *n* jolle *c*

dining-car ['dainiŋka:] *n* spisevogn *c*

dining-room ['dainiŋru:m] *n* spisestue *c;* spisesal *c*

dinner ['dinə] *n* middag *c;* lunsj *c,* aftensmat *c*

dinner-jacket ['dinə,dʒækit] *n* smoking *c*

dinner-service ['dinə,sə:vis] *n* servise *nt*

diphtheria [dif'θiəriə] *n* difteri *c*

diploma [di'ploumə] *n* diplom *nt*

diplomat ['dipləmæt] *n* diplomat *c*

direct [di'rekt] *adj* direkte, likefrem; *v* rette; veilede; styre; regissere

direction [di'rekʃən] *n* retning *c;* direktiv *nt;* regi *c;* styre *nt,* veiledning *c;* **directional signal** *Am* retningsviser *c;* **directions for use** bruksanvisning *c*

directive [di'rektiv] *n* direktiv *nt*

director [di'rektə] *n* direktør *c;* regissør *c*

dirt [də:t] *n* skitt *c*

dirty ['də:ti] *adj* skitten, svart

disabled [dis'eibəld] *adj* vanfør, invalid

disadvantage [,disəd'va:ntidʒ] *n* ulempe *c*

disagree [,disə'gri:] *v* *være uenig

disagreeable [,disə'gri:əbəl] *adj* ubehagelig

disappear [,disə'piə] *v* *forsvinne

disappoint [,disə'point] *v* skuffe

disappointment [,disə'pointmənt] *n* skuffelse *c*

disapprove [,disə'pru:v] *v* misbillige

disaster [di'za:stə] *n* katastrofe *c;* ulykke *c*

disastrous [di'za:strəs] *adj* katastrofal

disc [disk] *n* skive *c;* grammofonplate *c;* **slipped ~** skiveprolaps *c*

discard [dis'ka:d] *v* kassere

discharge [dis'tʃa:dʒ] *v* lesse av, losse; **~ of** *frita for

discipline ['disiplin] *n* disiplin *c*

discolour [dis'kʌlə] *v* farge av

disconnect [,diskə'nekt] *v* utkople; *ta ut kontakten

discontented [,diskən'tentid] *adj* misfornøyd

discontinue [,diskən'tinju:] *v* stanse, opphøre

discount ['diskaunt] *n* rabatt *c,* avslag *nt*

discover [dis'kʌvə] *v* oppdage

discovery [dis'kʌvəri] *n* oppdagelse *c*

discuss [dis'kʌs] *v* diskutere; debattere

discussion [dis'kʌʃən] *n* diskusjon *c;* samtale *c,* debatt *c*

disease [di'zi:z] *n* sykdom *c*

disembark [,disim'ba:k] *v* *gå fra borde, *gå i land

disgrace [dis'greis] *n* skam *c*

disguise [dis'gaiz] *v* forkle seg; *n* forkledning *c*

disgusting [dis'gʌstiŋ] *adj* motbydelig, avskyelig

dish [diʃ] *n* tallerken *c;* fat *nt;* rett *c*

dishonest [di'sɔnist] *adj* uærlig

disinfect [ˌdisin'fekt] *v* desinfisere

disinfectant [ˌdisin'fektənt] *n* desinfiserende middel

dislike [di'slaik] *v* mislike, avsky; *n* motvilje *c*, avsky *c*, antipati *c*

dislocated ['disləkeitid] *adj* gått av ledd

dismiss [dis'mis] *v* sende bort; *gi sparken, avskjedige

disorder [di'sɔːdə] *n* uorden *c*

dispatch [di'spætʃ] *v* avsende, sende av sted

display [di'splei] *v* utstille; vise; *n* utstilling *c*

displease [di'spliːz] *v* mishage

disposable [di'spouzəbəl] *adj* engangs-

disposal [di'spouzəl] *n* disposisjon *c*

dispose of [di'spouz] kvitte seg med

dispute [di'spjuːt] *n* ordstrid *c*; krangel *c*/*nt*, tvist *c*; *v* *strides, *bestride

dissatisfied [di'sætisfaid] *adj* utilfreds

dissolve [di'zɔlv] *v* oppløse

dissuade from [di'sweid] fraråde

distance ['distəns] *n* avstand *c*; ~ in kilometres kilometertall *nt*

distant ['distənt] *adj* fjern

distinct [di'stiŋkt] *adj* tydelig; forskjellig

distinction [di'stiŋkʃən] *n* forskjell *c*

distinguish [di'stiŋgwiʃ] *v* skjelne, *gjøre forskjell

distinguished [di'stiŋgwiʃt] *adj* fremstående

distress [di'stres] *n* nød *c*; bedrøvelse *c*; ~ signal nødsignal *nt*

distribute [di'stribjuːt] *v* utdele

distributor [di'stribjutə] *n* eneforhandler *c*; strømfordeler *c*

district ['distrikt] *n* distrikt *nt*; kvarter *nt*

disturb [di'stəːb] *v* forstyrre

disturbance [di'stəːbəns] *n* forstyrrelse *c*; forvirring *c*

ditch [ditʃ] *n* grøft *c*

dive [daiv] *v* dukke, stupe

diversion [dai'vəːʃən] *n* omkjøring *c*; atspredelse *c*

divide [di'vaid] *v* dele; fordele; skille

divine [di'vain] *adj* guddommelig

division [di'viʒən] *n* deling *c*; atskillelse *c*; avdeling *c*

divorce [di'vɔːs] *n* skilsmisse *c*; *v* skilles

dizziness ['dizinəs] *n* svimmelhet *c*

dizzy ['dizi] *adj* svimmel

*do [duː] *v* *gjøre; *være tilstrekkelig

dock [dɔk] *n* dokk *c*; kai *c*; *v* *dokksette; *legge til kai

docker ['dɔkə] *n* havnearbeider *c*

doctor ['dɔktə] *n* lege *c*; doktor *c*

document ['dɔkjumənt] *n* dokument *nt*

dog [dɔg] *n* hund *c*

dogged ['dɔgid] *adj* sta

doll [dɔl] *n* dukke *c*

dome [doum] *n* kuppel *c*

domestic [də'mestik] *adj* hus-; innenlands; *n* tjener *c*

domicile ['dɔmisail] *n* bopel *c*

domination [ˌdɔmi'neiʃən] *n* dominering *c*

dominion [də'minjən] *n* herredømme *nt*

donate [dou'neit] *v* skjenke

donation [dou'neiʃən] *n* donasjon *c*

done [dʌn] *v* (pp do)

donkey ['dɔŋki] *n* esel *nt*

donor ['dounə] *n* donator *c*; giver *c*

door [dɔː] *n* dør *c*; revolving ~ svingdør *c*; sliding ~ skyvedør *c*

doorbell ['dɔːbel] *n* ringeklokke *c*

door-keeper ['dɔːˌkiːpə] *n* dørvokter *c*

doorman ['dɔːmən] *n* (pl -men) por-

tier c
dormitory ['dɔ:mitri] n sovesal c
dose [dous] n dose c
dot [dɔt] n punkt nt
double ['dʌbəl] adj dobbel
doubt [daut] v tvile, betvile; n tvil c;
    without ~ uten tvil
doubtful ['dautfəl] adj tvilsom; usikker
dough [dou] n deig c; penger pl
down[1] [daun] adv ned, nedover;
    over ende; adj nedslått; prep nedover, langs; ~ **payment** nedbetaling c
down[2] [daun] n dun nt
downpour ['daunpɔ:] n øsregn nt
downstairs [ˌdaun'stɛəz] adv ned
downstream [ˌdaun'stri:m] adv med strømmen
down-to-earth [ˌdauntu'ə:θ] adj nøktern
downwards ['daunwədz] adv nedover
dozen ['dʌzən] n (pl ~, ~s) dusin nt
draft [drɑ:ft] n veksel c; utkast nt
drag [dræg] v slepe
dragon ['drægən] n drake c
drain [drein] v drenere; n avløp nt
drama ['drɑ:mə] n drama nt; skuespill nt
dramatic [drə'mætik] adj dramatisk
dramatist ['dræmətist] n dramatiker c
drank [dræŋk] v (p drink)
draper ['dreipə] n manufakturhandler c
drapery ['dreipəri] n tekstilvarer pl
draught [drɑ:ft] n trekk c; **draughts**
    damspill nt
draught-board ['drɑ:ftbɔ:d] n dambrett nt
draw [drɔ:] n trekning c
***draw** [drɔ:] v tegne; *trekke; heve;
    ~ **up** avfatte, *sette opp
drawbridge ['drɔ:bridʒ] n vindebro c
drawer ['drɔ:ə] n skuff c; **drawers**

underbukse c
drawing ['drɔ:iŋ] n tegning c
drawing-pin ['drɔ:iŋpin] n tegnestift c
drawing-room ['drɔ:iŋru:m] n salong c
dread [dred] v frykte; n frykt c
dreadful ['dredfəl] adj fryktelig, forferdelig
dream [dri:m] n drøm c
***dream** [dri:m] v drømme
dress [dres] v kle på; kle på seg, kle seg; *forbinde; n kjole c
dressing-gown ['dresiŋgaun] n morgenkåpe c
dressing-room ['dresiŋru:m] n påkledningsrom nt
dressing-table ['dresiŋˌteibəl] n toalettbord nt
dressmaker ['dresˌmeikə] n sydame c
drill [dril] v bore; trene; n bor nt
drink [driŋk] n drink c, drikk c
***drink** [driŋk] v *drikke
drinking-water ['driŋkiŋˌwɔ:tə] n drikkevann nt
drip-dry [ˌdrip'drai] adj strykefri
drive [draiv] n veg c; kjøretur c
***drive** [draiv] v kjøre; føre
driver ['draivə] n fører c
drizzle ['drizəl] n duskregn nt
drop [drɔp] v *la falle; n dråpe c
drought [draut] n tørke c
drown [draun] v drukne; *be
    drowned drukne
drug [drʌg] n narkotika c; medisin c
drugstore ['drʌgstɔ:] nAm apotek nt;
    varehus nt
drum [drʌm] n tromme c
drunk [drʌŋk] adj (pp drink) full, beruset
dry [drai] adj tørr; v tørke
dry-clean [ˌdrai'kli:n] v rense
dry-cleaner's [ˌdrai'kli:nəz] n renseri nt
dryer ['draiə] n tørketrommel c, tør-

keapparat *nt*
duchess [ˈdʌtʃis] *n* hertuginne *c*
duck [dʌk] *n* and *c*
due [djuː] *adj* ventet; skyldig; forfalt til betaling
dues [djuːz] *pl* avgifter *pl*
dug [dʌg] *v* (p, pp dig)
duke [djuːk] *n* hertug *c*
dull [dʌl] *adj* kjedelig; matt; sløv
dumb [dʌm] *adj* stum; dum
dune [djuːn] *n* sanddyne *c*
dung [dʌŋ] *n* gjødsel *c*
dunghill [ˈdʌŋhil] *n* gjødseldynge *c*
duration [djuˈreiʃən] *n* varighet *c*
during [ˈdjuəriŋ] *prep* under, i løpet av
dusk [dʌsk] *n* tusmørke *nt*
dust [dʌst] *n* støv *nt*
dustbin [ˈdʌstbin] *n* søppelkasse *c*
dusty [ˈdʌsti] *adj* støvet
Dutch [dʌtʃ] *adj* hollandsk, nederlandsk
Dutchman [ˈdʌtʃmən] *n* (pl -men) nederlender *c*, hollender *c*
dutiable [ˈdjuːtiəbəl] *adj* avgiftspliktig
duty [ˈdjuːti] *n* plikt *c*; oppgave *c*; innførselstoll *c*; **Customs ~** tollavgift *c*
duty-free [ˌdjuːtiˈfriː] *adj* tollfri
dwarf [dwɔːf] *n* dverg *c*
dye [dai] *v* farge; *n* farge *c*
dynamo [ˈdainəmou] *n* (pl ~s) dynamo *c*
dysentery [ˈdisəntri] *n* dysenteri *c*

E

each [iːtʃ] *adj* hver; **~ other** hverandre
eager [ˈiːgə] *adj* ivrig, utålmodig
eagle [ˈiːgəl] *n* ørn *c*
ear [iə] *n* øre *nt*

earache [ˈiəreik] *n* øreverk *c*
ear-drum [ˈiədrʌm] *n* trommehinne *c*
earl [əːl] *n* greve *c*
early [ˈəːli] *adj* tidlig
earn [əːn] *v* tjene; fortjene
earnest [ˈəːnist] *n* alvor *nt*
earnings [ˈəːniŋz] *pl* inntekt *c*
earring [ˈiəriŋ] *n* øredobb *c*
earth [əːθ] *n* jord *c*; bakke *c*
earthenware [ˈəːθənwεə] *n* steintøy *nt*
earthquake [ˈəːθkweik] *n* jordskjelv *c/nt*
ease [iːz] *n* letthet *c*, utvungenhet *c*; velbefinnende *nt*
east [iːst] *n* øst *c*
Easter [ˈiːstə] påske *c*
easterly [ˈiːstəli] *adj* østlig
eastern [ˈiːstən] *adj* østlig, østre
easy [ˈiːzi] *adj* lett; bekvem; **~ chair** lenestol *c*
easy-going [ˈiːziˌgouiŋ] *adj* avslappet
*****eat** [iːt] *v* spise
eavesdrop [ˈiːvzdrɔp] *v* sniklytte
ebony [ˈebəni] *n* ibenholt *c/nt*
eccentric [ikˈsentrik] *adj* eksentrisk
echo [ˈekou] *n* (pl ~es) gjenlyd *c*, ekko *nt*
eclipse [iˈklips] *n* formørkelse *c*
economic [ˌiːkəˈnɔmik] *adj* økonomisk
economical [ˌiːkəˈnɔmikəl] *adj* økonomisk, sparsommelig
economist [iˈkɔnəmist] *n* økonom *c*
economize [iˈkɔnəmaiz] *v* spare
economy [iˈkɔnəmi] *n* økonomi *c*
ecstasy [ˈekstəzi] *n* ekstase *c*
Ecuador [ˈekwədɔː] Ecuador
Ecuadorian [ˌekwəˈdɔːriən] *n* ecuadorianer *c*
eczema [ˈeksimə] *n* eksem *c/nt*
edge [edʒ] *n* kant *c*
edible [ˈedibəl] *adj* spiselig
edition [iˈdiʃən] *n* utgave *c*; **morning ~** morgenutgave *c*
editor [ˈeditə] *n* redaktør *c*

educate ['edʒukeit] v *oppdra, utdanne

education [,edʒu'keiʃən] n utdannelse c; oppdragelse c

eel [i:l] n ål c

effect [i'fekt] n effekt c, virkning c; v *frembringe; in ~ faktisk

effective [i'fektiv] adj effektiv, virkningsfull

efficient [i'fiʃənt] adj virkningsfull, effektiv

effort ['efət] n anstrengelse c; bestrebelse c; prestasjon c

egg [eg] n egg nt

egg-cup ['egkʌp] n eggeglass nt

eggplant ['egplɑ:nt] n aubergine c

egg-yolk ['egjouk] n eggeplomme c

egoistic [,egou'istik] adj egoistisk

Egypt ['i:dʒipt] Egypt

Egyptian [i'dʒipʃən] adj egyptisk; n egypter c

eiderdown ['aidədaun] n ederdun nt; dyne c

eight [eit] num åtte

eighteen [,ei'ti:n] num atten

eighteenth [,ei'ti:nθ] num attende

eighth [eitθ] num åttende

eighty ['eiti] num åtti

either ['aiðə] pron den ene eller den andre; **either ... or** enten ... eller

elaborate [i'læbəreit] v utdype

elastic [i'læstik] adj elastisk; tøyelig; ~ **band** strikk c

elasticity [,elæ'stisəti] n tøyelighet c

elbow ['elbou] n albue c

elder ['eldə] adj eldre

elderly ['eldəli] adj eldre

elect [i'lekt] v *velge

election [i'lekʃən] n valg nt

electric [i'lektrik] adj elektrisk; ~ **cord** ledning c; ~ **razor** barbermaskin c

electrician [,ilek'triʃən] n elektriker c

electricity [,ilek'trisəti] n elektrisitet c

electronic [ilek'trɔnik] adj elektronisk

elegance ['eligəns] n eleganse c

elegant ['eligənt] adj elegant

element ['elimənt] n element nt, bestanddel c

elephant ['elifənt] n elefant c

elevator ['eliveitə] nAm heis c

eleven [i'levən] num elleve

eleventh [i'levənθ] num ellevte

elf [elf] n (pl elves) alv c

eliminate [i'limineit] v fjerne; avskaffe

elm [elm] n alm c

else [els] adv ellers

elsewhere [,el'swɛə] adv annetsteds

elucidate [i'lu:sideit] v *klargjøre

emancipation [i,mænsi'peiʃən] n frigjøring c

embankment [im'bæŋkmənt] n bredd c; demning c

embargo [em'bɑ:gou] n (pl ~es) beslag nt; handelsforbud nt

embark [im'bɑ:k] v *gå om bord

embarkation [,embɑ:'keiʃən] n innskipning c

embarrass [im'bærəs] v *gjøre brydd, *gjøre forlegen; sjenere; **embarrassed** brydd, forlegen; **embarrassing** pinlig

embassy ['embəsi] n ambassade c

emblem ['embləm] n emblem nt; symbol nt

embrace [im'breis] v omfavne; n omfavnelse c

embroider [im'brɔidə] v brodere

embroidery [im'brɔidəri] n broderi nt

emerald ['emərəld] n smaragd c

emergency [i'mə:dʒənsi] n krisesituasjon c, nødstilfelle nt; ~ **exit** nødutgang c

emigrant ['emigrənt] n utvandrer c

emigrate ['emigreit] v utvandre

emigration [,emi'greiʃən] n emigrasjon c

emotion [i'mouʃən] n sinnsbevegelse c, følelse c

emperor ['empərə] n keiser c

emphasize ['emfəsaiz] v understreke

empire ['empaiə] n imperium nt, keiserdømme nt

employ [im'plɔi] v *ansette; anvende

employee [,emplɔi'i:] n lønnstaker c, ansatt c

employer [im'plɔiə] n arbeidsgiver c

employment [im'plɔimənt] n beskjeftigelse c, arbeid nt; ~ exchange arbeidsformidling c

empress ['empris] n keiserinne c

empty ['empti] adj tom; v tømme

enable [i'neibəl] v *sette i stand

enamel [i'næməl] n emalje c

enamelled [i'næməld] adj emaljert

enchanting [in'tʃɑ:ntiŋ] adj bedårende, henrivende

encircle [in'sə:kəl] v omringe, *omgi; innsirkle

enclose [iŋ'klouz] v *vedlegge

enclosure [iŋ'klouʒə] n vedlegg nt

encounter [iŋ'kauntə] v møte; n møte nt

encourage [iŋ'kʌridʒ] v oppmuntre

encyclopaedia [en,saiklə'pi:diə] n leksikon nt

end [end] n ende c, slutt c; v slutte; opphøre

ending ['endiŋ] n avslutning c

endless ['endləs] adj uendelig

endorse [in'dɔ:s] v endossere, *skrive bak på

endure [in'djuə] v *utholde

enemy ['enəmi] n fiende c

energetic [,enə'dʒetik] adj energisk

energy ['enədʒi] n energi c; kraft c

engage [iŋ'geidʒ] v *ansette; bestille; forplikte seg; **engaged** forlovet; opptatt

engagement [iŋ'geidʒmənt] n forlovelse c; forpliktelse c; avtale c; ~

ring forlovelsesring c

engine ['endʒin] n maskin c, motor c; lokomotiv nt

engineer [,endʒi'niə] n ingeniør c

England ['iŋglənd] England

English ['iŋgliʃ] adj engelsk

Englishman ['iŋgliʃmən] n (pl -men) engelskmann c

engrave [iŋ'greiv] v gravere

engraving [iŋ'greiviŋ] n trykk nt; kopperstikk nt

enigma [i'nigmə] n gåte c

enjoy [in'dʒɔi] v *nyte, *ha glede av

enjoyable [in'dʒɔiəbəl] adj behagelig, hyggelig, morsom; deilig

enjoyment [in'dʒɔimənt] n nytelse c

enlarge [in'lɑ:dʒ] v forstørre; utvide

enlargement [in'lɑ:dʒmənt] n forstørrelse c

enormous [i'nɔ:məs] adj enorm, kolossal

enough [i'nʌf] adv nok; adj tilstrekkelig

enquire [iŋ'kwaiə] v *forespørre; undersøke

enquiry [iŋ'kwaiəri] n forespørsel c; undersøkelse c; rundspørring c

enter ['entə] v *gå inn, *tre inn i; *innskrive

enterprise ['entəpraiz] n virksomhet c; driftighet c

entertain [,entə'tein] v *underholde, more; beverte

entertainer [,entə'teinə] n underholder c

entertaining [,entə'teiniŋ] adj morsom, underholdende

entertainment [,entə'teinmənt] n underholdning c, forlystelse c

enthusiasm [in'θju:ziæzəm] n entusiasme c

enthusiastic [in,θju:zi'æstik] adj entusiastisk

entire [in'taiə] adj hel

entirely ['in'taiəli] *adv* helt
entrance ['entrəns] *n* inngang *c*; adgang *c*; inntreden *c*
entrance-fee ['entrənsfi:] *n* inngangspenger *pl*
entry ['entri] *n* inngang *c*, adgang *c*; innføring *c*; no ~ adgang forbudt
envelope ['envələup] *n* konvolutt *c*
envious ['enviəs] *adj* sjalu, misunnelig
environment [in'vaiərənmənt] *n* miljø *nt*; omgivelser *pl*
envoy ['envɔi] *n* sendemann *c*
envy ['envi] *n* misunnelse *c*; *v* misunne
epic ['epik] *n* epos *nt*; *adj* episk
epidemic [ˌepi'demik] *n* epidemi *c*
epilepsy ['epilepsi] *n* epilepsi *c*
epilogue ['epiləg] *n* epilog *c*
episode ['episoud] *n* episode *c*
equal ['i:kwəl] *adj* lik; *n* likemann *c*; *v* måle seg med
equality [i'kwɔləti] *n* likhet *c*
equalize ['i:kwəlaiz] *v* utjevne
equally ['i:kwəli] *adv* like
equator [i'kweitə] *n* ekvator *c*
equip [i'kwip] *v* utruste, utstyre
equipment [i'kwipmənt] *n* utstyr *nt*
equivalent [i'kwivələnt] *adj* motsvarende, tilsvarende
eraser [i'reizə] *n* viskelær *nt*
erect [i'rekt] *v* reise; *adj* oppreist, stående
err [ə:] *v* feile
errand ['erənd] *n* ærend *nt*
error ['erə] *n* feiltakelse *c*, feil *c*
escalator ['eskəleitə] *n* rulletrapp *c*
escape [i'skeip] *v* *unnslippe; *unngå, flykte; *n* flukt *c*
escort[1] ['eskɔ:t] *n* eskorte *c*
escort[2] [i'skɔ:t] *v* ledsage
especially [i'speʃəli] *adv* især, først og fremst
esplanade [ˌesplə'neid] *n* esplanade *c*

essay ['esei] *n* essay *nt*; stil *c*, avhandling *c*
essence ['esəns] *n* essens *c*; vesen *nt*, kjerne *c*
essential [i'senʃəl] *adj* uunnværlig; vesentlig
essentially [i'senʃəli] *adv* først og fremst
establish [i'stæbliʃ] *v* etablere; *fastslå
estate [i'steit] *n* eiendom *c*
esteem [i'sti:m] *n* aktelse *c*, respekt *c*; *v* akte
estimate[1] ['estimeit] *v* vurdere, taksere, *verdsette
estimate[2] ['estimət] *n* vurdering *c*
estuary ['estʃuəri] *n* elvemunning *c*
etcetera [et'setərə] og så videre
etching ['etʃiŋ] *n* radering *c*
eternal [i'tə:nəl] *adj* evig
eternity [i'tə:nəti] *n* evighet *c*
ether ['i:θə] *n* eter *c*
Ethiopia [iθi'oupiə] Etiopia
Ethiopian [iθi'oupiən] *adj* etiopisk; *n* etiopier *c*
Europe ['juərəp] Europa
European [juərə'pi:ən] *adj* europeisk; *n* europeer *c*
evacuate [i'vækjueit] *v* evakuere
evaluate [i'væljueit] *v* vurdere
evaporate [i'væpəreit] *v* fordampe
even ['i:vən] *adj* jevn, like, plan; konstant; *adv* endog
evening ['i:vniŋ] *n* kveld *c*; ~ dress selskapsantrekk *nt*
event [i'vent] *n* begivenhet *c*
eventual [i'ventʃuəl] *adj* mulig; endelig
ever ['evə] *adv* noen gang; alltid
every ['evri] *adj* hver
everybody ['evriˌbɔdi] *pron* enhver
everyday ['evridei] *adj* daglig
everyone ['evriwʌn] *pron* enhver
everything ['evriθiŋ] *pron* alt

everywhere ['evriweə] *adv* overalt
evidence ['evidəns] *n* bevis *nt*
evident ['evidənt] *adj* tydelig
evil ['i:vəl] *n* onde *nt*; *adj* ondsinnet, ond
evolution [ˌi:vəˈlu:ʃən] *n* evolusjon *c*
exact [igˈzækt] *adj* nøyaktig
exactly [igˈzæktli] *adv* akkurat
exaggerate [igˈzædʒəreit] *v* *overdrive
examination [igˌzæmiˈneiʃən] *n* eksamen *c*; undersøkelse *c*; forhør *nt*
examine [igˈzæmin] *v* undersøke
example [igˈza:mpəl] *n* eksempel *nt*; **for ~** for eksempel
excavation [ˌekskəˈveiʃən] *n* utgravning *c*
exceed [ikˈsi:d] *v* *overskride; *overgå
excel [ikˈsel] *v* utmerke seg
excellent ['eksələnt] *adj* fremragende, utmerket
except [ikˈsept] *prep* unntatt
exception [ikˈsepʃən] *n* unntak *nt*
exceptional [ikˈsepʃənəl] *adj* usedvanlig, enestående
excerpt ['eksə:pt] *n* utdrag *nt*
excess [ikˈses] *n* utskeielse *c*; overdrivelse *c*
excessive [ikˈsesiv] *adj* overdreven
exchange [iksˈtʃeindʒ] *v* bytte, veksle, utveksle; *n* bytte *nt*; børs *c*; **~ office** vekslingskontor *nt*; **~ rate** valutakurs *c*
excite [ikˈsait] *v* opphisse
excitement [ikˈsaitmənt] *n* opphisselse *c*; spenning *c*
exciting [ikˈsaitiŋ] *adj* spennende
exclaim [ikˈskleim] *v* *utbryte
exclamation [ˌekskləˈmeiʃən] *n* utrop *nt*
exclude [ikˈsklu:d] *v* utelukke
exclusive [ikˈsklu:siv] *adj* eksklusiv
exclusively [ikˈsklu:sivli] *adv* utelukkende

excursion [ikˈskə:ʃən] *n* utflukt *c*
excuse[1] [ikˈskju:s] *n* unnskyldning *c*
excuse[2] [ikˈskju:z] *v* unnskylde
execute ['eksikju:t] *v* utføre
execution [ˌeksiˈkju:ʃən] *n* henrettelse *c*
executioner [ˌeksiˈkju:ʃənə] *n* bøddel *c*
executive [igˈzekjutiv] *adj* administrerende; *n* utøvende makt; direktør *c*
exempt [igˈzempt] *v* *frita; *adj* fritatt
exemption [igˈzempʃən] *n* fritakelse *c*
exercise ['eksəsaiz] *n* øvelse *c*; oppgave *c*; *v* øve; utøve
exhale [eksˈheil] *v* puste ut
exhaust [igˈzɔ:st] *n* eksosrør *nt*; *v* utmatte; **~ gases** eksos *c*
exhibit [igˈzibit] *v* utstille; fremvise, oppvise
exhibition [ˌeksiˈbiʃən] *n* utstilling *c*
exile ['eksail] *n* eksil *nt*; landflyktig *c*
exist [igˈzist] *v* eksistere
existence [igˈzistəns] *n* eksistens *c*
exit ['eksit] *n* utgang *c*; utkjørsel *c*
exotic [igˈzɔtik] *adj* eksotisk
expand [ikˈspænd] *v* utvide; utbre; utfolde
expect [ikˈspekt] *v* vente
expectation [ˌekspekˈteiʃən] *n* forventning *c*
expedition [ˌekspəˈdiʃən] *n* ekspedisjon *c*
expel [ikˈspel] *v* utvise
expenditure [ikˈspenditʃə] *n* forbruk *nt*
expense [ikˈspens] *n* utgift *c*; **expenses** *pl* omkostninger *pl*
expensive [ikˈspensiv] *adj* dyr; kostbar
experience [ikˈspiəriəns] *n* erfaring *c*; *v* oppleve, erfare; **experienced** erfaren
experiment [ikˈsperimənt] *n* eksperi-

ment *nt*, forsøk *nt*; *v* eksperimente-
re
expert [ˈekspəːt] *n* fagmann *c*, ek-
spert *c*; *adj* sakkyndig
expire [ikˈspaiə] *v* *utløpe, opphøre;
utånde; **expired** utløpt
explain [ikˈsplein] *v* forklare
explanation [ˌekspləˈneiʃən] *n* forkla-
ring *c*
explicit [ikˈsplisit] *adj* tydelig, uttryk-
kelig
explode [ikˈsploud] *v* eksplodere
exploit [ikˈsplɔit] *v* utnytte
explore [ikˈsplɔː] *v* utforske
explosion [ikˈsplouʒən] *n* eksplosjon *c*
explosive [ikˈsplousiv] *adj* eksplosiv; *n*
sprengstoff *nt*
export[1] [ikˈspɔːt] *v* eksportere, utføre
export[2] [ˈekspɔːt] *n* utførsel *c*
exportation [ˌekspɔːˈteiʃən] *n* utførsel
c
exports [ˈekspɔːts] *pl* eksport *c*
exposition [ˌekspəˈziʃən] *n* utstilling *c*
exposure [ikˈspouʒə] *n* utsatthet *c*;
eksponering *c*; ~ **meter** lysmåler *c*
express [ikˈspres] *v* uttrykke; *gi ut-
trykk for, ytre; *adj* ekspress-; ut-
trykkelig; ~ **train** hurtigtog *nt*
expression [ikˈspreʃən] *n* uttrykk *nt*
exquisite [ikˈskwizit] *adj* utsøkt
extend [ikˈstend] *v* forlenge; utvide;
bevilge
extension [ikˈstenʃən] *n* forlengelse *c*;
utvidelse *c*; linje *c*; ~ **cord** skjøte-
ledning *c*
extensive [ikˈstensiv] *adj* omfangsrik;
utstrakt, omfattende
extent [ikˈstent] *n* omfang *nt*
exterior [ekˈstiəriə] *adj* ytre; *n* utside
c
external [ekˈstəːnəl] *adj* utvendig
extinguish [ikˈstingwiʃ] *v* slokke
extort [ikˈstɔːt] *v* utpresse
extortion [ikˈstɔːʃən] *n* utpressing *c*

extra [ˈekstrə] *adj* ekstra
extract[1] [ikˈstrækt] *v* *trekke ut
extract[2] [ˈekstrækt] *n* utdrag *nt*
extradite [ˈekstrədait] *v* utlevere en
forbryter
extraordinary [ikˈstrɔːdənri] *adj* used-
vanlig
extravagant [ikˈstrævəgənt] *adj* ek-
stravagant, overdreven
extreme [ikˈstriːm] *adj* ekstrem; yt-
terst, ytterlig; *n* ytterlighet *c*
exuberant [igˈzjuːbərənt] *adj* over-
strømmende
eye [ai] *n* øye *nt*
eyebrow [ˈaibrau] *n* øyenbryn *nt*
eyelash [ˈailæʃ] *n* øyenvippe *c*
eyelid [ˈailid] *n* øyenlokk *nt*
eye-pencil [ˈaiˌpensəl] *n* øyenblyant *c*
eye-shadow [ˈaiˌʃædou] *n* øyenskygge
c
eye-witness [ˈaiˌwitnəs] *n* øyenvitne
nt

F

fable [ˈfeibəl] *n* fabel *c*; sagn *nt*
fabric [ˈfæbrik] *n* stoff *nt*; struktur *c*
façade [fəˈsɑːd] *n* fasade *c*
face [feis] *n* ansikt *nt*; *v* konfrontere;
~ **massage** ansiktsmassasje *c*;
facing overfor
face-cream [ˈfeiskriːm] *n* ansiktskrem
c
face-pack [ˈfeispæk] *n* ansiktsmaske *c*
face-powder [ˈfeisˌpaudə] *n* ansikts-
pudder *nt*
facilities [fəˈsilətis] *pl* bekvemmelig-
heter *pl*
facility [fəˈsiləti] *n* letthet *c*; ferdighet
c
fact [fækt] *n* kjensgjerning *c*; **in** ~
faktisk

factor ['fæktə] n faktor c

factory ['fæktəri] n fabrikk c

factual ['fæktʃuəl] adj faktisk

faculty ['fækəlti] n evne c; begavelse c, anlegg nt; fakultet nt

fad [fæd] n nykke nt; motelune nt

fade [feid] v blekne, falme

faience [fai'ɑ:s] n fajanse c

fail [feil] v mislykkes; mangle; forsømme; dumpe, *stryke; **without** ~ helt sikkert

failure ['feiljə] n fiasko c

faint [feint] v besvime; adj svak, vag

fair [fɛə] n basar c; varemesse c; adj rettferdig; lyshåret, blond; vakker

fairly ['fɛəli] adv nokså, temmelig, ganske

fairy ['fɛəri] n fe c

fairytale ['fɛəriteil] n eventyr nt

faith [feiθ] n tro c; tillit c

faithful ['feiθful] adj trofast

fake [feik] n forfalskning c

fall [fɔ:l] n fall nt; høst c

***fall** [fɔ:l] v *falle

false [fɔ:ls] adj falsk; gal, uekte; ~ **teeth** gebiss nt

falter ['fɔ:ltə] v vakle; stamme

fame [feim] n berømmelse c; rykte nt

familiar [fə'miljə] adj velkjent; fortrolig

family ['fæməli] n familie c; slekt c; ~ **name** etternavn nt

famous ['feiməs] adj berømt

fan [fæn] n vifte c; beundrer c; ~ **belt** vifterem c

fanatical [fə'nætikəl] adj fanatisk

fancy ['fænsi] v *ha lyst til, like; tenke seg, forestille seg; n lune nt; fantasi c

fantastic [fæn'tæstik] adj fantastisk

fantasy ['fæntəzi] n fantasi c

far [fɑ:] adj fjern; adv meget; **by** ~ uten sammenligning; **so** ~ hittil

far-away ['fɑ:rəwei] adj fjern

farce [fɑ:s] n farse c

fare [fɛə] n billettpris c; kost c

farm [fɑ:m] n bondegård c

farmer ['fɑ:mə] n bonde c

farmhouse ['fɑ:mhaus] n våningshus nt

far-off ['fɑ:rɔf] adj fjern

fascinate ['fæsineit] v fengsle, fjetre

fascism ['fæʃizəm] n fascisme c

fascist ['fæʃist] adj fascistisk; n fascist c

fashion ['fæʃən] n mote c; måte c

fashionable ['fæʃənəbəl] adj moderne

fast [fɑ:st] adj rask, hurtig; fast

fast-dyed [,fɑ:st'daid] adj fargeekte, vaskeekte

fasten ['fɑ:sən] v feste; stenge

fastener ['fɑ:sənə] n festeinnretning c

fat [fæt] adj tykk, fet; n fett nt

fatal ['feitəl] adj dødelig, skjebnesvanger, fatal

fate [feit] n skjebne c

father ['fɑ:ðə] n far c; pater c

father-in-law ['fɑ:ðərinlɔ:] n (pl fathers-) svigerfar c

fatherland ['fɑ:ðəlænd] n fedreland nt

fatigue [fə'ti:g] n utmattelse c, tretthet c

fatness ['fætnəs] n fedme c

fatty ['fæti] adj fettholdig

faucet ['fɔ:sit] nAm vannkran c

fault [fɔ:lt] n feil c, defekt c

faultless ['fɔ:ltləs] adj feilfri; perfekt

faulty ['fɔ:lti] adj defekt, mangelfull

favour ['feivə] n tjeneste c; v privilegere, begunstige

favourable ['feivərəbəl] adj gunstig

favourite ['feivərit] n favoritt c, yndling c; adj yndlings-

fax [fæks] n telefaks c, fax c; **send a** ~ sende en telefaks

fear [fiə] n frykt c, engstelse c; v frykte

feasible ['fi:zəbəl] adj mulig, gjen-

nomførbart
feast [fi:st] *n* fest *c*
feat [fi:t] *n* prestasjon *c*
feather [ˈfeðə] *n* fjær *c*
feature [ˈfi:tʃə] *n* kjennemerke *nt*;
 ansiktstrekk *nt*
February [ˈfebruəri] februar
federal [ˈfedərəl] *adj* forbunds-
federation [ˌfedəˈreiʃən] *n* forbunds-
 stat *c*
fee [fi:] *n* honorar *nt*; gebyr *nt*
feeble [ˈfi:bəl] *adj* svak
***feed** [fi:d] *v* mate; **fed up with** lei
 av
***feel** [fi:l] *v* føle; føle på; ~ **like** *ha
 lyst til
feeling [ˈfi:liŋ] *n* følelse *c*
fell [fel] *v* (p fall)
fellow [ˈfelou] *n* fyr *c*
felt[1] [felt] *n* filt *c*
felt[2] [felt] *v* (p, pp feel)
female [ˈfi:meil] *adj* hunn-
feminine [ˈfeminin] *adj* feminin
fence [fens] *n* gjerde *nt*; stakitt *nt*; *v*
 fekte
fender [ˈfendə] *n* støtdemper *c*
ferment [fə:ˈment] *v* gjære
ferry-boat [ˈferibout] *n* ferje *c*
fertile [ˈfə:tail] *adj* fruktbar
festival [ˈfestivəl] *n* festival *c*
festive [ˈfestiv] *adj* festlig
fetch [fetʃ] *v* hente; *innbringe
feudal [ˈfju:dəl] *adj* føydal
fever [ˈfi:və] *n* feber *c*
feverish [ˈfi:vəriʃ] *adj* feberaktig
few [fju:] *adj* få
fiancé [fiˈɑ̃:sei] *n* forlovede *c*
fiancée [fiˈɑ̃:sei] *n* forlovede *c*
fibre [ˈfaibə] *n* fiber *c*
fiction [ˈfikʃən] *n* skjønnlitteratur *c*,
 oppdiktning *c*
field [fi:ld] *n* mark *c*, åker *c*; felt *nt*;
 ~ **glasses** feltkikkert *c*
fierce [fiəs] *adj* vill; heftig

fifteen [ˌfifˈti:n] *num* femten
fifteenth [ˌfifˈti:nθ] *num* femtende
fifth [fifθ] *num* femte
fifty [ˈfifti] *num* femti
fig [fig] *n* fiken *c*
fight [fait] *n* strid *c*, kamp *c*
***fight** [fait] *v* kjempe, *slåss
figure [ˈfigə] *n* skikkelse *c*, figur *c*;
 tall *nt*
file [fail] *n* kartotek *nt*, fil *c*; doku-
 mentsamling *c*; rekke *c*
Filipino [ˌfiliˈpi:nou] *n* filippiner *c*
fill [fil] *v* fylle; ~ **in** fylle ut; **filling
 station** bensinstasjon *c*; ~ **out** *Am*
 fylle ut; ~ **up** fylle opp
filling [ˈfiliŋ] *n* plombe *c*; fyll *nt*
film [film] *n* film *c*; *v* filme
filter [ˈfiltə] *n* filter *nt*
filthy [ˈfilθi] *adj* skitten
final [ˈfainəl] *adj* endelig
finance [faiˈnæns] *v* finansiere
finances [faiˈnænsiz] *pl* finanser *pl*
financial [faiˈnænʃəl] *adj* finansiell
finch [fintʃ] *n* finke *c*
***find** [faind] *v* *finne
fine [fain] *n* mulkt *c*; *adj* fin; pen;
 skjønn, utmerket; ~ **arts** skjønne
 kunster
finger [ˈfiŋgə] *n* finger *c*; **little** ~ lil-
 lefinger *c*
fingerprint [ˈfiŋgəprint] *n* fingerav-
 trykk *nt*
finish [ˈfiniʃ] *v* fullende, avslutte,
 slutte; opphøre; *n* slutt *c*; mållinje
 c; **finished** ferdig
Finland [ˈfinlənd] Finland
Finn [fin] *n* finne *c*
Finnish [ˈfiniʃ] *adj* finsk
fire [faiə] *n* ild *c*; brann *c*; *v* *skyte;
 avskjedige
fire-alarm [ˈfaiərəlɑ:m] *n* brannalarm
 c
fire-brigade [ˈfaiəbriˌgeid] *n* brannve-
 sen *nt*

fire-escape ['faiəri‚skeip] n branntrapp c

fire-extinguisher ['faiərik‚stingwiʃə] n brannslokker c

fireplace ['faiəpleis] n peis c

fireproof ['faiəpru:f] adj brannsikker; ildfast

firm [fə:m] adj fast; solid; n firma nt

first [fə:st] num første; at ~ først; i begynnelsen; ~ name fornavn nt

first-aid [‚fə:st'eid] n førstehjelp c; ~ kit førstehjelpsutstyr nt; ~ post førstehjelpsstasjon c

first-class [‚fə:st'klɑ:s] adj førsteklasses

first-rate [‚fə:st'reit] adj førsteklasses, førsterangs

fir-tree ['fə:tri:] n nåletre nt, gran c

fish¹ [fiʃ] n (pl ~, ~es) fisk c; ~ shop fiskeforretning c

fish² [fiʃ] v fiske; fishing gear fiskeutstyr nt; fishing hook fiskekrok c; fishing industry fiskeri nt; fishing licence fiskekort nt; fishing line fiskesnøre nt; fishing net fiskegarn nt; fishing rod fiskestang c; fishing tackle fiskeredskap nt

fishbone ['fiʃboun] n fiskebein nt

fisherman ['fiʃəmən] n (pl -men) fisker c

fist [fist] n knyttneve c

fit [fit] adj egnet; n anfall nt; v passe; fitting room prøverom nt

five [faiv] num fem

fix [fiks] v reparere, ordne

fixed [fikst] adj fast

fizz [fiz] n brusing c

flag [flæg] n flagg nt

flame [fleim] n flamme c

flamingo [flə'mingou] n (pl ~s, ~es) flamingo c

flannel ['flænəl] n flanell c

flash [flæʃ] n glimt nt

flash-bulb ['flæʃbʌlb] n blitzlampe c

flash-light ['flæʃlait] n lommelykt c

flask [flɑ:sk] n flaske c; thermos ~ termosflaske c

flat [flæt] adj flat, plan; n leilighet c; ~ tyre punktering c

flavour ['fleivə] n smak c; v *sette smak på

flaw [flɔ:] n sprekk c; svakhet c

fleet [fli:t] n flåte c

flesh [fleʃ] n kjøtt nt

flew [flu:] v (p fly)

flex [fleks] n ledning c; v bøye

flexible ['fleksibəl] adj bøyelig

flight [flait] n flytur c; charter ~ charterflygning c

flint [flint] n flintstein c

float [flout] v *flyte; n flottør c

flock [flɔk] n flokk c

flood [flʌd] n oversvømmelse c; flo c

floor [flɔ:] n gulv nt; etasje c; first ~ annen etasje; Am første etasje; ~ show floor-show nt

florist ['flɔrist] n blomsterhandler c

flour [flauə] n mel nt

flow [flou] v strømme, *flyte

flower [flauə] n blomst c

flowerbed ['flauəbed] n blomsterbed nt

flower-shop ['flauəʃɔp] n blomsterforretning c

flown [floun] v (pp fly)

flu [flu:] n influensa c

fluent ['flu:ənt] adj flytende

fluid ['flu:id] adj flytende; n væske c

flute [flu:t] n fløyte c

fly [flai] n flue c; buksesmekk c

*fly [flai] v *fly

foam [foum] n skum nt; v skumme

foam-rubber ['foum‚rʌbə] n skumgummi c

focus ['foukəs] n brennpunkt nt

fog [fɔg] n tåke c

foggy ['fɔgi] adj tåket

foglamp ['fɔglæmp] n tåkelykt c

fold [fould] v brette, folde; folde sammen; n fold c

folk [fouk] n folk nt; ~ song folkevise c

folk-dance ['foukda:ns] n folkedans c

folklore ['fouklɔ:] n folklore c

follow ['fɔlou] v *følge; following adj neste, følgende

•be fond of [bi: fɔnd ɔv] like

food [fu:d] n mat c; føde c; ~ poisoning matforgiftning c

foodstuffs ['fu:dstʌfs] pl matvarer pl

fool [fu:l] n tosk c, tåpe c; v narre

foolish ['fu:liʃ] adj fjollet, tåpelig; dum

foot [fut] n (pl feet) fot c; ~ powder fotpudder nt; on ~ til fots

football ['futbɔ:l] n fotball c; ~ match fotballkamp c

foot-brake ['futbreik] n fotbrems c

footpath ['futpɑ:θ] n gangsti c

footwear ['futweə] n skotøy nt

for [fɔ:, fə] prep til; i; på grunn av, av, for; conj for

•forbid [fə'bid] v *forby

force [fɔ:s] v *tvinge; forsere; n kraft c, styrke c; vold c; by ~ nødtvunget; driving ~ drivkraft c

ford [fɔ:d] n vadested nt

forecast ['fɔ:kɑ:st] n varsel nt; v *forutsi, varsle

foreground ['fɔ:graund] n forgrunn c

forehead ['fɔred] n panne c

foreign ['fɔrin] adj utenlandsk; fremmed

foreigner ['fɔrinə] n utlending c

foreman ['fɔ:mən] n (pl -men) formann c

foremost ['fɔ:moust] adj fremst, forrest

foresail ['fɔ:seil] n fokk c

forest ['fɔrist] n skog c

forester ['fɔristə] n forstmann c

forge [fɔ:dʒ] v forfalske

•forget [fə'get] v glemme

forgetful [fə'getfəl] adj glemsom

•forgive [fə'giv] v *tilgi

fork [fɔ:k] n gaffel c; skillevei c; v dele seg

form [fɔ:m] n form c; blankett c; klasse c; v forme

formal ['fɔ:məl] adj formell

formality [fɔ:'mæləti] n formalitet c

former ['fɔ:mə] adj forhenværende; tidligere; formerly før i tiden

formula ['fɔ:mjulə] n (pl ~e, ~s) formel c

fort [fɔ:t] n fort nt

fortnight ['fɔ:tnait] n fjorten dager

fortress ['fɔ:tris] n festning c

fortunate ['fɔ:tʃənət] adj heldig

fortune ['fɔ:tʃu:n] n formue c; skjebne c, lykke c

forty ['fɔ:ti] num førti

forward ['fɔ:wəd] adv frem, fremad; v ettersende

foster-parents ['fɔstə,pɛərənts] pl pleieforeldre pl

fought [fɔ:t] v (p, pp fight)

foul [faul] adj skitten; gemen

found¹ [faund] v (p, pp find)

found² [faund] v *grunnlegge, opprette, stifte

foundation [faun'deiʃən] n stiftelse c; ~ cream underlagskrem c

fountain ['fauntin] n springvann nt; kilde c

fountain-pen ['fauntinpen] n fyllepenn c

four [fɔ:] num fire

fourteen [,fɔ:'ti:n] num fjorten

fourteenth [,fɔ:'ti:nθ] num fjortende

fourth [fɔ:θ] num fjerde

fowl [faul] n (pl ~s, ~) fjærkre nt

fox [fɔks] n rev c

foyer ['fɔiei] n foajé c

fraction ['frækʃən] n brøkdel c

fracture ['fræktʃə] v *brekke; n brudd

nt

fragile ['frædʒail] adj skjør; skrøpelig

fragment ['frægmənt] n bruddstykke nt; stykke nt

frame [freim] n ramme c; innfatning c

France [fra:ns] Frankrike

franchise ['fræntʃaiz] n stemmerett c

frank [fræŋk] adj oppriktig

fraternity [frə'tə:nəti] n brorskap c/nt

fraud [frɔ:d] n bedrageri nt

fray [frei] v trevle opp

free [fri:] adj fri; gratis; ~ of charge gratis; ~ ticket fribillett c

freedom ['fri:dəm] n frihet c

*freeze [fri:z] v *fryse; fryse

freezing ['fri:ziŋ] adj iskald

freezing-point ['fri:ziŋpoint] n frysepunkt nt

freight [freit] n last c, frakt c

freight-train ['freittrein] nAm godstog nt

French [frentʃ] adj fransk

Frenchman ['frentʃmən] n (pl -men) franskmann c

frequency ['fri:kwənsi] n frekvens c; hyppighet c

frequent ['fri:kwənt] adj stadig, hyppig; **frequently** ofte

fresh [freʃ] adj fersk; forfriskende; ~ water ferskvann nt

friction ['frikʃən] n friksjon c

Friday ['fraidi] fredag c

fridge [fridʒ] n kjøleskap nt

friend [frend] n venn c; venninne c

friendly ['frendli] adj vennlig; vennskapelig

friendship ['frendʃip] n vennskap nt

fright [frait] n skrekk c, angst c

frighten ['fraitən] v forskrekke

frightened ['fraitənd] adj skremt; *be ~ *bli forskrekket

frightful ['fraitfəl] adj forferdelig, forskrekkelig

fringe [frindʒ] n frynse c

frock [frɔk] n kjole c

frog [frɔg] n frosk c

from [frɔm] prep fra; av; fra og med

front [frʌnt] n forside c; in ~ of foran

frontier ['frʌntiə] n grense c

frost [frɔst] n frost c

froth [frɔθ] n skum nt

frozen ['frouzən] adj frossen; ~ food dypfryst mat

fruit [fru:t] n frukt c

fry [frai] v steke

frying-pan ['fraiiŋpæn] n stekepanne c

fuel ['fju:əl] n brensel nt; bensin c; ~ pump Am bensinpumpe c

full [ful] adj full; ~ board full pensjon; ~ stop punktum nt; ~ up fullsatt

fun [fʌn] n moro c, gøy c/nt

function ['fʌŋkʃən] n funksjon c

fund [fʌnd] n fond nt

fundamental [,fʌndə'mentəl] adj fundamental

funeral ['fju:nərəl] n begravelse c

funnel ['fʌnəl] n trakt c

funny ['fʌni] adj pussig, komisk; merkelig

fur [fə:] n pels c; ~ coat pelskåpe c; furs pelsverk nt

furious ['fjuəriəs] adj rasende

furnace ['fə:nis] n ovn c

furnish ['fə:niʃ] v forsyne, skaffe; møblere, innrette; ~ with forsyne med

furniture ['fə:nitʃə] n møbler pl

furrier ['fʌriə] n buntmaker c

further ['fə:ðə] adj videre; ytterligere

furthermore ['fə:ðəmɔ:] adv dessuten

furthest ['fə:ðist] adj fjernest; lengst

fuse [fju:z] n sikring c; lunte c

fuss [fʌs] n bråk nt; oppstyr nt, mas nt

future ['fju:tʃə] n fremtid c; adj fremtidig

G

gable ['geibəl] *n* gavl *c*

gadget ['gædʒit] *n* innretning *c*, tingest *c*

gaiety ['geiəti] *n* munterhet *c*, lystighet *c*

gain [gein] *v* *vinne; *n* fortjeneste *c*

gait [geit] *n* gangart *c*

gale [geil] *n* storm *c*

gall [gɔ:l] *n* galle *c;* ~ **bladder** galleblære *c*

gallery ['gæləri] *n* galleri *nt;* kunstgalleri *nt*

gallop ['gæləp] *n* galopp *c*

gallows ['gælouz] *pl* galge *c*

gallstone ['gɔ:lstoun] *n* gallestein *c*

game [geim] *n* spill *nt;* vilt *nt;* ~ **reserve** viltreservat *nt*

gang [gæŋ] *n* bande *c;* gjeng *c*

gangway ['gæŋwei] *n* landgang *c*

gaol [dʒeil] *n* fengsel *nt*

gap [gæp] *n* åpning *c*

garage ['gærɑ:ʒ] *n* garasje *c; v* *sette i garasje

garbage ['gɑ:bidʒ] *n* avfall *nt,* søppel *nt*

garden ['gɑ:dən] *n* hage *c;* **public** ~ offentlig parkanlegg; **zoological gardens** zoologisk hage

gardener ['gɑ:dənə] *n* gartner *c*

gargle ['gɑ:gəl] *v* gurgle

garlic ['gɑ:lik] *n* hvitløk *c*

garment ['gɑ:mənt] *n* klesplagg *nt*

gas [gæs] *n* gass *c;* bensin *c;* ~ **cooker** gasskomfyr *c;* ~ **pump** *Am* bensinpumpe *c;* ~ **station** bensinstasjon *c;* ~ **stove** gasovn *c*

gasoline ['gæsəli:n] *nAm* bensin *c*

gastric ['gæstrik] *adj* mage-; ~ **ulcer**

magesår *nt*

gasworks ['gæswə:ks] *n* gassverk *nt*

gate [geit] *n* port *c;* grind *c*

gather ['gæðə] *v* samle; samles; høste

gauge [geidʒ] *n* måleinstrument *nt*

gauze [gɔ:z] *n* gas *c*

gave [geiv] *v* (p give)

gay [gei] *adj* munter; fargerik

gaze [geiz] *v* stirre

gazetteer [,gæzə'tiə] *n* geografisk leksikon

gear [giə] *n* gir *nt;* utstyr *nt;* **change** ~ skifte gir; ~ **lever** girstang *c*

gear-box ['giəbɔks] *n* girkasse *c*

gem [dʒem] *n* edelsten *c,* juvel *c;* klenodie *nt*

gender ['dʒendə] *n* kjønn *nt*

general ['dʒenərəl] *adj* generell; *n* general *c;* ~ **practitioner** almenpraktiserende lege; **in** ~ som regel

generate ['dʒenəreit] *v* *frembringe

generation [,dʒenə'reiʃən] *n* generasjon *c*

generator ['dʒenəreitə] *n* generator *c*

generosity [,dʒenə'rɔsəti] *n* gavmildhet *c*

generous ['dʒenərəs] *adj* gavmild

genital ['dʒenitəl] *adj* kjønns-

genius ['dʒi:niəs] *n* geni *nt*

gentle ['dʒentəl] *adj* mild; lett, øm; forsiktig

gentleman ['dʒentəlmən] *n* (pl -men) herre *c*

genuine ['dʒenjuin] *adj* ekte

geography [dʒi'ɔgrəfi] *n* geografi *c*

geology [dʒi'ɔlədʒi] *n* geologi *c*

geometry [dʒi'ɔmətri] *n* geometri *c*

germ [dʒə:m] *n* basill *c;* kim *c*

German ['dʒə:mən] *adj* tysk; *n* tysker *c*

Germany ['dʒə:məni] Tyskland

gesticulate [dʒi'stikjuleit] *v* gestikulere

get-together sammenkomst *c*

•get [get] v *få; hente; *bli; ~ **back**
*gå tilbake; ~ **off** *stige av; ~ **on**
*stige på; *gjøre fremskritt; ~ **up**
*stå opp

ghost [goust] n spøkelse nt; ånd c

giant ['dʒaiənt] n kjempe c

giddiness ['gidinəs] n svimmelhet c

giddy ['gidi] adj svimmel

gift [gift] n presang c, gave c; evne c

gifted ['giftid] adj begavet

gigantic [dʒai'gæntik] adj enorm

giggle ['gigəl] v fnise

gill [gil] n gjelle c

gilt [gilt] adj forgylt

ginger ['dʒindʒə] n ingefær c

gipsy ['dʒipsi] n sigøyner c

girdle ['gə:dəl] n hofteholder c

girl [gə:l] n pike c; ~ **guide** pikespei-
der c

•give [giv] v *gi; *overrekke; ~
away røpe; ~ **in** *gi seg, *gi etter;
~ **up** *oppgi, *gi opp

glacier ['glæsiə] n isbre c

glad [glæd] adj fornøyd, glad; **gladly**
med glede, gjerne

gladness ['glædnəs] n glede c

glamorous ['glæmərəs] adj betagende,
fortryllende

glamour ['glæmə] n sjarm c

glance [glɑ:ns] n blikk nt; v kaste et
blikk

gland [glænd] n kjertel c

glare [gleə] n skarpt lys; skinn nt

glaring ['gleəriŋ] adj blendende

glass [glɑ:s] n glass nt; glass-; **glass-
es** briller pl; **magnifying ~** for-
størrelsesglass nt

glaze [gleiz] v glasere

glen [glen] n fjelldal c

glide [glaid] v *gli

glider ['glaidə] n glidefly nt

glimpse [glimps] n glimt nt; v skimte

global ['gloubəl] adj verdensomfat-
tende

globe [gloub] n globus c, jordklode c

gloom [glu:m] n mørke nt

gloomy ['glu:mi] adj dyster

glorious ['glɔ:riəs] adj strålende

glory ['glɔ:ri] n ære c, berømmelse c;
ros c, heder c

gloss [glɔs] n glans c

glossy ['glɔsi] adj blank

glove [glʌv] n hanske c

glow [glou] v gløde; n glød c

glue [glu:] n lim nt

•go [gou] v *gå; reise; ~ **ahead**
*fortsette; ~ **away** reise bort; ~
back vende tilbake; ~ **home** *gå
hjem; ~ **in** *gå inn; ~ **on** *fortset-
te, *gå videre; ~ **out** *gå ut; ~
through *gjennomgå, *gå igjen-
nom

goal [goul] n mål nt

goalkeeper ['goul,ki:pə] n målmann c

goat [gout] n geitebukk c, geit c

god [gɔd] n gud c

goddess ['gɔdis] n gudinne c

godfather ['gɔd,fɑ:ðə] n gudfar c; fad-
der c

goggles ['gɔgəlz] pl dykkerbriller pl,
snøbriller pl

gold [gould] n gull nt; ~ **leaf** blad-
gull nt

golden ['gouldən] adj gyllen

goldmine ['gouldmain] n gullgruve c

goldsmith ['gouldsmiθ] n gullsmed c

golf [gɔlf] n golf c

golf-club ['gɔlfklʌb] n golfkølle c;
golfklubb c

golf-course ['gɔlfkɔ:s] n golfbane c

golf-links ['gɔlfliŋks] n golfbane c

gondola ['gɔndələ] n gondol c

gone [gɔn] adv (pp go) borte

good [gud] adj bra, god; snill, lydig

good-bye! [,gud'bai] adjø!

good-humoured [,gud'hju:məd] adj
godlyndt

good-looking [,gud'lukiŋ] adj pen

good-natured [ˌgudˈneitʃəd] adj godmodig

goods [gudz] pl varer pl; ~ train godstog nt

good-tempered [ˌgudˈtempəd] adj godmodig

goodwill [ˌgudˈwil] n godvilje c

goose [guːs] n (pl geese) gås c

gooseberry [ˈguzbəri] n stikkelsbær nt

goose-flesh [ˈguːsfleʃ] n gåsehud c

gorge [gɔːdʒ] n kløft c; v proppe seg

gorgeous [ˈgɔːdʒəs] adj praktfull

gospel [ˈgɔspəl] n evangelium nt

gossip [ˈgɔsip] n sladder c; v sladre

got [gɔt] v (p, pp get)

gourmet [ˈguəmei] n feinschmecker c

gout [gaut] n gikt c

govern [ˈgʌvən] v regjere

governess [ˈgʌvənis] n guvernante c

government [ˈgʌvənmənt] n styre nt, regjering c

governor [ˈgʌvənə] n guvernør c

gown [gaun] n kjole c

grace [greis] n ynde c; nåde c

graceful [ˈgreisfəl] adj yndig, grasiøs

grade [greid] n grad c; klasse c, v klassifisere; gradere

gradient [ˈgreidiənt] n helling c

gradual [ˈgrædʒuəl] adj gradvis

graduate [ˈgrædʒueit] v *ta avsluttende eksamen

grain [grein] n korn nt

gram [græm] n gram nt

grammar [ˈgræmə] n grammatikk c; ~ book grammatikk c

grammatical [grəˈmætikəl] adj grammatisk

grand [grænd] adj storartet

granddad [ˈgrændæd] n bestefar c

granddaughter [ˈgrænˌdɔːtə] n datterdatter c, sønnedatter c

grandfather [ˈgrænˌfɑːðə] n farfar c;

bestefar c, morfar c

grandmother [ˈgrænˌmʌðə] n farmor c; mormor c, bestemor c

grandparents [ˈgrænˌpeərənts] pl besteforeldre pl

grandson [ˈgrænsʌn] n sønnesønn c, dattersønn c

granite [ˈgrænit] n granitt c

grant [grɑːnt] v bevilge; innvilge; n stipend nt, tilskudd nt

grapefruit [ˈgreipfruːt] n grapefrukt c

grapes [greips] pl druer pl

graph [græf] n diagram nt

graphic [ˈgræfik] adj grafisk

grasp [grɑːsp] v *gripe; n grep nt

grass [grɑːs] n gress nt

grasshopper [ˈgrɑːsˌhɔpə] n gresshoppe c

grate [greit] n rist c; v raspe

grateful [ˈgreitfəl] adj takknemlig

grater [ˈgreitə] n rivjern nt; rasp c

gratis [ˈgrætis] adj gratis

gratitude [ˈgrætitjuːd] n takknemlighet c

gratuity [grəˈtjuːəti] n drikkepenger pl

grave [greiv] n grav c; adj alvorlig

gravel [ˈgrævəl] n grus c

gravestone [ˈgreivstoun] n gravstein c

graveyard [ˈgreivjɑːd] n kirkegård c

gravity [ˈgrævəti] n tyngdekraft c; alvor nt

gravy [ˈgreivi] n sjy c; saus c

graze [greiz] v beite; n skrubbsår nt

grease [griːs] n fett nt; v *smøre

greasy [ˈgriːsi] adj fettet

great [greit] adj stor; Great Britain Storbritannia

Greece [griːs] Hellas

greed [griːd] n griskhet c

greedy [ˈgriːdi] adj grisk; grådig

Greek [griːk] adj gresk; n greker c

green [griːn] adj grønn; ~ card grønt kort

greengrocer ['gri:n‚grousə] n grønn-
sakhandler c
greenhouse ['gri:nhaus] n drivhus nt
greens [gri:nz] pl grønnsaker pl
greet [gri:t] v hilse
greeting ['gri:tiŋ] n hilsen c
grey [grei] adj grå
greyhound ['greihaund] n mynde c
grief [gri:f] n sorg c; smerte c
grieve [gri:v] v sørge
grill [gril] n grill c; v grille
grill-room ['grilru:m] n grillrom nt
grin [grin] v glise, smile bredt; n glis
nt
*grind [graind] v male; finmale
grip [grip] v *gripe; n grep nt, tak nt
grit [grit] n grus c; fasthet c
groan [groun] v stønne
grocer ['grousə] n matvarehandler c;
grocer's matvareforretning c
groceries ['grousəriz] pl kolonialvarer
pl
groin [groin] n lyske c
groove [gru:v] n fure c
gross¹ [grous] n (pl ~) gross nt
gross² [grous] adj grov; brutto
grotto ['grotou] n (pl ~es, ~s) grot-
te c
ground¹ [graund] n jord c, grunn c;
~ floor første etasje; grounds
tomt c
ground² [graund] v (p, pp grind)
group [gru:p] n gruppe c
grouse [graus] n (pl ~) rype c
grove [grouv] n lund c
*grow [grou] v vokse; dyrke; *bli
growl [graul] v brumme
grown-up ['grounʌp] adj voksen; n
voksen c
growth [grouθ] n vekst c; svulst c
grudge [grʌdʒ] v misunne
grumble ['grʌmbəl] v knurre, klage
guarantee [‚gærən'ti:] n garanti c;
kausjon c; v garantere

guarantor [‚gærən'tɔ:] n kausjonist c
guard [ga:d] n vakt c; v bevokte
guardian ['ga:diən] n formynder c
guess [ges] v gjette; *anta; n for-
modning c
guest [gest] n gjest c
guest-house ['gesthaus] n pensjonat
nt
guest-room ['gestru:m] n gjesteværel-
se nt
guide [gaid] n guide c; v vise vei
guidebook ['gaidbuk] n reisehåndbok
c
guide-dog ['gaiddog] n førerhund c
guilt [gilt] n skyld c
guilty ['gilti] adj skyldig
guinea-pig ['ginipig] n marsvin nt;
forsøksdyr nt
guitar [gi'ta:] n gitar c
gulf [gʌlf] n golf c; vik c
gull [gʌl] n måke c
gum [gʌm] n tannkjøtt nt; gummi c;
lim nt
gun [gʌn] n revolver c, gevær nt; ka-
non c
gunpowder ['gʌn‚paudə] n krutt nt
gust [gʌst] n vindkast nt
gusty ['gʌsti] adj blåsende
gut [gʌt] n tarm c; guts vågemot nt
gutter ['gʌtə] n rennestein c
guy [gai] n kar c
gymnasium [dʒim'neiziəm] n (pl ~s,
-sia) gymnastikksal c
gymnast ['dʒimnæst] n turner c
gymnastics [dʒim'næstiks] pl gymna-
stikk c
gynaecologist [‚gainə'kolədʒist] n
kvinnelege c, gynekolog c

H

haberdashery ['hæbədæʃəri] n kortevarehandel *c;* herreekvipering *c*

habit ['hæbit] *n* vane *c*

habitable ['hæbitəbəl] *adj* beboelig

habitual [hə'bitʃuəl] *adj* vanemessig

had [hæd] *v* (p, pp have)

haddock ['hædək] *n* (pl ~) kolje *c*

haemorrhage ['heməridʒ] *n* blødning *c*

haemorrhoids ['hemərɔidz] *pl* hemorroider *pl*

hail [heil] *n* hagl *nt*

hair [heə] *n* hår *nt;* ~ **cream** hårkrem *c;* ~ **gel** hårgelé; ~ **piece** tupé *c;* ~ **rollers** hårruller *pl*

hairbrush ['heəbrʌʃ] *n* hårbørste *c*

haircut ['heəkʌt] *n* hårklipp *c*

hair-do ['heədu:] *n* frisyre *c*

hairdresser ['heə,dresə] *n* frisør *c*

hair-dryer ['heədraiə] *n* hårtørker *c*

hair-grip ['heəgrip] *n* hårspenne *c*

hair-net ['heənet] *n* hårnett *nt*

hair-oil ['heərɔil] *n* hårolje *c*

hairpin ['heəpin] *n* vestibule *c;* sal *c*

hair-spray ['heəsprei] *n* hårlakk *c*

hairy ['heəri] *adj* håret

half¹ [hɑ:f] *adj* halv

half² [hɑ:f] *n* (pl halves) halvdel *c*

half-time [,hɑ:f'taim] *n* halvtid *c*

halfway [,hɑ:f'wei] *adv* halvveis

halibut ['hælibət] *n* (pl ~) kveite *c*

hall [hɔ:l] *n* vestibule *c;* sal *c*

halt [hɔ:lt] *v* stanse

halve [hɑ:v] *v* halvere

ham [hæm] *n* skinke *c*

hamlet ['hæmlət] *n* liten landsby

hammer ['hæmə] *n* hammer *c*

hammock ['hæmək] *n* hengekøye *c*

hamper ['hæmpə] *n* kurv *c*

hand [hænd] *n* hånd *c; v* *overrekke; ~ **cream** håndkrem *c*

handbag ['hændbæg] *n* håndveske *c*

handbook ['hændbuk] *n* håndbok *c*

hand-brake ['hændbreik] *n* håndbrems *c*

handcuffs ['hændkʌfs] *pl* håndjern *pl*

handful ['hændful] *n* håndfull *c*

handicraft ['hændikrɑ:ft] *n* håndverk *nt;* kunsthåndverk *nt*

handkerchief ['hæŋkətʃif] *n* lommetørkle *nt*

handle ['hændəl] *n* skaft *nt,* håndtak *nt; v* håndtere; behandle

hand-made [,hænd'meid] *adj* håndlaget

handshake ['hændʃeik] *n* håndtrykk *nt*

handsome ['hænsəm] *adj* pen

handwork ['hændwɔ:k] *n* kunsthåndverk *nt*

handwriting ['hænd,raitiŋ] *n* håndskrift *c*

handy ['hændi] *adj* hendig

*hang [hæŋ] *v* *henge

hanger ['hæŋə] *n* henger *c*

hangover ['hæŋ,ouvə] *n* bakrus *c,* tømmermenn *pl*

happen ['hæpən] *v* hende, skje

happening ['hæpəniŋ] *n* hendelse *c,* begivenhet *c*

happiness ['hæpinəs] *n* lykke *c*

happy ['hæpi] *adj* lykkelig, glad

harbour ['hɑ:bə] *n* havn *c*

hard [hɑ:d] *adj* hard; vanskelig; **hardly** neppe

hardware ['hɑ:dweə] *n* jernvarer *pl;* ~ **store** jernvarehandel *c*

hare [heə] *n* hare *c*

harm [hɑ:m] *n* skade *c;* fortred *c; v* skade

harmful ['hɑ:mfəl] *adj* skadelig

harmless ['hɑ:mləs] *adj* uskadelig; harmløs

harmony ['hɑ:məni] *n* harmoni *c*

harp [hɑ:p] *n* harpe *c*

harpsichord ['hɑ:psikɔ:d] *n* cembalo *c*

harsh [hɑ:ʃ] *adj* streng; grusom

harvest ['hɑ:vist] *n* avling *c*

has [hæz] *v* (pr have)

haste [heist] n hast c

hasten ['heisən] v skynde seg

hasty ['heisti] adj hurtig; forhastet

hat [hæt] n hatt c; ~ rack knaggrek-
ke c

hatch [hætʃ] n luke c; v ruge ut

hate [heit] v avsky; hate; n hat nt

hatred ['heitrid] n hat nt

haughty ['hɔːti] adj hovmodig

haul [hɔːl] v slepe

*have [hæv] v *ha; *få; ~ to *måtte

haversack ['hævəsæk] n ryggsekk c

hawk [hɔːk] n hauk c; falk c

hay [hei] n høy nt; ~ fever høysnue
c

hazard ['hæzəd] n risiko c

haze [heiz] n dis c

hazelnut ['heizəlnʌt] n hasselnøtt c

hazy ['heizi] adj disig

he [hiː] pron han

head [hed] n hode nt; v lede; ~ of
state statsoverhode nt; ~ teacher
overlærer c

headache ['hedeik] n hodepine c

heading ['hediŋ] n overskrift c

headlamp ['hedlæmp] n frontlys nt

headland ['hedlənd] n odde c

headlight ['hedlait] n frontlys nt

headline ['hedlain] n overskrift c

headmaster [ˌhed'mɑːstə] n overlærer
c; rektor c

headquarters [ˌhed'kwɔːtəz] pl hoved-
kvarter nt

headrest ['hedrest] n nakkestøtte c

head-strong ['hedstrɒŋ] adj sta

head-waiter [ˌhed'weitə] n hovmester
c

heal [hiːl] v hele, lege

health [helθ] n helse c; ~ certificate
helseattest c

healthy ['helθi] adj sunn

heap [hiːp] n hop c, haug c

*hear [hiə] v høre

hearing ['hiəriŋ] n hørsel c

heart [hɑːt] n hjerte nt; kjerne c; by
~ utenat; ~ attack hjerteanfall
nt

heartburn ['hɑːtbəːn] n halsbrann c

hearth [hɑːθ] n ildsted nt

heartless ['hɑːtləs] adj hjerteløs

hearty ['hɑːti] adj hjertelig

heat [hiːt] n hete c, varme c; v varme
opp; heating pad varmepute c

heater ['hiːtə] n varmeovn c; immer-
sion ~ dyppekoker c

heath [hiːθ] n hei c

heathen ['hiːðən] n hedning c; adj he-
densk

heather ['heðə] n lyng c

heating ['hiːtiŋ] n fyring c

heaven ['hevən] n himmel c

heavy ['hevi] adj tung

Hebrew ['hiːbruː] n hebraisk nt

hedge [hedʒ] n hekk c

hedgehog ['hedʒhɒg] n pinnsvin nt

heel [hiːl] n hæl c

height [hait] n høyde c; høydepunkt
nt

heir [ɛə] n arving c

hell [hel] n helvete nt

hello! [he'lou] hallo!; morn!

helm [helm] n ror nt

helmet ['helmit] n hjelm c

helmsman ['helmzmən] n rormann c

help [help] v *hjelpe; n hjelp c

helper ['helpə] n hjelper c

helpful ['helpfəl] adj hjelpsom

helping ['helpiŋ] n porsjon c

hem [hem] n fald c; søm c

hemp [hemp] n hamp c

hen [hen] n høne c

henceforth [ˌhens'fɔːθ] adv heretter

her [həː] pron henne; adj hennes

herb [həːb] n urt c

herd [həːd] n flokk c; bøling c

here [hiə] adv her; ~ you are vær så
god

hereditary [hi'reditəri] adj arvelig

hernia ['həːniə] n brokk c

hero ['hiərou] n (pl ~es) helt c

heron ['herən] n hegre c

herring ['heriŋ] n (pl ~, ~s) sild c

herself [həːˈself] pron seg; selv

hesitate ['heziteit] v nøle

heterosexual [ˌhetərəˈsekʃuəl] adj heteroseksuell

hiccup ['hikʌp] n hikke c

hide [haid] n skinn nt

*hide [haid] v gjemme; skjule

hideous ['hidiəs] adj avskyelig

hierarchy ['haiəraːki] n hierarki nt

high [hai] adj høy

highway ['haiwei] n riksvei c; motorvei c

hijack ['haidʒæk] v kapre

hijacker ['haidʒækə] n kaprer c

hike [haik] v *gå fottur

hill [hil] n bakke c

hillside ['hilsaid] n li c; bakke c

hilltop ['hiltɔp] n bakketopp c

hilly ['hili] adj kupert

him [him] pron ham

himself [himˈself] pron seg; selv

hinder ['hində] v hindre

hinge [hindʒ] n hengsel nt

hip [hip] n hofte c

hire [haiə] v leie; for ~ til leie

hire-purchase [ˌhaiəˈpəːtʃəs] n avbetalingskjøp nt

his [hiz] adj hans

historian [hiˈstɔːriən] n historiker c

historic [hiˈstɔrik] adj historisk

historical [hiˈstɔrikəl] adj historisk

history ['histəri] n historie c

hit [hit] n suksess c; slag nt; treff nt

*hit [hit] v *slå; ramme; *treffe

hitchhike ['hitʃhaik] v haike

hitchhiker ['hitʃˌhaikə] n haiker c

hoarse [hɔːs] adj hes

hobby ['hɔbi] n hobby c

hobby-horse ['hɔbihɔːs] n kjepphest c

hockey ['hɔki] n hockey c

hoist [hɔist] v heise

hold [hould] n lasterom nt

*hold [hould] v *holde, *holde på; *beholde; ~ on *holde seg fast; ~ up *holde oppe, støtte

hold-up ['houldʌp] n overfall nt

hole [houl] n hull nt

holiday ['hɔlədi] n ferie c; helligdag c; ~ camp ferieleir c; ~ resort feriested nt; on ~ på ferie

Holland ['hɔlənd] Holland

hollow ['hɔlou] adj hul

holy ['houli] adj hellig

homage ['hɔmidʒ] n hyllest c

home [houm] n hjem nt; pleiehjem nt; adv hjemover, hjemme; at ~ hjemme

home-made [ˌhoumˈmeid] adj hjemmelaget

homesickness ['houmˌsiknəs] n hjemlengsel c

homosexual [ˌhouməˈsekʃuəl] adj homoseksuell

honest ['ɔnist] adj ærlig; oppriktig

honesty ['ɔnisti] n ærlighet c

honey ['hʌni] n honning c

honeymoon ['hʌnimuːn] n hvetebrødsdager pl, bryllupsreise c

honk [hʌŋk] vAm tute

honour ['ɔnə] n ære c; v hedre, ære

honourable ['ɔnərəbəl] adj ærefull, hederlig; rettskaffen

hood [hud] n hette c; motorpanser nt

hoof [huːf] n hov c

hook [huk] n krok c

hoot [huːt] v tute

hooter ['huːtə] n signalhorn nt

hop[1] [hɔp] v hoppe; n hopp nt

hop[2] [hɔp] n humle c

hope [houp] n håp nt; v håpe

hopeful ['houpfəl] adj håpefull

hopeless ['houpləs] adj håpløs

horizon [həˈraizən] n horisont c

horizontal [ˌhɔriˈzɔntəl] adj horisontal

horn [hɔ:n] n horn nt; signalhorn nt

horrible ['hɔribəl] adj redselsfull; grusom, avskyelig, skrekkelig

horror ['hɔrə] n gru c, redsel c

hors-d'œuvre [ɔ:'dɔ:vr] n forrett c

horse [hɔ:s] n hest c

horseman ['hɔ:smən] n (pl -men) rytter c

horsepower ['hɔ:s,pauə] n hestekraft c

horserace ['hɔ:sreis] n hesteveddeløp nt

horseradish ['hɔ:s,rædiʃ] n pepperrot c

horseshoe ['hɔ:sʃu:] n hestesko c

hosiery ['houʒəri] n trikotasje c

hospitable ['hɔspitəbəl] adj gjestfri

hospital ['hɔspitəl] n sykehus nt, hospital nt

hospitality [,hɔspi'tæləti] n gjestfrihet c

host [houst] n vert c

hostage ['hɔstidʒ] n gissel nt

hostel ['hɔstəl] n herberge nt

hostess ['houstis] n vertinne c

hostile ['hɔstail] adj fiendtlig

hot [hɔt] adj het, varm

hotel [hou'tel] n hotell nt

hot-tempered [,hɔt'tempəd] adj hissig

hour [auə] n time c

hourly ['auəli] adj hver time

house [haus] n hus nt; bolig c; ~ agent eiendomsmegler c; ~ block Am kvartal nt; public ~ vertshus nt

houseboat ['hausbout] n husbåt c

household ['haushould] n husstand c

housekeeper ['haus,ki:pə] n husholderske c

housekeeping ['haus,ki:piŋ] n husholdning c

housemaid ['hausmeid] n hushjelp c

housewife ['hauswaif] n husmor c

housework ['hauswə:k] n husarbeid

nt

how [hau] adv hvordan; hvor; ~ many hvor mange; ~ much hvor mye

however [hau'evə] conj likevel

hug [hʌg] v omfavne; klemme; n klem c

huge [hju:dʒ] adj svær, veldig, enorm

hum [hʌm] v nynne

human ['hju:mən] adj menneskelig; ~ being menneske nt

humanity [hju'mænəti] n menneskehet c

humble ['hʌmbəl] adj ydmyk

humid ['hju:mid] adj fuktig

humidity [hju'midəti] n fuktighet c

humorous ['hju:mərəs] adj vittig, morsom, humoristisk

humour ['hju:mə] n humor c

hundred ['hʌndrəd] n hundre

Hungarian [hʌŋ'gɛəriən] adj ungarsk; n ungarer c

Hungary ['hʌŋgəri] Ungarn

hunger ['hʌŋgə] n sult c

hungry ['hʌŋgri] adj sulten

hunt [hʌnt] v jakte; n jakt c; ~ for lete etter

hunter ['hʌntə] n jeger c

hurricane ['hʌrikən] n orkan c; ~ lamp stormlykt c

hurry ['hʌri] v forte seg, skynde seg; n hastverk nt; in a ~ i full fart

*****hurt** [hə:t] v *gjøre vondt, skade; såre

hurtful ['hə:tfəl] adj skadelig

husband ['hʌzbənd] n ektemann c, mann c

hut [hʌt] n hytte c

hydrogen ['haidrədʒən] n vannstoff c

hygiene ['haidʒi:n] n hygiene c

hygienic [hai'dʒi:nik] adj hygienisk

hymn [him] n hymne c, salme c

hyphen ['haifən] n bindestrek c

hypocrisy [hi'pɔkrəsi] n hykleri nt

hypocrite ['hipəkrit] *n* hykler *c*
hypocritical [,hipə'kritikəl] *adj* hyklersk, skinnhellig
hysterical [hi'sterikəl] *adj* hysterisk

I

I [ai] *pron* jeg
ice [ais] *n* is *c*
ice-bag ['aisbæg] *n* ispose *c*
ice-cream ['aiskri:m] *n* iskrem *c*
Iceland ['aislənd] Island
Icelander ['aisləndə] *n* islending *c*
Icelandic [ais'lændik] *adj* islandsk
icon ['aikən] *n* ikon *c/nt*
idea [ai'diə] *n* idé *c;* tanke *c,* innfall *nt;* begrep *nt,* forestilling *c*
ideal [ai'diəl] *adj* ideell; *n* ideal *nt*
identical [ai'dentikəl] *adj* identisk
identification [ai,dentifi'keiʃən] *n* identifisering *c*
identify [ai'dentifai] *v* identifisere
identity [ai'dentəti] *n* identitet *c;* ~ card identitetskort *nt*
idiom ['idiəm] *n* idiom *nt*
idiomatic [,idiə'mætik] *adj* idiomatisk
idiot ['idiət] *n* idiot *c*
idiotic [,idi'ɔtik] *adj* idiotisk
idle ['aidəl] *adj* uvirksom; lat; nytteløs
idol ['aidəl] *n* avgud *c;* idol *nt*
if [if] *conj* hvis; om
ignition [ig'niʃən] *n* tenning *c;* ~ coil tennspole *c*
ignorant ['ignərənt] *adj* uvitende
ignore [ig'nɔ:] *v* ignorere
ill [il] *adj* syk; dårlig
illegal [i'li:gəl] *adj* illegal, ulovlig
illegible [i'ledʒəbəl] *adj* uleselig
illiterate [i'litərət] *n* analfabet *c*
illness ['ilnəs] *n* sykdom *c*
illuminate [i'lu:mineit] *v* opplyse, belyse

illumination [i,lu:mi'neiʃən] *n* belysning *c*
illusion [i'lu:ʒən] *n* illusjon *c;* fantasifoster *nt*
illustrate ['iləstreit] *v* illustrere
illustration [,ilə'streiʃən] *n* illustrasjon *c*
image ['imidʒ] *n* bilde *nt*
imaginary [i'mædʒinəri] *adj* innbilt
imagination [i,mædʒi'neiʃən] *n* fantasi *c*
imagine [i'mædʒin] *v* forestille seg; innbille seg; tenke seg
imitate ['imiteit] *v* imitere, etterligne
imitation [,imi'teiʃən] *n* imitasjon *c,* etterligning *c*
immediate [i'mi:djət] *adj* øyeblikkelig
immediately [i'mi:djətli] *adv* straks, øyeblikkelig, umiddelbart
immense [i'mens] *adj* enorm, veldig, umåtelig
immigrant ['imigrənt] *n* innvandrer *c*
immigrate ['imigreit] *v* immigrere
immigration [,imi'greiʃən] *n* immigrasjon *c*
immodest [i'mɔdist] *adj* ubeskjeden
immunity [i'mju:nəti] *n* immunitet *c*
immunize ['imjunaiz] *v* *gjøre immun
impartial [im'pa:ʃəl] *adj* upartisk
impassable [im'pa:səbəl] *adj* ufremkommelig
impatient [im'peiʃənt] *adj* utålmodig
impede [im'pi:d] *v* hindre, sinke
impediment [im'pedimənt] *n* hindring *c*
imperfect [im'pə:fikt] *adj* ufullkommen
imperial [im'piəriəl] *adj* keiserlig; riks-
impersonal [im'pə:sənəl] *adj* upersonlig
impertinence [im'pə:tinəns] *n* frekkhet *c*

impertinent [im'pə:tinənt] *adj* ufor-
skammet, nesevis

implement¹ ['implimənt] *n* verktøy *nt*

implement² ['impliment] *v* *sette ut i
live

imply [im'plai] *v* antyde; *innebære

impolite [,impə'lait] *adj* uhøflig

import¹ [im'pɔ:t] *v* importere, innføre

import² ['impɔ:t] *n* innførsel *c*, im-
portvarer *pl*, import *c*; ~ duty im-
portavgift *c*

importance [im'pɔ:təns] *n* viktighet *c*,
betydning *c*

important [im'pɔ:tənt] *adj* betyd-
ningsfull, viktig

importer [im'pɔ:tə] *n* importør *c*

imposing [im'pouziŋ] *adj* imponeren-
de

impossible [im'pɔsəbəl] *adj* umulig

impotence ['impətəns] *n* impotens *c*

impotent ['impətənt] *adj* impotent;
avmektig

impound [im'paund] *v* *beslaglegge

impress [im'pres] *v* *gjøre inntrykk
på, imponere

impression [im'preʃən] *n* inntrykk *nt*

impressive [im'presiv] *adj* impone-
rende

imprison [im'prizən] *v* fengsle

imprisonment [im'prizənmənt] *n* fan-
genskap *nt*

improbable [im'prɔbəbəl] *adj* usann-
synlig

improper [im'prɔpə] *adj* upassende

improve [im'pru:v] *v* forbedre

improvement [im'pru:vmənt] *n* for-
bedring *c*

improvise ['imprəvaiz] *v* improvisere

impudent ['impjudənt] *adj* uforskam-
met

impulse ['impʌls] *n* impuls *c*; innsky-
telse *c*

impulsive [im'pʌlsiv] *adj* impulsiv

in [in] *prep* i; om; *adv* inn

inaccessible [i,næk'sesəbəl] *adj* util-
gjengelig

inaccurate [i'nækjurət] *adj* unøyaktig

inadequate [i'nædikwət] *adj* utilstrek-
kelig

incapable [iŋ'keipəbəl] *adj* udugelig

incense ['insens] *n* røkelse *c*

incident ['insidənt] *n* hendelse *c*

incidental [,insi'dentəl] *adj* tilfeldig

incite [in'sait] *v* anspore, egge

inclination [,iŋkli'neiʃən] *n* tilbøyelig-
het *c*

incline [iŋ'klain] *n* skråning *c*

inclined [iŋ'klaind] *adj* tilbøyelig

include [iŋ'klu:d] *v* innbefatte, omfat-
te; **included** inkludert

inclusive [iŋ'klu:siv] *adj* inklusive

income ['iŋkəm] *n* inntekt *c*

income-tax ['iŋkəmtæks] *n* inntekts-
skatt *c*

incompetent [iŋ'kɔmpətənt] *adj* in-
kompetent; udugelig

incomplete [,iŋkəm'pli:t] *adj* ufull-
stendig

inconceivable [,iŋkən'si:vəbəl] *adj*
utenkelig

inconspicuous [,iŋkən'spikjuəs] *adj*
uanselig

inconvenience [,iŋkən'vi:njəns] *n* ube-
leilighet *c*, besvær *nt*

inconvenient [,iŋkən'vi:njənt] *adj* ube-
leilig; besværlig

incorrect [,iŋkə'rekt] *adj* uriktig, feil

increase¹ [iŋ'kri:s] *v* øke; forsterke,
*tilta

increase² ['iŋkri:s] *n* vekst *c*; stigning
c

incredible [iŋ'kredəbəl] *adj* utrolig

incurable [iŋ'kjuərəbəl] *adj* uhelbre-
delig

indecent [in'di:sənt] *adj* uanstendig

indeed [in'di:d] *adv* virkelig

indefinite [in'definit] *adj* ubestemt;
uklar

indemnity [in'demnəti] n skadeser-
statning c, erstatning c
independence [,indi'pendəns] n uav-
hengighet c
independent [,indi'pendənt] adj uav-
hengig; selvstendig
index ['indeks] n fortegnelse c, regis-
ter nt; ~ finger pekefinger c
India ['indiə] India
Indian ['indiən] adj indisk; indiansk; n
inder c; indianer c
indicate ['indikeit] v antyde, anvise,
*angi
indication [,indi'keiʃən] n tegn nt
indicator ['indikeitə] n blinklys nt
indifferent [in'difərənt] adj likegyldig
indigestion [,indi'dʒestʃən] n dårlig
fordøyelse
indignation [,indig'neiʃən] n forargelse
c
indirect [,indi'rekt] adj indirekte
individual [,indi'vidʒuəl] adj individu-
ell, enkelt; n enkeltperson c, indi-
vid nt
Indonesia [,ində'ni:ziə] Indonesia
Indonesian [,ində'ni:ziən] adj indone-
sisk; n indonesier c
indoor ['indɔ:] adj innendørs
indoors [,in'dɔ:z] adv inne
indulge [in'dʌldʒ] v *gi etter; *hengi
seg til
industrial [in'dʌstriəl] adj industriell;
~ area industriområde nt
industrious [in'dʌstriəs] adj flittig
industry ['indəstri] n industri c
inedible [i'nedibəl] adj uspiselig
inefficient [,ini'fiʃənt] adj udugelig;
ineffektiv
inevitable [i'nevitəbəl] adj uunngåelig
inexpensive [,inik'spensiv] adj billig
inexperienced [,inik'spiəriənst] adj
uerfaren
infant ['infənt] n spedbarn nt
infantry ['infəntri] n infanteri nt

infect [in'fekt] v infisere, smitte
infection [in'fekʃən] n smitte c
infectious [in'fekʃəs] adj smittsom
infer [in'fə:] v utlede
inferior [in'fiəriə] adj dårligere, un-
derlegen; mindreverdig; nedre
infinite ['infinət] adj uendelig
infinitive [in'finitiv] n infinitiv c
infirmary [in'fə:məri] n sykestue c
inflammable [in'flæməbəl] adj ildsfar-
lig
inflammation [,inflə'meiʃən] n beten-
nelse c
inflatable [in'fleitəbəl] adj oppblåsbar
inflate [in'fleit] v blåse opp
inflation [in'fleiʃən] n inflasjon c
influence ['influəns] n innflytelse c; v
påvirke
influential [,influ'enʃəl] adj innflytel-
sesrik
influenza [,influ'enzə] n influensa c
inform [in'fɔ:m] v opplyse, informere;
underrette, meddele
informal [in'fɔ:məl] adj uformell
information [,infə'meiʃən] n informa-
sjon c; meddelelse c, opplysning c;
~ bureau informasjonskontor nt
infra-red [,infrə'red] adj infrarød
infrequent [in'fri:kwənt] adj sjelden
ingredient [iŋ'gri:diənt] n bestanddel
c, ingrediens c
inhabit [in'hæbit] v bebo
inhabitable [in'hæbitəbəl] adj beboelig
inhabitant [in'hæbitənt] n innbygger
c; beboer c
inhale [in'heil] v innånde
inherit [in'herit] v arve
inheritance [in'heritəns] n arv c
initial [i'niʃəl] adj opprinnelig, begyn-
nelses-; n forbokstav c; v merke
med initialer
initiative [i'niʃətiv] n initiativ nt
inject [in'dʒekt] v innsprøyte
injection [in'dʒekʃən] n injeksjon c

injure ['indʒə] v skade, kveste; krenke

injury ['indʒəri] n skade c; krenkelse c

injustice [in'dʒʌstis] n urett c

ink [iŋk] n blekk c

inlet ['inlet] n vik c

inn [in] n vertshus nt

inner ['inə] adj indre; ~ tube luft-slange c

inn-keeper ['in,ki:pə] n vertshushol-der c

innocence ['inəsəns] n uskyld c

innocent ['inəsənt] adj uskyldig

inoculate [i'nɔkjuleit] v vaksinere

inoculation [i,nɔkju'leiʃən] n vaksina-sjon c

inquire [iŋ'kwaiə] v *forespørre, for-høre seg

inquiry [iŋ'kwaiəri] n forespørsel c; et-terforskning c; ~ office informa-sjonskontor nt

inquisitive [iŋ'kwizətiv] adj nysgjerrig

insane [in'sein] adj sinnssyk

inscription [in'skripʃən] n inskripsjon c; påskrift c

insect ['insekt] n insekt nt; ~ repel-lent insektmiddel nt

insecticide [in'sektisaid] n insektmid-del nt

insensitive [in'sensətiv] adj ufølsom

insert [in'sə:t] v *sette inn, *innskyte

inside [,in'said] n innside c; adj indre; adv inne; inni; prep innen, innen-for; ~ out vrengt; insides innvol-ler pl

insight ['insait] n innsikt c

insignificant [,insig'nifikənt] adj ube-tydelig; intetsigende, uanselig; uve-sentlig

insist [in'sist] v insistere; *fastholde

insolence ['insələns] n uforskammet-het c

insolent ['insələnt] adj uforskammet, frekk

insomnia [in'sɔmniə] n søvnløshet c

inspect [in'spekt] v inspisere

inspection [in'spekʃən] n inspeksjon c; kontroll c

inspector [in'spektə] n inspektør c

inspire [in'spaiə] v inspirere

install [in'stɔ:l] v installere

installation [,instə'leiʃən] n installa-sjon c

instalment [in'stɔ:lmənt] n avdrag nt

instance ['instəns] n eksempel nt; til-felle nt; for ~ for eksempel

instant ['instənt] n øyeblikk nt

instantly ['instəntli] adv øyeblikkelig, straks, umiddelbart

instead of [in'sted ɔv] istedenfor

instinct ['instiŋkt] n instinkt nt

institute ['institju:t] n institutt nt; for-ordning c; v opprette, stifte

institution [,insti'tju:ʃən] n institusjon c, stiftelse c

instruct [in'strʌkt] v undervise

instruction [in'strʌkʃən] n undervis-ning c; veiledning c

instructive [in'strʌktiv] adj lærerik

instructor [in'strʌktə] n instruktør c

instrument ['instrumənt] n instru-ment nt; musical ~ musikkinstru-ment nt

insufficient [,insə'fiʃənt] adj utilstrek-kelig

insulate ['insjuleit] v isolere

insulation [,insju'leiʃən] n isolasjon c

insulator ['insjuleitə] n isolator c

insult¹ [in'sʌlt] v fornærme

insult² ['insʌlt] n fornærmelse c

insurance [in'ʃuərəns] n forsikring c; ~ policy forsikringspolise c

insure [in'ʃuə] v forsikre

intact [in'tækt] adj intakt

intellect ['intəlekt] n intellekt nt, for-stand c

intellectual [,intə'lektʃuəl] adj intel-lektuell

intelligence [in'telidʒəns] n intelligens

c

intelligent [in'telidʒənt] *adj* intelligent

intend [in'tend] *v* *ha til hensikt

intense [in'tens] *adj* intens

intention [in'tenʃən] *n* hensikt *c*

intentional [in'tenʃənəl] *adj* tilsiktet

intercourse ['intəkɔːs] *n* omgang *c*

interest ['intrəst] *n* interesse *c*; rente *c*; *v* interessere

interesting ['intrəstiŋ] *adj* interessant

interfere [,intə'fiə] *v* *gripe inn; ~ with** blande seg inn i

interference [,intə'fiərəns] *n* innblanding *c*

interim ['intərim] *n* mellomtid *c*; *adj* foreløpig

interior [in'tiəriə] *n* innside *c*

interlude ['intəluːd] *n* mellomspill *nt*

intermediary [,intə'miːdjəri] *n* mellommann *c*

intermission [,intə'miʃən] *n* pause *c*

internal [in'təːnəl] *adj* indre

international [,intə'næʃənəl] *adj* internasjonal

interpret [in'təːprit] *v* tolke

interpreter [in'təːpritə] *n* tolk *c*

interrogate [in'terəgeit] *v* forhøre

interrogation [in,terə'geiʃən] *n* forhør *nt*

interrupt [,intə'rʌpt] *v* *avbryte

interruption [,intə'rʌpʃən] *n* avbrytelse *c*

intersection [,intə'sekʃən] *n* veikryss *nt*

interval ['intəvəl] *n* pause *c*; intervall *nt*

intervene [,intə'viːn] *v* *gripe inn

interview ['intəvjuː] *n* intervju *nt*

intestine [in'testin] *n* tarm *c*; **intestines** tarmer

intimate ['intimət] *adj* intim

into ['intu] *prep* inn i

intolerable [in'tɔlərəbəl] *adj* utålelig

intoxicated [in'tɔksikeitid] *adj* beruset

intrigue [in'triːg] *n* intrige *c*

introduce [,intrə'djuːs] *v* introdusere, presentere, innføre

introduction [,intrə'dʌkʃən] *n* presentasjon *c*; innledning *c*

invade [in'veid] *v* trenge inn

invalid[1] ['invəliːd] *n* invalid *c*; *adj* ufør

invalid[2] [in'vælid] *adj* ugyldig

invasion [in'veiʒən] *n* invasjon *c*

invent [in'vent] *v* *oppfinne; oppdikte

invention [in'venʃən] *n* oppfinnelse *c*

inventive [in'ventiv] *adj* oppfinnsom

inventor [in'ventə] *n* oppfinner *c*

inventory ['invəntri] *n* vareoversikt *c*

invert [in'vəːt] *v* snu om

invest [in'vest] *v* investere

investigate [in'vestigeit] *v* etterforske

investigation [in,vesti'geiʃən] *n* undersøkelse *c*

investment [in'vestmənt] *n* investering *c*; kapitalanbringelse *c*, pengeanbringelse *c*

invisible [in'vizəbəl] *adj* usynlig

invitation [,invi'teiʃən] *n* innbydelse *c*

invite [in'vait] *v* *innby, invitere

invoice ['invɔis] *n* faktura *c*

involve [in'vɔlv] *v* innblande

inwards ['inwədz] *adv* innover

iodine ['aiədiːn] *n* jod *c*

Iran [i'rɑːn] Iran

Iranian [i'reiniən] *adj* iransk; *n* iraner *c*

Iraq [i'rɑːk] Irak

Iraqi [i'rɑːki] *adj* irakisk; *n* iraker *c*

irascible [i'ræsibəl] *adj* oppfarende

Ireland ['aiələnd] Irland

Irish ['aiəriʃ] *adj* irsk

Irishman ['aiəriʃmən] *n* (pl -men) irlending *c*

iron ['aiən] *n* jern *nt*; strykejern *nt*; jern-; *v* *stryke

ironical [ai'rɔnikəl] *adj* ironisk

ironworks ['aiənwəːks] *n* jernverk *nt*

irony ['aiərəni] *n* ironi *c*

irregular [i'regjulə] *adj* uregelmessig
irreparable [i'repərəbəl] *adj* ubotelig
irrevocable [i'revəkəbəl] *adj* ugjenkallelig
irritable ['iritəbəl] *adj* irritabel
irritate ['iriteit] *v* irritere, ergre
is [iz] *v* (pr be)
island ['ailənd] *n* øy *c*
isolate ['aisəleit] *v* isolere
isolation [,aisə'leifən] *n* isolasjon *c*
Israel ['izreil] Israel
Israeli [iz'reili] *adj* israelsk; *n* israeler *c*
issue ['ifu:] *v* *utgi; *n* utstedelse *c*, opplag *nt*; spørsmål *nt*, sak *c*; utgang *c*, resultat *nt*, følge *c*, sluttresultat *nt*; utvei *c*
isthmus ['ismǝs] *n* landtunge *c*
it [it] *pron* det
Italian [i'tæljǝn] *adj* italiensk; *n* italiener *c*
italics [i'tæliks] *pl* kursivskrift *c*
Italy ['itǝli] Italia
itch [itf] *n* kløe *c*; *v* klø
item ['aitǝm] *n* post *c*; punkt *nt*
itinerant [ai'tinǝrǝnt] *adj* omreisende
itinerary [ai'tinǝrǝri] *n* reiserute *c*, reiseplan *c*
ivory ['aivǝri] *n* elfenbein *nt*
ivy ['aivi] *n* eføy *c*

J

jack [dʒæk] *n* jekk *c*
jacket ['dʒækit] *n* dressjakke *c*, jakke *c*; omslag *nt*
jade [dʒeid] *n* jade *c*
jail [dʒeil] *n* fengsel *nt*
jailer ['dʒeilǝ] *n* fangevokter *c*
jam [dʒæm] *n* syltetøy *nt*; trafikkkork *c*
janitor ['dʒænitǝ] *n* vaktmester *c*

January ['dʒænjuǝri] januar
Japan [dʒǝ'pæn] Japan
Japanese [,dʒæpǝ'ni:z] *adj* japansk; *n* japaner *c*
jar [dʒɑ:] *n* krukke *c*
jaundice ['dʒɔ:ndis] *n* gulsott *c*
jaw [dʒɔ:] *n* kjeve *c*
jealous ['dʒelǝs] *adj* sjalu
jealousy ['dʒelǝsi] *n* sjalusi *c*
jeans [dʒi:nz] *pl* jeans *pl*
jelly ['dʒeli] *n* gelé *c*
jelly-fish ['dʒelifiʃ] *n* manet *c*
jersey ['dʒǝ:zi] *n* jersey *c*; genser *c*
jet [dʒet] *n* stråle *c*; jetfly *nt*
jetty ['dʒeti] *n* molo *c*
Jew [dʒu:] *n* jøde *c*
jewel ['dʒu:ǝl] *n* smykke *nt*
jeweller ['dʒu:ǝlǝ] *n* gullsmed *c*
jewellery ['dʒu:ǝlri] *n* smykker *pl*
Jewish ['dʒu:iʃ] *adj* jødisk
job [dʒɔb] *n* jobb *c*; stilling *c*
jockey ['dʒɔki] *n* jockey *c*
join [dʒɔin] *v* *forbinde; slutte seg til; forene, sammenføye
joint [dʒɔint] *n* ledd *nt*; sveisesøm *c*; *adj* felles, forent
jointly ['dʒɔintli] *adv* i fellesskap
joke [dʒouk] *n* vits *c*, spøk *c*
jolly ['dʒɔli] *adj* lystig
Jordan ['dʒɔ:dǝn] Jordan
Jordanian [dʒɔ:'deiniǝn] *adj* jordansk; *n* jordaner *c*
journal ['dʒǝ:nǝl] *n* tidsskrift *nt*
journalism ['dʒǝ:nǝlizǝm] *n* journalistikk *c*
journalist ['dʒǝ:nǝlist] *n* journalist *c*
journey ['dʒǝ:ni] *n* reise *c*
joy [dʒɔi] *n* glede *c*, fryd *c*
joyful ['dʒɔifǝl] *adj* glad
jubilee ['dʒu:bili:] *n* jubileum *nt*
judge [dʒʌdʒ] *n* dommer *c*; *v* dømme; bedømme
judgment ['dʒʌdʒmǝnt] *n* dom *c*
jug [dʒʌg] *n* mugge *c*

juice [dʒuːs] *n* saft *c*

juicy [ˈdʒuːsi] *adj* saftig

July [dʒuˈlai] juli

jump [dʒʌmp] *v* hoppe; *n* hopp *nt*, sprang *nt*

jumper [ˈdʒʌmpə] *n* jumper *c*

junction [ˈdʒʌŋkʃən] *n* veikryss *nt*; knutepunkt *nt*

June [dʒuːn] juni

jungle [ˈdʒʌŋgəl] *n* urskog *c*, jungel *c*

junior [ˈdʒuːnjə] *adj* junior

junk [dʒʌŋk] *n* skrap *nt*

jurisdiction [dʒuərisdikʃən] *n* jurisdiksjon *c*

jury [ˈdʒuəri] *n* jury *c*

just [dʒʌst] *adj* rettferdig, passende; riktig; *adv* nettopp; akkurat

justice [ˈdʒʌstis] *n* rett *c*; rettferdighet *c*

juvenile [ˈdʒuːvənail] *adj* ungdoms-

K

kangaroo [ˌkæŋgəˈruː] *n* kenguru *c*

kayak [ˈkaijæk] *n* kajakk *c*

keel [kiːl] *n* kjøl *c*

keen [kiːn] *adj* begeistret; skarp

*keep [kiːp] *v* *holde; bevare; *holde på med; ~ **away from** *holde seg borte fra; ~ **off** *la være; ~ **on** *fortsette; ~ **quiet** tie; ~ **up** *holde ut; ~ **up with** *holde følge med

keg [keg] *n* kagge *c*

kennel [ˈkenəl] *n* hundehus *nt*; kennel *c*

Kenya [ˈkenjə] Kenya

kerosene [ˈkerəsiːn] *n* petroleum *c*

kettle [ˈketəl] *n* kjele *c*

key [kiː] *n* nøkkel *c*

keyhole [ˈkiːhoul] *n* nøkkelhull *nt*

khaki [ˈkɑːki] *n* kaki *c*

kick [kik] *v* sparke; *n* spark *nt*

kick-off [ˌkiˈkɔf] *n* avspark *nt*

kid [kid] *n* barn *nt*, unge *c*; geiteskinn *nt*; *v* skrøne

kidney [ˈkidni] *n* nyre *c*

kill [kil] *v* drepe, *slå i hjel

kilogram [ˈkiləgræm] *n* kilo *c/nt*

kilometre [ˈkiləˌmiːtə] *n* kilometer *c*

kind [kaind] *adj* snill, vennlig; god; *n* sort *c*

kindergarten [ˈkindəˌgɑːtən] *n* barnehage *c*, forskole *c*

king [kiŋ] *n* konge *c*

kingdom [ˈkiŋdəm] *n* kongerike *nt*; rike *nt*

kiosk [ˈkiːɔsk] *n* kiosk *c*

kiss [kis] *n* kyss *nt*; *v* kysse

kit [kit] *n* utstyr *nt*

kitchen [ˈkitʃin] *n* kjøkken *nt*; ~ **garden** *n* kjøkkenhage *c*

knapsack [ˈnæpsæk] *n* ryggsekk *c*; ransel *c*

knave [neiv] *n* knekt *c*

knee [niː] *n* kne *nt*

kneecap [ˈniːkæp] *n* kneskål *c*

*kneel [niːl] *v* knele

knew [njuː] *v* (p know)

knickers [ˈnikəz] *pl* truse *c*

knife [naif] *n* (pl knives) kniv *c*

knight [nait] *n* ridder *c*

*knit [nit] *v* strikke

knob [nɔb] *n* knott *c*

knock [nɔk] *v* banke; *n* banking *c*; ~ **against** støte på; ~ **down** *slå ned

knot [nɔt] *n* knute *c*; *v* knytte

*know [nou] *v* *vite; *kunne, kjenne

knowledge [ˈnɔlidʒ] *n* kjennskap *nt*; kunnskap *c*

knuckle [ˈnʌkəl] *n* knoke *c*

L

label [ˈleibəl] *n* etikett *c*; *v* *sette

merkelapp på

laboratory [lə'bɒrətəri] *n* laboratorium *nt*

labour ['leibə] *n* arbeid *nt*; fødselsveer *pl*; *v* *slite, anstrenge seg; **labor permit** *Am* arbeidstillatelse *c*

labourer ['leibərə] *n* arbeider *c*

labour-saving ['leibə,seiviŋ] *adj* arbeidsbesparende

labyrinth ['læbərinθ] *n* labyrint *c*

lace [leis] *n* kniplinger *pl*; lisse *c*

lack [læk] *n* savn *nt*, mangel *c*; *v* mangle

lacquer ['lækə] *n* lakk *c*

lad [læd] *n* gutt *c*

ladder ['lædə] *n* stige *c*

lady ['leidi] *n* dame *c*; **ladies' room** dametoalett *nt*

lagoon [lə'gu:n] *n* lagune *c*

lake [leik] *n* innsjø *c*

lamb [læm] *n* lam *nt*; lammekjøtt *nt*

lame [leim] *adj* lam, halt

lamentable ['læməntəbəl] *adj* beklagelig

lamp [læmp] *n* lampe *c*

lamp-post ['læmppoust] *n* lyktestolpe *c*

lampshade ['læmpʃeid] *n* lampeskjerm *c*

land [lænd] *n* land *nt*; *v* lande; *gå i land

landlady ['lænd,leidi] *n* vertinne *c*

landlord ['lændlɔ:d] *n* vert *c*, huseier *c*; husvert *c*

landmark ['lændma:k] *n* landmerke *nt*; landemerke *nt*

landscape ['lændskeip] *n* landskap *nt*

lane [lein] *n* smug *nt*, smal vei; fil *c*

language ['læŋgwidʒ] *n* språk *nt*; ~ **laboratory** språklaboratorium *nt*

lantern ['læntən] *n* lykt *c*

lapel [lə'pel] *n* jakkeslag *nt*

larder ['la:də] *n* spiskammer *nt*

large [la:dʒ] *adj* stor; rommelig

lark [la:k] *n* lerke *c*

laryngitis [,lærin'dʒaitis] *n* strupekatarr *c*

last [la:st] *adj* sist; forrige; *v* vare; **at ~** til slutt

lasting ['la:stiŋ] *adj* varig

latchkey ['lætʃki:] *n* entrénøkkel *c*

late [leit] *adj* sen; for sent

lately ['leitli] *adv* i det siste, nylig

lather ['la:ðə] *n* skum *nt*

Latin America ['lætin ə'merikə] Latin-Amerika

Latin-American [,lætinə'merikən] *adj* latinamerikansk

latitude ['lætitju:d] *n* breddegrad *c*

laugh [la:f] *v* *le; *n* latter *c*

laughter ['la:ftə] *n* latter *c*

launch [lɔ:ntʃ] *v* *sette i gang; *skyte opp; *n* motorbåt *c*

launching ['lɔ:ntʃiŋ] *n* sjøsetning *c*

launderette [,lɔ:ndə'ret] *n* selvbetjeningsvaskeri *nt*

laundry ['lɔ:ndri] *n* vaskeri *nt*; vask *c*

lavatory ['lævətəri] *n* toalett *nt*

lavish ['læviʃ] *adj* ødsel

law [lɔ:] *n* lov *c*; rett *c*; ~ **court** domstol *c*

lawful ['lɔ:fəl] *adj* lovlig

lawn [lɔ:n] *n* gressplen *c*

lawsuit ['lɔ:su:t] *n* rettssak *c*

lawyer ['lɔ:jə] *n* advokat *c*; jurist *c*

laxative ['læksətiv] *n* avføringsmiddel *nt*

***lay** [lei] *v* plassere, *legge, *sette; ~ **bricks** mure

layer [leiə] *n* lag *nt*

layman ['leimən] *n* lekmann *c*

lazy ['leizi] *adj* doven

***lead** [li:d] *v* lede

lead¹ [li:d] *n* forsprang *nt*; ledelse *c*; hunderem *c*

lead² [led] *n* bly *nt*

leader ['li:də] *n* fører *c*, anfører *c*

leadership ['li:dəʃip] *n* ledelse *c*; lederskap nt

leading [ˈliːdiŋ] *adj* ledende

leaf [liːf] *n* (pl leaves) blad *nt*

league [liːg] *n* forbund *nt*

leak [liːk] *v* lekke; *n* lekkasje *c*

leaky [ˈliːki] *adj* lekk

lean [liːn] *adj* mager

*•**lean** [liːn] *v* lene seg

leap [liːp] *n* hopp *nt*

*•**leap** [liːp] *v* hoppe

leap-year [ˈliːpjiə] *n* skuddår *nt*

*•**learn** [ləːn] *v* lære

learner [ˈləːnə] *n* nybegynner *c*

lease [liːs] *n* leiekontrakt *c;* forpakt-
ning *c; v* forpakte bort, leie ut; leie

leash [liːʃ] *n* koppel *nt*, bånd *nt*

least [liːst] *adj* minst; **at ~** i det
minste; minst

leather [ˈleðə] *n* lær *nt*; skinn-, lær-

leave [liːv] *n* permisjon *c*

*•**leave** [liːv] *v* *forlate, *gå bort;
*legge igjen, *etterlate; **~ behind**
*etterlate; **~ out** *utelate

Lebanese [ˌlebəˈniːz] *adj* libanesisk; *n*
libaneser *c*

Lebanon [ˈlebənən] Libanon

lecture [ˈlektʃə] *n* foredrag *nt*, fore-
lesning *c*

left[1] [left] *adj* venstre

left[2] [left] *v* (p, pp leave)

left-hand [ˈlefthænd] *adj* venstre

left-handed [ˌleftˈhændid] *adj* keiv-
hendt

leg [leg] *n* bein *nt*

legacy [ˈlegəsi] *n* legat *nt*

legal [ˈliːgəl] *adj* legal, rettslig; juri-
disk

legalization [ˌliːgəlaiˈzeiʃən] *n* legalisa-
sjon *c*

legation [liˈgeiʃən] *n* legasjon *c*

legible [ˈledʒibəl] *adj* leselig

legitimate [liˈdʒitimət] *adj* lovlig

leisure [ˈleʒə] *n* fritid *c*; ro og mak

lemon [ˈlemən] *n* sitron *c*

lemonade [ˌleməˈneid] *n* limonade *c;*
brus *c*

*•**lend** [lend] *v* låne bort

length [leŋθ] *n* lengde *c*

lengthen [ˈleŋθən] *v* forlenge

lengthways [ˈleŋθweiz] *adv* på langs

lens [lenz] *n* linse *c;* **telephoto ~** te-
leobjektiv *nt;* **zoom ~** zoomlinse *c*

leprosy [ˈleprəsi] *n* spedalskhet *c*

less [les] *adv* mindre

lessen [ˈlesən] *v* minske, forminske

lesson [ˈlesən] *n* leksjon *c*, time *c*

*•**let** [let] *v* *la; leie ut; **~ down** svik-
te

lethal [ˈliːðəl] *adj* dødelig

letter [ˈletə] *n* brev *nt;* bokstav *c;* **~
of credit** akkreditiv *nt;* **~ of rec-
ommendation** anbefalingsbrev *nt*

letter-box [ˈletəbɔks] *n* postkasse *c*

lettuce [ˈletis] *n* bladsalat *c*

level [ˈlevəl] *adj* jevn; plan; *n* plan *nt*,
nivå *nt;* vaterpass *nt; v* nivellere,
utlikne; **~ crossing** planovergang
c

lever [ˈliːvə] *n* vektstang *c*, hevarm *c*

liability [ˌlaiəˈbiləti] *n* ansvarlighet *c;*
hemsko *c*

liable [ˈlaiəbəl] *adj* ansvarlig; **~ to**
utsatt for

liberal [ˈlibərəl] *adj* liberal; rundhån-
det, gavmild

liberation [ˌlibəˈreiʃən] *n* befrielse *c*

Liberia [laiˈbiəriə] Liberia

Liberian [laiˈbiəriən] *adj* liberisk; *n* li-
berier *c*

liberty [ˈlibəti] *n* frihet *c*

library [ˈlaibrəri] *n* bibliotek *nt*

licence [ˈlaisəns] *n* bevilling *c;* tilla-
telse *c;* **driving ~** førerkort *nt;* **~
number** *Am* registreringsnummer
nt; **~ plate** nummerskilt *nt*

license [ˈlaisəns] *v* *gi tillatelse

lick [lik] *v* slikke

lid [lid] *n* lokk *nt*

lie [lai] *v* lyge; *n* løgn *c*

•lie [lai] *v* *ligge; ~ **down** *legge seg nedpå

life [laif] *n* (pl lives) liv *nt;* ~ **insurance** livsforsikring *c*

lifebelt [ˈlaifbelt] *n* livbelte *nt*

lifetime [ˈlaiftaim] *n* levetid *c*

lift [lift] *v* løfte; *n* heis *c*

light [lait] *n* lys *nt; adj* lett; lys; ~ **bulb** lyspære *c*

•light [lait] *v* tenne

lighter [ˈlaitə] *n* lighter *c*

lighthouse [ˈlaithaus] *n* fyrtårn *nt*

lighting [ˈlaitiŋ] *n* belysning *c*

lightning [ˈlaitniŋ] *n* lyn *nt*

like [laik] *v* like; *adj* lik; *conj* liksom; *prep* liksom

likely [ˈlaikli] *adj* sannsynlig

like-minded [ˌlaikˈmaindid] *adj* like-sinnet

likewise [ˈlaikwaiz] *adv* likeså, likele-des

lily [ˈlili] *n* lilje *c*

limb [lim] *n* lem *nt;* gren *c*

lime [laim] *n* kalk *c;* lind *c;* limett *c*

limetree [ˈlaimtri:] *n* lindetre *nt*

limit [ˈlimit] *n* grense *c; v* begrense

limp [limp] *v* halte; *adj* slapp

line [lain] *n* linje *c;* strek *c;* line *c;* kø *c;* **stand in ~** *Am* stå i kø

linen [ˈlinin] *n* lerret *nt;* lintøy *nt*

liner [ˈlainə] *n* passasjerbåt *c*

lingerie [ˈlɔ̃ʒəri:] *n* dameundertøy *nt*

lining [ˈlainiŋ] *n* fôr *nt*

link [liŋk] *v* *forbinde; *n* lenke *c;* ledd *nt*

lion [ˈlaiən] *n* løve *c*

lip [lip] *n* leppe *c*

lipsalve [ˈlipsɑ:v] *n* leppepomade *c*

lipstick [ˈlipstik] *n* leppestift *c*

liqueur [liˈkjuə] *n* likør *c*

liquid [ˈlikwid] *adj* flytende; *n* væske *c*

liquor [ˈlikə] *n* sprit *c;* brennevin *nt*

liquorice [ˈlikəris] *n* lakris *c*

list [list] *n* liste *c; v* *innskrive, regne opp

listen [ˈlisən] *v* lytte

listener [ˈlisnə] *n* lytter *c*

literary [ˈlitrəri] *adj* litterær

literature [ˈlitrətʃə] *n* litteratur *c*

litre [ˈli:tə] *n* liter *c*

litter [ˈlitə] *n* avfall *nt;* søppel *nt;* kull *nt*

little [ˈlitəl] *adj* liten; lite

live¹ [liv] *v* leve; bo

live² [laiv] *adj* levende; direkte

livelihood [ˈlaivlihud] *n* levebrød *nt*

lively [ˈlaivli] *adj* livlig

liver [ˈlivə] *n* lever *c*

living-room [ˈliviŋru:m] *n* dagligstue *c*

load [loud] *n* last *c;* bør *c; v* laste

loaf [louf] *n* (pl loaves) brød *nt*

loan [loun] *n* lån *nt*

lobby [ˈlɔbi] *n* vestibyle *c;* foajé *c*

lobster [ˈlɔbstə] *n* hummer *c*

local [ˈloukəl] *adj* lokal, stedlig; ~ **call** lokalsamtale *c;* ~ **train** lokal-tog *nt*

locality [louˈkæləti] *n* sted *nt*

locate [louˈkeit] *v* lokalisere

location [louˈkeiʃən] *n* beliggenhet *c*

lock [lɔk] *v* låse; *n* lås *c;* sluse *c;* ~ **up** låse opp, sperre inne

locomotive [ˌloukəˈmoutiv] *n* lokomo-tiv *nt*

lodge [lɔdʒ] *v* huse; *n* jakthytte *c*

lodger [ˈlɔdʒə] *n* leieboer *c*

lodgings [ˈlɔdʒiŋz] *pl* losji *c*

log [lɔg] *n* kubbe *c*

logic [ˈlɔdʒik] *n* logikk *c*

logical [ˈlɔdʒikəl] *adj* logisk

lonely [ˈlounli] *adj* ensom

long [lɔŋ] *adj* lang; langvarig; ~ **for** lengte etter; **no longer** ikke lenger

longing [ˈlɔŋiŋ] *n* lengsel *c*

longitude [ˈlɔndʒitju:d] *n* lengdegrad *c*

look [luk] *v* *se; synes, *se ut; *n* blikk *nt;* utseende *nt;* ~ **after** sørge for,

passe; ~ at *se på; ~ for lete etter; ~ out *se opp, passe seg for; ~ up *slå opp
looking-glass ['lukiŋglɑ:s] n speil nt
loop [lu:p] n løkke c
loose [lu:s] adj løs
loosen ['lu:sən] v løsne
lord [lɔ:d] n lord c; herre c
lorry ['lɔri] n lastebil c
•**lose** [lu:z] v tape, miste
loss [lɔs] n tap nt
lost [lɔst] adj gått vill; forsvunnet; ~ **and found** hittegods nt; ~ **property office** hittegodskontor nt
lot [lɔt] n lodd c; mengde c, hop c
lotion ['louʃən] n hudkrem c; **after-shave** ~ barbervann nt
lottery ['lɔtəri] n lotteri nt
loud [laud] adj høylydt, høy
loud-speaker [ˌlaud'spi:kə] n høyttaler c
lounge [laundʒ] n salong c; vestibyle c
louse [laus] n (pl lice) lus c
love [lʌv] v elske, *være glad i; n kjærlighet c; in ~ forelsket
lovely ['lʌvli] adj yndig, herlig, skjønn
lover ['lʌvə] n elsker c
love-story ['lʌvˌstɔ:ri] n kjærlighetshistorie c
low [lou] adj lav; dyp; nedstemt; ~ **tide** fjære c
lower ['louə] v senke; adj lavere
lowlands ['louləndz] pl lavland nt
loyal ['lɔiəl] adj lojal
lubricate ['lu:brikeit] v *smøre
lubrication [ˌlu:bri'keiʃən] n smøring c; ~ **oil** smøreolje c; ~ **system** smøringssystem nt
luck [lʌk] n hell nt; skjebne c; **bad** ~ uflaks c
lucky ['lʌki] adj heldig; ~ **charm** amulett c

ludicrous ['lu:dikrəs] adj latterlig
luggage ['lʌgidʒ] n bagasje c; **hand** ~ håndbagasje c; **left** ~ **office** bagasjeoppbevaring c; ~ **rack** bagasjehylle c; ~ **van** bagasjevogn c
lukewarm ['lu:kwɔ:m] adj lunken
lumbago [lʌm'beigou] n lumbago c
luminous ['lu:minəs] adj lysende
lump [lʌmp] n klump c, stykke nt; kul c; ~ **of sugar** sukkerbit c; ~ **sum** rund sum
lumpy ['lʌmpi] adj klumpet
lunacy ['lu:nəsi] n vanvidd nt
lunatic ['lu:nətik] adj sinnssyk; n sinnssyk c
lunch [lʌntʃ] n formiddagsmat c, lunsj c
luncheon ['lʌntʃən] n lunsj c
lung [lʌŋ] n lunge c
lust [lʌst] n begjær nt
luxurious [lʌg'ʒuəriəs] adj luksuriøs
luxury ['lʌkʃəri] n luksus c

M

machine [mə'ʃi:n] n maskin c, apparat nt
machinery [mə'ʃi:nəri] n maskineri nt
mackerel ['mækrəl] n (pl ~) makrell c
mackintosh ['mækintɔʃ] n regnfrakk c
mad [mæd] adj gal, vanvittig, sinnssvak; rasende
madam ['mædəm] n frue c
madness ['mædnəs] n galskap c
magazine [ˌmægə'zi:n] n tidsskrift nt
magic ['mædʒik] n magi c, trolldom c; adj magisk
magician [mə'dʒiʃən] n tryllekunstner c
magistrate ['mædʒistreit] n dommer c
magnetic [mæg'netik] adj magnetisk

magnificent [mæg'nifisənt] *adj* prakt-
full, storslått

magpie ['mægpai] *n* skjære *c*

maid [meid] *n* hushjelp *c*

maiden name ['meidən neim] pike-
navn *nt*

mail [meil] *n* post *c*; *v* poste; ~ **order**
Am postanvisning *c*

mailbox ['meilbɔks] *nAm* postkasse
c

main [mein] *adj* hoved-; størst; ~
deck øverste dekk *nt*; ~ **line** ho-
vedlinje *c*; ~ **road** hovedvei *c*; ~
street hovedgate *c*

mainland ['meinlənd] *n* fastland *nt*

mainly ['meinli] *adv* hovedsakelig

mains [meinz] *pl* hovedledning *c*

maintain [mein'tein] *v* *opprettholde

maintenance ['meintənəns] *n* vedlike-
hold *nt*

maize [meiz] *n* mais *c*

major ['meidʒə] *adj* større; eldre; *n*
major *c*

majority [mə'dʒɔrəti] *n* flertall *nt*

***make** [meik] *v* lage; tjene; nå; ~ **do**
with nøye seg med; ~ **good** *godt-
gjøre; ~ **up** *sette opp

make-up ['meikʌp] *n* sminke *c*

malaria [mə'leəriə] *n* malaria *c*

Malay [mə'lei] *n* malaysier *c*

Malaysia [mə'leiziə] Malaysia

Malaysian [mə'leiziən] *adj* malaysisk

male [meil] *adj* hann-

malicious [mə'liʃəs] *adj* ondskaps-
full

malignant [mə'lignənt] *adj* ondartet

mallet ['mælit] *n* kølle *c*

malnutrition [ˌmælnjuˈtriʃən] *n* under-
ernæring *c*

mammal ['mæməl] *n* pattedyr *nt*

mammoth ['mæməθ] *n* mammut *c*

man [mæn] *n* (pl men) mann *c*; men-
neske *nt*; **men's room** herretoalett
nt

manage ['mænidʒ] *v* bestyre; lykkes

manageable ['mænidʒəbəl] *adj* hånd-
terlig

management ['mænidʒmənt] *n* ledelse
c; administrasjon *c*

manager ['mænidʒə] *n* sjef *c*, direktør
c

mandarin ['mændərin] *n* mandarin *c*

mandate ['mændeit] *n* mandat *nt*

manger ['meindʒə] *n* krybbe *c*

manicure ['mænikjuə] *n* manikyr *c*

mankind [mæn'kaind] *n* menneskehet
c

mannequin ['mænəkin] *n* utstillings-
dukke *c*

manner ['mænə] *n* måte *c*, vis *nt*;
manners *pl* manerer *pl*

man-of-war [ˌmænəvˈwɔ:] *n* krigsskip
nt

manor-house ['mænəhaus] *n* herre-
gård *c*

mansion ['mænʃən] *n* herregård *c*

manual ['mænjuəl] *adj* hånd-, ma-
nuell

manufacture [ˌmænjuˈfæktʃə] *v* fabrik-
kere

manufacturer [ˌmænjuˈfæktʃərə] *n* fab-
rikant *c*

manure [mə'njuə] *n* gjødsel *c*

manuscript ['mænjuskript] *n* manu-
skript *nt*

many ['meni] *adj* mange

map [mæp] *n* kart *nt*

maple ['meipəl] *n* lønn *c*

marble ['ma:bəl] *n* marmor *c*; klinke-
kule *c*

March [ma:tʃ] mars

march [ma:tʃ] *v* marsjere; *n* marsj *c*

mare [meə] *n* hoppe *c*

margarine [ˌma:dʒəˈri:n] *n* margarin *c*

margin ['ma:dʒin] *n* marg *c*

maritime ['mæritaim] *adj* maritim

mark [ma:k] *v* markere; merke; kjen-
netegne; *n* merke *nt*; karakter *c*;

skyteskive c
market ['mɑ:kit] *n* marked *nt*
market-place ['mɑ:kitpleis] *n* torg *nt*
marmalade ['mɑ:məleid] *n* marmelade *c*
marriage ['mæridʒ] *n* ekteskap *nt*
marrow ['mærou] *n* marg *c*
marry ['mæri] *v* gifte seg, ekte; **married couple** ektepar *nt*
marsh [mɑ:ʃ] *n* sump *c*
marshy ['mɑ:ʃi] *adj* sumpet
martyr ['mɑ:tə] *n* martyr *c*
marvel ['mɑ:vəl] *n* vidunder *nt; v* undre seg
marvellous ['mɑ:vələs] *adj* vidunderlig
mascara [mæ'skɑ:rə] *n* øyensverte *c*
masculine ['mæskjulin] *adj* maskulin
mash [mæʃ] *v* mose
mask [mɑ:sk] *n* maske *c*
Mass [mæs] *n* messe *c*
mass [mæs] *n* mengde *c; ~* **production** masseproduksjon *c*
massage ['mæsɑ:ʒ] *n* massasje *c; v* massere
masseur [mæ'sə:] *n* massør *c*
massive ['mæsiv] *adj* massiv
mast [mɑ:st] *n* mast *c*
master ['mɑ:stə] *n* mester *c;* skipsfører *c;* lektor *c,* lærer *c; v* mestre, beherske
masterpiece ['mɑ:stəpi:s] *n* mesterverk *nt*
mat [mæt] *n* matte *c; adj* glansløs, matt
match [mætʃ] *n* fyrstikk *c;* kamp *c; v* passe til
match-box ['mætʃbɔks] *n* fyrstikkeske *c*
material [mə'tiəriəl] *n* materiale *nt;* stoff *nt; adj* materiell
mathematical [ˌmæθə'mætikəl] *adj* matematisk
mathematics [ˌmæθə'mætiks] *n* mate-

matikk *c*
matrimonial [ˌmætri'mouniəl] *adj* ekteskapelig
matrimony ['mætriməni] *n* ekteskap *nt*
matter ['mætə] *n* stoff *nt;* spørsmål *nt,* sak *c; v* *være av betydning; **as a ~ of fact** faktisk, i virkeligheten
matter-of-fact [ˌmætərəv'fækt] *adj* realistisk
mattress ['mætrəs] *n* madrass *c*
mature [mə'tjuə] *adj* moden
maturity [mə'tjuərəti] *n* modenhet *c*
mausoleum [ˌmɔːsə'liːəm] *n* mausoleum *nt*
mauve [mouv] *adj* lilla
May [mei] mai
•may [mei] *v* *kunne
maybe ['meibi:] *adv* kanskje
mayor [meə] *n* borgermester *c*
maze [meiz] *n* labyrint *c*
me [mi:] *pron* meg
meadow ['medou] *n* eng *c*
meal [mi:l] *n* måltid *nt*
mean [mi:n] *adj* sjofel; *n* gjennomsnitt *nt*
•mean [mi:n] *v* bety; mene
meaning ['mi:niŋ] *n* mening *c*
meaningless ['mi:niŋləs] *adj* meningsløs
means [mi:nz] *n* middel *nt;* **by no ~** på ingen måte
in the meantime [in ðə 'mi:ntaim] i mellomtiden, imens
meanwhile ['mi:nwail] *adv* i mellomtiden, imens
measles ['mi:zəlz] *n* meslinger *pl*
measure ['meʒə] *v* måle; *n* mål *nt;* foranstaltning *c*
meat [mi:t] *n* kjøtt *nt*
mechanic [mi'kænik] *n* mekaniker *c*
mechanical [mi'kænikəl] *adj* mekanisk
mechanism ['mekənizəm] *n* mekanis-

me c
medal ['medəl] n medalje c
mediaeval [,medi'i:vəl] adj middelal-
dersk
mediate ['mi:dieit] v megle
mediator ['mi:dieitə] n megler c
medical ['medikəl] adj medisinsk
medicine ['medsin] n medisin c; lege-
vitenskap c
meditate ['mediteit] v meditere
Mediterranean [,meditə'reiniən] Mid-
delhavet
medium ['mi:diəm] adj gjennomsnitt-
lig, middels
***meet** [mi:t] v møte; *treffe
meeting ['mi:tiŋ] n møte nt, sammen-
komst c
meeting-place ['mi:tiŋpleis] n møte-
sted nt
melancholy ['melənkəli] n melankoli c
mellow ['melou] adj bløt; moden
melodrama ['melə,drɑ:mə] n melodra-
ma nt
melody ['melədi] n melodi c
melon ['melən] n melon c
melt [melt] v smelte
member ['membə] n medlem nt;
Member of Parliament parla-
mentsrepresentant c
membership ['membəʃip] n medlem-
skap nt
memo ['memou] n (pl ~s) memoran-
dum nt
memorable ['memərəbəl] adj minne-
verdig
memorial [mə'mɔ:riəl] n minnestein c
memorize ['meməraiz] v lære utenat
memory ['meməri] n hukommelse c;
minne nt
mend [mend] v reparere, *gjøre i
stand
menstruation [,menstru'eiʃən] n men-
struasjon c
mental ['mentəl] adj mental

mention ['menʃən] v nevne; n omtale
c
menu ['menju:] n spisekart nt, meny c
merchandise ['mə:tʃəndaiz] n varer pl,
handelsvare c
merchant ['mə:tʃənt] n kjøpmann c,
grosserer c
merciful ['mə:sifəl] adj barmhjertig
mercury ['mə:kjuri] n kvikksølv nt
mercy ['mə:si] n barmhjertighet c,
nåde c
mere [miə] adj ren og skjær
merely ['miəli] adv bare
merger ['mə:dʒə] n sammensmelt-
ning c
merit ['merit] v fortjene; n fortjeneste
c
mermaid ['mə:meid] n havfrue c
merry ['meri] adj munter
merry-go-round ['merigou,raund] n
karusell c
mesh [meʃ] n nett nt, maske c
mess [mes] n rot nt; ~ **up** rote til
message ['mesidʒ] n beskjed c
messenger ['mesindʒə] n budbringer
c
metal ['metəl] n metall nt; metall-
meter ['mi:tə] n måler c
method ['meθəd] n metode c, frem-
gangsmåte c; ordning c
methodical [mə'θɔdikəl] adj metodisk
metre ['mi:tə] n meter c
metric ['metrik] adj metrisk
Mexican ['meksikən] adj meksikansk;
n meksikaner c
Mexico ['meksikou] Mexico
mezzanine ['mezəni:n] n mellometa-
sje c
microphone ['maikrəfoun] n mikrofon
c
microwave oven ['maikrəweiv 'ʌvən] n
mikrobølgeovn c
midday ['middei] n middag c
middle ['midəl] n midte c; adj mel-

lomste; **Middle Ages** middelalderen; ~ **class** middelklasse c;
middle-class adj borgerlig

midnight ['midnait] n midnatt c

midst [midst] n midte c

midsummer ['mid,sʌmə] n midtsommer c

midwife ['midwaif] n (pl -wives) jordmor c

might [mait] n makt c

*****might** [mait] v *kunne

mighty ['maiti] adj mektig

migraine ['migrein] n migrene c

mild [maild] adj mild

mildew ['mildju] n mugg c

mile [mail] n engelsk mil

milage ['mailidʒ] n distanse c

milepost ['mailpoust] n veiskilt nt

milestone ['mailstoun] n milestein c

milieu ['mi:ljə:] n miljø nt

military ['militəri] adj militær-; ~
force krigsmakt c

milk [milk] n melk c

milkman ['milkmən] n (pl -men) melkemann c

milk-shake ['milkʃeik] n milk-shake c

milky ['milki] adj melkaktig

mill [mil] n mølle c; fabrikk c

miller ['milə] n møller c

milliner ['milinə] n modist c

million ['miljən] n million c

millionaire [,miljə'neə] n millionær c

mince [mins] v finhakke

mind [maind] n sinn nt; v *ha noe
imot; passe på, passe seg for, bry
seg om

mine [main] n gruve c

miner ['mainə] n gruvearbeider c

mineral ['minərəl] n mineral nt; ~
water mineralvann nt

miniature ['minjətʃə] n miniatyr c

minimum ['miniməm] n minimum nt

mining ['mainiŋ] n gruvedrift c

minister ['ministə] n statsråd c; prest

c; **Prime Minister** statsminister c

ministry ['ministri] n departement nt;
prestegjerning c

mink [miŋk] n mink c

minor ['mainə] adj mindre, liten; underordnet; n mindreårig c

minority [mai'nɔrəti] n mindretall nt

mint [mint] n mynte c

minus ['mainəs] prep minus

minute¹ ['minit] n minutt nt; **minutes** referat nt

minute² [mai'nju:t] adj bitte liten

miracle ['mirəkəl] n mirakel nt

miraculous [mi'rækjuləs] adj mirakuløs

mirror ['mirə] n speil nt

misbehave [,misbi'heiv] v oppføre seg
dårlig

miscarriage [mis'kæridʒ] n abort c

miscellaneous [,misə'leiniəs] adj diverse

mischief ['mistʃif] n spilopper pl;
ugagn c, skade c

mischievous ['mistʃivəs] adj skøyeraktig

miserable ['mizərəbəl] adj elendig,
ulykkelig

misery ['mizəri] n elendighet c, ulykke c; nød c

misfortune [mis'fɔ:tʃən] n ulykke c,
uhell nt

*****mislay** [mis'lei] v *forlegge

misplaced [mis'pleist] adj malplassert; mistet

mispronounce [,misprə'nauns] v uttale
galt

miss¹ [mis] frøken, frøken c

miss² [mis] v miste

missing ['misiŋ] adj manglende; ~
person savnet person

mist [mist] n dis c, tåke c

mistake [mi'steik] n feiltakelse c, feil
c

*****mistake** [mi'steik] v forveksle

mistaken [mi'steikən] *adj* feilaktig; **•be ~** *ta feil

mister ['mistə] herr

mistress ['mistrəs] *n* frue *c*; bestyrerinne *c*; elskerinne *c*

mistrust [mis'trʌst] *v* mistro

misty ['misti] *adj* disig

***misunderstand** [ˌmisʌndə'stænd] *v *misforstå

misunderstanding [ˌmisʌndə'stændiŋ] *n* misforståelse *c*

misuse [mis'ju:s] *n* misbruk *nt*

mittens ['mitənz] *pl* votter *pl*

mix [miks] *v* blande; **~ with** *omgås med

mixed [mikst] *adj* blandet

mixer ['miksə] *n* mikser *c*

mixture ['mikstʃə] *n* blanding *c*

moan [moun] *v* jamre

moat [mout] *n* vollgrav *c*

mobile ['moubail] *adj* bevegelig, mobil

mock [mɔk] *v* håne

mockery ['mɔkəri] *n* hån *c*

model ['mɔdəl] *n* modell *c*; mannekeng *c*; *v* modellere, forme

moderate ['mɔdərət] *adj* moderat; middelmådig

modern ['mɔdən] *adj* moderne

modest ['mɔdist] *adj* beskjeden

modesty ['mɔdisti] *n* beskjedenhet *c*

modify ['mɔdifai] *v* modifisere, endre

mohair ['mouheə] *n* mohair *c/nt*

moist [mɔist] *adj* fuktig, våt

moisten ['mɔisən] *v* fukte

moisture ['mɔistʃə] *n* fuktighet *c*; **moisturizing cream** fuktighetskrem *c*

molar ['moulə] *n* jeksel *c*

moment ['moumənt] *n* øyeblikk *nt*

momentary ['moumentəri] *adj* kortvarig

monarch ['mɔnək] *n* monark *c*

monarchy ['mɔnəki] *n* monarki *nt*

monastery ['mɔnəstri] *n* kloster *nt*

Monday ['mʌndi] mandag *c*

monetary ['mʌnitəri] *adj* penge-; **~ unit** myntenhet *c*

money ['mʌni] *n* penger *pl*; **~ exchange** vekslingskontor *nt*; **~ order** postanvisning *c*

monk [mʌŋk] *n* munk *c*

monkey ['mʌŋki] *n* ape *c*

monologue ['mɔnəlɔg] *n* monolog *c*

monopoly [mə'nɔpəli] *n* monopol *nt*

monotonous [mə'nɔtənəs] *adj* monoton

month [mʌnθ] *n* måned *c*

monthly ['mʌnθli] *adj* månedlig; **~ magazine** månedsblad *nt*

monument ['mɔnjumənt] *n* monument *nt*, minnesmerke *nt*

mood [mu:d] *n* humør *nt*, stemning *c*

moon [mu:n] *n* måne *c*

moonlight ['mu:nlait] *n* måneskinn *nt*

moor [muə] *n* hei *c*, lyngmo *c*

moose [mu:s] *n* (pl ~, ~s) elg *c*

moped ['mouped] *n* moped *c*

moral ['mɔrəl] *n* moral *c*; *adj* moralsk, sedelig

morality [mə'ræləti] *n* moral *c*

more [mɔ:] *adj* mer; **once ~** en gang til

moreover [mɔ:'rouvə] *adv* dessuten, for øvrig

morning ['mɔ:niŋ] *n* morgen *c*, formiddag *c*; **~ paper** morgenavis *c*; **this ~** i morges

Moroccan [mə'rɔkən] *adj* marokkansk; *n* marokkaner *c*

Morocco [mə'rɔkou] Marokko

morphia ['mɔ:fiə] *n* morfin *c*

morphine ['mɔ:fi:n] *n* morfin *c*

morsel ['mɔ:səl] *n* bit *c*

mortal ['mɔ:təl] *adj* dødelig

mortgage ['mɔ:gidʒ] *n* pantelån *nt*; pant *c*

mosaic [mə'zeiik] *n* mosaikk *c*

mosque [mɔsk] n moské c

mosquito [məˈskiːtou] n (pl ~es) mygg c; moskito c

mosquito-net [məˈskiːtounet] n myggnett nt

moss [mɔs] n mose c

most [moust] adj flest; at ~ høyst; ~ of all mest

mostly [ˈmoustli] adv for det meste

motel [mouˈtel] n motell nt

moth [mɔθ] n møll c; nattsvermer c

mother [ˈmʌðə] n mor c; ~ tongue morsmål nt

mother-in-law [ˈmʌðərinlɔ:] n (pl mothers-) svigermor c

mother-of-pearl [ˌmʌðərəvˈpə:l] n perlemor c

motion [ˈmouʃən] n bevegelse c; forslag nt

motive [ˈmoutiv] n motiv nt

motor [ˈmoutə] n motor c; v bile; ~ body nAm karosseri nt; starter ~ starter c

motorbike [ˈmoutəbaik] nAm moped c

motor-boat [ˈmoutəbout] n motorbåt c

motor-car [ˈmoutəkɑ:] n bil c

motor-cycle [ˈmoutəˌsaikəl] n motorsykkel c

motoring [ˈmoutəriŋ] n bilisme c

motorist [ˈmoutərist] n bilist c

motorway [ˈmoutəwei] n motorvei c

motto [ˈmotou] n (pl ~es, ~s) motto nt

mouldy [ˈmouldi] adj muggen

mound [maund] n haug c

mount [maunt] v *bestige; n berg nt

mountain [ˈmauntin] n fjell nt; ~ pass pass nt; ~ range fjellkjede c

mountaineering [ˌmauntiˈniəriŋ] n fjellklatring c

mountainous [ˈmauntinəs] adj bergrik

mourning [ˈmɔ:niŋ] n sørgetid c

mouse [maus] n (pl mice) mus c

moustache [məˈstɑ:ʃ] n bart c

mouth [mauθ] n munn c; kjeft c, gap nt; munning c

mouthwash [ˈmauθwɔʃ] n munnvann nt

movable [ˈmu:vəbəl] adj flyttbar

move [mu:v] v bevege; flytte; røre seg; n trekk nt, skritt nt; flytting c

movement [ˈmu:vmənt] n bevegelse c

movie [ˈmu:vi] n film c; movies Am kino c; ~ theater kino c

much [mʌtʃ] adj mange, mye; adv mye; as ~ like mye; så vidt

muck [mʌk] n møkk c

mud [mʌd] n søle c

muddle [ˈmʌdəl] n forvirring c, rot nt, virvar nt; v rote

muddy [ˈmʌdi] adj sølet

mud-guard [ˈmʌdgɑ:d] n skvettskjerm c

muffler [ˈmʌflə] nAm lydpotte c

mug [mʌg] n krus nt

mulberry [ˈmʌlbəri] n morbær nt

mule [mju:l] n mulesel nt, muldyr nt

mullet [ˈmʌlit] n multefisk c

multiplication [ˌmʌltipliˈkeiʃən] n multiplikasjon c

multiply [ˈmʌltiplai] v multiplisere

mumps [mʌmps] n kusma c

municipal [mjuˈnisipəl] adj kommunal, by-

municipality [mjuˌnisiˈpæləti] n kommune c

murder [ˈmə:də] n mord nt; v myrde

murderer [ˈmə:dərə] n morder c

muscle [ˈmʌsəl] n muskel c

muscular [ˈmʌskjulə] adj muskuløs

museum [mjuˈzi:əm] n museum nt

mushroom [ˈmʌʃru:m] n sjampinjong c; sopp c

music [ˈmju:zik] n musikk c; ~ academy konservatorium nt

musical [ˈmju:zikəl] adj musikalsk; n

musical c
music-hall ['mju:zikhɔ:l] n revyteater nt
musician [mju:'ziʃən] n musiker c
muslin ['mʌzlin] n musselin c
mussel ['mʌsəl] n blåskjell nt
***must** [mʌst] v *måtte
mustard ['mʌstəd] n sennep c
mute [mju:t] adj stum
mutiny ['mju:tini] n mytteri nt
mutton ['mʌtən] n fårekjøtt nt
mutual ['mju:tʃuəl] adj gjensidig
my [mai] adj min
myself [mai'self] pron meg; selv
mysterious [mi'stiəriəs] adj gåtefull, mystisk
mystery ['mistəri] n mysterium nt
myth [miθ] n myte c

N

nail [neil] n negl c; spiker c
nailbrush ['neilbrʌʃ] n neglebørste c
nail-file ['neilfail] n neglefil c
nail-polish ['neil,poliʃ] n neglelakk c
nail-scissors ['neil,sizəz] pl neglesaks c
naïve [nɑ:'i:v] adj naiv
naked ['neikid] adj naken; bar
name [neim] n navn nt; v oppkalle, kalle; **in the ~ of** i . . . navn
namely ['neimli] adv nemlig
nap [næp] n lur c
napkin ['næpkin] n serviett c
nappy ['næpi] n bleie c
narcosis [nɑ:'kousis] n (pl -ses) narkose c
narcotic [nɑ:'kɔtik] n narkotisk middel
narrow ['nærou] adj trang, smal, snever
narrow-minded [,nærou'maindid] adj

sneversynt
nasty ['nɑ:sti] adj ubehagelig, vemmelig; ekkel
nation ['neiʃən] n nasjon c; folk nt
national ['næʃənəl] adj nasjonal; folke-; stats-; ~ **anthem** nasjonalsang c; ~ **dress** nasjonaldrakt c; ~ **park** nasjonalpark c
nationality [,næʃə'næləti] n nasjonalitet c
nationalize ['næʃənəlaiz] v nasjonalisere
native ['neitiv] n innfødt c; adj innfødt; ~ **country** fedreland nt; ~ **language** morsmål nt
natural ['nætʃərəl] adj naturlig; medfødt
naturally ['nætʃərəli] adv selvfølgelig, naturligvis
nature ['neitʃə] n natur c
naughty ['nɔ:ti] adj uskikkelig, slem
nausea ['nɔ:siə] n kvalme c
naval ['neivəl] adj marine-
navel ['neivəl] n navle c
navigable ['nævigəbəl] adj seilbar
navigate ['nævigeit] v navigere
navigation [,nævi'geiʃən] n navigasjon c; seilas c
navy ['neivi] n flåte c
near [niə] prep nær; adj nær
nearby ['niəbai] adj nærliggende, tilstøtende
nearly ['niəli] adv nesten
neat [ni:t] adj nett, ordentlig; bar
necessary ['nesəsəri] adj nødvendig
necessity [nə'sesəti] n nødvendighet c
neck [nek] n hals c; **nape of the ~** nakke c
necklace ['nekləs] n halskjede nt
necktie ['nektai] n slips nt
need [ni:d] v behøve, trenge; n behov nt; nødvendighet c; ~ **to** *måtte
needle ['ni:dəl] n nål c
needlework ['ni:dəlwə:k] n håndar-

beid nt
negative ['negativ] adj negativ, benektende; n negativ nt
neglect [ni'glekt] v forsømme; n forsømmelse c
negligee ['neglizei] n negligé c/nt
negotiate [ni'gouʃieit] v forhandle
negotiation [ni,gouʃi'eiʃən] n forhandling c
Negro ['ni:grou] n (pl ~es) neger c
neighbour ['neibə] n granne c, nabo c
neighbourhood ['neibəhud] n nabolag nt
neighbouring ['neibəriŋ] adj tilstøtende, nærliggende
neither ['naiðə] pron ingen av dem; **neither ... nor** verken ... eller
neon ['ni:ɔn] n neon c
nephew ['nefju:] n nevø c
nerve [nə:v] n nerve c; dristighet c
nervous ['nə:vəs] adj nervøs
nest [nest] n rede nt
net [net] n nett nt; adj netto
the Netherlands ['neðələndz] Nederland
network ['netwə:k] n nettverk nt; kringkastingsselskap nt
neuralgia [njuə'rældʒə] n nevralgi c
neurosis [njuə'rousis] n nevrose c
neuter ['nju:tə] adj intetkjønns-
neutral ['nju:trəl] adj nøytral
never ['nevə] adv aldri
nevertheless [,nevəðə'les] adv ikke desto mindre
new [nju:] adj ny; **New Year** nyttår nt
news [nju:z] n nyheter pl, nyhet c
newsagent ['nju:,zeidʒənt] n avishandler c
newspaper ['nju:z,peipə] n avis c
newsreel ['nju:zri:l] n filmavis c
newsstand ['nju:zstænd] n aviskiosk c
New Zealand [nju: 'zi:lənd] Ny-Zealand

next [nekst] adj neste; ~ **to** ved siden av
next-door [,nekst'dɔ:] adv ved siden av, nabo-
nice [nais] adj koselig, snill, pen; lekker; sympatisk
nickel ['nikəl] n nikkel c; 5-cent-mynt
nickname ['nikneim] n kjælenavn nt
nicotine ['nikəti:n] n nikotin c
niece [ni:s] n niese c
Nigeria [nai'dʒiəriə] Nigeria
Nigerian [nai'dʒiəriən] adj nigeriansk; n nigerianer c
night [nait] n natt c; aften c; **by** ~ om natten; ~ **flight** nattfly nt; ~ **rate** natt-takst c; ~ **train** natt-tog nt
nightclub ['naitklʌb] n nattklubb c
night-cream ['naitkri:m] n nattkrem c
nightdress ['naitdres] n nattkjole c
nightingale ['naitiŋgeil] n nattergal c
nightly ['naitli] adj nattlig
nil [nil] ingenting; null
nine [nain] num ni
nineteen [,nain'ti:n] num nitten
nineteenth [,nain'ti:nθ] num nittende
ninety ['nainti] num nitti
ninth [nainθ] num niende
nitrogen ['naitrədʒən] n kvelstoff nt
no [nou] nei; adj ingen; ~ **one** ingen
nobility [nou'biləti] n adel c
noble ['noubəl] adj adelig; edel
nobody ['noubɔdi] pron ingen
nod [nɔd] n nikk nt; v nikke
noise [nɔiz] n lyd c; bulder nt, larm c, støy c
noisy ['nɔizi] adj støyende
nominal ['nɔminəl] adj nominell
nominate ['nɔmineit] v nominere
nomination [,nɔmi'neiʃən] n nominasjon c; utnevnelse c
none [nʌn] pron ingen
nonsense ['nɔnsəns] n nonsens nt
noon [nu:n] n klokken tolv

normal ['nɔ:məl] adj normal
north [nɔ:θ] n nord c; adj nordlig;
North Pole Nordpolen
north-east [,nɔ:θ'i:st] n nordøst c
northerly ['nɔ:ðəli] adj nordlig
northern ['nɔ:ðən] adj nordlig
north-west [,nɔ:θ'west] n nordvest c
Norway ['nɔ:wei] Norge
Norwegian [nɔ:'wi:dʒən] adj norsk; n
nordmann c
nose [nouz] n nese c
nosebleed ['nouzbli:d] n neseblod nt
nostril ['nɔstril] n nesebor nt
not [nɔt] adv ikke
notary ['noutəri] n notar c
notary public Am notarius publicus
note [nout] n merknad c, notis c; no-
tat nt; tone c; v notere; bemerke,
konstatere
notebook ['noutbuk] n notisbok c
noted ['noutid] adj kjent
notepaper ['nout,peipə] n brevpapir
nt
nothing ['nʌθiŋ] n ingenting, intet nt
notice ['noutis] v merke, bemerke,
*legge merke til, oppdage; *se; n
underretning c, kunngjøring c;
oppmerksomhet c
noticeable ['noutisəbəl] adj merkbar;
bemerkelsesverdig
notify ['noutifai] v meddele; underret-
te
notion ['nouʃən] n anelse c, begrep nt
notorious [nou'tɔ:riəs] adj beryktet
nougat ['nu:ga:] n nougat c
nought [nɔ:t] n null nt
noun [naun] n substantiv nt
nourishing ['nʌriʃiŋ] adj nærende
novel ['nɔvəl] n roman c
novelist ['nɔvəlist] n romanforfatter c
November [nou'vembə] november
now [nau] adv nå; ~ and then nå og
da
nowadays ['nauədeiz] adv nåtildags

nowhere ['nouwɛə] adv ingensteds
nozzle ['nɔzəl] n tut c
nuance [nju:'ɑ̃:s] n nyanse c
nuclear ['nju:kliə] adj kjerne-; ~ en-
ergy kjernekraft c
nucleus ['nju:kliəs] n kjerne c
nude [nju:d] adj naken; n akt c
nuisance ['nju:səns] n ulempe c
numb [nʌm] adj følelsesløs; valen
number ['nʌmbə] n nummer nt; tall
nt, antall nt
numeral ['nju:mərəl] n tallord nt
numerous ['nju:mərəs] adj tallrik
nun [nʌn] n nonne c
nunnery ['nʌnəri] n nonnekloster nt
nurse [nə:s] n sykesøster c, sykeplei-
erske c; barnepike c; v pleie; amme
nursery ['nə:səri] n barneværelse nt;
daghjem nt; planteskole c
nut [nʌt] n nøtt c; mutter c
nutcrackers ['nʌt,krækəz] pl nøtte-
knekker c
nutmeg ['nʌtmeg] n muskatnøtt c
nutritious [nju:'triʃəs] adj nærende
nutshell ['nʌtʃel] n nøtteskall nt
nylon ['nailən] n nylon nt

O

oak [ouk] n eik c
oar [ɔ:] n åre c
oasis [ou'eisis] n (pl oases) oase c
oath [ouθ] n ed c
oats [outs] pl havre c
obedience [ə'bi:diəns] n lydighet c
obedient [ə'bi:diənt] adj lydig
obey [ə'bei] v *adlyde
object¹ ['ɔbdʒikt] n objekt nt; gjen-
stand c; formål nt
object² [əb'dʒekt] v protestere, inn-
vende
objection [əb'dʒekʃən] n innvending c

objective [əb'dʒektiv] adj objektiv; n formål nt

obligatory [ə'bligətəri] adj obligatorisk

oblige [ə'blaidʒ] v forplikte; *be obliged to *være forpliktet til; *være nødt til

obliging [ə'blaidʒiŋ] adj imøtekommende

oblong ['ɔblɔŋ] adj avlang; n rektangel nt

obscene [əb'si:n] adj uanstendig

obscure [əb'skjuə] adj uklar, mørk

observation [ˌɔbzə'veiʃən] n iakttakelse c, observasjon c

observatory [əb'zə:vətri] n observatorium nt

observe [əb'zə:v] v *iaktta, observere

obsession [əb'seʃən] n besettelse c

obstacle ['ɔbstəkəl] n hindring c

obstinate ['ɔbstinət] adj sta; hardnakket

obtain [əb'tein] v erverve, *få

obtainable [əb'teinəbəl] adj oppnåelig

obvious ['ɔbviəs] adj innlysende

occasion [ə'keiʒən] n tilfelle nt; foranledning c

occasionally [ə'keiʒənəli] adv av og til, nå og da

occupant ['ɔkjupənt] n beboer c

occupation [ˌɔkju'peiʃən] n beskjeftigelse c; okkupasjon c

occupy ['ɔkjupai] v *besette; beskjeftige; occupied adj opptatt

occur [ə'kə:] v hende, *forekomme, skje

occurrence [ə'kʌrəns] n hendelse c

ocean ['ouʃən] n hav nt

October [ɔk'toubə] oktober

octopus ['ɔktəpəs] n blekksprut c

oculist ['ɔkjulist] n øyenlege c

odd [ɔd] adj underlig, rar; ulike

odour ['oudə] n lukt c

of [ɔv, əv] prep av; fra; i

off [ɔf] adv av; vekk; prep av

offence [ə'fens] n forseelse c; anstøt nt, fornærmelse c

offend [ə'fend] v krenke, fornærme; *forgå seg

offensive [ə'fensiv] adj offensiv; støtende, krenkende

offer ['ɔfə] v *tilby; yte; n tilbud nt

office ['ɔfis] n kontor nt; embete nt; ~ hours kontortid c

officer ['ɔfisə] n offiser c

official [ə'fiʃəl] adj offisiell

off-licence ['ɔf,laisəns] n alkoholutsalg nt

often ['ɔfən] adv ofte

oil [ɔil] n olje c; fuel ~ brenselolje c; ~ filter oljefilter nt; ~ pressure oljetrykk nt

oil-painting [ˌɔil'peintiŋ] n oljemaleri nt

oil-refinery ['ɔilri,fainəri] n oljeraffineri nt

oil-well ['ɔilwel] n oljebrønn c

oily ['ɔili] adj oljet; glatt

ointment ['ɔintmənt] n salve c

okay! [ˌou'kei] fint!

old [ould] adj gammel; ~ age alderdom c

old-fashioned [ˌould'fæʃənd] adj gammeldags

olive ['ɔliv] n oliven c; ~ oil olivenolje c

omelette ['ɔmlət] n omelett c

ominous ['ɔminəs] adj illevarslende

omit [ə'mit] v *utelate

omnipotent [ɔm'nipətənt] adj allmektig

on [ɔn] prep på; ved

once [wʌns] adv en gang; at ~ straks; ~ more nok en gang

oncoming ['ɔn,kʌmiŋ] adj kommende, møtende

one [wʌn] num en; pron man

oneself [wʌn'self] pron selv

onion ['ʌnjən] n løk c

only ['ounli] adj eneste; adv bare, alene, kun; conj men

onwards ['ɔnwədz] adv fremover

onyx ['ɔniks] n onyks c

opal ['oupəl] n opal c

open ['oupən] v åpne; adj åpen; åpenhjertig

opening ['oupəniŋ] n åpning c

opera ['ɔpərə] n opera c; ~ house opera c

operate ['ɔpəreit] v virke, *drive; operere

operation [,ɔpə'reiʃən] n virksomhet c; operasjon c

operator ['ɔpəreitə] n telefonist c

operetta [,ɔpə'retə] n operette c

opinion [ə'pinjən] n oppfatning c, mening c

opponent [ə'pounənt] n motstander c

opportunity [,ɔpə'tju:nəti] n leilighet c, anledning c

oppose [ə'pouz] v *motsette seg, opponere seg

opposite ['ɔpəzit] prep overfor; adj motsatt

opposition [,ɔpə'ziʃən] n opposisjon c

oppress [ə'pres] v undertrykke, knuge

optician [ɔp'tiʃən] n optiker c

optimism ['ɔptimizəm] n optimisme c

optimist ['ɔptimist] n optimist c

optimistic [,ɔpti'mistik] adj optimistisk

optional ['ɔpʃənəl] adj valgfri

or [ɔ:] conj eller

oral ['ɔ:rəl] adj muntlig

orange ['ɔrindʒ] n appelsin c; adj oransje

orchard ['ɔ:tʃəd] n frukthage c

orchestra ['ɔ:kistrə] n orkester nt; ~ seat Am orkesterplass c

order ['ɔ:də] v beordre; bestille; n rekkefølge c, orden c; ordre c, be-

faling c; bestilling c; in ~ i orden; in ~ to for å; made to ~ laget på bestilling; out of ~ i uorden; postal ~ postanvisning c

order-form ['ɔ:dəfɔ:m] n ordreblankett c

ordinary ['ɔ:dənri] adj vanlig, dagligdags

ore [ɔ:] n malm c

organ ['ɔ:gən] n organ nt; orgel nt

organic [ɔ:'gænik] adj organisk

organization [,ɔ:gənai'zeiʃən] n organisasjon c

organize ['ɔ:gənaiz] v organisere

Orient ['ɔ:riənt] n Orienten

oriental [,ɔ:ri'entəl] adj orientalsk

orientate ['ɔ:riənteit] v orientere seg

origin ['ɔridʒin] n avstamning c, opphav nt; nedstamning c, herkomst c

original [ə'ridʒinəl] adj original, opprinnelig

originally [ə'ridʒinəli] adv i begynnelsen

ornament ['ɔ:nəmənt] n utsmykning c

ornamental [,ɔ:nə'mentəl] adj dekorativ

orphan ['ɔ:fən] n foreldreløst barn

orthodox ['ɔ:θədɔks] adj ortodoks

ostrich ['ɔstritʃ] n struts c

other ['ʌðə] adj annen

otherwise ['ʌðəwaiz] conj ellers; adv annerledes

*ought to [ɔ:t] *burde

our [auə] adj vår

ourselves [auə'selvz] pron oss; selv

out [aut] adv ute, ut; ~ of sluppet opp for

outbreak ['autbreik] n utbrudd nt

outcome ['autkʌm] n resultat nt

*outdo [,aut'du:] v *overgå

outdoors [,aut'dɔ:z] adv utendørs

outer ['autə] adj ytre

outfit ['autfit] n utrustning c; klesdrakt c

outline ['autlain] n kontur c; v tegne i omriss

outlook ['autluk] n utsikt c; syn nt

output ['autput] n produksjon c

outrage ['autreidʒ] n fornærmelse c; krenkelse c

outside [‚aut'said] adv utenfor; prep utenfor; n utside c, yttersides c

outsize ['autsaiz] n stor størrelse

outskirts ['autskə:ts] pl utkant c

outstanding [‚aut'stændiŋ] adj fremtredende, fremragende

outward ['autwəd] adj utvendig

outwards ['autwədz] adv utad

oval ['ouvəl] adj oval

oven ['ʌvən] n stekeovn c

over ['ouvə] prep over, ovenfor; adv over; over ende; ~ **there** der borte

overall ['ouvərɔ:l] adj total

overalls ['ouvərɔ:lz] pl overall c

overcast ['ouvəka:st] adj overskyet

overcoat ['ouvəkout] n ytterfrakk c

***overcome** [‚ouvə'kʌm] v *overvinne

overdue [‚ouvə'dju:] adj forsinket; forfallen

overgrown [‚ouvə'groun] adj overgrodd

overhaul [‚ouvə'hɔ:l] v overhale

overhead [‚ouvə'hed] adv ovenfor

overlook [‚ouvə'luk] v *overse

overnight [‚ouvə'nait] adv natten over

overseas [‚ouvə'si:z] adj oversjøisk

oversight ['ouvəsait] n forglemmelse c

***oversleep** [‚ouvə'sli:p] v *forsove seg

overstrung [‚ouvə'strʌŋ] adj overspent

***overtake** [‚ouvə'teik] v kjøre forbi; **no overtaking** forbikjøring forbudt

over-tired [‚ouvə'taiəd] adj overtrett

overture ['ouvətʃə] n ouverture c

overweight ['ouvəweit] n overvekt c

overwhelm [‚ouvə'welm] v overvelde

overwork [‚ouvə'wə:k] v overanstrenge seg

owe [ou] v *være skyldig, skylde; *ha å takke for; **owing to** på grunn av

owl [aul] n ugle c

own [oun] v eie; adj egen

owner ['ounə] n eier c, innehaver c

ox [ɔks] n (pl oxen) okse c

oxygen ['ɔksidʒən] n surstoff nt

oyster ['ɔistə] n østers c

P

pace [peis] n gange c; skritt nt; tempo nt

Pacific Ocean [pə'sifik 'ouʃən] Stillehavet

pacifism ['pæsifizəm] n pasifisme c

pacifist ['pæsifist] n pasifist c; pasifistisk

pack [pæk] v pakke; nAm kortstokk c; ~ **up** pakke ned

package ['pækidʒ] n pakke c

packet ['pækit] n liten pakke

packing ['pækiŋ] n innpakning c

pad [pæd] n pute c; notisblokk c

paddle ['pædəl] n padleåre c

padlock ['pædlɔk] n hengelås c

pagan ['peigən] adj hedensk; n hedning c

page [peidʒ] n side c

page-boy ['peidʒbɔi] n pikkolo c

pail [peil] n spann nt

pain [pein] n smerte c; **pains** umake c

painful ['peinfəl] adj smertefull

painless ['peinləs] adj smertefri

paint [peint] n maling c; v male

paint-box ['peintbɔks] n malerskrin nt

paint-brush ['peintbrʌʃ] n pensel c

painter ['peintə] n maler c

painting ['peintiŋ] n maleri nt

pair [peə] n par nt

Pakistan [‚pa:ki'sta:n] Pakistan

Pakistani [ˌpɑːkiˈstɑːni] *adj* pakistansk; *n* pakistaner *c*

palace [ˈpæləs] *n* palass *nt*

pale [peil] *adj* blek; lyse-

palm [pɑːm] *n* palme *c*; håndflate *c*

palpable [ˈpælpəbəl] *adj* følelig, merkbar

palpitation [ˌpælpiˈteiʃən] *n* hjerteklapp *c*

pan [pæn] *n* panne *c*; kasserolle *c*

pane [pein] *n* vindusrute *c*

panel [ˈpænəl] *n* panel *nt*

panelling [ˈpænəliŋ] *n* panelverk *nt*

panic [ˈpænik] *n* panikk *c*

pant [pænt] *v* pese

panties [ˈpæntiz] *pl* underbukse *c*, truse *c*

pants [pænts] *pl* underbukse *c*; bukse *c*

pant-suit [ˈpæntsuːt] *n* buksedrakt *c*

panty-hose [ˈpæntihouz] *n* strømpebukse *c*

paper [ˈpeipə] *n* papir *nt*; avis *c*; papir-; **carbon ~** karbonpapir *nt*; **~ bag** papirpose *c*; **~ napkin** papirserviett *c*; **~ typing ~** skrivemaskinpapir *nt*; **wrapping ~** innpakningspapir *nt*

paperback [ˈpeipəbæk] *n* pocketbok *c*

paper-knife [ˈpeipənaif] *n* papirkniv *c*

parade [pəˈreid] *n* parade *c*; tog *nt*

paraffin [ˈpærəfin] *n* parafin *c*

paragraph [ˈpærəgrɑːf] *n* avsnitt *nt*; paragraf *c*

parakeet [ˈpærəkiːt] *n* papegøye *c*

parallel [ˈpærəlel] *adj* parallell; *n* parallell *c*

paralyse [ˈpærəlaiz] *v* lamme

parcel [ˈpɑːsəl] *n* pakke *c*

pardon [ˈpɑːdən] *n* tilgivelse *c*; benådning *c*

parents [ˈpeərənts] *pl* foreldre *pl*

parents-in-law [ˈpeərəntsinlɔː] *pl* svigerforeldre *pl*

parish [ˈpæriʃ] *n* sogn *nt*

park [pɑːk] *n* park *c*; *v* parkere

parking [ˈpɑːkiŋ] *n* parkering *c*; **no ~** parkering forbudt; **~ fee** parkeringsavgift *c*; **~ light** parkeringslys *nt*; **~ lot** *Am* parkeringsplass *c*; **~ meter** parkometer *nt*; **~ zone** parkeringssone *c*

parliament [ˈpɑːləmənt] *n* parlament *nt*

parliamentary [ˌpɑːləˈmentəri] *adj* parlamentarisk

parrot [ˈpærət] *n* papegøye *c*

parsley [ˈpɑːsli] *n* persille *c*

parson [ˈpɑːsən] *n* prest *c*

parsonage [ˈpɑːsənidʒ] *n* prestegård *c*

part [pɑːt] *n* del *c*; stykke *nt*; *v* skille; **spare ~** reservedel *c*

partial [ˈpɑːʃəl] *adj* delvis; partisk

participant [pɑːˈtisipənt] *n* deltaker *c*

participate [pɑːˈtisipeit] *v* *delta

particular [pəˈtikjulə] *adj* spesiell, særegen; kresen; **in ~** i særdeleshet

parting [ˈpɑːtiŋ] *n* avskjed *c*; hårskill *c*

partition [pɑːˈtiʃən] *n* skillevegg *c*

partly [ˈpɑːtli] *adv* delvis

partner [ˈpɑːtnə] *n* partner *c*; kompanjong *c*

partridge [ˈpɑːtridʒ] *n* rapphøne *c*

party [ˈpɑːti] *n* parti *nt*; selskap *nt*; gruppe *c*

pass [pɑːs] *v* *forløpe, passere; *rekke; *bestå; **no passing** *Am* forbikjøring forbudt; **~ by** *gå forbi; **~ through** *gå gjennom

passage [ˈpæsidʒ] *n* passasje *c*; overfart *c*; avsnitt *nt*; gjennomreise *c*

passenger [ˈpæsəndʒə] *n* passasjer *c*; **~ car** *Am* passasjervogn *c*; **~ train** persontog *c*

passer-by [ˌpɑːsəˈbai] *n* forbipasserende *c*

passion ['pæʃən] n lidenskap c; raseri nt

passionate ['pæʃənət] adj lidenskapelig

passive ['pæsiv] adj passiv

passport ['pɑ:spɔ:t] n pass nt; ~ control passkontroll c; ~ photograph passfoto nt

password ['pɑ:swɔ:d] n stikkord nt

past [pɑ:st] n fortid c; adj forrige, tidligere; prep forbi, langs

paste [peist] n lim nt; v klistre

pastry ['peistri] n bakverk nt; ~ shop konditori nt

pasture ['pɑ:stʃə] n beite nt

patch [pætʃ] v lappe

patent ['peitənt] n patent nt

path [pɑ:θ] n sti c

patience ['peiʃəns] n tålmodighet c

patient ['peiʃənt] adj tålmodig; n pasient c

patriot ['peitriət] n patriot c

patrol [pə'troul] n patrulje c; v patruljere; overvåke

pattern ['pætən] n mønster nt, motiv nt

pause [pɔ:z] n pause c; v *holde pause

pave [peiv] v *brolegge

pavement ['peivmənt] n fortau nt; veidekke nt

pavilion [pə'viljən] n paviljong c

paw [pɔ:] n pote c

pawn [pɔ:n] v *pantsette; n sjakkbonde c

pawnbroker ['pɔ:n,broukə] n pantelåner c

pay [pei] n gasje c, lønn c

***pay** [pei] v betale; lønne seg; ~ attention to *være oppmerksom på; paying lønnsom; ~ off nedbetale; ~ on account avbetale

pay-desk ['peidesk] n kasse c

payment ['peimənt] n betaling c

pea [pi:] n ert c

peace [pi:s] n fred c

peaceful ['pi:sfəl] adj fredelig

peach [pi:tʃ] n fersken c

peacock ['pi:kɔk] n påfugl c

peak [pi:k] n tind c; topp c; ~ hour rushtid c; ~ season høysesong c

peanut ['pi:nʌt] n peanøtt c

pear [peə] n pære c

pearl [pə:l] n perle c

peasant ['pezənt] n bonde c

pebble ['pebəl] n småstein c

peculiar [pi'kju:ljə] adj underlig; eiendommelig

peculiarity [pi,kju:li'ærəti] n eiendommelighet c

pedal ['pedəl] n pedal c

pedestrian [pi'destriən] n fotgjenger c; no pedestrians ikke for fotgjengere; ~ crossing fotgjengerovergang c

pedicure ['pedikjuə] n pedikyr c

peel [pi:l] v skrelle; n skrell c

peep [pi:p] v kikke

peg [peg] n knagg c

pelican ['pelikən] n pelikan c

pelvis ['pelvis] n bekken nt

pen [pen] n penn c

penalty ['penəlti] n bot c; straff c; ~ kick straffespark nt

pencil ['pensəl] n blyant c

pencil-sharpener ['pensəl,ʃɑ:pnə] n blyantspisser c

pendant ['pendənt] n hengesmykke nt

penetrate ['penitreit] v trenge gjennom

penguin ['peŋgwin] n pingvin c

penicillin [,peni'silin] n penicillin nt

peninsula [pə'ninsjulə] n halvøy c

penknife ['pennaif] n (pl -knives) lommekniv c

pension¹ ['pã:siɔ̃:] n pensjonat nt

pension² ['penʃən] n pensjon c

people ['pi:pəl] pl folk pl, folk nt; n

folkeslag *nt*
pepper ['pepə] *n* pepper *c*
peppermint ['pepəmint] *n* pepper-
mynte *c*
perceive [pə'si:v] *v* fornemme
percent [pə'sent] *n* prosent *c*
percentage [pə'sentidʒ] *n* prosentsats
c
perceptible [pə'septibəl] *adj* merkbar
perception [pə'sepʃən] *n* fornemmelse
c
perch [pə:tʃ] (pl ~) åbor *c*
percolator ['pə:kəleitə] *n* kaffetrakter
c
perfect ['pə:fikt] *adj* fullkommen,
perfekt
perfection [pə'fekʃən] *n* perfeksjon *c*,
fullkommenhet *c*
perform [pə'fɔ:m] *v* utføre; *opptre;
utøve
performance [pə'fɔ:məns] *n* forestil-
ling *c*
perfume ['pə:fju:m] *n* parfyme *c*
perhaps [pə'hæps] *adv* kanskje; muli-
gens
peril ['peril] *n* fare *c*
perilous ['periləs] *adj* livsfarlig
period ['piəriəd] *n* periode *c*, tid *c*;
punktum *nt*
periodical [ˌpiəri'ɔdikəl] *n* tidsskrift
nt; *adj* periodevis
perish ['periʃ] *v* *omkomme; *forgå
perishable ['periʃəbəl] *adj* bedervelig
perjury ['pə:dʒəri] *n* mened *c*
permanent ['pə:mənənt] *adj* varig,
permanent, vedvarende, blivende,
fast; ~ **wave** permanent *c*
permission [pə'miʃən] *n* tillatelse *c*;
lov *c*
permit¹ [pə'mit] *v* *tillate
permit² ['pə:mit] *n* tillatelse *c*, permi-
sjon *c*
peroxide [pə'rɔksaid] *n* vannstoff hy-
peroksyd

perpendicular [ˌpə:pən'dikjulə] *adj*
loddrett
persecute ['pə:sikju:t] *v* *forfølge,
plage
Persia ['pə:ʃə] Persia
Persian ['pə:ʃən] *adj* persisk; *n* perser
c
person ['pə:sən] *n* person *c;* **per** ~
per person
personal ['pə:sənəl] *adj* personlig
personality [ˌpə:sə'næləti] *n* personlig-
het *c*
personnel [ˌpə:sə'nel] *n* personale *nt*
perspective [pə'spektiv] *n* perspektiv
nt
perspiration [ˌpə:spə'reiʃən] *n* svette *c*
perspire [pə'spaiə] *v* transpirere,
svette
persuade [pə'sweid] *v* overtale; over-
bevise
persuasion [pə'sweiʒən] *n* overbevis-
ning *c*; overtaling *c*
pessimism ['pesimizəm] *n* pessimisme
c
pessimist ['pesimist] *n* pessimist *c*
pessimistic [ˌpesi'mistik] *adj* pessimis-
tisk
pet [pet] *n* kjæledyr *nt*; kjæledegge
c; *adj* yndlings-
petal ['petəl] *n* kronblad *nt*
petition [pi'tiʃən] *n* bønn *c*; ansøkning
c
petrol ['petrəl] *n* bensin *c*; **unleaded** ~
blyfri bensin; ~ **pump** bensin-
pumpe *c*; ~ **station** bensinstasjon
c; ~ **tank** bensintank *c*
petroleum [pi'trouliəm] *n* petroleum *c*
petty ['peti] *adj* smålig, ubetydelig,
liten; ~ **cash** småpenger *pl*
pewit ['pi:wit] *n* hettemåke *c*
phantom ['fæntəm] *n* fantasibilde *nt*;
gjenferd *nt*
pharmacology [ˌfɑ:mə'kɔlədʒi] *n* far-
makologi *c*

pharmacy ['fɑːməsi] n apotek nt
phase [feiz] n fase c
Philippine ['filipain] adj filippinsk
Philippines [fi'lipiːnz] pl Filippinene
philosopher [fi'lɔsəfə] n filosof c
philosophy [fi'lɔsəfi] n filosofi c
phone [foun] n telefon c; v telefone-re, ringe opp
phonetic [fə'netik] adj fonetisk
phoney ['founi] adj falsk; n bløffma-ker c
photo ['foutou] n (pl ~s) fotografi nt
photocopy ['foutəkɔpi] n fotokopi c; v (foto)kopiere
photograph ['foutəgrɑːf] n fotografi nt; v fotografere
photographer [fə'tɔgrəfə] n fotograf c
photography [fə'tɔgrəfi] n fotografe-ring c
phrase [freiz] n uttrykk nt
phrase-book ['freizbuk] n parlør c
physical ['fizikəl] adj fysisk
physician [fi'ziʃən] n lege c
physicist ['fizisist] n fysiker c
physics ['fiziks] n naturvitenskap c, fysikk c
physiology [ˌfizi'ɔlədʒi] n fysiologi c
pianist ['piːənist] n pianist c
piano [pi'ænou] n piano nt; grand ~ flygel nt
pick [pik] v plukke; *velge; n valg nt; ~ up *ta opp; hente; pick-up van varebil c
pick-axe ['pikæks] n hakke c
picnic ['piknik] n piknik c; v *dra på piknik
picture ['piktʃə] n maleri nt; illustra-sjon c, stikk nt; bilde nt; ~ post-card prospektkort nt; pictures kino c
picturesque [ˌpiktʃə'resk] adj pitto-resk, malerisk
piece [piːs] n stykke nt, bit c
pier [piə] n utstikker c

pierce [piəs] v gjennombore
pig [pig] n gris c
pigeon ['pidʒən] n due c
pig-headed [ˌpig'hedid] adj sta
piglet ['piglət] n smågris c
pigskin ['pigskin] n svinelær nt
pike [paik] (pl ~) gjedde c
pile [pail] n haug c; v stable; piles pl hemorroider pl
pilgrim ['pilgrim] n pilegrim c
pilgrimage ['pilgrimidʒ] n pilegrims-reise c
pill [pil] n pille c
pillar ['pilə] n pilar c, stolpe c
pillar-box ['piləbɔks] n postkasse c
pillow ['pilou] n pute c, hodepute c
pillow-case ['piloukeis] n putevar nt
pilot ['pailət] n pilot c; los c
pimple ['pimpəl] n kvise c
pin [pin] n knappenål c; v feste med nål; bobby ~ Am hårspenne c
pincers ['pinsəz] pl knipetang c
pinch [pintʃ] v *klype
pineapple ['pai,næpəl] n ananas c
ping-pong ['piŋpɔŋ] n bordtennis c
pink [piŋk] adj lyserød
pioneer [ˌpaiə'niə] n nybygger c; pio-ner c
pious ['paiəs] adj from
pip [pip] n kjerne c
pipe [paip] n pipe c; rør nt; ~ clean-er piperenser c; ~ tobacco pipeto-bakk c
pirate ['paiərət] n sjørøver c
pistol ['pistəl] n pistol c
piston ['pistən] n stempel nt; ~ ring stempelring c
piston-rod ['pistənrɔd] n stempel-stang c
pit [pit] n grop c; gruve c
pitcher ['pitʃə] n krukke c
pity ['piti] n medlidenhet c; v synes synd på, *ha medlidenhet med; what a pity! så synd!

placard ['plækɑ:d] n plakat c
place [pleis] n sted nt; v *sette, stille;
~ **of birth** fødested nt; *take ~
*finne sted
plague [pleig] n plage c; pest c
plaice [pleis] (pl ~) rødspette c
plain [plein] adj tydelig; alminnelig,
enkel; n slette c
plan [plæn] n plan c; v *planlegge
plane [plein] adj flat; n fly nt; ~
crash flyulykke c
planet ['plænit] n planet c
planetarium [ˌplæni'teəriəm] n plane-
tarium nt
plank [plæŋk] n planke c
plant [plɑ:nt] n plante c; fabrikk c; v
plante
plantation [plæn'teiʃən] n plantasje c
plaster ['plɑ:stə] n murpuss c, gips c;
heftplaster nt, plaster nt
plastic ['plæstik] adj plastikk-; n plas-
tikk c
plate [pleit] n tallerken c; plate c
plateau ['plætou] n (pl ~x, ~s) høy-
slette c
platform ['plætfɔ:m] n perrong c; ~
ticket perrongbillett c
platinum ['plætinəm] n platina c
play [plei] v leke; spille; n lek c; tea-
terstykke nt; **one-act** ~ enakter c;
~ **truant** skulke
player [pleiə] n spiller c
playground ['pleigraund] n lekeplass c
playing-card ['pleiiŋkɑ:d] n spillkort
nt
playwright ['pleirait] n skuespillfor-
fatter c
plea [pli:] n påstand c; bønn c
plead [pli:d] v føre en sak; trygle
pleasant ['plezənt] adj hyggelig, dei-
lig
please [pli:z] vennligst; v glede;
pleased fornøyd; **pleasing** behage-
lig

pleasure ['pleʒə] n behag nt, for-
nøyelse c
plentiful ['plentifəl] adj rikelig
plenty ['plenti] n rikelighet c; over-
flod c
pliers [plaiəz] pl tang c
plimsolls ['plimsəlz] pl gummisko pl
plot [plɔt] n komplott nt, sammen-
sveргelse c; handling c; tomt c
plough [plau] n plog c; v pløye
plucky ['plʌki] adj modig
plug [plʌg] n stikkontakt c; ~ **in** set-
te i kontakten, plugge inn
plum [plʌm] n plomme c
plumber ['plʌmə] n rørlegger c
plump [plʌmp] adj lubben
plural ['pluərəl] n flertall nt
plus [plʌs] prep pluss
pneumatic [nju:'mætik] adj luft-
pneumonia [nju:'mouniə] n lungebe-
tennelse c
poach [poutʃ] v *drive krypskyting
pocket ['pɔkit] n lomme c
pocket-book ['pɔkitbuk] n lommebok
c
pocket-comb ['pɔkitkoum] n lomme-
kam c
pocket-knife ['pɔkitnaif] n (pl
-knives) lommekniv c
pocket-watch ['pɔkitwɔtʃ] n lommeur
nt
poem ['pouim] n dikt nt
poet ['pouit] n dikter c
poetry ['pouitri] n poesi c
point [pɔint] n punkt nt; spiss c; v pe-
ke; ~ **of view** synspunkt nt; ~ **out**
vise
pointed ['pɔintid] adj spiss
poison ['pɔizən] n gift c; v forgifte
poisonous ['pɔizənəs] adj giftig
Poland ['poulənd] Polen
Pole [poul] n polakk c
pole [poul] n stang c
police [pə'li:s] pl politi nt

policeman [pə'li:smən] n (pl -men) politimann c

police-station [pə'li:sˌsteiʃən] n politistasjon c

policy ['pɔlisi] n politikk c; polise c

polio ['pouliou] n barnelammelse c, polio c

Polish ['pouliʃ] adj polsk

polish ['pɔliʃ] v pusse, polere

polite [pə'lait] adj høflig

political [pə'litikəl] adj politisk

politician [ˌpɔli'tiʃən] n politiker c

politics ['pɔlitiks] n politikk c

pollution [pə'lu:ʃən] n forurensning c

pond [pɔnd] n dam c

pony ['pouni] n ponni c

poor [puə] adj fattig; fattigslig; dårlig

pope [poup] n pave c

poplin ['pɔplin] n poplin nt

pop music [pop 'mju:zik] popmusikk c

poppy ['pɔpi] n valmue c

popular ['pɔpjulə] adj populær; folke-

population [ˌpɔpju'leiʃən] n befolkning c

populous ['pɔpjuləs] adj folkerik

porcelain ['pɔ:səlin] n porselen nt

porcupine ['pɔ:kjupain] n pinnsvin nt

pork [pɔ:k] n svinekjøtt nt

port [pɔ:t] n havn c; babord

portable ['pɔ:təbəl] adj transportabel

porter ['pɔ:tə] n bærer c; portner c

porthole ['pɔ:thoul] n kuøye nt

portion ['pɔ:ʃən] n porsjon c

portrait ['pɔ:trit] n portrett nt

Portugal ['pɔ:tjugəl] Portugal

Portuguese [ˌpɔ:tju'gi:z] adj portugisisk; n portugiser c

position [pə'ziʃən] n posisjon c; situasjon c; holdning c; stilling c

positive ['pɔzətiv] adj positiv; n positivt bilde

possess [pə'zes] v eie; **possessed** adj besatt

possession [pə'zeʃən] n besittelse c; **possessions** eiendeler pl

possibility [ˌpɔsə'biləti] n mulighet c

possible ['pɔsəbəl] adj mulig; eventuell

post [poust] n stolpe c; post c; v poste; **post-office** postkontor nt

postage ['poustidʒ] n porto c; ~ **paid** portofri; ~ **stamp** frimerke nt

postcard ['poustkɑ:d] n postkort nt; prospektkort nt

poster ['poustə] n plakat c

poste restante [poust re'stɑ:t] poste restante

postman ['poustmən] n (pl -men) postbud nt

post-paid [ˌpoust'peid] adj frankert

postpone [pə'spoun] v *utsette

pot [pɔt] n gryte c

potato [pə'teitou] n (pl ~es) potet c

pottery ['pɔtəri] n keramikk c; steintøy nt

pouch [pautʃ] n pung c

poulterer ['poultərə] n vilthandler c

poultry ['poultri] n fjærkre nt

pound [paund] n pund nt

pour [pɔ:] v helle, skjenke

poverty ['pɔvəti] n fattigdom c

powder ['paudə] n pudder nt; ~ **compact** pudderdåse c; **talc** ~ talkum c

powder-puff ['paudəpʌf] n pudderkvast c

powder-room ['paudəru:m] n dametoalett nt

power [pauə] n kraft c, styrke c; energi c; makt c

powerful ['pauəfəl] adj mektig; sterk

powerless ['pauələs] adj maktesløs

power-station ['pauəˌsteiʃən] n kraftverk nt

practical ['præktikəl] adj praktisk

practically ['præktikli] adv praktisk talt

practice ['præktis] n praksis c

practise ['præktis] v praktisere; øve seg

praise [preiz] v rose; n ros c

pram [præm] n barnevogn c

prawn [prɔːn] n reke c

pray [prei] v *be

prayer [preə] n bønn c

preach [priːtʃ] v preke

precarious [pri'keəriəs] adj risikabel; utrygg

precaution [pri'kɔːʃən] n forsiktighet c; sikkerhetsforanstaltning c

precede [pri'siːd] v *gå forut for

preceding [pri'siːdiŋ] adj foregående

precious ['preʃəs] adj kostbar; dyrebar

precipice ['presipis] n stup nt

precipitation [pri,sipi'teiʃən] n nedbør c

precise [pri'sais] adj presis, nøyaktig; pertentlig

predecessor ['priːdisesə] n forgjenger c

predict [pri'dikt] v spå

prefer [pri'fəː] v *foretrekke

preferable ['prefərəbəl] adj til å foretrekke

preference ['prefərəns] n forkjærlighet c

prefix ['priːfiks] n forstavelse c

pregnant ['pregnənt] adj gravid, svanger

prejudice ['predʒədis] n fordom c

preliminary [pri'liminəri] adj innledende; forberedende

premature ['prematʃuə] adj forhastet

premier ['premiə] n statsminister c

premises ['premisiz] pl eiendom c

premium ['priːmiəm] n forsikringspremie c

prepaid [,priː'peid] adj forhåndsbetalt

preparation [,prepə'reiʃən] n forberedelse c

prepare [pri'peə] v forberede; tilberede

prepared [pri'peəd] adj beredt

preposition [,prepə'ziʃən] n preposisjon c

prescribe [pri'skraib] v *foreskrive

prescription [pri'skripʃən] n resept c

presence ['prezəns] n nærvær nt; tilstedeværelse c

present¹ ['prezənt] n presang c, gave c; nåtid c; adj nåværende; tilstedeværende

present² [pri'zent] v presentere; *forelegge

presently ['prezəntli] adv snart

preservation [,prezə'veiʃən] n konservering c

preserve [pri'zəːv] v konservere; hermetisere

president ['prezidənt] n president c; formann c

press [pres] n presse c; v trykke på, trykke; presse; ~ conference pressekonferanse c

pressing ['presiŋ] adj presserende, inntrengende

pressure ['preʃə] n trykk nt; press nt; atmospheric ~ lufttrykk nt

pressure-cooker ['preʃə,kukə] n trykkkoker c

prestige [pre'stiːʒ] n prestisje c

presumable [pri'zjuːməbəl] adj antakelig

presumptuous [pri'zʌmpʃəs] adj overmodig; anmassende

pretence [pri'tens] n påskudd nt

pretend [pri'tend] v *foregi, *late som

pretext ['priːtekst] n påskudd nt

pretty ['priti] adj pen; adv ganske, temmelig

prevent [pri'vent] v avverge, forhindre; forebygge

preventive [pri'ventiv] adj forebyggende

previous ['pri:viəs] *adj* foregående, tidligere, forrige

pre-war [,pri:'wɔ:] *adj* førkrigs-

price [prais] *n* pris *c*; *v* bestemme prisen

priceless ['praisləs] *adj* uvurderlig

price-list ['prais,list] *n* prisliste *c*

prick [prik] *v* prikke

pride [praid] *n* stolthet *c*

priest [pri:st] *n* katolsk prest

primary ['praiməri] *adj* primær; hoved-, første; elementær

prince [prins] *n* prins *c*

princess [prin'ses] *n* prinsesse *c*

principal ['prinsəpəl] *adj* hoved-; *n* rektor *c*, skolebestyrer *c*

principle ['prinsəpəl] *n* prinsipp *nt*, grunnsetning *c*

print [print] *v* trykke; *n* avtrykk *nt*; trykk *nt*; **printed matter** trykksak *c*

prior [praiə] *adj* forutgående

priority [prai'ɔrəti] *n* fortrinnsrett *c*, prioritet *c*

prison ['prizən] *n* fengsel *nt*

prisoner ['prizənə] *n* fange *c*, innsatt *c*; ~ **of war** krigsfange *c*

privacy ['praivəsi] *n* privatliv *nt*

private ['praivit] *adj* privat; personlig

privilege ['priviliʤ] *n* privilegium *nt*

prize [praiz] *n* premie *c*; belønning *c*

probable ['prɔbəbəl] *adj* sannsynlig

probably ['prɔbəbli] *adv* sannsynligvis

problem ['prɔbləm] *n* problem *nt*; spørsmål *nt*

procedure [prə'si:dʒə] *n* fremgangsmåte *c*

proceed [prə'si:d] *v* *fortsette; *gå til verks

process ['prouses] *n* prosess *c*, fremgangsmåte *c*; rettergang *c*

procession [prə'seʃən] *n* opptog *nt*, prosesjon *c*

proclaim [prə'kleim] *v* *kunngjøre

produce[1] [prə'dju:s] *v* fremstille, produsere

produce[2] ['prɔdju:s] *n* naturprodukter *pl*, avling *c*

producer [prə'dju:sə] *n* produsent *c*

product ['prɔdʌkt] *n* produkt *nt*

production [prə'dʌkʃən] *n* produksjon *c*

profession [prə'feʃən] *n* yrke *nt*; fag *nt*

professional [prə'feʃənəl] *adj* profesjonell

professor [prə'fesə] *n* professor *c*

profit ['prɔfit] *n* fortjeneste *c*, fordel *c*; *v* *ha utbytte av

profitable ['prɔfitəbəl] *adj* innbringende

profound [prə'faund] *adj* dypsindig; grundig

programme ['prougræm] *n* program *nt*

progress[1] ['prougres] *n* fremskritt *nt*

progress[2] [prə'gres] *v* *gjøre fremskritt

progressive [prə'gresiv] *adj* progressiv, fremadstrebende; tiltakende

prohibit [prə'hibit] *v* *forby

prohibition [,proui'biʃən] *n* forbud *nt*

prohibitive [prə'hibitiv] *adj* uoverkommelig

project ['prɔdʒekt] *n* plan *c*, prosjekt *nt*

promenade [,prɔmə'na:d] *n* promenade *c*

promise ['prɔmis] *n* løfte *nt*; *v* love

promote [prə'mout] *v* forfremme, fremme

promotion [prə'mouʃən] *n* forfremmelse *c*

prompt [prɔmpt] *adj* omgående, straks

pronoun ['prounaun] *n* pronomen *nt*

pronounce [prə'nauns] *v* uttale

pronunciation [ˌprənʌnsi'eiʃən] *n* uttale *c*

proof [pru:f] *n* bevis *nt*

propaganda [ˌprɔpə'gændə] *n* propaganda *c*

propel [prə'pel] *v* *drive frem

propeller [prə'pelə] *n* propell *c*

proper ['prɔpə] *adj* passende; sømmelig, riktig

property ['prɔpəti] *n* eiendeler, eiendom *c*; egenskap *c*

prophet ['prɔfit] *n* profet *c*

proportion [prə'pɔ:ʃən] *n* proporsjon *c*

proportional [prə'pɔ:ʃənəl] *adj* forholdsmessig

proposal [prə'pouzəl] *n* forslag *nt*

propose [prə'pouz] *v* *foreslå

proposition [ˌprɔpə'ziʃən] *n* forslag *nt*

proprietor [prə'praiətə] *n* eier *c*

prosecute ['prɔsikju:t] *v* saksøke, anklage

prospect ['prɔspekt] *n* utsikt *c*

prosperity [prɔ'sperəti] *n* fremgang *c*, velstand *c*

prosperous ['prɔspərəs] *adj* velstående

prostitute ['prɔstitju:t] *n* prostituert *c*

protect [prə'tekt] *v* beskytte

protection [prə'tekʃən] *n* beskyttelse *c*

protein ['prouti:n] *n* protein *nt*

protest¹ ['proutest] *n* protest *c*

protest² [prə'test] *v* protestere

Protestant ['prɔtistənt] *adj* protestantisk

proud [praud] *adj* stolt; hovmodig

prove [pru:v] *v* bevise; vise seg

proverb ['prɔvə:b] *n* ordspråk *nt*

provide [prə'vaid] *v* forsyne, skaffe; **provided that** forutsatt at

province ['prɔvins] *n* fylke *nt*; provins *c*

provincial [prə'vinʃəl] *adj* provinsiell

provisional [prə'viʒənəl] *adj* foreløpig

provisions [prə'viʒənz] *pl* proviant *c*

prudent ['pru:dənt] *adj* klok; varsom

prune [pru:n] *n* sviske *c*

psychiatrist [sai'kaiətrist] *n* psykiater *c*

psychic ['saikik] *adj* psykisk

psychoanalyst [ˌsaikou'ænəlist] *n* psykoanalytiker *c*

psychological [ˌsaikə'lɔdʒikəl] *adj* psykologisk

psychologist [sai'kɔlədʒist] *n* psykolog *c*

psychology [sai'kɔlədʒi] *n* psykologi *c*

pub [pʌb] *n* kro *c*; kneipe *c*

public ['pʌblik] *adj* offentlig; almen; *n* publikum *nt*; ~ **garden** offentlig parkanlegg; ~ **house** vertshus *nt*

publication [ˌpʌbli'keiʃən] *n* offentliggjørelse *c*

publicity [pʌ'blisəti] *n* publisitet *c*

publish ['pʌbliʃ] *v* *utgi, *offentliggjøre

publisher ['pʌbliʃə] *n* forlegger *c*

puddle ['pʌdəl] *n* pytt *c*

pull [pul] *v* *trekke; ~ **out** *trekke seg; *dra av sted; ~ **up** stanse

pulley ['puli] *n* (pl ~s) trinse *c*

Pullman ['pulmən] *n* sovevogn *c*

pullover ['pu,louvə] *n* pullover *c*

pulpit ['pulpit] *n* prekestol *c*, talerstol *c*

pulse [pʌls] *n* puls *c*

pump [pʌmp] *n* pumpe *c*; *v* pumpe

punch [pʌntʃ] *v* *slå; *n* knyttneveslag *nt*; punsj *c*

punctual ['pʌŋktʃuəl] *adj* punktlig, presis

puncture ['pʌŋktʃə] *n* punktering *c*

punctured ['pʌŋktʃəd] *adj* punktert

punish ['pʌniʃ] *v* straffe

punishment ['pʌniʃmənt] *n* straff *c*

pupil ['pju:pəl] *n* elev *c*

puppet-show ['pʌpitʃou] *n* dukketeater *nt*

purchase ['pə:tʃəs] *v* kjøpe; *n* kjøp *nt*,

anskaffelse *c;* ~ **price** kjøpesum *c;*
~ **tax** omsetningsskatt *c*

purchaser ['pɔ:tʃəsə] *n* kjøper *c*

pure [pjuə] *adj* ren

purple ['pɔ:pəl] *adj* purpurfarget

purpose ['pɔ:pəs] *n* hensikt *c,* formål
nt; **on** ~ med vilje

purse [pɔ:s] *n* pengepung *c,* håndveske *c*

pursue [pə'sju:] *v* *forfølge; strebe etter

pus [pʌs] *n* verk *c;* materie *c*

push [puʃ] *n* dytt *c,* støt *nt; v* *skyve;
trenge seg frem

push-button ['puʃ,bʌtən] *n* trykknapp
c

***put** [put] *v* stille, *legge, plassere;
putte; ~ **away** rydde vekk; ~ **off**
*utsette; ~ **on** *ta på; ~ **out** slokke

puzzle ['pʌzəl] *n* puslespill *nt;* gåte *c;*
v volde hodebry; **jigsaw** ~ puslespill *nt*

puzzling ['pʌzliŋ] *adj* uforståelig

pyjamas [pə'dʒa:məz] *pl* pyjamas *c*

Q

quack [kwæk] *n* sjarlatan *c,* kvaksalver *c*

quail [kweil] *n* (pl ~, ~s) vaktel *c*

quaint [kweint] *adj* eiendommelig;
gammeldags

qualification [,kwɔlifi'keiʃən] *n* kvalifikasjon *c;* forbehold *nt,* innskrenkning *c*

qualified ['kwɔlifaid] *adj* kvalifisert;
kompetent

qualify ['kwɔlifai] *v* kvalifisere seg

quality ['kwɔləti] *n* kvalitet *c;* egenskap *c*

quantity ['kwɔntəti] *n* kvantitet *c;* an-

tall *nt*

quarantine ['kwɔrənti:n] *n* karantene
c

quarrel ['kwɔrəl] *v* trette, krangle; *n*
krangel *c/nt,* trette *c*

quarry ['kwɔri] *n* steinbrudd *nt*

quarter ['kwɔ:tə] *n* kvart *c;* kvartal
nt; kvarter *nt;* 25-cent-mynt; ~ **of**
an hour kvarter *nt*

quarterly ['kwɔ:təli] *adj* kvartals-

quay [ki:] *n* kai *c*

queen [kwi:n] *n* dronning *c*

queer [kwiə] *adj* merkelig, underlig;
sær

query ['kwiəri] *n* forespørsel *c; v* *forespørre; betvile

question ['kwestʃən] *n* spørsmål *nt,*
problem *nt; v* *spørre ut; *dra i
tvil; ~ **mark** spørsmålstegn *nt*

queue [kju:] *n* kø *c; v* *stå i kø

quick [kwik] *adj* hurtig

quick-tempered [,kwik'tempəd] *adj*
hissig

quiet ['kwaiət] *adj* stille, rolig, stillferdig; *n* stillhet *c,* ro *c*

quilt [kwilt] *n* vatt-teppe *nt*

quinine [kwi'ni:n] *n* kinin *c*

quit [kwit] *v* slutte, stoppe

quite [kwait] *adv* helt; ganske, temmelig, særdeles

quiz [kwiz] *n* (pl ~zes) spørrelek *c;*
prøve *c*

quota ['kwoutə] *n* kvote *c*

quotation [kwou'teiʃən] *n* sitat *nt;* ~
marks anførselstegn *pl*

quote [kwout] *v* sitere

R

rabbit ['ræbit] *n* kanin *c*

rabies ['reibiz] *n* hundegalskap *c,* rabies *c*

race [reis] n kappløp nt, veddeløp nt; rase c

race-course ['reiskɔːs] n veddeløpsbane c

race-horse ['reishɔːs] n veddeløpshest c

race-track ['reistræk] n veddeløpsbane c

racial ['reiʃəl] adj rase-

racket ['rækit] n rabalder nt

racquet ['rækit] n racket c

radiator ['reidieitə] n radiator c

radical ['rædikəl] adj radikal

radio ['reidiou] n radio c

radish ['rædiʃ] n reddik c

radius ['reidiəs] n (pl radii) radius c

raft [rɑːft] n flåte c

rag [ræg] n fille c

rage [reidʒ] n raseri nt; v rase

raid [reid] n angrep nt

rail [reil] n gelender nt, rekkverk nt

railing ['reiliŋ] n gelender nt

railroad ['reilroud] nAm jernbane c

railway ['reilwei] n jernbane c, skinnegang c

rain [rein] n regn nt; v regne

rainbow ['reinbou] n regnbue c

raincoat ['reinkout] n regnfrakk c

rainproof ['reinpruːf] adj vanntett

rainy ['reini] adj regnfull

raise [reiz] v heve; øke; dyrke, *oppdra, ale opp; *pålegge; nAm lønnstillegg nt

raisin ['reizən] n rosin c

rake [reik] n rake c

rally ['ræli] n rally nt; opptog nt; v samle seg

ramp [ræmp] n rampe c

ramshackle ['ræmˌʃækəl] adj falleferdig

rancid ['rænsid] adj harsk

rang [ræŋ] v (p ring)

range [reindʒ] n rekkevidde c

range-finder ['reindʒˌfaində] n av-

standsmåler c

rank [ræŋk] n rang c; rekke c

ransom ['rænsəm] n løsepenger pl

rape [reip] v *voldta

rapid ['ræpid] adj hurtig

rapids ['ræpidz] pl elvestryk nt

rare [rɛə] adj sjelden; lettstekt, blodig

rarely ['rɛəli] adv sjelden

rascal ['rɑːskəl] n skurk c, slyngel c

rash [ræʃ] n utslett nt; adj forhastet, ubesindig

raspberry ['rɑːzbəri] n bringebær nt

rat [ræt] n rotte c

rate [reit] n tariff c, pris c; fart c; at any ~ i alle fall, i hvert fall; ~ of exchange valutakurs c

rather ['rɑːðə] adv temmelig, ganske, riktig; heller

ration ['ræʃən] n rasjon c

rattan [ræ'tæn] n spanskrør nt

raven ['reivən] n ravn c

raw [rɔː] adj rå; ~ material råmateriale nt

ray [rei] n stråle c

rayon ['reion] n kunstsilke c

razor ['reizə] n barberhøvel c

razor-blade ['reizəbleid] n barberblad nt

reach [riːtʃ] v nå; n rekkevidde c

reaction [ri'ækʃən] n reaksjon c

*read [riːd] v lese

reading ['riːdiŋ] n lesning c

reading-lamp ['riːdiŋlæmp] n leselampe c

reading-room ['riːdiŋruːm] n lesesal c

ready ['redi] adj klar, parat; ferdig

ready-made [ˌredi'meid] adj konfeksjons-

real [riəl] adj virkelig

reality [ri'æləti] n virkelighet c

realizable ['riəlaizəbəl] adj mulig

realize ['riəlaiz] v *innse, *ha klart for seg; *virkeliggjøre, realisere

really ['riəli] *adv* virkelig, faktisk; egentlig

rear [riə] *n* bakside *c*; *v* *oppdra; heve

rear-light [riə'lait] *n* baklykt *c*

reason ['ri:zən] *n* årsak *c*, grunn *c*; fornuft *c*, forstand *c*; *v* resonnere

reasonable ['ri:zənəbəl] *adj* fornuftig; rimelig

reassure [,ri:ə'ʃuə] *v* berolige

rebate ['ri:beit] *n* fradrag *nt*, rabatt *c*

rebellion [ri'beljən] *n* oppstand *c*, opprør *nt*

recall [ri'kɔ:l] *v* erindre, minnes; tilbakekalle; annullere

receipt [ri'si:t] *n* kvittering *c*; mottakelse *c*

receive [ri'si:v] *v* *få, *motta

receiver [ri'si:və] *n* telefonrør *nt*

recent ['ri:sənt] *adj* ny

recently ['ri:səntli] *adv* forleden, nylig

reception [ri'sepʃən] *n* mottakelse *c*; ~ **office** resepsjon *c*

receptionist [ri'sepʃənist] *n* resepsjonsdame *c*

recession [ri'seʃən] *n* tilbakegang *c*

recipe ['resipi] *n* oppskrift *c*

recital [ri'saitəl] *n* solistkonsert *c*

reckon ['rekən] *v* regne; regne for; tro

recognition [,rekəg'niʃən] *n* anerkjennelse *c*; gjenkjennelse *c*

recognize ['rekəgnaiz] *v* kjenne igjen; anerkjenne

recollect [,rekə'lekt] *v* huske

recommend [,rekə'mend] *v* anbefale; tilråde

recommendation [,rekəmen'deiʃən] *n* anbefaling *c*

reconciliation [,rekənsili'eiʃən] *n* forsoning *c*

record¹ ['rekɔ:d] *n* grammofonplate *c*; rekord *c*; protokoll *c*; **long-play-**ing ~ LP-plate *c*

record² [ri'kɔ:d] *v* registrere

recorder [ri'kɔ:də] *n* båndopptaker *c*

recording [ri'kɔ:diŋ] *n* opptak *nt*

record-player ['rekɔ:d,pleiə] *n* grammofon *c*, platespiller *c*

recover [ri'kʌvə] *v* *finne igjen; bli frisk, *komme seg

recovery [ri'kʌvəri] *n* helbredelse *c*, bedring *c*

recreation [,rekri'eiʃən] *n* atspredelse *c*, rekreasjon *c*; ~ **centre** rekreasjonssenter *nt*

recruit [ri'kru:t] *n* rekrutt *c*

rectangle ['rektæŋgəl] *n* rektangel *nt*

rectangular [rek'tæŋgjulə] *adj* rektangulær

rector ['rektə] *n* sogneprest *c*

rectory ['rektəri] *n* prestegård *c*

rectum ['rektəm] *n* endetarm *c*

recyclable [ri'saikləbəl] *adj* resirkulerbar

recycle [ri'saikəl] *v* resirkulere

red [red] *adj* rød; **red tape** papirmølle *c*, byråkrati *nt*

redeem [ri'di:m] *v* frelse

reduce [ri'dju:s] *v* redusere, minske

reduction [ri'dʌkʃən] *n* reduksjon *c*, avslag *nt*

redundant [ri'dʌndənt] *adj* overflødig

reed [ri:d] *n* siv *nt*

reef [ri:f] *n* rev *nt*

reference ['refrəns] *n* referanse *c*, henvisning *c*; forbindelse *c*; **with** ~ **to** vedrørende

refer to [ri'fə:] henvise til

refill ['ri:fil] *n* refill *c*

refinery [ri'fainəri] *n* raffineri *nt*

reflect [ri'flekt] *v* reflektere; gjenspeile

reflection [ri'flekʃən] *n* refleks *c*; speilbilde *nt*

reflector [ri'flektə] *n* reflektor *c*

refresh [ri'freʃ] *v* forfriske

refreshment [ri'freʃmənt] n forfrisk-
ning c

refrigerator [ri'fridʒəreitə] n kjøle-
skap nt

refund¹ [ri'fʌnd] v refundere

refund² ['ri:fʌnd] n tilbakebetaling c

refusal [ri'fju:zəl] n avslag nt

refuse¹ [ri'fju:z] v *avslå

refuse² ['refju:s] n avfall nt

regard [ri'ga:d] v *anse; betrakte; n
respekt c; as regards angående,
med hensyn til

regarding [ri'ga:diŋ] prep med hen-
syn til; angående

regatta [ri'gætə] n regatta c

régime [rei'ʒi:m] n regime nt

region ['ri:dʒən] n egn c; område nt

regional ['ri:dʒənəl] adj regional

register ['redʒistə] v *innskrive seg;
bokføre; registered letter rekom-
mandert brev

registration [,redʒi'streiʃən] n regist-
rering c; ~ form innregistrerings-
blankett c; ~ number registre-
ringsnummer nt; ~ plate num-
merskilt nt

regret [ri'gret] v beklage; n beklagel-
se c

regular ['regjulə] adj regelmessig;
normal, vanlig

regulate ['regjuleit] v regulere

regulation [,regju'leiʃən] n regel c, be-
stemmelse c; regulering c

rehabilitation [,ri:həˌbili'teiʃən] n reha-
bilitering c

rehearsal [ri'hə:səl] n prøve c; øvelse
c

rehearse [ri'hə:s] v prøve; øve

reign [rein] n regjeringstid c; v her-
ske

reimburse [,ri:im'bə:s] v tilbakebetale

reindeer ['reindiə] n (pl ~) reinsdyr
nt

reject [ri'dʒekt] v tilbakevise, avvise;

forkaste

relate [ri'leit] v *fortelle

related [ri'leitid] adj beslektet

relation [ri'leiʃən] n forhold nt, for-
bindelse c; slektning c

relative ['relativ] n slektning c; adj
relativ

relax [ri'læks] v slappe av

relaxation [,rilæk'seiʃən] n avslapning
c

reliable [ri'laiəbəl] adj pålitelig

relic ['relik] n relikvie c

relief [ri'li:f] n lindring c, lettelse c;
hjelp c; relieff nt

relieve [ri'li:v] v lindre; avløse

religion [ri'lidʒən] n religion c

religious [ri'lidʒəs] adj religiøs

rely on [ri'lai] stole på

remain [ri'mein] v *forbli; *bli igjen

remainder [ri'meində] n rest c

remaining [ri'meiniŋ] adj resterende

remark [ri'ma:k] n bemerkning c; v
bemerke

remarkable [ri'ma:kəbəl] adj bemer-
kelsesverdig

remedy ['remədi] n legemiddel nt;
botemiddel nt

remember [ri'membə] v huske

remembrance [ri'membrəns] n erind-
ring c, minne nt

remind [ri'maind] v minne

remit [ri'mit] v overføre

remittance [ri'mitəns] n remisse c

remnant ['remnənt] n rest c, levning c

remote [ri'mout] adj fjern, avsides

removal [ri'mu:vəl] n fjerning c

remove [ri'mu:v] v fjerne

remuneration [riˌmju:nə'reiʃən] n
godtgjørelse c

renew [ri'nju:] v fornye

rent [rent] v leie; n leie c

repair [ri'peə] v reparere; n repara-
sjon c

reparation [,repə'reiʃən] n reparasjon

c

•**repay** [ri'pei] v tilbakebetale
repayment [ri'peimənt] n tilbakebetaling c
repeat [ri'pi:t] v *gjenta
repellent [ri'pelənt] adj frastøtende
repentance [ri'pentəns] n anger c
repertory ['repətəri] n repertoar nt
repetition [,repə'tiʃən] n gjentakelse c
replace [ri'pleis] v erstatte
reply [ri'plai] v svare; n svar nt; in ~ som svar
report [ri'pɔ:t] v rapportere; melde; melde seg; n rapport c, melding c
reporter [ri'pɔ:tə] n reporter c
represent [,repri'zent] v representere; forestille
representation [,reprizen'teiʃən] n representasjon c
representative [,repri'zentətiv] adj representativ
reprimand ['reprima:nd] v *irettesette
reproach [ri'proutʃ] n bebreidelse c; v bebreide
reproduce [,ri:prə'dju:s] v reprodusere
reproduction [,ri:prə'dʌkʃən] n reproduksjon c
reptile ['reptail] n krypdyr nt
republic [ri'pʌblik] n republikk c
republican [ri'pʌblikən] adj republikansk
repulsive [ri'pʌlsiv] adj frastøtende
reputation [,repju'teiʃən] n rykte nt; anseelse c
request [ri'kwest] n anmodning c; ansøkning c; v anmode
require [ri'kwaiə] v kreve; behøve
requirement [ri'kwaiəmənt] n krav nt
requisite ['rekwizit] adj påkrevd
rescue ['reskju:] v redde; n redning c
research [ri'sə:tʃ] n forskning c
resemblance [ri'zembləns] n likhet c
resemble [ri'zembəl] v likne
resent [ri'zent] v *ta ille opp

reservation [,rezə'veiʃən] n reservasjon c; forbehold nt
reserve [ri'zə:v] v reservere; bestille; n reserve c
reserved [ri'zə:vd] adj reservert
reservoir ['rezəvwa:] n reservoar nt
reside [ri'zaid] v bo
residence ['rezidəns] n bolig c; ~ permit oppholdstillatelse c
resident ['rezidənt] n fastboende c; adj bosatt; stedlig
resign [ri'zain] v *fratre; *gå av
resignation [,rezig'neiʃən] n avskjedsansøkning c, avskjed c
resin ['rezin] n harpiks c
resist [ri'zist] v *gjøre motstand mot
resistance [ri'zistəns] n motstand c
resolute ['rezəlu:t] adj bestemt, besluttsom
respect [ri'spekt] n respekt c; ærbødighet c, aktelse c; v respektere
respectable [ri'spektəbəl] adj respektabel
respectful [ri'spektfəl] adj ærbødig
respective [ri'spektiv] adj respektiv
respiration [,respə'reiʃən] n åndedrett nt
respite ['respait] n henstand c
responsibility [ri,sponsə'biləti] n ansvar nt
responsible [ri'sponsəbəl] adj ansvarlig
rest [rest] n hvile c; rest c; v hvile
restaurant ['restərɔ̃:] n restaurant c
restful ['restfəl] adj beroligende
rest-home ['resthoum] n hvilehjem nt
restless ['restləs] adj urolig; rastløs
restrain [ri'strein] v tøyle
restriction [ri'strikʃən] n innskrenkning c
result [ri'zʌlt] n resultat nt; følge c; v resultere
resume [ri'zju:m] v *gjenoppta
résumé ['rezjumei] n resymé nt

retail ['ri:teil] v *selge i detalj; ~ **trade** detaljhandel c

retailer [ri:teilə] n detaljist c

retina ['retinə] n netthinne c

retired [ri'taiəd] adj pensjonert

return [ri'tə:n] v vende tilbake, *komme tilbake; n tilbakekomst c; ~ **flight** tilbakeflyvning c; ~ **journey** hjemreise c, tilbakereise c

reunite [,ri:ju:'nait] v gjenforene

reveal [ri'vi:l] v åpenbare, avsløre

revelation [,revə'leifən] n avsløring c

revenge [ri'vendʒ] n hevn c

revenue ['revənju:] n inntekter pl, toll c

reverse [ri'və:s] n motsetning c; bakside c; revers c; motgang c, omslag nt; adj motsatt; v rygge

review [ri'vju:] n anmeldelse c; tidsskrift nt

revise [ri'vaiz] v revidere

revision [ri'viʒən] n revisjon c

revival [ri'vaivəl] n gjenopplivelse c

revolt [ri'voult] v *gjøre opprør; n oppstand c, opprør nt

revolting [ri'voultiŋ] adj motbydelig, frastøtende, opprørende

revolution [,revə'lu:ʃən] n revolusjon c; omdreining c

revolutionary [,revə'lu:ʃənəri] adj revolusjonær

revolver [ri'volvə] n revolver c

revue [ri'vju:] n revy c

reward [ri'wɔ:d] n belønning c; v belønne

rheumatism ['ru:mətizəm] n reumatisme c

rhinoceros [rai'nosərəs] n (pl ~, ~es) neshorn nt

rhubarb ['ru:ba:b] n rabarbra c

rhyme [raim] n rim nt

rhythm ['riðəm] n rytme c

rib [rib] n ribbein nt

ribbon ['ribən] n bånd nt

rice [rais] n ris c

rich [ritʃ] adj rik

riches ['ritʃiz] pl rikdom c

riddle ['ridəl] n gåte c

ride [raid] n tur c

***ride** [raid] v kjøre; *ride

rider ['raidə] n rytter c

ridge [ridʒ] n høydedrag nt

ridicule ['ridikju:l] v *latterliggjøre

ridiculous [ri'dikjuləs] adj latterlig

riding ['raidiŋ] n ridning c

riding-school ['raidiŋsku:l] n rideskole c

rifle ['raifəl] v gevær nt

right [rait] n rettighet c; adj rett, riktig; høyre; rettferdig; **all right!** bra!; * **be** ~ *ha rett; ~ **of way** forkjørsrett c

righteous ['raitʃəs] adj rettskaffen

right-hand ['raithænd] adj på høyre side, høyre

rightly ['raitli] adv med rette

rim [rim] n felg c; kant c

ring [riŋ] n ring c; krets c; manesje c

***ring** [riŋ] v ringe; ~ **up** ringe opp

rinse [rins] v skylle; n skylling c

riot ['raiət] n oppløp nt

rip [rip] v *rive i stykker

ripe [raip] adj moden

rise [raiz] n pålegg nt, gasjepålegg nt; høyde c; oppstigning c; opprinnelse c

***rise** [raiz] v reise seg; *stå opp; *stige

rising ['raiziŋ] n oppstand c

risk [risk] n risiko c; fare c; v risikere

risky ['riski] adj risikabel, dristig

rival ['raivəl] n rival c; konkurrent c; v rivalisere

rivalry ['raivəlri] n rivalitet c; konkurranse c

river ['rivə] n elv c; ~ **bank** elvebredd c

riverside ['rivəsaid] n elvebredd c

roach [routʃ] n (pl ~) mort c
road [roud] n gate c, vei c; ~ fork
korsvei c; ~ map veikart nt; ~
system veinett nt; ~ up veiarbeid
nt
roadhouse ['roudhaus] n veikro c
roadside ['roudsaid] n veikant c; ~
restaurant vertshus c
roadway ['roudwei] nAm kjørebane c
roam [roum] v streife omkring
roar [rɔː] v brøle, bruse; n dur c, brøl
nt
roast [roust] v steke, riste; n stek c
rob [rɔb] v rane
robber ['rɔbə] n ransmann c
robbery ['rɔbəri] n plyndring c, ran
nt, tyveri nt
robe [roub] n lang kjole; embets-
drakt c
robin ['rɔbin] n rødstrupe c
robust [rou'bʌst] adj robust
rock [rɔk] n klippe c; v gynge
rocket ['rɔkit] n rakett c
rocky ['rɔki] adj steinet
rod [rɔd] n stang c
roe [rou] n rogn c
roll [roul] v rulle; n rull c; rundstykke
nt
roller-skating ['roulə‚skeitiŋ] n rulle-
skøyteløping c
Roman Catholic ['roumən 'kæθəlik] ro-
mersk-katolsk
romance [rə'mæns] n romanse c
romantic [rə'mæntik] adj romantisk
roof [ruːf] n tak nt; thatched ~
halmtak nt
room [ruːm] n rom nt, værelse nt;
plass c; ~ and board kost og losji;
~ service værelsesbetjening c; ~
temperature værelsestemperatur c
roomy ['ruːmi] adj rommelig
root [ruːt] n rot c
rope [roup] n rep c
rosary ['rouzəri] n rosenkrans c

rose [rouz] n rose c; adj rosa
rotten ['rɔtən] adj råtten
rouge [ruːʒ] n rouge c
rough [rʌf] adj ru
roulette [ruː'let] n rulett c
round [raund] adj rund; prep om,
omkring; n runde c; ~ trip Am
tur-retur
roundabout ['raundəbaut] n rundkjø-
ring c
rounded ['raundid] adj avrundet
route [ruːt] n rute c
routine [ruː'tiːn] n rutine c
row¹ [rou] n rad c; v ro
row² [rau] n krangel c/nt
rowdy ['raudi] adj ståkende, voldsom
rowing-boat ['rouiŋbout] n robåt c
royal ['rɔiəl] adj kongelig
rub [rʌb] v *gni
rubber ['rʌbə] n gummi c; viskelær
nt; ~ band strikk c
rubbish ['rʌbiʃ] n avfall nt; tull nt,
sludder nt; talk ~ vrøvle
rubbish-bin ['rʌbiʃbin] n søppelbøtte c
ruby ['ruːbi] n rubin c
rucksack ['rʌksæk] n ryggsekk c
rudder ['rʌdə] n ror nt
rude [ruːd] adj uforskammet
rug [rʌg] n rye c
ruin ['ruːin] v *ødelegge; n under-
gang c; ruins ruin c
ruination [‚ruːi'neiʃən] n ødeleggelse c
rule [ruːl] n regel c; styre nt, makt c,
regjering c; v regjere, herske; as a
~ som regel, vanligvis
ruler ['ruːlə] n regent c, monark c;
linjal c
Rumania [ruː'meiniə] Romania
Rumanian [ruː'meiniən] adj rumensk;
n rumener c
rumour ['ruːmə] n rykte nt
*run [rʌn] v *løpe; *renne; ~ into
støte på
runaway ['rʌnəwei] n rømling c

rung [rʌŋ] v (pp ring)
runway ['rʌnwei] n startbane c
rural ['ruərəl] adj landlig
ruse [ru:z] n list c
rush [rʌʃ] v styrte; n siv nt
rush-hour ['rʌʃauə] n rushtid c
Russia ['rʌʃə] Russland
Russian ['rʌʃən] adj russisk; n russer c

rust [rʌst] n rust c
rustic ['rʌstik] adj landsens
rusty ['rʌsti] adj rusten

S

saccharin ['sækərin] n sakkarin c/nt
sack [sæk] n sekk c
sacred ['seikrid] adj hellig
sacrifice ['sækrifais] n offer nt; v ofre
sacrilege ['sækrilidʒ] n helligbrøde c
sad [sæd] adj bedrøvet; vemodig, bedrøvelig, trist
saddle ['sædəl] n sal c
sadness ['sædnəs] n vemod nt
safe [seif] adj sikker; n safe c, pengeskap nt
safety ['seifti] n sikkerhet c
safety-belt ['seiftibelt] n sikkerhetsbelte c
safety-pin ['seiftipin] n sikkerhetsnål c
safety-razor ['seifti,reizə] n barberhøvel c
sail [seil] v seile; n seil nt
sailing-boat ['seiliŋbout] n seilbåt c
sailor ['seilə] n sjømann c
saint [seint] n helgen c
salad ['sæləd] n salat c
salad-oil ['sælədɔil] n matolje c
salary ['sæləri] n gasje c, lønn c
sale [seil] n salg nt; clearance ~ opphørssalg nt; for ~ til salgs;

sales utsalg nt; sales tax omsetningsskatt c
saleable ['seiləbəl] adj salgbar
salesman ['seilzmən] n (pl -men) ekspeditør c; selger c
salmon ['sæmən] n (pl ~) laks c
salon ['sælɔ̃] n salong c
saloon [sə'lu:n] n bar c
salt [sɔ:lt] n salt nt
salt-cellar ['sɔ:lt,selə] n saltkar nt
salty ['sɔ:lti] adj salt
salute [sə'lu:t] v hilse
salve [sɑ:v] n salve c
same [seim] adj samme
sample ['sɑ:mpəl] n vareprøve c
sanatorium [,sænə'tɔ:riəm] n (pl ~s, -ria) sanatorium nt
sand [sænd] n sand c
sandal ['sændəl] n sandal c
sandpaper ['sænd,peipə] n sandpapir nt
sandy ['sændi] adj sandet
sanitary ['sænitəri] adj sanitær; ~ towel sanitetsbind nt
sapphire ['sæfaiə] n safir c
sardine [sɑ:'di:n] n sardin c
satchel ['sætʃəl] n ransel c
satellite ['sætəlait] n satellitt c; ~ tv satellittoverføring c, satellitt-TV c
satin ['sætin] n sateng c
satisfaction [,sætis'fækʃən] n tilfredsstillelse c, tilfredshet c
satisfy ['sætisfai] v tilfredsstille; satisfied tilfreds, tilfredsstilt
Saturday ['sætədi] lørdag c
sauce [sɔ:s] n saus c
saucepan ['sɔ:spən] n kasserolle c
saucer ['sɔ:sə] n skål c
Saudi Arabia [,saudiə'reibiə] Saudi-Arabia
Saudi Arabian [,saudiə'reibiən] adj saudiarabisk
sauna ['sɔ:nə] n badstue c
sausage ['sɔsidʒ] n pølse c

savage ['sævidʒ] adj vill
save [seiv] v redde; spare
savings ['seiviŋz] pl sparepenger pl;
~ bank sparebank c
saviour ['seivjə] n redningsmann c;
frelser c
savoury ['seivəri] adj velsmakende;
pikant
saw¹ [sɔ:] v (p see)
saw² [sɔ:] n sag c
sawdust ['sɔ:dʌst] n sagflis c
saw-mill ['sɔ:mil] n sagbruk nt
*say [sei] v *si
scaffolding ['skæfəldiŋ] n stillas nt
scale [skeil] n målestokk c; skala c;
skjell nt; scales pl vekt c
scandal ['skændəl] n skandale c
Scandinavia [,skændi'neiviə] Skandi-
navia
Scandinavian [,skændi'neiviən] adj
skandinavisk; n skandinav c
scapegoat ['skeipgout] n syndebukk c
scar [ska:] n arr nt
scarce [skɛəs] adj knapp
scarcely ['skɛəsli] adv knapt
scarcity ['skɛəsəti] n knapphet c
scare [skɛə] v skremme; n panikk c
scarf [ska:f] n (pl ~s, scarves) skjerf
nt
scarlet ['ska:lət] adj skarlagenrød
scary ['skɛəri] adj foruroligende; nifs
scatter ['skætə] v spre
scene [si:n] n scene c
scenery ['si:nəri] n landskap nt
scenic ['si:nik] adj naturskjønn
scent [sent] n duft c
schedule ['ʃedju:l] n ruteplan c, time-
plan c
scheme [ski:m] n skjema nt; plan c
scholar ['skɔlə] n vitenskapsmann c;
student c, elev c
scholarship ['skɔləʃip] n stipend nt
school [sku:l] n skole c
schoolboy ['sku:lbɔi] n skolegutt c

schoolgirl ['sku:lgə:l] n skolepike c
schoolmaster ['sku:l,ma:stə] n lærer c
schoolteacher ['sku:l,ti:tʃə] n lærer c
science ['saiəns] n (natur)vitenskap c
scientific [,saiən'tifik] adj vitenskape-
lig
scientist ['saiəntist] n vitenskaps-
smann c
scissors ['sizəz] pl saks c
scold [skould] v skjenne på; skjelle
scooter ['sku:tə] n scooter c; spark-
sykkel c
score [skɔ:] n poengsum c; v markere
scorn [skɔ:n] n hån c, forakt c; v for-
akte
Scot [skɔt] n skotte c
Scotch [skɔtʃ] adj skotsk
Scotland ['skɔtlənd] Skottland
Scottish ['skɔtiʃ] adj skotsk
scout [skaut] n guttespeider c
scrap [skræp] n bit c
scrap-book ['skræpbuk] n utklippsbok
c
scrape [skreip] v skrape
scrap-iron ['skræpaiən] n skrapjern nt
scratch [skrætʃ] v skrape, rispe; n
risp nt, skramme c
scream [skri:m] v *skrike, hyle; n hyl
nt, skrik nt
screen [skri:n] n skjermbrett nt;
skjerm c, filmlerret c
screw [skru:] n skrue c; v skru
screw-driver ['skru:,draivə] n skru-
jern nt
scrub [skrʌb] v skrubbe; n kratt nt
sculptor ['skʌlptə] n billedhogger c
sculpture ['skʌlptʃə] n skulptur c
sea [si:] n sjø c
sea-bird ['si:bə:d] n sjøfugl c
sea-coast ['si:koust] n kyst c
seagull ['si:gʌl] n havmåke c
seal [si:l] n segl nt; sel c, kobbe c
seam [si:m] n søm c
seaman ['si:mən] n (pl -men) sjø-

mann c
seamless ['si:mləs] adj uten søm
seaport ['si:pɔ:t] n havneby c
search [sə:tʃ] v lete etter; ransake; n leting c
searchlight ['sə:tʃlait] n lyskaster c
seascape ['si:skeip] n sjøbilde nt
sea-shell ['si:ʃel] n skjell nt
seashore ['si:ʃɔ:] n strand c
seasick ['si:sik] adj sjøsyk
seasickness ['si:siknəs] n sjøsyke c
seaside ['si:said] n kyst c; ~ resort badested nt
season ['si:zən] n sesong c, årstid c; high ~ høysesong c; low ~ lavsesong c; off ~ utenfor sesongen
season-ticket ['si:zən,tikit] n sesongkort nt
seat [si:t] n sete nt; plass c, sitteplass c
seat-belt ['si:tbelt] n sikkerhetsbelte nt
sea-urchin ['si:,ə:tʃin] n sjøpinnsvin nt
sea-water ['si:,wɔ:tə] n sjøvann nt
second ['sekənd] num annen; n sekund nt; øyeblikk nt
secondary ['sekəndəri] adj sekundær, underordnet; ~ school høyere skole
second-hand [,sekənd'hænd] adj brukt
secret ['si:krət] n hemmelighet c; adj hemmelig
secretary ['sekrətri] n sekretær c
section ['sekʃən] n seksjon c, avdeling c
secure [si'kjuə] adj sikker; v sikre seg
security [si'kjuərəti] n sikkerhet c; kausjon c
sedate [si'deit] adj sindig
sedative ['sedətiv] n beroligende middel
seduce [si'dju:s] v forføre
*see [si:] v *se; *innse, *begripe, *forstå; ~ to sørge for

seed [si:d] n frø nt
*seek [si:k] v søke
seem [si:m] v *late til, synes
seen [si:n] v (pp see)
seesaw ['si:sɔ:] n vippe c
seize [si:z] v *gripe
seldom ['seldəm] adv sjelden
select [si'lekt] v *utvelge, *velge ut; adj utsøkt, utvalgt
selection [si'lekʃən] n utvalg nt
self-centred [,self'sentəd] adj selvopptatt
self-employed [,selfim'plɔid] adj selvstendig næringsdrivende
self-evident [,sel'fevidənt] adj opplagt
self-government [,self'gʌvəmənt] n selvstyre nt
selfish ['selfiʃ] adj selvisk
selfishness ['selfiʃnəs] n egoisme c
self-service [,self'sə:vis] n selvbetjening c; ~ restaurant kafeteria c
*sell [sel] v *selge
semblance ['sembləns] n utseende nt; likhet c
semi- ['semi] halv-
semicircle ['semi,sə:kəl] n halvsirkel c
semi-colon [,semi'koulən] n semikolon nt
senate ['senət] n senat nt
senator ['senətə] n senator c
*send [send] v sende; ~ back sende tilbake, returnere; ~ for sende bud etter; ~ off sende av sted
senile ['si:nail] adj senil
sensation [sen'seiʃən] n sensasjon c; fornemmelse c, følelse c
sensational [sen'seiʃənəl] adj sensasjonell, oppsiktsvekkende
sense [sens] n sans c; fornuft c; mening c, betydning c; v merke; ~ of honour æresfølelse c
senseless ['sensləs] adj meningsløs
sensible ['sensəbəl] adj fornuftig
sensitive ['sensitiv] adj følsom

sentence ['sentəns] n setning c; dom c; v dømme

sentimental [,senti'mentəl] adj sentimental

separate[1] ['sepəreit] v skille, separere

separate[2] ['sepərət] adj særskilt, atskilt

separately ['sepərətli] adv separat

September [sep'tembə] september

septic ['septik] adj septisk; *become ~ *gå betennelse i

sequel ['si:kwəl] n fortsettelse c

sequence ['si:kwəns] n rekkefølge c; serie c

serene [sə'ri:n] adj rolig; klar

serial ['siəriəl] n føljetong c

series ['siəri:z] n (pl ~) serie c

serious ['siəriəs] adj seriøs, alvorlig

seriousness ['siəriəsnəs] n alvor nt

sermon ['sə:mən] n preken c

serum ['siərəm] n serum nt

servant ['sə:vənt] n tjener c

serve [sə:v] v servere

service ['sə:vis] n tjeneste c; betjening c; ~ charge serveringsavgift c; ~ station bensinstasjon c

serviette [,sə:vi'et] n serviett c

session ['seʃən] n sesjon c

set [set] n klikk c, sett nt

*set [set] v *sette; ~ menu fast meny; ~ out *dra av sted

setting ['setiŋ] n omgivelser pl; ~ lotion leggevann nt

settle ['setəl] v ordne, avslutte; ~ down *slå seg ned

settlement ['setəlmənt] n ordning c, overenskomst c

seven ['sevən] num syv

seventeen [,sevən'ti:n] num sytten

seventeenth [,sevən'ti:nθ] num syttende

seventh ['sevənθ] num syvende

seventy ['sevənti] num sytti

several ['sevərəl] adj atskillige, flere

severe [si'viə] adj heftig, streng

*sew [sou] v sy; ~ up sy sammen

sewer ['su:ə] n kloakk c

sewing-machine ['souiŋməʃi:n] n symaskin c

sex [seks] n kjønn nt; sex c

sexton ['sekstən] n kirketjener c

sexual ['sekʃuəl] adj seksuell

sexuality [,sekʃu'æləti] n seksualitet c

shade [ʃeid] n skygge c; nyanse c

shadow ['ʃædou] n skygge c

shady ['ʃeidi] adj skyggefull

*shake [ʃeik] v riste, ryste

shaky ['ʃeiki] adj vaklende

*shall [ʃæl] v *skal

shallow ['ʃælou] adj grunn

shame [ʃeim] n skam c; shame! fy!

shampoo [ʃæm'pu:] n sjampo c

shamrock ['ʃæmrɔk] n trekløver c

shape [ʃeip] n form c; v forme

share [ʃeə] v dele; n del c; aksje c

shark [ʃɑ:k] n hai c

sharp [ʃɑ:p] adj spiss

sharpen ['ʃɑ:pən] v spisse

shave [ʃeiv] v barbere seg

shaver ['ʃeivə] n barbermaskin c

shaving-brush ['ʃeiviŋbrʌʃ] n barberkost c

shaving-cream ['ʃeiviŋkri:m] n barberkrem c

shaving-soap ['ʃeiviŋsoup] n barbersåpe c

shawl [ʃɔ:l] n sjal nt

she [ʃi:] pron hun

shed [ʃed] n skur nt

*shed [ʃed] v *utgyte; spre

sheep [ʃi:p] n (pl ~) sau c

sheer [ʃiə] adj pur, absolutt; skjær, gjennomsiktig, tynn

sheet [ʃi:t] n laken c; ark nt; plate c

shelf [ʃelf] n (pl shelves) hylle c

shell [ʃel] n skjell nt; skall nt

shellfish ['ʃelfiʃ] n skalldyr nt

shelter ['ʃeltə] n ly nt, tilfluktssted

nt; v *gi ly

shepherd ['ʃepəd] n gjeter c

shift [ʃift] n skift nt

*shine [ʃain] v skinne; glinse, stråle

ship [ʃip] n skip nt; v skipe; **shipping line** skipsfartslinje c

shipowner ['ʃiˌpounə] n skipsreder c

shipyard ['ʃipjɑ:d] n skipsverft nt

shirt [ʃə:t] n skjorte c

shiver ['ʃivə] v *skjelve, hutre; n skjelven c

shivery ['ʃivəri] adj hutrende

shock [ʃɔk] n sjokk nt; v sjokkere; ~ **absorber** støtdemper c

shocking ['ʃɔkiŋ] adj sjokkerende

shoe [ʃu:] n sko c; **gym shoes** turnsko pl; ~ **polish** skokrem c

shoe-lace ['ʃu:leis] n skolisse c

shoemaker ['ʃu:ˌmeikə] n skomaker c

shoe-shop ['ʃu:ʃɔp] n skotøyforretning c

shook [ʃuk] v (p shake)

*shoot [ʃu:t] v *skyte

shop [ʃɔp] n forretning c; v handle; ~ **assistant** ekspeditør c; **shopping bag** handlebag c; **shopping centre** forretningssenter nt

shopkeeper ['ʃɔpˌki:pə] n kjøpmann c

shop-window [ˌʃɔp'windou] n utstillingsvindu nt

shore [ʃɔ:] n bredd c, kyst c

short [ʃɔ:t] adj kort; liten; ~ **circuit** kortslutning c

shortage ['ʃɔ:tidʒ] n knapphet c, mangel c

shortcoming ['ʃɔ:tˌkʌmiŋ] n mangel c; lyte c

shorten ['ʃɔ:tən] v forkorte

shorthand ['ʃɔ:thænd] n stenografi c

shortly ['ʃɔ:tli] adv snart, i nær fremtid

shorts [ʃɔ:ts] pl shorts c; underbukse c

short-sighted [ˌʃɔ:t'saitid] adj nærsynt

shot [ʃɔt] n skudd nt; sprøyte c; scene c

*should [ʃud] v *skulle

shoulder ['ʃouldə] n skulder c

shout [ʃaut] v *skrike, rope; n rop nt

shovel ['ʃʌvəl] n skuffe c

show [ʃou] n oppførelse c, forestilling c; utstilling c

*show [ʃou] v vise; utstille, vise frem; bevise

show-case ['ʃoukeis] n monter c

shower [ʃauə] n dusj c; regnskur c, skur c

showroom ['ʃouru:m] n utstillingslokale nt

shriek [ʃri:k] v *skrike; n hvin nt

shrimp [ʃrimp] n reke c

shrine [ʃrain] n helgenskrin nt, helligdom c

*shrink [ʃriŋk] v krympe

shrinkproof ['ʃriŋkpru:f] adj krympefri

shrub [ʃrʌb] n busk c

shudder ['ʃʌdə] n gys nt

shuffle ['ʃʌfəl] v stokke

*shut [ʃʌt] v lukke; **shut** stengt, lukket; ~ **in** stenge inne

shutter ['ʃʌtə] n vinduslem c, skodde c

shy [ʃai] adj sjenert, sky

shyness ['ʃainəs] n skyhet c

Siam [sai'æm] Siam

Siamese [ˌsaiə'mi:z] adj siamesisk; n siameser c

sick [sik] adj syk; kvalm

sickness ['siknəs] n sykdom c; kvalme c

side [said] n side c; parti nt; **one-sided** adj ensidig

sideburns ['saidbə:nz] pl kinnskjegg nt

sidelight ['saidlait] n sidelys nt

side-street ['saidstri:t] n sidegate c

sidewalk ['saidwɔ:k] nAm fortau nt

sideways ['saidweiz] adv til siden

siege [si:dʒ] n beleiring c

sieve [siv] n sil c; v sikte, sile

sight [sait] n syne nt; skue nt, syn; severdighet c

sign [sain] n tegn nt; vink nt, gest c; v undertegne

signal ['signəl] n signal nt; tegn nt; v signalisere

signature ['signətʃə] n signatur c

significant [sig'nifikənt] adj betydningsfull

signpost ['sainpoust] n veiviser c

silence ['sailəns] n stillhet c; v få til å tie

silencer ['sailənsə] n lydpotte c

silent ['sailənt] adj stille, taus; *be ~ tie

silk [silk] n silke c

silken ['silkən] adj silke-

silly ['sili] adj dum, tåpelig

silver ['silvə] n sølv nt; sølv-

silversmith ['silvəsmiθ] n sølvsmed c

silverware ['silvəweə] n sølvtøy nt

similar ['similə] adj liknende

similarity [,simi'lærəti] n likhet c

simple ['simpəl] adj likefrem, enkel; vanlig

simply ['simpli] adv simpelthen

simulate ['simjuleit] v etterligne

simultaneous [,siməl'teiniəs] adj samtidig

sin [sin] n synd c

since [sins] prep siden; adv siden; conj siden; fordi

sincere [sin'siə] adj oppriktig

sinew ['sinju:] n sene c

*sing [sin] v *synge

singer ['sinə] n sanger c; sangerinne c

single ['singəl] adj enkel; ugift; ~ room enkeltrom nt

singular ['singjulə] n entall nt; adj enestående

sinister ['sinistə] adj illevarslende

sink [sink] n vask c

*sink [sink] v *synke

sip [sip] n slurk c

siphon ['saifən] n sifong c

sir [sə:] min herre

siren ['saiərən] n sirene c

sister ['sistə] n søster c

sister-in-law ['sistərinlɔ:] n (pl sisters-) svigerinne c

*sit [sit] v *sitte; ~ down *sette seg

site [sait] n sted nt; beliggenhet c

sitting-room ['sitinru:m] n stue c

situated ['sitjueitid] adj beliggende

situation [,sitju'eiʃən] n situasjon c; stilling c

six [siks] num seks

sixteen [,siks'ti:n] num seksten

sixteenth [,siks'ti:nθ] num sekstende

sixth [siksθ] num sjette

sixty ['siksti] num seksti

size [saiz] n størrelse c, dimensjon c; format nt

skate [skeit] v *gå på skøyter; n skøyte c

skating ['skeitin] n skøyteløping c

skating-rink ['skeitinrink] n skøytebane c

skeleton ['skelitən] n skjelett nt

sketch [sketʃ] n skisse c, utkast nt; v tegne, skissere

sketch-book ['sketʃbuk] n skissebok c

ski[1] [ski:] v *gå på ski

ski[2] [ski:] n (pl ~, ~s) ski c; ~ boots skistøvler pl; ~ pants skibukse c; ~ poles Am skistaver pl; ~ sticks skistaver pl

skid [skid] v *gli

skier ['ski:ə] n skiløper c

skiing ['ski:in] n skiløping c

ski-jump ['ski:dʒʌmp] n skihopp nt; hoppbakke c

skilful ['skilfəl] adj kyndig, flink, dyktig

ski-lift ['ski:lift] *n* skiheis *c*

skill [skil] *n* dyktighet *c*

skilled [skild] *adj* kyndig, dreven; faglært

skin [skin] *n* hud *c*, skinn *nt*; skall *nt*; ~ **cream** hudkrem *c*

skip [skip] *v* hoppe; hoppe over

skirt [skə:t] *n* skjørt *nt*

skull [skʌl] *n* skalle *c*

sky [skai] *n* himmel *c*; luft *c*

skyscraper ['skai,skreipə] *n* skyskraper *c*

slack [slæk] *adj* treg; slapp

slacks [slæks] *pl* benklær *pl*

slam [slæm] *v* *slå igjen

slander ['slɑ:ndə] *n* bakvaskelse *c*

slant [slɑ:nt] *v* skråne

slanting ['slɑ:ntiŋ] *adj* skjev, skrånende, skrå

slap [slæp] *v* fike; *n* fik *c*

slate [sleit] *n* skifer *c*

slave [sleiv] *n* slave *c*

sledge [sledʒ] *n* slede *c*, kjelke *c*

sleep [sli:p] *n* søvn *c*

***sleep** [sli:p] *v* *sove

sleeping-bag ['sli:piŋbæg] *n* sovepose *c*

sleeping-car ['sli:piŋka:] *n* sovevogn *c*

sleeping-pill ['sli:piŋpil] *n* sovepille *c*

sleepless ['sli:pləs] *adj* søvnløs

sleepy ['sli:pi] *adj* søvnig

sleet [sli:t] *n* sludd *nt*

sleeve [sli:v] *n* erme *nt*; omslag *nt*

sleigh [slei] *n* kjelke *c*, slede *c*

slender ['slendə] *adj* slank

slice [slais] *n* skive *c*

slide [slaid] *n* glidning *c*; rutsjebane *c*; lysbilde *c*

***slide** [slaid] *v* *gli

slight [slait] *adj* ubetydelig; svak

slim [slim] *adj* slank; *v* slanke seg

slip [slip] *v* *gli, skli; *smette; *n* feiltrinn *nt*; underkjole *c*

slipper ['slipə] *n* tøffel *c*

slippery ['slipəri] *adj* glatt, sleip

slogan ['slougən] *n* slagord *nt*, valgspråk *nt*

slope [sloup] *n* skråning *c*; *v* helle

sloping ['sloupiŋ] *adj* skrånende

sloppy ['slɔpi] *adj* slurvet

slot [slɔt] *n* myntsprekk *c*; åpning *c*

slot-machine ['slɔt,məʃi:n] *n* automat *c*

slovenly ['slʌvənli] *adj* sjusket

slow [slou] *adj* tungnem, langsom sakte; ~ **down** *sette ned far' saktne farten; bremse

sluice [slu:s] *n* sluse *c*

slum [slʌm] *n* slum *c*

slump [slʌmp] *n* prisfall *nt*

slush [slʌʃ] *n* snøslaps *nt*

sly [slai] *adj* slu

smack [smæk] *v* smekke; *n* dask *c*

small [smɔ:l] *adj* liten; ringe

smallpox ['smɔ:lpɔks] *n* kopper *pl*

smart [smɑ:t] *adj* fiks; smart, flink

smell [smel] *n* lukt *c*

***smell** [smel] *v* lukte; *stinke

smelly ['smeli] *adj* illeluktende

smile [smail] *v* smile; *n* smil *nt*

smith [smiθ] *n* smed *c*

smoke [smouk] *v* røyke; *n* røyk *c*; **no smoking** røyking forbudt

smoker ['smoukə] *n* røyker *c*; røykekupé *c*

smoking-compartment ['smoukiŋkəm,pa:tmənt] *n* røykekupé *c*

smoking-room ['smoukiŋru:m] *n* røykerom *c*

smooth [smu:ð] *adj* jevn, smul, glatt; myk

smuggle ['smʌgəl] *v* smugle

snack [snæk] *n* matbit *c*

snack-bar ['snækba:] *n* snackbar *c*

snail [sneil] *n* snegl *c*

snake [sneik] *n* slange *c*

snapshot ['snæpʃɔt] *n* øyeblikksfotografi *nt*, snapshot *nt*

sneakers [ˈsniːkəz] *pl*Am turnsko *pl*
sneeze [sniːz] *v* *nyse
sniper [ˈsnaipə] *n* snikskytter *c*
snooty [ˈsnuːti] *adj* hoven
snore [snɔː] *v* snorke
snorkel [ˈsnɔːkəl] *n* snorkel *c*
snout [snaut] *n* snute *c*
snow [snou] *n* snø *c; v* snø
snowstorm [ˈsnoustɔːm] *n* snøstorm *c*
snowy [ˈsnoui] *adj* snødekket
so [sou] *conj* så; *adv* slik; så, i den grad; **and ~ on** og så videre; **~ far** hittil; **~ that** så, slik at
soak [souk] *v* gjennombløte, bløte
soap [soup] *n* såpe *c;* **~ powder** såpepulver *nt*
sober [ˈsoubə] *adj* edru; nøktern
so-called [ˌsouˈkɔːld] *adj* såkalt
soccer [ˈsɔkə] *n* fotball *c;* **~ team** fotball-lag *nt*
social [ˈsouʃəl] *adj* samfunns-, sosial
socialism [ˈsouʃəlizəm] *n* sosialisme *c*
socialist [ˈsouʃəlist] *adj* sosialistisk; *n* sosialist *c*
society [səˈsaiəti] *n* samfunn *nt;* selskap *nt*, forening *c*
sock [sɔk] *n* sokk *c*
socket [ˈsɔkit] *n* pæreholder *c;* stikkontakt *c*
soda-water [ˈsoudəˌwɔːtə] *n* selters *c*, sodavann *nt*
sofa [ˈsoufə] *n* sofa *c*
soft [sɔft] *adj* myk; **~ drink** alkoholfri drikk
soften [ˈsɔfən] *v* *bløtgjøre
soil [sɔil] *n* jord *c;* jordbunn *c*, jordsmonn *nt*
soiled [sɔild] *adj* skitten
sold [sould] *v* (p, pp sell) ; **~ out** utsolgt
solder [ˈsɔldə] *v* lodde
soldering-iron [ˈsɔldəriŋaiən] *n* loddebolt *c*
soldier [ˈsouldʒə] *n* soldat *c*

sole¹ [soul] *adj* eneste
sole² [soul] *n* såle *c;* flyndre *c*
solely [ˈsoulli] *adv* utelukkende
solemn [ˈsɔləm] *adj* høytidelig
solicitor [səˈlisitə] *n* sakfører *c*, advokat *c*
solid [ˈsɔlid] *adj* solid; massiv; *n* fast stoff
soluble [ˈsɔljubəl] *adj* oppløselig
solution [səˈluːʃən] *n* løsning *c;* oppløsning *c*
solve [sɔlv] *v* løse
sombre [ˈsɔmbə] *adj* dyster
some [sʌm] *adj* noen; *pron* visse, enkelte; litt; **~ day** en gang; **~ more** litt mer; **~ time** en gang
somebody [ˈsʌmbədi] *pron* noen
somehow [ˈsʌmhau] *adv* på en eller annen måte
someone [ˈsʌmwʌn] *pron* noen
something [ˈsʌmθiŋ] *pron* noe
sometimes [ˈsʌmtaimz] *adv* av og til
somewhat [ˈsʌmwɔt] *adv* nokså
somewhere [ˈsʌmweə] *adv* etsteds
son [sʌn] *n* sønn *c*
song [sɔŋ] *n* sang *c*
son-in-law [ˈsʌninlɔː] *n* (pl sons-) svigersønn *c*
soon [suːn] *adv* fort, snart; **as ~ as** så snart som
sooner [ˈsuːnə] *adv* heller
sore [sɔː] *adj* sår, øm; *n* ømt sted; sår *nt;* **~ throat** halssyke *c*
sorrow [ˈsɔrou] *n* sorg *c*
sorry [ˈsɔri] *adj* lei for; **sorry!** unnskyld!, beklager!
sort [sɔːt] *v* ordne, sortere; *n* sort *c*, slags *c/nt;* **all sorts of** alle slags
soul [soul] *n* sjel *c*
sound [saund] *n* klang *c*, lyd *c; v* *lyde; *adj* sunn; pålitelig
soundproof [ˈsaundpruːf] *adj* lydtett
soup [suːp] *n* suppe *c*
soup-plate [ˈsuːppleit] *n* suppetaller-

ken c

soup-spoon ['su:pspu:n] n suppeskje c

sour [sauə] adj sur

source [sɔ:s] n kilde c

south [sauθ] n syd c, sør c; **South Pole** Sydpolen

South Africa [sauθ 'æfrikə] Sør-Afrika

South America [sauθ ə'merikə] Sør-Amerika

south-east [,sauθ'i:st] n sørøst c

southerly ['sʌðəli] adj sørlig

southern ['sʌðən] adj sørlig

south-west [,sauθ'west] n sørvest c

souvenir ['su:vəniə] n suvenir c

sovereign ['sɔvrin] n hersker c

*****sow** [sou] v så

spa [spa:] n kursted nt

space [speis] n rom nt; verdensrom nt; avstand c, mellomrom nt; v ordne med mellomrom

spacious ['speiʃəs] adj rommelig

spade [speid] n spade c

Spain [spein] Spania

Spaniard ['spænjəd] n spanjol c, spanier c

Spanish ['spæniʃ] adj spansk

spanking ['spæŋkiŋ] n juling c; ris nt

spanner ['spænə] n skiftenøkkel c

spare [spɛə] adj reserve-, ekstra; v *unnvære; ~ **part** reservedel c; ~ **room** gjesteværelse nt; ~ **time** fritid c; ~ **tyre** reservedekk nt; ~ **wheel** reservehjul nt

spark [spa:k] n gnist c

sparking-plug ['spa:kiŋplʌg] n tennplugg c

sparkling ['spa:kliŋ] adj funklende; musserende

sparrow ['spærou] n spurv c

*****speak** [spi:k] v snakke

spear [spiə] n spyd nt

special ['speʃəl] adj spesiell; ~ **delivery** ekspress

specialist ['speʃəlist] n spesialist c

speciality [,speʃi'æləti] n spesialitet c

specialize ['speʃəlaiz] v spesialisere seg

specially ['speʃəli] adv i særdeleshet

species ['spi:ʃi:z] n (pl ~) art c

specific [spə'sifik] adj spesifikk

specimen ['spesimən] n prøve c, eksemplar nt

speck [spek] n flekk c

spectacle ['spektəkəl] n skue nt, syn nt; **spectacles** briller pl

spectator [spek'teitə] n tilskuer c

speculate ['spekjuleit] v spekulere

speech [spi:tʃ] n taleevne c; tale c

speechless ['spi:tʃləs] adj målløs

speed [spi:d] n hastighet c; fart c, raskhet c; **cruising** ~ marsjfart c; ~ **limit** fartsgrense c

*****speed** [spi:d] v kjøre fort; kjøre for fort

speeding ['spi:diŋ] n råkjøring c

speedometer [spi:'dɔmitə] n fartsmåler c

spell [spel] n fortryllelse c

*****spell** [spel] v stave

spelling ['speliŋ] n stavemåte c

*****spend** [spend] v bruke, spandere; *tilbringe

sphere [sfiə] n kule c; område nt

spice [spais] n krydder nt; **spices** krydderier pl

spiced [spaist] adj krydret

spicy ['spaisi] adj krydret

spider ['spaidə] n edderkopp c; **spider's web** spindelvev c

*****spill** [spil] v søle

*****spin** [spin] v *spinne; snurre

spinach ['spinidʒ] n spinat c

spine [spain] n ryggrad c

spinster ['spinstə] n gammel jomfru

spire [spaiə] n spir nt

spirit ['spirit] n ånd c; spøkelse nt; humør nt; **spirits** spirituosa pl,

alkoholholdige drikker; humør *nt*;
~ **stove** spritapparat *nt*

spiritual ['spiritʃuəl] *adj* åndelig

spit [spit] *n* spytt *nt*; spidd *nt*

•**spit** [spit] *v* spytte

in spite of [in spait ɔv] tross, til tross
for

spiteful ['spaitfəl] *adj* ondskapsfull

splash [splæʃ] *v* skvette

splendid ['splendid] *adj* praktfull,
glimrende

splendour ['splendə] *n* prakt *c*

splint [splint] *n* beinskinne *c*

splinter ['splintə] *n* splint *c*

•**split** [split] *v* kløyve

•**spoil** [spɔil] *v* •ødelegge; skjemme
bort

spoke¹ [spouk] *v* (p speak)

spoke² [spouk] *n* eike *c*

sponge [spʌndʒ] *n* svamp *c*

spook [spu:k] *n* spøkelse *nt*

spool [spu:l] *n* spole *c*

spoon [spu:n] *n* skje *c*

spoonful ['spu:nful] *n* skjefull *c*

sport [spɔ:t] *n* sport *c*

sports-car ['spɔ:tska:] *n* sportsbil *c*

sports-jacket ['spɔ:ts,dʒækit] *n* sports-
jakke *c*

sportsman ['spɔ:tsmən] *n* (pl -men)
idrettsmann *c*

sportswear ['spɔ:tsweə] *n* sportsklær
pl

spot [spot] *n* flekk *c*; sted *nt*

spotless ['spotləs] *adj* plettfri

spotlight ['spotlait] *n* prosjektør *c*

spotted ['spotid] *adj* flekket

spout [spaut] *n* tut *c*

sprain [sprein] *v* forstue; *n* forstuing *c*

•**spread** [spred] *v* spre

spring [spriŋ] *n* vår *c*; fjær *c*; kilde *c*

springtime ['spriŋtaim] *n* vår *c*

sprouts [sprauts] *pl* rosenkål *c*

spy [spai] *n* spion *c*

squadron ['skwɔdrən] *n* eskadrille *c*

square [skweə] *adj* kvadratisk; *n*
kvadrat *nt*; plass *c*

squash [skwɔʃ] *n* fruktsaft *c*; *v* kryste

squirrel ['skwirəl] *n* ekorn *nt*

squirt [skwə:t] *n* sprut *c*

stable ['steibəl] *adj* stabil; *n* stall *c*

stack [stæk] *n* stabel *c*

stadium ['steidiəm] *n* stadion *nt*

staff [sta:f] *n* personale *nt*

stage [steidʒ] *n* scene *c*; stadium *nt*,
fase *c*; etappe *c*

stain [stein] *v* flekke; *n* flekk *c*;
stained glass farget glass; ~ **re-
mover** flekkfjerner *c*

stainless ['steinləs] *adj* plettfri; ~
steel rustfritt stål

staircase ['steəkeis] *n* trapp *c*

stairs [steəz] *pl* trapp *c*

stale [steil] *adj* fordervet

stall [stɔ:l] *n* utsalgsbord *nt*; orkes-
terplass *c*

stamina ['stæminə] *n* utholdenhet *c*

stamp [stæmp] *n* frimerke *nt*; stem-
pel *nt*; *v* frankere; trampe; ~ **ma-
chine** frimerkeautomat *c*

stand [stænd] *n* stand *c*; tribune *c*

•**stand** [stænd] *v* •stå

standard ['stændəd] *n* norm *c*; stan-
dard-; ~ **of living** levestandard *c*

stanza ['stænzə] *n* strofe *c*; vers *nt*

staple ['steipəl] *n* stift *c*

star [sta:] *n* stjerne *c*

starboard ['sta:bəd] *n* styrbord *c*

starch [sta:tʃ] *n* stivelse *c*; *v* stive

stare [steə] *v* stirre

starling ['sta:liŋ] *n* stær *c*

start [sta:t] *v* begynne; *n* start *c*;
starter motor starter *c*

starting-point ['sta:tiŋpoint] *n* ut-
gangspunkt *nt*

state [steit] *n* stat *c*; stand *c*; *v* erklæ-
re

the States [ðə steits] De forente sta-
ter

statement ['steitmənt] n erklæring c
statesman ['steitsmən] n (pl -men) statsmann c
station ['steiʃən] n stasjon c; posisjon c
stationary ['steiʃənəri] adj stillestående
stationer's ['steiʃənəz] n papirhandel c
stationery ['steiʃənəri] n papirvarer pl
station-master ['steiʃən,ma:stə] n stasjonsmester c
statistics [stə'tistiks] pl statistikk c
statue ['stætʃu:] n statue c
stay [stei] v *bli; *oppholde seg, *ta inn; n opphold nt
steadfast ['stedfa:st] adj standhaftig
steady ['stedi] adj stø
steak [steik] n biff c
*steal [sti:l] v *stjele
steam [sti:m] n damp c
steamer ['sti:mə] n dampskip nt
steel [sti:l] n stål nt
steep [sti:p] adj bratt, steil
steeple ['sti:pəl] n kirketårn nt
steering-column ['stiəriŋ,kɔləm] n rattstamme c
steering-wheel ['stiəriŋwi:l] n ratt nt
steersman ['stiəzmən] n (pl -men) rorgjenger c
stem [stem] n stilk c
step [step] n skritt nt, steg nt; trinn nt; v *tre, trå
stepchild ['steptʃaild] n (pl -children) stebarn nt
stepfather ['step,fa:ðə] n stefar c
stepmother ['step,mʌðə] n stemor c
stereo [stiəriəu] n stereoanlegg nt
sterile ['sterail] adj steril
sterilize ['sterilaiz] v sterilisere
steward ['stju:əd] n stuert c
stewardess [stju:ədes] n flyvertinne c

stick [stik] n stokk c
*stick [stik] v klebe
sticky ['stiki] adj klebrig
stiff [stif] adj stiv
still [stil] adv fremdeles; likevel; adj stille
stillness ['stilnəs] n stillhet c
stimulant ['stimjulənt] n stimulans c
stimulate ['stimjuleit] v stimulere
sting [stiŋ] n stikk nt
*sting [stiŋ] v *stikke
stingy ['stindʒi] adj smålig
*stink [stiŋk] v *stinke
stipulate ['stipjuleit] v *fastsette
stipulation [,stipju'leiʃən] n betingelse c
stir [stə:] v røre
stirrup ['stirəp] n stigbøyle c
stitch [stitʃ] n sting nt, hold nt
stock [stɔk] n forsyning c; v lagre; ~ exchange fondsbørs c, børs c; ~ market fondsmarked nt; stocks and shares verdipapirer pl
stocking ['stɔkiŋ] n strømpe c
stole¹ [stoul] v (p steal)
stole² [stoul] n stola c
stomach ['stʌmək] n mage c
stomach-ache ['stʌməkeik] n magesmerter pl
stone [stoun] n stein c; edelsten c; stein-; pumice ~ pimpstein c
stood [stud] v (p, pp stand)
stop [stɔp] v stoppe; avslutte, *holde opp med; n holdeplass c; stop! stopp!
stopper ['stɔpə] n kork c
storage ['stɔ:ridʒ] n lagring c
store [stɔ:] n lagerbeholdning c; forretning c; v lagre
store-house ['stɔ:haus] n lagerbygning c
storey ['stɔ:ri] n etasje c
stork [stɔ:k] n stork c
storm [stɔ:m] n storm c

stormy ['stɔ:mi] adj stormfull

story ['stɔ:ri] n fortelling c

stout [staut] adj korpulent, tykkfallen

stove [stouv] n ovn c; komfyr c

straight [streit] adj rak; ærlig; adv rett; ~ ahead rett frem; ~ away med en gang; ~ on rett frem

strain [strein] n anstrengelse c; anspennelse c; v overanstrenge; sile

strainer ['streinə] n dørslag nt

strange [streindʒ] adj fremmed; underlig

stranger ['streindʒə] n fremmed c

strangle ['stræŋgəl] v kvele

strap [stræp] n rem c

straw [strɔ:] n halm c

strawberry ['strɔ:bəri] n jordbær nt

stream [stri:m] n bekk c; strøm c; v strømme

street [stri:t] n gate c

streetcar ['stri:tkɑ:] nAm trikk c

street-organ ['stri:,tɔ:gən] n lirekasse c

strength [streŋθ] n styrke c

stress [stres] n stress nt; trykk nt; v belaste, *legge vekt på

stretch [stretʃ] v tøye; n strekning c

strict [strikt] adj streng

strife [straif] n strid c

strike [straik] n streik c

*strike [straik] v *slå; *slå til; streike; *stryke

striking ['straikiŋ] adj påfallende, oppsiktsvekkende, slående

string [striŋ] n snor c; streng c

strip [strip] n strimmel c

stripe [straip] n stripe c

striped [straipt] adj stripet

stroke [strouk] n slaganfall nt

stroll [stroul] v slentre; n spasertur c

strong [strɔŋ] adj sterk; kraftig

stronghold ['strɔŋhould] n tilfluktssted nt; høyborg c

structure ['strʌktʃə] n struktur c

struggle ['strʌgəl] n strid c, kamp c; v *slåss, kjempe

stub [stʌb] n talong c

stubborn ['stʌbən] adj sta

student ['stju:dənt] n student c

study ['stʌdi] v studere; n studium nt; arbeidsværelse nt

stuff [stʌf] n materiale nt; saker pl

stuffed [stʌft] adj fylt

stuffing ['stʌfiŋ] n farse c; fyll nt

stuffy ['stʌfi] adj trykkende; snerpet

stumble ['stʌmbəl] v snuble

stung [stʌŋ] v (p, pp sting)

stupid ['stju:pid] adj dum

style [stail] n stil c

subject[1] ['sʌbdʒikt] n subjekt nt; undersått c; gjenstand c; emne nt; ~ to utsatt for

subject[2] [səb'dʒekt] v underkue

sublet [,sʌb'let] v fremleie

submit [səb'mit] v underkaste seg

subordinate [sə'bɔ:dinət] adj underordnet; sekundær

subscriber [səb'skraibə] n abonnent c

subscription [səb'skripʃən] n abonnement nt

subsequent ['sʌbsikwənt] adj følgende

subsidy ['sʌbsidi] n tilskudd nt

substance ['sʌbstəns] n substans c

substantial [səb'stænʃəl] adj substansiell; virkelig; anselig

substitute ['sʌbstitju:t] v erstatte; n erstatning c; stedfortreder c

subtitle ['sʌb,taitəl] n undertekst c

subtle ['sʌtəl] adj subtil

subtract [səb'trækt] v *trekke fra

suburb ['sʌbə:b] n forstad c

suburban [sə'bə:bən] adj forstads-

subway ['sʌbwei] nAm undergrunnsbane c

succeed [sək'si:d] v lykkes; *etterfølge

success [sək'ses] n suksess c
successful [sək'sesfəl] adj vellykket
succumb [sə'kʌm] v bukke under
such [sʌtʃ] adj sånn, slik; adv slik; ~
as slik som
suck [sʌk] v suge
sudden ['sʌdən] adj plutselig
suddenly ['sʌdənli] adv plutselig
suede [sweid] n semsket skinn
suffer ['sʌfə] v *lide; *gjennomgå
suffering ['sʌfəriŋ] n lidelse c
suffice [sə'fais] v *være tilstrekkelig
sufficient [sə'fiʃənt] adj tilstrekkelig
suffrage ['sʌfridʒ] n stemmerett c
sugar ['ʃugə] n sukker nt
suggest [sə'dʒest] v *foreslå
suggestion [sə'dʒestʃən] n forslag nt
suicide ['su:isaid] n selvmord nt
suit [su:t] v passe; tilpasse; kle; n
dress c
suitable ['su:təbəl] adj egnet
suitcase ['su:tkeis] n koffert c
suite [swi:t] n suite c
sum [sʌm] n sum c
summary ['sʌməri] n sammendrag nt
summer ['sʌmə] n sommer c; ~ time
sommertid c
summit ['sʌmit] n topp c
summons ['sʌmənz] n (pl ~es) stev-
ning c
sun [sʌn] n sol c
sunbathe ['sʌnbeið] v sole seg
sunburn ['sʌnbə:n] n solbrenthet c
Sunday ['sʌndi] n søndag c
sun-glasses ['sʌnˌglɑ:siz] pl solbriller
pl
sunlight ['sʌnlait] n sollys nt
sunny ['sʌni] adj solrik
sunrise ['sʌnraiz] n soloppgang c
sunset ['sʌnset] n solnedgang c
sunshade ['sʌnʃeid] n parasoll c
sunshine ['sʌnʃain] n solskinn nt
sunstroke ['sʌnstrouk] n solstikk nt
suntan oil ['sʌntænɔil] sololje c

superb [su'pə:b] adj storartet
superficial [ˌsu:pə'fiʃəl] adj overfla-
disk
superfluous [su'pə:fluəs] adj overflø-
dig
superior [su'piəriə] adj høyere, over-
legen, bedre, større
supermarket ['su:pəˌmɑ:kit] n super-
marked nt
superstition [ˌsu:pə'stiʃən] n overtro c
supervise ['su:pəvaiz] v overvåke
supervision [ˌsu:pə'viʒən] n overopp-
syn nt, oppsyn nt
supervisor ['su:pəvaizə] n kontrollør c
supper ['sʌpə] n aftensmat c
supple ['sʌpəl] adj bøyelig, smidig,
myk
supplement ['sʌplimənt] n tillegg nt
supply [sə'plai] n tilførsel c, levering
c; forråd nt; tilbud nt; v forsyne
support [sə'pɔ:t] v *bære, *hjelpe; n
støtte c; ~ hose støttestrømpe c
supporter [sə'pɔ:tə] n tilhenger c; for-
sørger c
suppose [sə'pouz] v *anta; supposing
that forutsatt at
suppository [sə'pozitəri] n stikkpille c
suppress [sə'pres] v undertrykke
surcharge ['sə:tʃɑ:dʒ] n ekstragebyr
nt
sure [ʃuə] adj sikker
surely ['ʃuəli] adv sikkert
surface ['sə:fis] n overflate c
surf-board ['sə:fbɔ:d] n surfingbrett
nt
surgeon ['sə:dʒən] n kirurg c; vet-
erinary ~ veterinær c
surgery ['sə:dʒəri] n operasjon c; le-
gekontor nt
surname ['sə:neim] n etternavn nt
surplus ['sə:pləs] n overskudd nt
surprise [sə'praiz] n overraskelse c; v
overraske; forbause
surrender [sə'rendə] v *overgi seg; n

overgivelse c

surround [sə'raund] v *omgi, omringe

surrounding [sə'raundiŋ] adj omkringliggende

surroundings [sə'raundiŋz] pl omegn c

survey ['sə:vei] n oversikt c

survival [sə'vaivəl] n overleving c

survive [sə'vaiv] v overleve

suspect[1] [sə'spekt] v mistenke; ane

suspect[2] ['sʌspekt] n mistenkt c

suspend [sə'spend] v suspendere

suspenders [sə'spendəz] plAm bukseseler pl; **suspender belt** strømpeholder c

suspension [sə'spenʃən] n fjæring c; ~ **bridge** hengebru c

suspicion [sə'spiʃən] n mistanke c; mistenksomhet c, anelse c

suspicious [sə'spiʃəs] adj mistenkelig; mistenksom, mistroisk

sustain [sə'stein] v orke; *opprettholde

Swahili [swə'hi:li] n swahili c

swallow ['swɔlou] v svelge, sluke; n svale c

swam [swæm] v (p swim)

swamp [swɔmp] n myr c

swan [swɔn] n svane c

swap [swɔp] v bytte

*swear [swɛə] v *sverge; banne

sweat [swet] n svette c; v svette

sweater ['swetə] n ulljakke c; genser c

Swede [swi:d] n svenske c

Sweden ['swi:dən] Sverige

Swedish ['swi:diʃ] adj svensk

*sweep [swi:p] v feie

sweet [swi:t] adj søt; n sukkertøy nt; dessert c; **sweets** sukkertøy pl

sweeten ['swi:tən] v sukre

sweetheart ['swi:tha:t] n elskling c

sweetshop ['swi:tʃɔp] n sjokoladeforretning c

swell [swel] adj flott

*swell [swel] v svelle

swelling ['sweliŋ] n hevelse c

swift [swift] adj rask

*swim [swim] v svømme

swimmer ['swimə] n svømmer c

swimming ['swimiŋ] n svømming c; ~ **pool** svømmebasseng nt

swimming-trunks ['swimiŋtrʌŋks] pl badebukse c

swim-suit ['swimsu:t] n badedrakt c

swindle ['swindəl] v svindle; n svindel c

swindler ['swindlə] n svindler c

swing [swiŋ] n huske c

*swing [swiŋ] v svinge; huske

Swiss [swis] adj sveitsisk; n sveitser c

switch [switʃ] n bryter c; v skifte; ~ **off** *slå av; ~ **on** *slå på

switchboard ['switʃbɔ:d] n sentralbord nt

Switzerland ['switsələnd] Sveits

sword [sɔ:d] n sverd nt

swum [swʌm] v (pp swim)

syllable ['siləbəl] n stavelse c

symbol ['simbəl] n symbol nt

sympathetic [ˌsimpə'θetik] adj deltakende, medfølende

sympathy ['simpəθi] n sympati c; medfølelse c

symphony ['simfəni] n symfoni c

symptom ['simtəm] n symptom nt

synagogue ['sinəgɔg] n synagoge c

synonym ['sinənim] n synonym nt

synthetic [sin'θetik] adj syntetisk

syphon ['saifən] n sifong c

Syria ['siriə] Syria

Syrian ['siriən] adj syrisk; n syrer c

syringe [si'rindʒ] n sprøyte c

syrup ['sirəp] n sukkerlake c, sirup c

system ['sistəm] n system nt; **decimal** ~ desimalsystem nt

systematic [ˌsistə'mætik] adj systematisk

table 119 teaspoon

T

table ['teibəl] *n* bord *nt*; tabell *c*; ~ of contents innholdsfortegnelse *c*; ~ tennis bordtennis *c*

table-cloth ['teibəlklɔθ] *n* duk *c*

tablespoon ['teibəlspu:n] *n* spiseskje *c*

tablet ['tæblit] *n* tablett *c*; plate *c*

taboo [tə'bu:] *n* tabu *nt*

tactics ['tæktiks] *pl* taktikk *c*

tag [tæg] *n* merkelapp *c*

tail [teil] *n* hale *c*

tail-light ['teillait] *n* baklys *nt*

tailor ['teilə] *n* skredder *c*

tailor-made ['teiləmeid] *adj* skreddersydd

***take** [teik] *v* *ta; *gripe; *følge; skjønne, *forstå, *begripe; ~ away *ta med seg; fjerne, *ta vekk; ~ off lette; ~ out *ta bort; ~ over *overta; ~ place *finne sted; ~ up *oppta

take-off ['teikɔf] *n* start *c*

tale [teil] *n* fortelling *c*, eventyr *nt*

talent ['tælənt] *n* begavelse *c*, talent *nt*

talented ['tæləntid] *adj* begavet

talk [tɔ:k] *v* snakke; *n* samtale *c*

talkative ['tɔ:kətiv] *adj* snakkesalig

tall [tɔ:l] *adj* høy, lang

tame [teim] *adj* tam; *v* temme

tampon ['tæmpən] *n* tampong *c*

tangerine [,tændʒə'ri:n] *n* mandarin *c*

tangible ['tændʒibəl] *adj* følbar

tank [tæŋk] *n* tank *c*

tanker ['tæŋkə] *n* tankbåt *c*

tanned [tænd] *adj* brun

tap [tæp] *n* kran *c*; lett slag; *v* banke

tape [teip] *n* lydbånd *nt*; bånd *nt*; adhesive ~ limbånd *nt*; heftplaster *c*

tape-measure ['teip,meʒə] *n* målebånd *nt*

tape-recorder ['teipri,kɔ:də] *n* båndopptaker *c*

tapestry ['tæpistri] *n* veggteppe *nt*, gobelin *nt*

tar [ta:] *n* tjære *c*

target ['ta:git] *n* skyteskive *c*, mål *nt*

tariff ['tærif] *n* tariff *c*

tarpaulin [ta:'pɔ:lin] *n* presenning *c*

task [ta:sk] *n* oppgave *c*

taste [teist] *n* smak *c*; *v* smake; smake på

tasteless ['teistləs] *adj* smakløs

tasty ['teisti] *adj* velsmakende

taught [tɔ:t] *v* (p, pp teach)

tavern ['tævən] *n* kro *c*

tax [tæks] *n* skatt *c*; *v* *skattlegge

taxation [tæk'seiʃən] *n* beskatning *c*

tax-free ['tæksfri:] *adj* skattefri

taxi ['tæksi] *n* taxi *c*, drosje *c*; ~ rank drosjeholdeplass *c*; ~ stand *Am* drosjeholdeplass *c*

taxi-driver ['tæksi,draivə] *n* drosjesjåfør *c*

taxi-meter ['tæksi,mi:tə] *n* taksameter *nt*

tea [ti:] *n* te *c*

***teach** [ti:tʃ] *v* lære, undervise

teacher ['ti:tʃə] *n* lektor *c*, lærer *c*; lærerinne *c*, skolelærer *c*

teachings ['ti:tʃiŋz] *pl* lære *c*

tea-cloth ['ti:klɔθ] *n* kjøkkenhåndkle *nt*

teacup ['ti:kʌp] *n* tekopp *c*

team [ti:m] *n* lag *nt*

teapot ['ti:pɔt] *n* tekanne *c*

***tear** [tɛə] *v* *rive

tear[1] [tiə] *n* tåre *c*

tear[2] [tɛə] *n* rift *c*

tear-jerker ['tiə,dʒə:kə] *n* tåredryppende forestilling

tease [ti:z] *v* erte

tea-set ['ti:set] *n* teservise *nt*

tea-shop ['ti:ʃɔp] *n* tesalong *c*

teaspoon ['ti:spu:n] *n* teskje *c*

teaspoonful ['ti:spu:n,ful] n teskje c

technical ['teknikəl] adj teknisk

technician [tek'niʃən] n tekniker c

technique [tek'ni:k] n teknikk c

technology [tek'nɔlədʒi] n teknologi c

teenager ['ti:,neidʒə] n tenåring c

teetotaller [ti:'toutələ] n avholdsmann c

telegram ['teligræm] n telegram nt

telegraph ['teligra:f] v telegrafere

telepathy [ti'lepəθi] n telepati c

telephone ['telifoun] n telefon c; ~ book Am telefonkatalog c; ~ booth telefonkiosk c; ~ call telefonoppringning c, telefonsamtale c; ~ directory telefonkatalog c; ~ exchange telefonsentral c; ~ operator sentralborddame c; telefonist c

television ['teliviʒən] n fjernsyn nt; ~ set fjernsynsapparat nt

telex ['teleks] n fjernskriver c

***tell** [tel] v *si; *fortelle

temper ['tempə] n sinne nt

temperature ['temprətʃə] n temperatur c

tempest ['tempist] n storm c

temple ['tempəl] n tempel nt; tinning c

temporary ['tempərəri] adj midlertidig, foreløpig

tempt [tempt] v friste

temptation [temp'teiʃən] n fristelse c

ten [ten] num ti

tenant ['tenənt] n leieboer c

tend [tend] v *ha tendens til; passe; ~ to *være tilbøyelig til

tendency ['tendənsi] n tendens c, tilbøyelighet c

tender ['tendə] adj øm, myk; mør

tendon ['tendən] n sene c

tennis ['tenis] n tennis c; ~ shoes tennissko pl

tennis-court ['teniskɔ:t] n tennisbane c

tense [tens] adj anspent

tension ['tenʃən] n spenning c

tent [tent] n telt nt

tenth [tenθ] num tiende

tepid ['tepid] adj lunken

term [tə:m] n uttrykk nt; frist c, termin c; betingelse c

terminal ['tə:minəl] n endestasjon c

terrace ['terəs] n terrasse c

terrain [te'rein] n terreng nt

terrible ['teribəl] adj fryktelig, forferdelig, grusom

terrific [tə'rifik] adj storartet

terrify ['terifai] v skremme; **terrifying** skremmende

territory ['teritəri] n område nt

terror ['terə] n redsel c

terrorism ['terərizəm] n terror c, terrorisme c

terrorist ['terərist] n terrorist c

terylene ['terəli:n] n terylen c

test [test] n prøve c, test c; v teste

testify ['testifai] v vitne

text [tekst] n tekst c

textbook ['teksbuk] n lærebok c

textile ['tekstail] n tekstil c/nt

texture ['tekstʃə] n struktur c

Thai [tai] adj thailandsk; n thailender c

Thailand ['tailænd] Thailand

than [ðæn] conj enn

thank [θæŋk] v takke; ~ you takk

thankful ['θæŋkfəl] adj takknemlig

that [ðæt] adj den; pron den; som; conj at

thaw [θɔ:] v tine, smelte; n tøvær nt

the [ðə,ði] art -en, -et; **the ... the** jo ... jo

theatre ['θiətə] n teater nt

theft [θeft] n tyveri nt

their [ðeə] adj deres

them [ðem] pron dem

theme [θi:m] n tema nt, emne nt

themselves [ðəm'selvz] *pron* seg; selv

then [ðen] *adv* da; deretter, så

theology [θi'ɔlədʒi] *n* teologi *c*

theoretical [θiə'retikəl] *adj* teoretisk

theory [θiəri] *n* teori *c*

therapy [θerəpi] *n* terapi *c*

there [ðeə] *adv* der; dit

therefore [ðeəfɔ:] *conj* derfor

thermometer [θə'mɔmitə] *n* termometer *nt*

thermostat [θə:məstæt] *n* termostat *c*

these [ði:z] *adj* disse

thesis [θi:sis] *n* (pl theses) tese *c*; avhandling *c*

they [ðei] *pron* de

thick [θik] *adj* tykk; tett

thicken [θikən] *v* tykne

thickness [θiknəs] *n* tykkelse *c*

thief [θi:f] *n* (pl thieves) tyv *c*

thigh [θai] *n* lår *nt*

thimble [θimbəl] *n* fingerbøl *nt*

thin [θin] *adj* tynn; mager

thing [θiŋ] *n* ting *c*

*think [θiŋk] *v* tenke; tenke etter; ~ of tenke på; *komme på; ~ over tenke over

thinker [θiŋkə] *n* tenker *c*

third [θə:d] *num* tredje

thirst [θə:st] *n* tørst *c*

thirsty [θə:sti] *adj* tørst

thirteen [θə:'ti:n] *num* tretten

thirteenth [θə:'ti:nθ] *num* trettende

thirtieth [θə:tiəθ] *num* trettiende

thirty [θə:ti] *num* tretti

this [ðis] *adj* denne; *pron* denne

thistle [θisəl] *n* tistel *c*

thorn [θɔ:n] *n* torn *c*

thorough [θʌrə] *adj* omhyggelig, grundig

thoroughbred [θʌrəbred] *adj* fullblods

thoroughfare [θʌrəfeə] *n* ferdselsåre *c*, hovedvei *c*

those [ðouz] *adj* de; *pron* de

though [ðou] *conj* selv om, skjønt; *adv* imidlertid

thought¹ [θɔ:t] *v* (p, pp think)

thought² [θɔ:t] *n* tanke *c*

thoughtful [θɔ:tfəl] *adj* tankefull; omtenksom

thousand [θauzənd] *num* tusen

thread [θred] *n* tråd *c*; *v* *tre

threadbare [θredbeə] *adj* loslitt

threat [θret] *n* trusel *c*

threaten [θretən] *v* true

three [θri:] *num* tre

three-quarter [θri:'kwɔ:tə] *adj* tre fjerdedels

threshold [θreʃould] *n* terskel *c*

threw [θru:] *v* (p throw)

thrifty [θrifti] *adj* sparsommelig

throat [θrout] *n* hals *c*

throne [θroun] *n* trone *c*

throttle [θrɔtəl] *n* choke *c*

through [θru:] *prep* gjennom

throughout [θru:'aut] *adv* overalt; helt igjennom

throw [θrou] *n* kast *nt*

*throw [θrou] *v* slenge, kaste

thrush [θrʌʃ] *n* trost *c*

thumb [θʌm] *n* tommelfinger *c*

thumbtack [θʌmtæk] *nAm* tegnestift *c*

thump [θʌmp] *v* dunke

thunder [θʌndə] *n* torden *c*; *v* tordne

thunderstorm [θʌndəstɔ:m] *n* tordenvær *nt*

thundery [θʌndəri] *adj* torden-

Thursday [θə:zdi] torsdag *c*

thus [ðʌs] *adv* slik

thyme [taim] *n* timian *c*

tick [tik] *n* merke *nt*; ~ off krysse av

ticket [tikit] *n* billett *c*; lapp *c*; ~ collector konduktør *c*; ~ machine billettautomat *c*

tickle [tikəl] *v* kile

tide [taid] *n* tidevann *nt*; high ~ høyvann *nt*; low ~ lavvann *nt*

tidings ['taidiŋz] pl nyheter pl

tidy ['taidi] adj ordentlig; ~ up rydde opp

tie [tai] v *binde, knytte; n slips nt

tiger ['taigə] n tiger c

tight [tait] adj stram; trang; adv fast

tighten ['taitən] v stramme; strammes

tights [taits] pl strømpebukse c

tile [tail] n gulvflis c; takstein c

till [til] prep inntil, til; conj inntil

timber ['timbə] n tømmer nt

time [taim] n tid c; gang c; takt c; all the ~ hele tiden; in ~ i tide; ~ of arrival ankomsttid c; ~ of departure avgangstid c

time-saving ['taim,seiviŋ] adj tidsbesparende

timetable ['taim,teibəl] n ruteplan c

timid ['timid] adj blyg

timidity [ti'midəti] n sjenerthet c

tin [tin] n tinn nt; boks c, hermetikkboks c; **tinned food** hermetikk c

tinfoil ['tinfoil] n tinnfolie c

tin-opener ['ti,noupənə] n hermetikkåpner c

tiny ['taini] adj bitte liten

tip [tip] n spiss c; drikkepenger pl

tire¹ [taiə] n dekk nt

tire² [taiə] v *bli trett

tired [taiəd] adj utmattet, trett; ~ of lei av

tiring ['taiəriŋ] adj trettende

tissue ['tiʃu:] n vev nt; papirlommetørkle nt

title ['taitəl] n tittel c

to [tu:] prep til, på; for å

toad [toud] n padde c

toadstool ['toudstu:l] n fluesopp c

toast [toust] n ristet brød; skål c

ɔbacco [tə'bækou] n (pl ~s) tobakk c; ~ **pouch** tobakkspung c

obacconist [tə'bækənist] n tobakkshandler c; **tobacconist's** tobakks-

today [tə'dei] adv i dag

toddler ['tɔdlə] n smårolling c

toe [tou] n tå c

toffee ['tɔfi] n en slags karamell

together [tə'geðə] adv sammen

toilet ['tɔilət] n toalett nt; ~ **case** toalettveske c

toilet-paper ['tɔilət,peipə] n toalettpapir nt

toiletry ['tɔilətri] n toalettsaker pl

token ['toukən] n tegn nt; bevis nt; sjetong c

told [tould] v (p, pp tell)

tolerable ['tɔlərəbəl] adj utholdelig

toll [toul] n veiavgift c; gebyr nt

tomato [tə'mɑ:tou] n (pl ~es) tomat c

tomb [tu:m] n grav c

tombstone ['tu:mstoun] n gravstein c

tomorrow [tə'mɔrou] adv i morgen

ton [tʌn] n tonn nt

tone [toun] n tone c; klang c

tongs [tɔŋz] pl tang c

tongue [tʌŋ] n tunge c

tonic ['tɔnik] n styrkemiddel nt

tonight [tə'nait] adv i aften, i natt

tonsilitis [,tɔnsə'laitis] n betente mandler

tonsils ['tɔnsəlz] pl mandler pl

too [tu:] adv altfor; også

took [tuk] v (p take)

tool [tu:l] n verktøy nt, redskap nt; ~ **kit** verktøykasse c

toot [tu:t] vAm tute

tooth [tu:θ] n (pl teeth) tann c

toothache ['tu:θeik] n tannverk c

toothbrush ['tu:θbrʌʃ] n tannbørste c

toothpaste ['tu:θpeist] n tannkrem c

toothpick ['tu:θpik] n tannpirker c

toothpowder ['tu:θ,paudə] n tannpulver nt

top [tɔp] n topp c; overside c; lokk nt; øverst; **on** ~ **of** oppå; ~ **side** over-

side c
topcoat ['tɔpkout] n frakk c
topic ['tɔpik] n emne nt
topical ['tɔpikəl] adj aktuell
torch [tɔːtʃ] n fakkel c; lommelykt c
torment[1] [tɔː'ment] v pine
torment[2] ['tɔːment] n pine c
torture ['tɔːtʃə] n tortur c; v torturere
toss [tɔs] v kaste
tot [tɔt] n lite barn
total ['toutəl] adj total; fullstendig; n totalsum c
totalitarian [,toutæli'teəriən] adj totalitær
totalizator ['toutəlaizeitə] n totalisator c
touch [tʌtʃ] v røre, berøre; n kontakt c, berøring c; følesans c
touching ['tʌtʃiŋ] adj rørende
tough [tʌf] adj seig
tour [tuə] n rundreise c
tourism ['tuərizəm] n turisttrafikk c
tourist ['tuərist] n turist c; ~ class turistklasse c; ~ office turistkontor nt
tournament ['tuənəmənt] n turnering c
tow [tou] v taue
towards [tə'wɔːdz] prep mot; overfor
towel ['tauəl] n håndkle nt
towelling ['tauəliŋ] n frotté c
tower [tauə] n tårn nt
town [taun] n by c; ~ centre sentrum nt; ~ hall rådhus nt
townspeople ['taunz,piːpəl] pl byfolk pl
toxic ['tɔksik] adj giftig
toy [tɔi] n leketøy nt
toyshop ['tɔiʃɔp] n leketøysforretning c
trace [treis] n spor nt; v etterspore, oppspore
track [træk] n spor nt; bane c

tracksuit ['træksuːt] n treningsdrakt c
tractor ['træktə] n traktor c
trade [treid] n handel c; yrke nt; v *drive handel
trademark ['treidmaːk] n varemerke nt
trader ['treidə] n kjøpmann c
tradesman ['treidzmən] n (pl -men) handelsmann c
trade-union [,treid'juːnjən] n fagforening c
tradition [trə'diʃən] n tradisjon c
traditional [trə'diʃənəl] adj tradisjonell
traffic ['træfik] n trafikk c; ~ jam trafikk-kork c; ~ light trafikklys nt
tragedy ['trædʒədi] n tragedie c
tragic ['trædʒik] adj tragisk
trail [treil] n sti c, spor nt
trailer ['treilə] n tilhenger c; campingvogn c
train [trein] n tog nt; v dressere, trene; **stopping** ~ somletog nt; **through** ~ hurtigtog nt; ~ **ferry** jernbaneferje c
training ['treiniŋ] n trening c
trait [treit] n trekk nt
traitor ['treitə] n forræder c
tram [træm] n trikk c
tramp [træmp] n landstryker c, vagabond c; v vagabondere
tranquil ['træŋkwil] adj rolig
tranquillizer ['træŋkwilaizə] n beroligende middel
transaction [træn'zækʃən] n transaksjon c
transatlantic [,trænzət'læntik] adj transatlantisk
transfer [træns'fəː] v overføre
transform [træns'fɔːm] v forvandle, omdanne
transformer [træns'fɔːmə] n transformator c

transition [træn'siʃən] n overgang c

translate [træns'leit] v *oversette

translation [træns'leiʃən] n oversettelse c

translator [træns'leitə] n oversetter c

transmission [trænz'miʃən] n sending c

transmit [trænz'mit] v sende

transmitter [trænz'mitə] n sender c

transparent [træn'speərənt] adj gjennomsiktig

transport¹ ['trænspɔ:t] n transport c

transport² [træn'spɔ:t] v transportere

transportation [ˌtrænspɔ:'teiʃən] n transport c

trap [træp] n felle c

trash [træʃ] n rask nt, skrap nt; ~ can Am søppelkasse c

travel ['trævəl] v reise; ~ agency reisebyrå nt; ~ agent reisebyråagent c; ~ insurance reiseforsikring c; travelling expenses reiseutgifter pl

traveller ['trævələ] n reisende c; traveller's cheque reisesjekk c

tray [trei] n brett nt

treason ['tri:zən] n forræderi nt

treasure ['treʒə] n skatt c

treasurer ['treʒərə] n kasserer c

treasury ['treʒəri] n statskasse c

treat [tri:t] v behandle

treatment ['tri:tmənt] n behandling c

treaty ['tri:ti] n traktat c

tree [tri:] n tre nt

tremble ['trembəl] v *skjelve; dirre

tremendous [tri'mendəs] adj kolossal

trespass ['trespəs] v krenke annens eiendom

trespasser ['trespəsə] n uvedkommende c

trial [traiəl] n rettssak c; forsøk nt

triangle ['traiæŋgəl] n trekant c

triangular [trai'æŋgjulə] adj trekantet

tribe [traib] n stamme c

tributary ['tribjutəri] n bielv c

tribute ['tribju:t] n hyllest c

trick [trik] n knep nt; trick nt

trigger ['trigə] n avtrekker c

trim [trim] v klippe, stusse

trip [trip] n reise c, utflukt c, tur c

triumph ['traiəmf] n triumf c; v triumfere

triumphant [trai'ʌmfənt] adj triumferende

trolley-bus ['trɔlibʌs] n trolleybuss c

troops [tru:ps] pl tropper pl

tropical ['trɔpikəl] adj tropisk

tropics ['trɔpiks] pl tropene pl

trouble ['trʌbəl] n trøbbel nt, uleilighet, besvær nt; v bry

troublesome ['trʌbəlsəm] adj brysom

trousers ['trauzəz] pl bukse c

trout [traut] n (pl ~) ørret c

truck [trʌk] nAm lastebil c

true [tru:] adj sann; ekte, virkelig; trofast, tro

trumpet ['trʌmpit] n trompet c

trunk [trʌŋk] n koffert c; stamme c; bagasjerom nt; trunks pl kortbukse c

trunk-call ['trʌŋkkɔ:l] n rikstelefonsamtale c

trust [trʌst] v stole på; n tillit c

trustworthy ['trʌst,wə:ði] adj pålitelig

truth [tru:θ] n sannhet c

truthful ['tru:θfəl] adj sannferdig

try [trai] v prøve, forsøke, anstrenge seg; n forsøk nt; ~ on prøve

tube [tju:b] n rør nt; tube c

tuberculosis [tju:ˌbə:kju'lousis] n tuberkulose c

Tuesday ['tju:zdi] tirsdag c

tug [tʌg] v taue; n slepebåt c; rykk nt

tuition [tju:'iʃən] n undervisning c; skolepenger pl

tulip ['tju:lip] n tulipan c

tumbler ['tʌmblə] n beger nt

tumour ['tju:mə] n svulst c

tuna ['tju:nə] *n* (pl ~, ~s) tunfisk *c*
tune [tju:n] *n* melodi *c*; ~ **in** stille inn
tuneful ['tju:nfəl] *adj* melodisk
tunic ['tju:nik] *n* tunika *c*
Tunisia [tju:'niziə] Tunisia
Tunisian [tju:'niziən] *adj* tunisisk; *n* tunisier *c*
tunnel ['tʌnəl] *n* tunnel *c*
turbine ['tə:bain] *n* turbin *c*
turbojet [,tə:bou'dʒet] *n* turbojet *c*
Turk [tə:k] *n* tyrker *c*
Turkey ['tə:ki] Tyrkia
turkey ['tə:ki] *n* kalkun *c*
Turkish ['tə:kiʃ] *adj* tyrkisk; ~ **bath** romerbad *nt*
turn [tə:n] *v* dreie; vende, svinge, *vri om; *n* dreining *c*, vending *c*; sving *c*; tur *c*; ~ **back** vende tilbake; ~ **down** forkaste; ~ **into** forvandles til; ~ **off** stenge av; ~ **on** *sette på*; skru på; ~ **over** vende om; ~ **round** snu; snu seg
turning ['tə:niŋ] *n* sving *c*
turning-point ['tə:niŋpoint] *n* vendepunkt *nt*
turnover ['tə:,nouvə] *n* omsetning *c*; ~ **tax** omsetningsskatt *c*
turnpike ['tə:npaik] *nAm* bomvei *c*
turpentine ['tə:pəntain] *n* terpentin *c*
turtle ['tə:təl] *n* skilpadde *c*
tutor ['tju:tə] *n* huslærer *c*; formynder *c*
tuxedo [tʌk'si:dou] *nAm* (pl ~s, ~es) smoking *c*
tweed [twi:d] *n* tweed *c*
tweezers ['twi:zəz] *pl* pinsett *c*
twelfth [twelfθ] *num* tolvte
twelve [twelv] *num* tolv
twentieth ['twentiəθ] *num* tyvende
twenty ['twenti] *num* tyve
twice [twais] *adv* to ganger
twig [twig] *n* kvist *c*
twilight ['twailait] *n* skumring *c*

twine [twain] *n* hyssing *c*
twins [twinz] *pl* tvillinger *pl*; **twin beds** dobbeltsenger *pl*
twist [twist] *v* sno; *vri; *n* vridning *c*
two [tu:] *num* to
two-piece [,tu:'pi:s] *adj* todelt
type [taip] *v* *skrive på maskin; *n* type *c*
typewriter ['taipraitə] *n* skrivemaskin *c*
typewritten ['taipritən] maskinskrevet
typhoid ['taifoid] *n* tyfus *c*
typical ['tipikəl] *adj* typisk
typist ['taipist] *n* maskinskriverske *c*
tyrant ['taiərənt] *n* tyrann *c*
tyre [taiə] *n* dekk *nt*; ~ **pressure** lufttrykk *nt*

U

ugly ['ʌgli] *adj* stygg
ulcer ['ʌlsə] *n* magesår *nt*
ultimate ['ʌltimət] *adj* siste
ultraviolet [ʌltrə'vaiələt] *adj* ultrafiolett
umbrella [ʌm'brelə] *n* paraply *c*
umpire ['ʌmpaiə] *n* dommer *c*
unable [ʌ'neibəl] *adj* ute av stand til
unacceptable [ʌnək'septəbəl] *adj* uantakelig
unaccountable [ʌnə'kauntəbəl] *adj* uforklarlig; uansvarlig
unaccustomed [ʌnə'kʌstəmd] *adj* uvant
unanimous [ju:'næniməs] *adj* enstemmig
unanswered [ʌ'nɑ:nsəd] *adj* ubesvart
unauthorized [ʌ'nɔ:θəraizd] *adj* uten fullmakt
unavoidable [ʌnə'vɔidəbəl] *adj* uunngåelig

unaware [ˌʌnəˈweə] adj ubevisst

unbearable [ʌnˈbeərəbəl] adj uutholdelig

unbreakable [ʌnˈbreikəbəl] adj uknuselig

unbroken [ʌnˈbroukən] adj intakt

unbutton [ʌnˈbʌtən] v knappe opp

uncertain [ʌnˈsəːtən] adj uviss, usikker

uncle [ˈʌŋkəl] n onkel c

unclean [ʌnˈkliːn] adj uren

uncomfortable [ʌnˈkʌmfətəbəl] adj ubekvem

uncommon [ʌnˈkɔmən] adj usedvanlig, sjelden

unconditional [ˌʌnkənˈdiʃənəl] adj betingelsesløs

unconscious [ʌnˈkɔnʃəs] adj bevisstløs

uncork [ʌnˈkɔːk] v *trekke opp

uncover [ʌnˈkʌvə] v avdekke

uncultivated [ʌnˈkʌltiveitid] adj udyrket

under [ˈʌndə] prep under, nedenfor

undercurrent [ˈʌndəˌkʌrənt] n understrøm c

underestimate [ˌʌndəˈrestimeit] v undervurdere

underground [ˈʌndəgraund] adj underjordisk; n undergrunnsbane c

underline [ˌʌndəˈlain] v understreke

underneath [ˌʌndəˈniːθ] adv nedenunder

underpants [ˈʌndəpænts] plAm truser pl

undershirt [ˈʌndəʃəːt] n undertrøye c

undersigned [ˈʌndəsaind] n undertegnede c

*understand [ˌʌndəˈstænd] v *forstå, fatte

understanding [ˌʌndəˈstændiŋ] n forståelse c

*undertake [ˌʌndəˈteik] v *gå i gang med

undertaker [ˈʌndəˌteikə] n begravel-

sesagent c

undertaking [ˌʌndəˈteikiŋ] n foretagende nt

underwater [ˈʌndəˌwɔːtə] adj undervanns-

underwear [ˈʌndəweə] n undertøy pl

undesirable [ˌʌndiˈzaiərəbəl] adj uønsket

*undo [ʌnˈduː] v åpne, løse opp

undoubtedly [ʌnˈdautidli] adv utvilsomt

undress [ʌnˈdres] v kle av seg

undulating [ˈʌndjuleitiŋ] adj bølgende

unearned [ʌˈnəːnd] adj ufortjent

uneasy [ʌˈniːzi] adj urolig

uneducated [ʌˈnedjukeitid] adj uten utdannelse

unemployed [ˌʌnimˈplɔid] adj arbeidsløs

unemployment [ˌʌnimˈplɔimənt] n arbeidsløshet c

unequal [ʌˈniːkwəl] adj ulik

uneven [ʌˈniːvən] adj ulik, ujevn

unexpected [ˌʌnikˈspektid] adj uventet

unfair [ʌnˈfeə] adj urettferdig

unfaithful [ʌnˈfeiθfəl] adj utro

unfamiliar [ʌnfəˈmiljə] adj ukjent

unfasten [ʌnˈfaːsən] v løse, løsne

unfavourable [ʌnˈfeivərəbəl] adj ugunstig

unfit [ʌnˈfit] adj uegnet

unfold [ʌnˈfould] v brette ut, folde ut

unfortunate [ʌnˈfɔːtʃənət] adj uheldig

unfortunately [ʌnˈfɔːtʃənətli] adv uheldigvis, dessverre

unfriendly [ʌnˈfrendli] adj uvennlig

unfurnished [ʌnˈfəːniʃt] adj umøblert

ungrateful [ʌnˈgreitfəl] adj utakknemlig

unhappy [ʌnˈhæpi] adj ulykkelig

unhealthy [ʌnˈhelθi] adj usunn

unhurt [ʌnˈhəːt] adj uskadd

uniform [ˈjuːnifɔːm] n uniform c; adj

ensartet

unimportant [ˌʌnim'pɔːtənt] *adj* uviktig

uninhabitable [ˌʌnin'hæbitəbəl] *adj* ubeboelig

uninhabited [ˌʌnin'hæbitid] *adj* ubebodd

unintentional [ˌʌnin'tenʃənəl] *adj* utilsiktet

union ['juːnjən] *n* fagforening *c;* union *c,* forbund *nt*

unique [juː'niːk] *adj* enestående

unit ['juːnit] *n* enhet *c*

unite [juː'nait] *v* forene

United States [juː'naitid steits] De forente stater

unity ['juːnəti] *n* enhet *c*

universal [ˌjuːni'vɔːsəl] *adj* universell, generell

universe ['juːnivɔːs] *n* univers *nt*

university [ˌjuːni'vɔːsəti] *n* universitet *nt*

unjust [ʌn'dʒʌst] *adj* urettferdig

unkind [ʌn'kaind] *adj* uvennlig; ukjærlig

unknown [ʌn'noun] *adj* ukjent

unlawful [ʌn'lɔːfəl] *adj* ulovlig

unlearn [ʌn'lɔːn] *v* lære seg av med

unless [ən'les] *conj* med mindre

unlike [ʌn'laik] *adj* forskjellig

unlikely [ʌn'laikli] *adj* usannsynlig

unlimited [ʌn'limitid] *adj* grenseløs, ubegrenset

unload [ʌn'loud] *v* lesse av

unlock [ʌn'lɔk] *v* lukke opp, låse inne

unlucky [ʌn'lʌki] *adj* uheldig

unnecessary [ʌn'nesəsəri] *adj* unødvendig

unoccupied [ʌ'nɔkjupaid] *adj* ledig

unofficial [ˌʌnə'fiʃəl] *adj* uoffisiell

unpack [ʌn'pæk] *v* pakke opp

unpleasant [ʌn'plezənt] *adj* utrivelig, ubehagelig; usympatisk, utiltalende

unpopular [ʌn'pɔpjulə] *adj* upopulær

unprotected [ˌʌnprə'tektid] *adj* ubeskyttet

unqualified [ʌn'kwɔlifaid] *adj* ukvalifisert

unreal [ʌn'riəl] *adj* uvirkelig

unreasonable [ʌn'riːzənəbəl] *adj* urimelig

unreliable [ˌʌnri'laiəbəl] *adj* upålitelig

unrest [ʌn'rest] *n* uro *c;* rastløshet *c*

unsafe [ʌn'seif] *adj* usikker, utrygg

unsatisfactory [ˌʌnsætis'fæktəri] *adj* utilfredsstillende

unscrew [ʌn'skruː] *v* skru løs

unselfish [ʌn'selfiʃ] *adj* uselvisk

unskilled [ʌn'skild] *adj* ufaglært

unsound [ʌn'saund] *adj* usunn

unstable [ʌn'steibəl] *adj* ustabil

unsteady [ʌn'stedi] *adj* ustø; ustadig

unsuccessful [ˌʌnsək'sesfəl] *adj* mislykket

unsuitable [ʌn'suːtəbəl] *adj* uegnet

unsurpassed [ˌʌnsə'pɑːst] *adj* uovertruffen

untidy [ʌn'taidi] *adj* uordentlig

untie [ʌn'tai] *v* knytte opp

until [ən'til] *prep* inntil, til

untrue [ʌn'truː] *adj* usann

untrustworthy [ʌn'trʌstˌwɔːði] *adj* upålitelig

unusual [ʌn'juːʒuəl] *adj* uvanlig, ualminnelig

unwell [ʌn'wel] *adj* uvel

unwilling [ʌn'wiliŋ] *adj* uvillig

unwise [ʌn'waiz] *adj* uklok

unwrap [ʌn'ræp] *v* pakke opp

up [ʌp] *adv* opp, oppover

upholster [ʌp'houlstə] *v* *trekke, polstre

upkeep ['ʌpkiːp] *n* vedlikehold *nt*

uplands ['ʌpləndz] *pl* høyland *nt*

upon [ə'pɔn] *prep* på

upper ['ʌpə] *adj* øvre, over-

upright ['ʌprait] *adj* rank; rett; *adv*

opprettstående

*upset [ʌpˈset] v forstyrre; adj opprørt

upside-down [ˌʌpsaidˈdaun] adv på hodet

upstairs [ˌʌpˈsteəz] adv ovenpå

upstream [ˌʌpˈstriːm] adv mot strømmen

upwards [ˈʌpwədz] adv oppover

urban [ˈɔːbən] adj by-

urge [əːdʒ] v formane; n trang c

urgency [ˈɔːdʒənsi] n innstendighet c; viktighet c

urgent [ˈɔːdʒənt] adj presserende

urine [ˈjuərin] n urin c

Uruguay [ˈjuərəgwai] Uruguay

Uruguayan [ˌjuərəˈgwaiən] adj uruguayansk; n uruguayaner c

us [ʌs] pron oss

usable [ˈjuːzəbəl] adj anvendelig

usage [ˈjuːzidʒ] n sedvane c; bruk c

use¹ [juːz] v bruke; *be used to *være vant til; ~ up bruke opp

use² [juːs] n bruk c; nytte c; *be of ~ *være til nytte

useful [ˈjuːsfəl] adj nyttig, brukbar

useless [ˈjuːsləs] adj unyttig

user [ˈjuːzə] n bruker c

usher [ˈʌʃə] n plassanviser c

usherette [ˌʌʃəˈret] n plassanviser c

usual [ˈjuːʒuəl] adj vanlig

usually [ˈjuːʒuəli] adv vanligvis

utensil [juːˈtensəl] n redskap nt; kjøkkenredskap nt

utility [juːˈtiləti] n nytte c

utilize [ˈjuːtilaiz] v anvende

utmost [ˈʌtmoust] adj ytterst

utter [ˈʌtə] adj total, fullstendig; v ytre

V

vacancy [ˈveikənsi] n ledig post

vacant [ˈveikənt] adj ledig

vacation [vəˈkeiʃən] n ferie c

vaccinate [ˈvæksineit] v vaksinere

vaccination [ˌvæksiˈneiʃən] n vaksinering c

vacuum [ˈvækjuəm] n vakuum nt; vAm støvsuge; ~ cleaner støvsuger c; ~ flask termosflaske c

vagrancy [ˈveigrənsi] n løsgjengeri nt

vague [veig] adj vag

vain [vein] adj forfengelig; forgjeves; in ~ forgjeves

valid [ˈvælid] adj gyldig

valley [ˈvæli] n dal c

valuable [ˈvæljubəl] adj verdifull; valuables pl verdisaker pl

value [ˈvælju] n verdi c; v taksere, vurdere

valve [vælv] n ventil c

van [væn] n varebil c

vanilla [vəˈnilə] n vanilje c

vanish [ˈvæniʃ] v *forsvinne

vapour [ˈveipə] n damp c

variable [ˈveəriəbəl] adj variabel

variation [ˌveəriˈeiʃən] n avveksling c; forandring c

variety [vəˈraiəti] n utvalg nt; ~ show varietéforestilling c; ~ theatre varietéteater nt

various [ˈveəriəs] adj forskjellige, diverse

varnish [ˈvɑːniʃ] n lakk c; v lakkere

vary [ˈveəri] v variere; forandre; *være forskjellig

vase [vɑːz] n vase c

vast [vɑːst] adj vidstrakt, umåtelig

vault [vɔːlt] n hvelving c; bankhvelv nt

veal [viːl] n kalvekjøtt nt

vegetable [ˈvedʒətəbəl] n grønnsak c;

~ **merchant** grønnsakshandler c
vegetarian [,vedʒi'teəriən] n vegetarianer c
vegetation [,vedʒi'teiʃən] n vekstliv nt; vegetasjon c
vehicle ['vi:əkəl] n kjøretøy nt
veil [veil] n slør nt
vein [vein] n åre c; **varicose** ~ åreknute c
velvet ['velvit] n fløyel c
velveteen [,velvi'ti:n] n bomullsfløyel c
venerable ['venərəbəl] adj ærverdig
venereal disease [vi'niəriəl di'zi:z] kjønnssykdom c
Venezuela [,veni'zweilə] Venezuela
Venezuelan [,veni'zweilən] adj venezuelansk; n venezuelaner c
ventilate ['ventileit] v ventilere; lufte, lufte ut
ventilation [,venti'leiʃən] n ventilasjon c; utluftning c
ventilator ['ventileitə] n ventilator c
venture ['ventʃə] v våge
veranda [və'rændə] n veranda c
verb [və:b] n verb nt
verbal ['və:bəl] adj muntlig
verdict ['və:dikt] n kjennelse c, dom c
verify ['verifai] v kontrollere
verse [və:s] n vers nt
version ['və:ʃən] n versjon c; oversettelse c
versus ['və:səs] prep kontra
vertical ['və:tikəl] adj vertikal
vertigo ['və:tigou] n svimmelhet c
very ['veri] adv svært, meget; adj eksakt, virkelig; absolutt
vessel ['vesəl] n fartøy nt; kar nt
vest [vest] n undertrøye c; vest c
veterinary surgeon ['vetrinəri 'sə:dʒən] dyrlege c
via [vaiə] prep via
vibrate [vai'breit] v vibrere
vibration [vai'breiʃən] n vibrasjon c

vicar ['vikə] n sogneprest c
vicarage ['vikəridʒ] n prestegård c
vice-president [,vais'prezidənt] n vise-president c
vicinity [vi'sinəti] n nabolag nt, nærhet c
vicious ['viʃəs] adj ondskapsfull
victim ['viktim] n offer nt
victory ['viktəri] n seier c
video camera ['vidiou'kæmərə] n video-kamera nt
video cassette ['vidiou'kæset] n video-kassett c
video recorder ['vidiou ri'kɔ:də] n video-spiller c
view [vju:] n utsikt c; oppfatning c, syn; v betrakte
view-finder ['vju:,faində] n søker c
vigilant ['vidʒilənt] adj årvåken
villa ['vilə] n villa c
village ['vilidʒ] n landsby c
villain ['vilən] n skurk c
vine [vain] n vinranke c
vinegar ['vinigə] n eddik c
vineyard ['vinjəd] n vingård c
vintage ['vintidʒ] n vinhøst c; årgang c
violation [vaiə'leiʃən] n krenkelse c
violence ['vaiələns] n vold c
violent ['vaiələnt] adj voldsom, heftig
violet ['vaiələt] n fiol c; adj fiolett
violin [vaiə'lin] n fiolin c
virgin ['və:dʒin] n jomfru c
virtue ['və:tʃu:] n dyd c
visa ['vi:zə] n visum nt
visibility [,vizə'biləti] n sikt c
visible ['vizəbəl] adj synlig
vision ['viʒən] n syn
visit ['vizit] v besøke; n besøk nt, visitt c; **visiting hours** besøkstid c
visitor ['vizitə] n besøkende c
vital ['vaitəl] adj vesentlig
vitamin ['vitəmin] n vitamin nt
vivid ['vivid] adj livfull

vocabulary [vəˈkæbjuləri] n ordforråd nt; ordliste c
vocal [ˈvoukəl] adj vokal
vocalist [ˈvoukəlist] n sanger c
voice [vɔis] n stemme c
void [vɔid] adj ugyldig
volcano [vɔlˈkeinou] n (pl ~es, ~s) vulkan c
volt [voult] n volt c
voltage [ˈvoultidʒ] n spenning c
volume [ˈvɔljum] n volum nt; bind nt
voluntary [ˈvɔləntəri] adj frivillig
volunteer [ˌvɔlənˈtiə] n frivillig c
vomit [ˈvɔmit] v kaste opp, *brekke seg
vote [vout] v stemme; n stemme c; avstemning c
voucher [ˈvautʃə] n bong c
vow [vau] n løfte nt, ed c; v *sverge
vowel [ˈvauəl] n vokal c
voyage [ˈvɔiidʒ] n reise c
vulgar [ˈvʌlgə] adj vulgær; simpel, ordinær
vulnerable [ˈvʌlnərəbəl] adj sårbar
vulture [ˈvʌltʃə] n gribb c

W

wade [weid] v vasse
wafer [ˈweifə] n vaffelkjeks c
waffle [ˈwɔfəl] n vaffel c
wages [ˈweidʒiz] pl lønn c
waggon [ˈwægən] n godsvogn c; vogn c
waist [weist] n midje c
waistcoat [ˈweiskout] n vest c
wait [weit] v vente; ~ on oppvarte
waiter [ˈweitə] n oppvarter c, kelner c
waiting [ˈweitiŋ] n venting c
waiting-list [ˈweitiŋlist] n venteliste c
waiting-room [ˈweitiŋruːm] n vente-

værelse nt
waitress [ˈweitris] n oppvarterske c
***wake** [weik] v vekke; ~ up våkne
walk [wɔːk] v *gå; spasere; n spasertur c; gange c; **walking** til fots
walker [ˈwɔːkə] n turgjenger c
walking-stick [ˈwɔːkiŋstik] n spaserstokk c
wall [wɔːl] n mur c; vegg c
wallet [ˈwɔlit] n lommebok c
wallpaper [ˈwɔːlˌpeipə] n tapet nt
walnut [ˈwɔːlnʌt] n valnøtt c
waltz [wɔːls] n vals c
wander [ˈwɔndə] v flakke, vandre
want [wɔnt] v *ville; ønske; n behov nt; mangel c
war [wɔː] n krig c
warden [ˈwɔːdən] n vaktmann c, oppsynsmann c
wardrobe [ˈwɔːdroub] n klesskap nt, garderobe c
warehouse [ˈweəhaus] n pakkhus nt, lagerbygning c
wares [weəz] pl varer pl
warm [wɔːm] adj varm; v varme
warmth [wɔːmθ] n varme c
warn [wɔːn] v advare
warning [ˈwɔːniŋ] n advarsel c
wary [ˈweəri] adj forsiktig
was [wɔz] v (p be)
wash [wɔʃ] v vaske; ~ and wear strykefri; ~ up vaske opp
washable [ˈwɔʃəbəl] adj vaskbar
wash-basin [ˈwɔʃˌbeisən] n håndvask c
washing [ˈwɔʃiŋ] n vask c
washing-machine [ˈwɔʃiŋməˌʃiːn] n vaskemaskin c
washing-powder [ˈwɔʃiŋˌpaudə] n vaskepulver nt
washroom [ˈwɔʃruːm] nAm toalett nt
wash-stand [ˈwɔʃstænd] n vaskeservant c
wasp [wɔsp] n veps c
waste [weist] v sløse bort; n sløseri

nt; *adj* øde

wasteful ['weistfəl] *adj* ødsel

wastepaper-basket [weist'peipə₁bɑː-skit] *n* papirkurv *c*

watch [wɔtʃ] *v* betrakte, *iaktta; bevokte; *n* ur *nt*; ~ **for** *holde utkikk etter; ~ **out** *være forsiktig

watch-maker ['wɔtʃ₁meikə] *n* urmaker *c*

watch-strap ['wɔtʃstræp] *n* klokkerem *c*

water ['wɔːtə] *n* vann *nt*; **iced** ~ isvann *nt*; **running** ~ innlagt vann; ~ **pump** vannpumpe *c*; ~ **ski** vannski *c*

water-colour ['wɔː₁tə₁kʌlə] *n* vannfarge *c*; akvarell *c*

watercress ['wɔːtəkres] *n* vannkarse *c*

waterfall ['wɔːtəfɔːl] *n* foss *c*

watermelon ['wɔːtə₁melən] *n* vannmelon *c*

waterproof ['wɔːtəpruːf] *adj* vanntett

water-ski ['wɔːtə₁skiː] *n* vannski; *v* stå på vannski

waterway ['wɔːtəwei] *n* vannvei *c*

watt [wɔt] *n* watt *c*

wave [weiv] *n* bølge *c*; *v* vinke

wave-length ['weivleŋθ] *n* bølgelengde *c*

wavy ['weivi] *adj* bølget

wax [wæks] *n* voks *c*

waxworks ['wækswɔːks] *pl* vokskabinett *nt*

way [wei] *n* vis *nt*, måte *c*; vei *c*; retning *c*; avstand *c*; **any** ~ på hvilken som helst måte; **by the** ~ forresten; **one-way traffic** enveiskjøring *c*; **out of the** ~ avsides; **the other** ~ **round** tvert om; ~ **back** fjern fortid; ~ **in** inngang *c*; ~ **out** utgang *c*

wayside ['weisaid] *n* veikant *c*

we [wiː] *pron* vi

weak [wiːk] *adj* svak; tynn

weakness ['wiːknəs] *n* svakhet *c*

wealth [welθ] *n* rikdom *c*

wealthy ['welθi] *adj* rik

weapon ['wepən] *n* våpen *nt*

*****wear** [weə] *v* *ha på seg; ~ **out** *slite ut

weary ['wiəri] *adj* trett, sliten

weather ['weðə] *n* vær *nt*; ~ **forecast** værmelding *c*

*****weave** [wiːv] *v* veve

weaver ['wiːvə] *n* vever *c*

wedding ['wediŋ] *n* vielse *c*, bryllup *nt*

wedding-ring ['wediŋriŋ] *n* vielsesring *c*

wedge [wedʒ] *n* kile *c*

Wednesday ['wenzdi] onsdag *c*

weed [wiːd] *n* ugress *nt*

week [wiːk] *n* uke *c*

weekday ['wiːkdei] *n* hverdag *c*

weekly ['wiːkli] *adj* ukentlig

*****weep** [wiːp] *v* *gråte

weigh [wei] *v* veie

weighing-machine ['weiiŋmə₁ʃiːn] *n* automatvekt *c*

weight [weit] *n* vekt *c*

Welch [welʃ] *adj* walisisk

welcome ['welkəm] *adj* velkommen; *n* velkomst *c*; *v* hilse velkommen

weld [weld] *v* sveise

welfare ['welfeə] *n* velferd *c*

well[1] [wel] *adv* godt; *adj* frisk; **as** ~ også; **as** ~ **as** så vel som; **well!** ja vel!

well[2] [wel] *n* kilde *c*, brønn *c*

well-founded [₁wel'faundid] *adj* velbegrunnet

well-known ['welnoun] *adj* velkjent

well-to-do [₁weltə'duː] *adj* velhavende

went [went] *v* (p go)

were [wəː] *v* (p be)

west [west] *n* vest *c*

westerly ['westəli] *adj* vestlig

western ['westən] *adj* vestlig

wet [wet] *adj* våt; fuktig
whale [weil] *n* hval *c*
wharf [wɔ:f] *n* (pl ~s, wharves) kaj *c*
what [wɔt] *pron* hva; ~ **for** hvorfor
whatever [wɔˈtevə] *pron* hva enn
wheat [wi:t] *n* hvete *c*
wheel [wi:l] *n* hjul *nt*
wheelbarrow [ˈwi:lˌbærou] *n* trillebår *c*
wheelchair [ˈwi:ltʃeə] *n* rullestol *c*
when [wen] *adv* når; *conj* når, da
whenever [weˈnevə] *conj* når enn; alltid når
where [weə] *adv* hvor; *conj* hvor
wherever [weəˈrevə] *conj* hvor enn
whether [ˈweðə] *conj* om; **whether ... or** om ... eller
which [witʃ] *pron* hvilken; som
whichever [wiˈtʃevə] *adj* hvilken som helst
while [wail] *conj* mens; *n* stund *c*
whilst [wailst] *conj* mens
whim [wim] *n* innfall *nt*, nykke *nt*
whip [wip] *n* pisk *c*; *v* vispe
whiskers [ˈwiskəz] *pl* kinnskjegg *nt*
whisper [ˈwispə] *v* hviske; *n* hvisking *c*
whistle [ˈwisəl] *v* plystre; *n* fløyte *c*
white [wait] *adj* hvit
whitebait [ˈwaitbeit] *n* småfisk *pl*
whiting [ˈwaitiŋ] *n* (pl ~) hvitting *c*
Whitsun [ˈwitsən] pinse *c*
who [hu:] *pron* hvem; som
whoever [hu:ˈevə] *pron* hvem som enn
whole [houl] *adj* fullstendig, hel; uskadd; *n* hele *nt*
wholesale [ˈhoulseil] *n* engroshandel *c*; ~ **dealer** grosserer *c*
wholesome [ˈhoulsəm] *adj* sunn
wholly [ˈhoulli] *adv* helt
whom [hu:m] *pron* til hvem
whore [hɔ:] *n* hore *c*

whose [hu:z] *pron* hvis
why [wai] *adv* hvorfor
wicked [ˈwikid] *adj* ond
wide [waid] *adj* bred, vid
widen [ˈwaidən] *v* utvide
widow [ˈwidou] *n* enke *c*
widower [ˈwidouə] *n* enkemann *c*
width [widθ] *n* bredde *c*
wife [waif] *n* (pl wives) kone *c*, hustru *c*
wig [wig] *n* parykk *c*
wild [waild] *adj* vill
will [wil] *n* vilje *c*; testamente *nt*
***will** [wil] *v* *vil
willing [ˈwiliŋ] *adj* villig
will-power [ˈwilpauə] *n* viljestyrke *c*
***win** [win] *v* *vinne
wind [wind] *n* vind *c*
***wind** [waind] *v* sno seg; *trekke opp, vikle
winding [ˈwaindiŋ] *adj* buktet
windmill [ˈwindmil] *n* vindmølle *c*
window [ˈwindou] *n* vindu *nt*
window-sill [ˈwindousil] *n* vinduskarm *c*
windscreen [ˈwindskri:n] *n* frontrute *c*; ~ **wiper** vindusvisker *c*
windshield [ˈwindʃi:ld] *nAm* frontrute *c*; ~ **wiper** *Am* vindusvisker *c*
windy [ˈwindi] *adj* vindhard
wine [wain] *n* vin *c*
wine-cellar [ˈwainˌselə] *n* vinkjeller *c*
wine-list [ˈwainlist] *n* vinkart *nt*
wine-merchant [ˈwainˌmə:tʃənt] *n* vinhandler *c*
wine-waiter [ˈwainˌweitə] *n* vinkelner *c*
wing [wiŋ] *n* vinge *c*
winner [ˈwinə] *n* vinner *c*
winning [ˈwiniŋ] *adj* vinnende; **winnings** *pl* gevinst *c*
winter [ˈwintə] *n* vinter *c*; ~ **sports** vintersport *c*
wipe [waip] *v* tørke, tørke bort; tørke

av

wire [waiə] *n* metalltråd *c*; ståltråd *c*

wireless ['waiələs] *n* radio *c*

wisdom ['wizdəm] *n* visdom *c*

wise [waiz] *adj* vis

wish [wiʃ] *v* lenges etter, ønske; *n* ønske *nt*, lengsel *c*

witch [witʃ] *n* heks *c*

with [wið] *prep* med; hos; av

•**withdraw** [wið'drɔː] *v* *trekke tilbake

•**withhold** [wið'hould] *v* *holde tilbake

within [wi'ðin] *prep* innenfor; *adv* innvendig

without [wi'ðaut] *prep* uten

witness ['witnəs] *n* vitne *nt*

wits [wits] *pl* forstand *c*

witty ['witi] *adj* vittig; spirituell

wolf [wulf] *n* (pl wolves) ulv *c*

woman ['wumən] *n* (pl women) kvinne *c*

womb [wuːm] *n* livmor *c*

won [wʌn] *v* (p, pp win)

wonder ['wʌndə] *n* under *nt*; forundring *c*; *v* undre seg

wonderful ['wʌndəfəl] *adj* skjønn, vidunderlig; herlig

wood [wud] *n* trevirke *nt*; skog *c*

wood-carving ['wud,kaːviŋ] *n* treskjærerarbeid *nt*

wooded ['wudid] *adj* skogkledd

wooden ['wudən] *adj* tre-; ~ **shoe** tresko *c*

woodland ['wudlənd] *n* skogtrakt *c*

wool [wul] *n* ull *c*; **darning** ~ stoppegarn *nt*

woollen ['wulən] *adj* ull-

word [wəːd] *n* ord *nt*

wore [wɔː] *v* (p wear)

work [wəːk] *n* arbeid *nt*; *v* arbeide; virke, fungere; **working day** arbeidsdag *c*; ~ **of art** kunstverk *nt*; ~ **permit** arbeidstillatelse *c*

worker ['wəːkə] *n* arbeider *c*

workman ['wəːkmən] *n* (pl -men) arbeider *c*

works [wəːks] *pl* fabrikk *c*

workshop ['wəːkʃɔp] *n* verksted *nt*

world [wəːld] *n* verden *c*; ~ **war** verdenskrig *c*

world-famous [,wəːld'feiməs] *adj* verdensberømt

world-wide ['wəːldwaid] *adj* verdensomspennende

worm [wəːm] *n* mark *c*

worn [wɔːn] *adj* (pp wear) slitt

worn-out [,wɔːn'aut] *adj* utslitt

worried ['wʌrid] *adj* bekymret

worry ['wʌri] *v* bekymre seg; *n* bekymring *c*

worse [wəːs] *adj* verre; *adv* verre

worship ['wəːʃip] *v* *tilbe; *n* gudstjeneste *c*

worst [wəːst] *adj* verst; *adv* verst

worsted ['wustid] *n* kamgarn *nt*

worth [wəːθ] *n* verd *nt*; •**be** ~ *være verd; •**be worth-while** *være umaken verd

worthless ['wəːθləs] *adj* verdiløs

worthy of ['wəːði əv] verdig

would [wud] *v* (p will)

wound[1] [wuːnd] *n* sår *nt*; *v* såre

wound[2] [waund] *v* (p, pp wind)

wrap [ræp] *v* pakke inn

wreck [rek] *n* vrak *nt*; *v* *ødelegge

wrench [rentʃ] *n* skrunøkkel *c*; rykk *nt*; *v* *vri

wrinkle ['riŋkəl] *n* rynke *c*

wrist [rist] *n* håndledd *nt*

wrist-watch ['ristwɔtʃ] *n* armbåndsur *nt*

•**write** [rait] *v* *skrive; **in writing** skriftlig; ~ **down** *skrive ned

writer ['raitə] *n* forfatter *c*

writing-pad ['raitiŋpæd] *n* skriveblokk *c*

writing-paper ['raitiŋ,peipə] *n* skrive-

papir *nt*
written ['ritən] *adj* (pp write) skriftlig
wrong [rɔŋ] *adj* gal, uriktig; *n* urett *c; v* *gjøre urett; ***be** ~ *ta feil
wrote [rout] *v* (p write)

X

Xmas ['krisməs] jul *c*
X-ray ['eksrei] *n* røntgenbilde *nt; v* røntgenfotografere

Y

yacht [jɔt] *n* lystbåt *c*
yacht-club ['jɔtklʌb] *n* seilerforening *c*
yachting ['jɔtiŋ] *n* seilsport *c*
yard [ja:d] *n* gårdsplass *c;* hage *c*
yarn [ja:n] *n* garn *nt*
yawn [jɔ:n] *v* gjespe
year [jiə] *n* år *nt*
yearly ['jiəli] *adj* årlig
yeast [ji:st] *n* gjær *c*
yell [jel] *v* hyle; *n* hyl *nt*
yellow ['jelou] *adj* gul
yes [jes] ja
yesterday ['jestədi] *adv* i går

yet [jet] *adv* ennå; *conj* likevel, allikevel, dog
yield [ji:ld] *v* yte; *vike
yoghurt ['jɔgət] *n* yoghurt *c*
yoke [jouk] *n* åk *nt*
yolk [jouk] *n* eggeplomme *c*
you [ju:] *pron* du; deg; De; Dem; dere
young [jʌŋ] *adj* ung
your [jɔ:] *adj* Deres; din; dine, deres
yourself [jɔ:'self] *pron* deg; selv
yourselves [jɔ:'selvz] *pron* dere; selv
youth [ju:θ] *n* ungdom *c;* ~ **hostel** ungdomsherberge *nt*

Z

zeal [zi:l] *n* iver *c*
zealous ['zeləs] *adj* ivrig
zebra ['zi:brə] *n* sebra *c*
zenith ['zeniθ] *n* senit *nt;* høydepunkt *nt*
zero ['ziərou] *n* (pl ~s) null *nt*
zest [zest] *n* lyst *c;* iver *c*
zinc [ziŋk] *n* sink *c*
zip [zip] *n* glidelås *c;* ~ **code** *Am* postnummer *nt*
zipper ['zipə] *n* glidelås *c*
zodiac ['zoudiæk] *n* dyrekretsen
zone [zoun] *n* sone *c;* område *nt*
zoo [zu:] *n* (pl ~s) dyrehage *c*
zoology [zou'blədʒi] *n* zoologi *c*

almond mandel
anchovy sardell
angel food cake sukkerbrød laget av eggehviter
angels on horseback østers rullet i baconskiver og grillstekt
appetizer snacks
apple eple
  ~ **charlotte** slags tilslørte bondepiker stekt i ovn
  ~ **dumpling** innbakt eple
  ~ **sauce** eplemos
apricot aprikos
Arbroath smoky røkt kolje
artichoke artisjokk
asparagus asparges
  ~ **tip** aspargestopp
aspic kjøtt- eller fiskekabaret
assorted blandede
bagel ringformet rundstykke
baked ovnsbakt
  ~ **Alaska** dessert av sukkerbrød, is og marengs som gies et kort opphold i stekeovnen og deretter flamberes
  ~ **beans** ovnsbakte hvite bønner i tomatsaus
  ~ **potato** ovnsbakt potet (med skall)
Bakewell tart mandelkake med syltetøy
baloney slags servelatpølse
banana banan

  ~ **split** dessert av forskjellige sorter is, banan, nøtter og frukt- eller sjokoladesaus
barbecue 1) sterkt krydret kjøttsaus servert på rundstykke 2) måltid i friluft med grillstekt mat
  ~ **sauce** sterkt krydret tomatsaus
barbecued grillstekt (i det fri)
basil basilikum
bass havåbor
bean bønne
beef oksekjøtt
  ~ **olive** okserulade
beefburger hamburger (av karbonadedeig)
beet, beetroot rødbete
bilberry blåbær
bill regning
  ~ **of fare** spisekart, meny
biscuit kjeks, småkake
black pudding blodpølse
blackberry bjørnebær
blackcurrant solbær
bloater lettsaltet røkesild
blood sausage blodpølse
blueberry blåbær
boiled kokt
Bologna (sausage) slags servelatpølse
bone ben
boned benfri

Boston baked beans ovnsbakte hvite bønner med baconstrimler, tomatsaus og sirup

Boston cream pie kake fylt med vaniljekrem eller pisket krem og dekket med sjokolade

brains hjerne

braised surret, stekt under lokk

bramble pudding bjørnebærkompott med epleskiver

braunschweiger røkt leverpølse

bread brød

breaded panert

breakfast frokost

breast bryst (fjærkre)

brisket bringe

broad bean hestebønne

broth kraft, buljong

brown Betty slags tilslørte bondepiker

brunch kombinert frokost og lunsj

brussels sprout rosenkål

bubble and squeak slags pytt i panne

bun 1) bolle med rosiner (GB) 2) rundstykke (US)

butter smør

buttered smurt

cabbage kål

Caesar salad grønn salat med hvitløk, brødterninger, sardeller, egg og parmesanost

cake kake, terte

cakes småkaker, bakverk

calf kalvekjøtt

Canadian bacon røkt svinefilet skåret i skiver

canapé smørbrødsnitte

cantaloupe kantalupp

caper kapers

capercaillie, capercailzie tiur

caramel karamell

carp karpe

carrot gulrot

cashew akajou-nøtt

casserole gryte (rett)

catfish steinbit

catsup ketchup

cauliflower blomkål

celery selleri

cereal cornflakes

hot ~ grøt

check regning

Cheddar (cheese) hard, lett syrlig, engelsk ost

cheese ost

~ board osteanretning

~ cake ostekake

cheeseburger hamburger med smeltet osteskive

chef's salad grønn salat med skinke, hårdkokt egg, tomater, kylling og ost

cherry kirsebær

chestnut kastanje

chicken kylling

chicory 1) endivie (GB) 2) sikori (US)

chili con carne krydret gryterett av kjøttdeig og brune bønner

chips 1) pommes frites (GB) 2) chips, potetgull (US)

chit(ter)lings innmat av svin

chive gressløk

chocolate sjokolade

~ pudding 1) ulike typer myk sjokoladekake (GB) 2) sjokoladepudding (US)

choice utvalg

chop kotelett

~ suey gryterett av oppskåret svine- eller kyllingkjøtt og grønnsaker; serveres med ris

chopped hakket

chowder tykk fiske- og skalldyrsuppe med bacon og grønnsaker

Christmas pudding mektig frukt-kake som serveres til jul; ofte flambert

chutney sterkt krydrede, sursøte, syltede grønnsaker eller frukt

cinnamon kanel

clam sandskjell

club sandwich dobbelt smørbrød med kald kylling, bacon, salat-blader, tomat og majones

cobbler fruktkompott dekket med paideig

cock-a-leekie soup hønsesuppe med purre

coconut kokosnøtt

cod torsk

Colchester oyster engelsk østers av høy kvalitet

cold cuts/meat kjøttpålegg

coleslaw kålsalat

compote kompott

condiment krydder

consommé buljong

cooked kokt, tillaget

cookie kjeks, småkake

corn 1) hvete, havre (GB) 2) mais (US)
~ **on the cob** maiskolbe

cottage pie ovnsstekt kjøttfarse dekket med potetmos

course (mat)rett

cover charge kuvertavgift

crab krabbe

cracker smørbrødkjeks

cranberry tyttebær
~ **sauce** tyttebærsyltetøy

crawfish 1) langust (GB) 2) sjø-kreps (US)

crayfish kreps

cream 1) fløte, krem 2) fromasj 3) fin suppe
~ **cheese** kremost
~ **puff** vannbakkels med krem

creamed potatoes poteter i krem-saus

creole sterk saus av tomater, pap-rika og løk

cress karse

crisps chips, potetgull

croquette krokett

crumpet slags tebrød som spises varmt med smør

cucumber slangeagurk

Cumberland sauce saus av rips-gelé tilsatt vin, appelsinjuice og krydder

cupcake småkake

cured spekt, i speke

currant 1) korint 2) rips

curried med karri

curry karri

custard 1) vaniljesaus 2) egge-krem

cutlet liten kjøttskive (med eller uten ben)

dab sandflyndre

Danish pastry wienerbrød

date daddel

Derby cheese skarp, gul ost

devilled meget sterkt krydret

devil's food cake myk og mektig sjokoladekake

devils on horseback plommer kokt i vin og fylt med mandler og sardeller, rullet i bacon og grillet

Devonshire cream tykk fløte

diced skåret i terninger

diet food diettmat

dinner middag

dish rett

donut smultring

double cream tykk kremfløte

doughnut smultring

Dover sole sjøtunge (av høy kva-litet)

dressing 1) salatdressing 2) fyll i fjærkre

Dublin Bay prawn sjøkreps
duck and
duckling andunge
dumpling 1) innbakt frukt 2) suppebolle, kumle
Dutch apple pie eplepai dekket med melis og smør
éclair vannbakkels
eel ål
egg(s) egg
   boiled ~ kokt
   fried ~ speilegg
   hard-boiled ~ hårdkokt
   poached ~ forlorent
   scrambled ~ eggerøre
   soft-boiled ~ bløtkokt
eggplant aubergine
endive 1) sikori (GB) 2) endivie (US)
entrée 1) forrett 2) mellomrett
fennel fennikel
fig fiken
fillet filet
finnan haddock røkt kolje
fish fisk
   ~ **and chips** frityrstekt fisk og pommes frites
   ~ **cake** fiskekrokett
flan fruktterte
flapjack liten, tykk pannekake
flounder flyndre
fool slags fruktfromasj
forcemeat kjøttfarse, fyll
fowl fjærkre
frankfurter frankfurterpølse
French bean grønn bønne, snittebønne
French bread pariserloff
French dressing 1) salatdressing av olje og vineddik (GB) 2) salatdressing med majones og ketchup (US)
french fries franske poteter, pommes frites

French toast arme riddere
fresh fersk
fried stekt (i olje)
fritter innbakte og friterte biter av kjøtt, skalldyr eller frukt
frogs' legs froskelår
frosting glasur
fruit frukt
fry frityrstekt mat
galantine stykker av fugle-, kalve- eller fiskekjøtt i aspik
game vilt
gammon røke- eller spekeskinke
garfish horngjel
garlic hvitløk
garnish garnityr, pynt
gherkin sylteagurk
giblets innmat av fugl, krås
ginger ingefær
goose gås
   ~ **berry** stikkelsbær
grape drue
grated revet
gravy saus av kjøttkraft
grayling harr (laksefisk)
green bean grønn bønne, brekkbønne
green pepper grønn paprika
green salad grønn salat
greens grønnsaker
grilled grillstekt, griljert
grilse liten sommerlaks
grouse rype
gumbo kreolsk rett med kjøtt, grønnsaker, fisk eller skalldyr og *okra*-skudd
haddock kolje
haggis hakket innmat av får, blandet med havregryn og løk
hake lysing
half halv, halvparten
halibut hellefisk
ham skinke
   ~ **and eggs** skinke og egg

139

haricot bean grønn eller gul bønne
hash rett av finskåret kjøtt
hazelnut hasselnøtt
heart hjerte
herbs krydderurter
herring sild
home-made hjemmelaget
hominy grits slags maisgrøt
honey honning
honeydew melon melon med gul-grønt kjøtt
horse-radish pepperrot
hot 1) varm(t) 2) sterkt krydret
huckleberry blåbær
hush puppy bakverk av maismel
ice-cream iskrem
iced 1) isavkjølt 2) med glasur
icing glasur
Idaho baked potato stor ovnsbakt potet
Irish stew lammeragu med pote-ter og løk
Italian dressing salatdressing av olje, vineddik, hvitløk og kryd-derurter
jam syltetøy
jellied i gelé
Jell-O geledessert
jelly gelé
Jerusalem artichoke jordskokk
John Dory sanktpetersfisk
jugged hare hareragu
juniper berry einebær
junket kalvedans
kale grønnkål
kedgeree slags plukkfisk med ris og hårdkokt egg
kidney nyre
kipper røkesild
lamb lam
Lancashire hot pot gryterett av lammekoteletter og -nyrer, poteter og løk

larded spekket
lean mager
leek purre
leg lår
lemon sitron
~ **sole** sandflyndre
lentil linse
lettuce hodesalat
lima bean slags hestebønne
lime slags grønn sitron
liver lever
loaf brød
lobster hummer
loin 1) kotelettrad (svin) 2) nyre-stykke (kalv)
Long Island duck and av høy kva-litet
low calorie kalorifattig
lox røkelaks
lunch lunsj
macaroon makron
mackerel makrell
maize mais
maple syrup lønnesirup
marinated marinert, nedlagt
marjoram merian
marrow marg
~ **bone** margben
marshmallow søtsak av maissirup, sukker, eggehvite og gelatin
mashed potatoes potetstappe
mayonnaise majones
meal måltid
meat kjøtt
~ **ball** kjøttbolle
~ **loaf** forloren hare, slags kjøttpudding
~ **pâté** kjøttpostei
medium medium stekt (om biff)
melted smeltet
Melton Mowbray pie kjøttpai
menu spisekart, meny
meringue marengs
mince 1) hakkekjøtt 2) finhakke

~ **pie** pai med eplebiter, rosiner, sukat og krydder
minced hakket
  ~ **meat** hakkekjøtt
mint mynte
minute steak raskt stekt, tynn biff
mixed blandet
  ~ **grill** forskjellige sorter kjøtt og grønnsaker grillstekt på spidd
molasses sirup
morel morkel
mousse 1) fin farse av fugl, skinke eller fisk 2) fromasj
mulberry morbær
mullet multe (fisk)
mulligatawny soup hønsesuppe sterkt krydret med karri
mushroom sopp
muskmelon slags melon
mussel blåskjell
mustard sennep
mutton fårekjøtt
noodles nudler
nut nøtt
oatmeal havregrøt
oil olje
okra abelmoskus (afrikansk grønnsak)
olive oliven
onion løk
orange appelsin
ox tongue oksetunge
oxtail oksehale
oyster østers
pancake tykk pannekake
parsley persille
parsnip pastinakk
partridge rapphøne
pastry (konditor)kake
pasty postei, pai
pea ert
peach fersken
peanut peanøtt, jordnøtt

~ **butter** peanøttsmør
pear pære
pearl barley perlegryn
peppermint peppermynte
perch åbor
persimmon daddelplomme, kaki-plomme
pheasant fasan
pickerel ung gjedde
pickled marinert
pickles 1) grønnsaker eller frukt nedlagt i saltlake eller eddik 2) sylteagurker (US)
pie pai, ofte dekket med et deiglokk
pigeon due
pigs' feet/trotters griselabber
pike gjedde
pineapple ananas
plaice rødspette
plain naturell, uten saus eller krydder
plate tallerken
plum plomme
  ~ **pudding** flambert fruktkake som serveres i julen
poached porchert
popover lett, luftig småkake
pork svinekjøtt
porridge grøt
porterhouse steak tykk biff av filetkammen
pot roast grytestek med grønnsaker
potato potet
  ~ **chips** 1) pommes frites (GB) 2) potetgull (US)
  ~ **in its jacket** kokt potet med skall
potted shrimps reker nedlagt i kryddersmør; serveres kaldt
poultry fjærkre
prawn stor reke
prune sviske

141

ptarmigan fjellrype
pumpkin gresskar
quail vaktel
quince kvede
rabbit kanin
radish reddik
rainbow trout regnbueørret
raisin rosin
rare råstekt (om biff)
raspberry bringebær
raw rå
red mullet rødmulle
red (sweet) pepper rød paprika
redcurrant rips
relish slags tykk kald kryddersaus
  med hakkede grønnsaker og
  olivener
rhubarb rabarbra
rib (of beef) oksekamstek
rib-eye steak entrecôte (biff)
rice ris
rissole krokett av kjøtt- eller fiske-
  postei
river trout bekkørret
roast 1) stek 2) stekt
Rock Cornish hen broiler
roe rogn
roll rundstykke
rollmop herring sammenrullet
  marinert sildefilet med løk eller
  sylteagurker
round steak lårstek
Rubens sandwich sprengt okse-
  kjøtt på rugbrød med gjæret
  surkål, ost og salatdressing;
  serveres varmt
rusk kavring
rye bread rugbrød
saddle sadel
saffron safran
sage salvie
salad salat
  ~ **bar** salat- og grønnsakbuffet
  ~ **cream** lett sukret, kremaktig

  salatdressing
salmon laks
  ~ **trout** ørret, aure
salted saltet
sandwich dobbelt smørbrød
sauce saus
sauerkraut gjæret surkål
sausage pølse
sautéed lettstekt i smør eller olje
scallop kammusling
scampi sjøkrepshale
scone rundstykke av havre- eller
  byggmel
Scotch broth suppe av okse- eller
  fårekjøtt, grønnsaker og perle-
  gryn
Scotch egg hårdkokt egg dekket
  med pølsefarse og stekt
Scotch woodcock ristet brød med
  eggerøre og ansjos(postei)
sea bass havåbor
sea bream dorade (fisk)
sea kale strandkål
seafood fisk og skalldyr
(in) season (i) sesong(en)
seasoning krydder
service charge serviceavgift
service (not) included service
  (ikke) inkludert
set menu fast meny
shad stamsild
shallot sjalottløk
shellfish skalldyr
sherbet sorbett (is)
shoulder bog
shredded finstrimlet
  ~ **wheat** hvetecornflakes
shrimp reke
silverside (of beef) lårtunge av
  okse
sirloin steak mørbradstek
skewer spidd
slice skive
sliced skåret i skiver

sloppy Joe kjøttfarse med tomat; serveres på brød
smelt krøkle (laksefisk)
smoked røkt
sole sjøtunge
soup suppe
sour sur
soused herring nedlagt sild, sursild
spare-rib grillstekt svineribbe
spice krydder
spinach spinat
spiny lobster langust
(on a) spit (på) spidd
sponge cake sukkerbrød
sprat brisling
squash slags gresskar
starter forrett
steak-and-kidney pie paiskjell fylt med kjøtt- og nyrestuing
steamed dampkokt
stew stuing, ragu
Stilton (cheese) slags bløt normannaost
strawberry jordbær
string bean grønn bønne, snittebønne
stuffed fylt, spekket
stuffing fyll, farse
suck(l)ing pig pattegris
sugar sukker
sugarless usukret
sundae iskrem med frukt, nøtter, pisket krem og fruktsauser
supper sen middag
swede kålrabi
sweet 1) søt 2) dessert
  ~ **corn** mais
  ~ **potato** søtpotet
sweetbread brissel
Swiss cheese sveitserost
Swiss roll swissroll, rullekake
Swiss steak skive av oksekjøtt surret med tomat og løk

T-bone steak T-benstek
table d'hôte fast meny
tangerine slags mandarin
tarragon estragon
tart terte
tenderloin filet
Thousand Island dressing salatdressing laget av majones og chilisaus og hakket paprika
thyme timian
toad-in-the-hole biter av oksekjøtt eller pølse dekket med pannekakerøre og stekt i ovn
toast ristet loff
toasted ristet
  ~ **cheese** ristet ostesmørbrød
  ~ **(cheese) sandwich** ristet dobbelt smørbrød med skinke og ost
tomato tomat
tongue tunge
treacle sirup
trifle sukkerbrød med syltetøy dekket med knuste mandelmakroner; serveres med pisket krem og vaniljekrem
tripe kalun (innmat)
trout ørret
truffle trøffel
tuna, tunny tunfisk
turbot piggvar
turkey kalkun
turnip turnips; nepe
turnover liten terte med syltetøyeller fruktfyll
turtle soup skilpaddesuppe
underdone råstekt (om biff)
vanilla vanilje
veal kalvekjøtt
  ~ **birds** benløse fugler (av kalvekjøtt)
  ~ **cutlet** kalveschnitzel
vegetable grønnsak
  ~ **marrow** slags lite gresskar

venison dyrekjøtt, vilt
vichyssoise kald suppe av purre og poteter
vinegar eddik
Virginia baked ham ovnsstekt røkt skinke dekorert med stekte ananasskiver og kirsebær
wafer (is)kjeks
waffle vaffel
walnut valnøtt
water ice sorbett (is)
watercress vannkarse
watermelon vannmelon
well-done godt stekt

Welsh rabbit/rarebit ristet brød med tykk ostesaus
whelk trompetsnegl
whipped cream pisket krem
whitebait småfisk, ofte sild
woodcock rugde
Worcestershire sauce sterk kryddersaus av eddik og soja
York ham spekeskinke
Yorkshire pudding slags pudding av pannekakerøre som stekes sammen med roastbiff
zucchini slags lite gresskar
zwieback kavring

Drikker

ale sterkt, litt søtt øl som har gjæret ved høy temperatur
   bitter ~ mørkt, beskt
   brown ~ mørkt; på flaske
   light ~ lyst; på flaske
   mild ~ mørkt, fyldig fatøl
   pale ~ lyst, med sterk humlesmak; på flaske
angostura en bitter essens som brukes i forskjellige aperitiffer
applejack eplebrennevin
Athole Brose skotsk drink av whisky, blandet med honning og havremel tilsatt vann
Bacardi cocktail drink av rom, gin, granateplesaft og limejuice
barley water drikk med fruktsmak, laget av byggavkok
barley wine mørkt øl med høyt alkoholinnhold

beer øl
   bottled ~ på flaske
   draft, draught ~ fatøl
bitters bitre aperitiffer
black velvet blanding av champagne og *stout* (serveres ofte til østers)
bloody Mary drink av vodka, tomat-juice og krydder
bourbon amerikansk whisky laget av mais; litt søtlig smak
brandy 1) brandy; brennevin av druer eller annen frukt 2) konjakk
   ~ **Alexander** blanding av brandy, kakaolikør og fløte
British wines viner laget i Storbritannia, som regel av importerte druer
cherry brandy kirsebærlikør

chocolate sjokolade
cider sider, eplevin
  ~ **cup** drink av sider, krydder og isbiter
claret rød bordeauxvin
cobbler longdrink av vin, sitron, sukker og fruktbiter
coffee kaffe
  ~ **with cream** med fløte
  black ~ uten fløte og sukker
  caffeine-free ~ koffeinfri
  white ~ med melk
Coke Coca-Cola
cordial likør
cream fløte
cup 1) kopp 2) sommerdrink av kald vin blandet med soda, tilsatt litt sprit eller likør og pyntet med en appelsin-, sitron- eller agurkskive
daiquiri cocktail av rom, limejuice og sukker
double dobbel
Drambuie likør laget av whisky og honning
dry tørr
  ~ **martini** 1) tørr vermut (GB) 2) cocktail av gin og tørr vermut (US)
egg-nog eggetoddi
gin and it cocktail av gin og italiensk (søt) vermut
gin-fizz cocktail av gin, soda, sitronsaft og sukker
ginger ale ingefærøl
ginger beer alkoholholdig ingefærøl
grasshopper cocktail av peppermyntelikør, kakaolikør og fløte
Guiness (stout) mørkt, fyldig øl med sterk malt- og humlesmak
half pint måleenhet, ca. 3 dl
highball whisky eller brandy blandet med soda eller ingefærøl

iced isavkjølt
Irish coffee kaffe med irsk whisky, sukker og pisket krem
Irish Mist irsk likør laget av whisky og honning
Irish whiskey irsk whisky; mildere enn skotsk whisky. Lages bl. a. av bygg-gryn, rug, havre og hvete; modnes i trefat
juice juice, fruktsaft
lager pilsenerøl
lemon squash sitronsaft
lemonade sitronbrus
liqueur likør
liquor brennevin
malt whisky skotsk whisky laget av malt
Manhattan cocktail av *bourbon*, søt vermut og *angostura*
milk melk
mineral water mineralvann
mulled wine varm, krydret vin
neat bar (uten vann eller isbiter)
old-fashioned cocktail av whisky, kirsebær, sitron, *angostura* og sukker
on the rocks med isbiter
Ovaltine Ovomaltine (sjokoladedrikk med malt)
Pimm's cup(s) en sterk longdrink med fruktsaft og soda
  ~ **No. 1** med gin
  ~ **No. 2** med whisky
  ~ **No. 3** med rom
  ~ **No. 4** med brandy
pink champagne rosa champagne
pink lady cocktail av gin, eplebrennevin (Calvados), granateplesaft, sitronsaft og pisket eggehvite
pint måleenhet, ca. 6 dl
port (wine) portvin
porter mørkt, beskt øl
quart måleenhet, 1,14 liter (US

0,95 liter)

root beer alkoholfri leskedrikk

rum rom

rye (whiskey) amerikansk whisky laget av rug; tyngre og sterkere smak enn *bourbon*

scotch (whisky) skotsk whisky

screwdriver cocktail av vodka og appelsinjuice

shandy bittert øl blandet med ingefærøl eller brus

short drink dram

shot dram

sloe gin-fizz plommelikør med soda, sitronsaft og sukker

soda water sodavann

soft drink brus, leskedrikk

sour 1) sur 2) om drink tilsatt sitronsaft

spirits brennevin

stinger cocktail av konjakk og peppermyntelikør

stout sterkt, mørkt engelsk øl

straight ublandet (rent brenne-vin)

sweet søt

tea te

Tom Collins cocktail av gin, soda, sitronsaft og sukker

water vann

whisky sour cocktail av whisky, soda, sitronsaft og sukker

wine vin

   red ~ rød

   sparkling ~ musserende

   white ~ hvit

Minigrammatikk

Artikler

Den **bestemte** artikkel har samme form i entall og flertall: **the**.

the room — the rooms   rommet — rommene

Den **ubestemte** artikkel har to former: **a**, som brukes foran ord som begynner med en konsonant, og **an**, som brukes foran vokal eller stum **h**.

a coat	en kåpe/frakk
an umbrella	en paraply
an hour	en time

Some angir en ubestemt mengde eller et ubestemt antall. Det anvendes foran substantiv i både entall og flertall, og tilsvarer på norsk «noen», «noe», «litt».

I'd like some tea, please.	Jeg vil gjerne ha litt te.
Give me some stamps,	Gi meg noen frimerker, er
please.	De (du) snill.

Any betyr «noen»/«hvilken som helst», og brukes ofte i nektende og spørrende setninger.

There isn't any soap.	Det er ikke noe såpe her.
Do you have any stamps?	Har De (du) frimerker?
Is there any mail for me?	Er det kommet noe post til meg?

Substantiver

Flertall dannes som regel ved å føye **-(e)s** til entallsformen.

cup — cups	kopp — kopper
dress — dresses	kjole — kjoler

Obs! Hvis et substantiv slutter på **-y** i entall, endres stavemåten til **-ies** i flertall hvis y kommer etter en konsonant. Kommer den etter en vokal, anvendes den normale flertallsendelsen **-s**.

lady — ladies	dame — damer
day — days	dag — dager

Men ingen regel unten unntak...

man — men	man — menn
woman — women	kvinne — kvinner
child — children	barn — barn
foot — feet	fot — føtter
knife — knives	kniv — kniver

Genitiv

1. Når eieren er et levende vesen og når substantivet ikke slutter på **-s**, føyer man til **'s**.

the boy's room	guttens rom
Anne's dress	Annes kjole

Hvis substantivet slutter på **-s**, føyer man kun til apostroffen (').

the boy's room   guttenes rom

2. Hvis eieren ikke er et levende vesen, brukes preposisjonen **of**.

the end of the journey   reisens slutt (slutten på reisen)

Adjektiver

Adjektivet forblir uendret både foran substantivet og når det står alene.

a large brown suitcase   en stor brun koffert

Komparativ og **superlativ** kan dannes på to måter.

1. Adjektiv med én stavelse og de fleste adjektiver med to stavelser får endelsen **-(e)r** og **-(e)st**.

small — smaller — smallest   liten — mindre — minst
pretty — prettier — prettiest   søt — søtere — søtest

Obs! **-y** etter konsonant endres til **i** foran **-er** og **-est**.

2. Adjektiv med fler enn to stavelser og enkelte adjektiver med to stavelser (f.eks. de som slutter på **-ful** eller **-less**) danner komparativ og superlativ ved hjelp av **more** og **most**.

expensive (dyr) **— more expensive — most expensive**
careful (forsiktig) **— more careful — most careful**

Følgende adjektiver er uregelmessige:

good (bra) **— better — best**   **much** (mye) } **— more — most**
bad (dårlig) **— worse — worst**   **many** (mange) }
little (lite) **— less — least**

Pronomener

	personlige pronomer		eiendomspronomener	
	nominativ	akkusativ	1)	2)
jeg	**I**	**me**	**my**	**mine**
du	**you**	**you**	**your**	**yours**
han	**he**	**him**	**his**	**his**
hun	**she**	**her**	**her**	**hers**
den/det	**it**	**it**	**its**	—
vi	**we**	**us**	**our**	**ours**
dere	**you**	**you**	**your**	**yours**
de	**they**	**them**	**their**	**theirs**

Obs! På engelsk skilles det ikke mellom «du» og «De». Begge hetter **you**.

148

Verb

Tre viktige **hjelpeverb** i presens:

to be (å være)

	sammentrukket form	sammentrukket nektende form	
I am	I'm	I'm not	—
you are	you're	you're not	you aren't
he is	he's	he's not	he isn't
she is	she's	she's not	she isn't
it is	it's	it's not	it isn't
we are	we're	we're not	we aren't
you are	you're	you're not	you aren't
they are	they're	they're not	they aren't

Spørreform: **Am I? — Is he? — Are they?**

Obs! I dagligtale brukes så å si bare de sammentrukne formene.

to have (å ha)

	sammentrukket form	sammentrukket nektende form
I have	I've	I haven't
you have	you've	you haven't
he/she/it has	he's/she's/it's	he/she/it hasn't
we have	we've	we haven't
you have	you've	you haven't
they have	they've	they haven't

Spørrende: **Have you? — Has he?**

to do (å gjøre)

I do, you, he/she/it does, we do, you do, they do

Nektende: **I do not (I don't) — He does not (He doesn't)**
Spørrende: **Do you? — Does she?**

For alle hjelpeverb gjelder:

1. Nektende form dannes med **not** (ikke).
2. Spørrende form dannes ved å sette verbet foran subjektet.

Andre verb

Engelske verb beholder samme form i alle personer i **presens,** med unntak av 3. person entall der man legger til **-(e)s.**

	to speak (å snakke)	to ask (å spørre)	to go (å gå)
I	speak	ask	go
you	speak	ask	go
he/she/it	speaks	asks	goes
we/you/they	speak	ask	go

Imperfektum og **perfektum partisipp** dannes for regelmessige verb ved å føye til endelsen **-d** eller **-ed**.

Presens partisipp dannes ved å føye endelsen **-ing** til infinitivsformen.

Nektende form dannes med hjelpeverbet **do + not + infinitiv**:

I do not (don't) like this hotel.	Jeg liker ikke dette hotellet.

Spørrende form dannes med hjelpeverbet **do + subjekt + infinitiv**:

Do you drink wine?	Drikker De (du) vin?

Progressiv (pågående) form

Denne formen finnes ikke på norsk, men motsvarer «holder på med å», og dannes med hjelpeverbet **to be** fulgt av presens partisipp av verbet.

infinitiv	presens partisipp	progressiv form
to read	reading	I'm reading.
to sing	singing	She's singing.
What are you doing?		Hva er det De (du) holder på med (å gjøre)?
I'm writing a letter.		Jeg holder på (med) å skrive et brev.

Uregelmessige verb

Her er en liste over uregelmessige engelske verb. Sammensatte verb, eller verb som har prefiks, bøyes etter samme mønster som det enkle verbet; eks.: *overdrive* bøyes som *drive, mistake* som *take*.

Infinitiv	*Imperfektum*	*Perfektum partisipp*	
arise	arose	arisen	*stå opp*
awake	awoke	awoken/awaked	*vekke; våkne*
be	was	been	*være*
bear	bore	borne	*bære*
beat	beat	beaten	*slå*
become	became	become	*bli*
begin	began	begun	*begynne*
bend	bent	bent	*bøye*
bet	bet	bet	*vedde*
bid	bade/bid	bidden/bid	*by (befale)*
bind	bound	bound	*binde*
bite	bit	bitten	*bite*
bleed	bled	bled	*blø*
blow	blew	blown	*blåse*
break	broke	broken	*brekke*
breed	bred	bred	*ale opp*

bring	brought	brought	*bringe*
build	built	built	*bygge*
burn	burnt/burned	burnt/burned	*brenne*
burst	burst	burst	*briste*
buy	bought	bought	*kjøpe*
can*	could	–	*kunne*
cast	cast	cast	*kaste*
catch	caught	caught	*gripe*
choose	chose	chosen	*velge*
cling	clung	clung	*klamre seg til*
clothe	clothed/clad	clothed/clad	*kle på*
come	came	come	*komme*
cost	cost	cost	*koste*
creep	crept	crept	*krype*
cut	cut	cut	*skjære*
deal	dealt	dealt	*handle*
dig	dug	dug	*grave*
do (he does*)	did	done	*gjøre*
draw	drew	drawn	*trekke*
dream	dreamt/dreamed	dreamt/dreamed	*drømme*
drink	drank	drunk	*drikke*
drive	drove	driven	*kjøre*
dwell	dwelt	dwelt	*bo*
eat	ate	eaten	*spise*
fall	fell	fallen	*falle*
feed	fed	fed	*fôre*
feel	felt	felt	*føle*
fight	fought	fought	*slåss*
find	found	found	*finne*
flee	fled	fled	*flykte*
fling	flung	flung	*kaste*
fly	flew	flown	*fly*
forsake	forsook	forsaken	*svikte*
freeze	froze	frozen	*fryse*
get	got	got	*få*
give	gave	given	*gi*
go (he goes*)	went	gone	*gå*
grind	ground	ground	*male, knuse*
grow	grew	grown	*gro*
hang	hung	hung	*henge*
have (he has*)	had	had	*ha*
hear	heard	heard	*høre*
hew	hewed	hewed/hewn	*hugge*
hide	hid	hidden	*gjemme*
hit	hit	hit	*slå*
hold	held	held	*holde*
hurt	hurt	hurt	*såre*
keep	kept	kept	*beholde*
kneel	knelt	knelt	*knele*

---

* presens indikativ

knit	knitted/knit	knitted/knit	*strikke*
know	knew	known	*vite*
lay	laid	laid	*legge*
lead	led	led	*lede*
lean	leant/leaned	leant/leaned	*lene*
leap	leapt/leaped	leapt/leaped	*hoppe*
learn	learnt/learned	learnt/learned	*lære*
leave	left	left	*forlate*
lend	lent	lent	*låne (ut)*
let	let	let	*la; leie ut*
lie	lay	lain	*ligge*
light	lit/lighted	lit/lighted	*tenne*
lose	lost	lost	*miste*
make	made	made	*lage*
may*	might	–	*kunne (få lov)*
mean	meant	meant	*mene*
meet	met	met	*møte*
mow	mowed	mowed/mown	*slå (gress)*
must*	must	–	*måtte*
ought* (to)	ought	–	*burde*
pay	paid	paid	*betale*
put	put	put	*legge*
read	read	read	*lese*
rid	rid	rid	*befri*
ride	rode	ridden	*ride*
ring	rang	rung	*ringe*
rise	rose	risen	*reise seg*
run	ran	run	*løpe*
saw	sawed	sawn	*sage*
say	said	said	*si*
see	saw	seen	*se*
seek	sought	sought	*søke*
sell	sold	sold	*selge*
send	sent	sent	*sende*
set	set	set	*sette*
sew	sewed	sewed/sewn	*sy*
shake	shook	shaken	*riste*
shall*	should	–	*skulle*
shed	shed	shed	*felle*
shine	shone	shone	*skinne*
shoot	shot	shot	*skyte*
show	showed	shown	*vise*
shrink	shrank	shrunk	*krympe*
shut	shut	shut	*lukke*
sing	sang	sung	*synge*
sink	sank	sunk	*synke*
sit	sat	sat	*sitte*
sleep	slept	slept	*sove*
slide	slid	slid	*gli*

---

* presens indikativ

sling	slung	slung	*kaste*
slink	slunk	slunk	*luske*
slit	slit	slit	*flenge*
smell	smelled/smelt	smelled/smelt	*lukte*
sow	sowed	sown/sowed	*så*
speak	spoke	spoken	*snakke*
speed	sped/speeded	sped/speeded	*haste*
spell	spelt/spelled	spelt/spelled	*stave*
spend	spent	spent	*gi ut; tilbringe*
spill	spilt/spilled	spilt/spilled	*søle, spille*
spin	spun	spun	*spinne*
spit	spat	spat	*spytte*
split	split	split	*splitte*
spoil	spoilt/spoiled	spoilt/spoiled	*ødelegge; skjemme bort*
spread	spread	spread	*spre*
spring	sprang	sprung	*hoppe opp*
stand	stood	stood	*stå*
steal	stole	stolen	*stjele*
stick	stuck	stuck	*klebe*
sting	stung	stung	*stikke*
stink	stank/stunk	stunk	*stinke*
strew	strewed	strewed/strewn	*strø*
stride	strode	stridden	*skride*
strike	struck	struck/stricken	*slå*
string	strung	strung	*tre på snor*
strive	strove	striven	*streve*
swear	swore	sworn	*banne; sverge*
sweep	swept	swept	*feie*
swell	swelled	swollen/swelled	*hovne*
swim	swam	swum	*svømme*
swing	swung	swung	*svinge*
take	took	taken	*ta*
teach	taught	taught	*undervise*
tear	tore	torn	*rive*
tell	told	told	*fortelle*
think	thought	thought	*tenke*
throw	threw	thrown	*kaste*
thrust	thrust	thrust	*støte*
tread	trod	trodden	*trå*
wake	woke/waked	woken/waked	*våkne; vekke*
wear	wore	worn	*ha på seg*
weave	wove	woven	*veve*
weep	wept	wept	*gråte*
will *	would	—	*ville*
win	won	won	*vinne*
wind	wound	wound	*sno*
wring	wrung	wrung	*vri*
write	wrote	written	*skrive*

Engelske forkortelser

A.D.	*anno Domini*	e.Kr.
Am.	*America; American*	Amerika; amerikansk
a.m.	*ante meridiem (before noon)*	mellom kl. 00.00 og 12.00
Amtrak	*American railroad corporation*	sammenslutning av private amerikanske jernbane- selskaper
AT & T	*American Telephone and Telegraph Company*	et privat amerikansk telefon- og telegrafkompani
Ave.	*avenue*	aveny
B.C.	*before Christ*	f.Kr.
Blvd.	*boulevard*	boulevard
B.R.	*British Rail*	Britiske statsbaner
Brit.	*Britain; British*	Storbritannia; britisk
Bros.	*brothers*	brødrene (i firmanavn)
¢	*cent*	1/100 dollar
Can.	*Canada; Canadian*	Canada; kanadisk
CID	*Criminal Investigation Department*	Det britiske kriminalpoliti
CNR	*Canadian National Railway*	Kanadiske statsbaner
c/o	*(in) care of*	adressert
Co.	*company*	kompani
Corp.	*corporation*	samvirkelag
CPR	*Canadian Pacific Railways*	et privat kanadisk jernbaneselskap
D.C.	*District of Columbia*	Columbia-distriktet (Washington, D.C.)
DDS	*Doctor of Dental Science*	tannlege
e.g.	*for instance*	f.eks.
Eng.	*England; English*	England; engelsk
EU	*European Union*	Den europeiske union
ft.	*foot/feet*	fot (30,5 cm)
GB	*Great Britain*	Storbritannia
H.H.	*His Holiness*	Hans Hellighet
H.M.	*His/her Majesty*	Hans/Hennes Majestet
H.M.S.	*Her Majesty's ship*	britisk marineskip
hp	*horsepower*	hestekraft
i.e.	*that is to say*	dvs.
in.	*inch*	tomme (2,54 cm)
Inc.	*incorporated*	A/S

£	*pound sterling*	engelsk pund
L.A.	*Los Angeles*	Los Angeles
Ltd.	*limited*	A/S
M.D.	*Doctor of Medicine*	lege
M.P.	*Member of Parliament*	medlem av Det britisk parlament
mph	*miles per hour*	eng. mil i timen
Mr.	*Mister*	herr
Mrs.	*Missis*	fru
Ms.	*Missis/Miss*	fru/frk.
nat.	*national*	nasjonal
No.	*number*	nr.
N.Y.C.	*New York City*	byen New York
p.	*page; penny/pence*	side; $^1/_{100}$ pund
p.a.	*per annum*	pr. år
Ph.D.	*Doctor of Philosophy*	dr. philos.
p.m.	*post meridiem (after noon)*	mellom kl. 12.00 og 24.00
PO	*Post Office*	postkontor
P.T.O.	*please turn over*	vennligst bla om
RCMP	*Royal Canadian Mounted Police*	Det kongelige kanadiske ridende politi
Rd.	*road*	vei, veg
ref.	*reference*	referanse
Rev.	*reverend*	pastor
RFD	*rural free delivery*	postboks (på landsbygda)
RR	*railroad*	jernbane
RSVP	*please reply*	vennligst svar
$	*dollar*	dollar
Soc.	*society*	selskap
St.	*saint; street*	sankt; gate
STD	*Subscriber Trunk Dialling*	automattelefon
UN	*United Nations*	FN
US	*United States*	USA
USS	*United States Ship*	amerikansk marineskip
VAT	*value added tax*	meromsetningsskatt
VIP	*very important person*	betydningsfull person
Xmas	*Christmas*	jul
yd.	*yard*	yard (91,44 cm)
YMCA	*Young Men's Christian Association*	KFUM
YWCA	*Young Women's Christian Association*	KFUK
ZIP	*ZIP code*	postnummer

Tall

Grunntall		**Ordenstall**	
0	zero	1st	first
1	one	2nd	second
2	two	3rd	third
3	three	4th	fourth
4	four	5th	fifth
5	five	6th	sixth
6	six	7th	seventh
7	seven	8th	eighth
8	eight	9th	ninth
9	nine	10th	tenth
10	ten	11th	eleventh
11	eleven	12th	twelfth
12	twelve	13th	thirteenth
13	thirteen	14th	fourteenth
14	fourteen	15th	fifteenth
15	fifteen	16th	sixteenth
16	sixteen	17th	seventeenth
17	seventeen	18th	eighteenth
18	eighteen	19th	nineteenth
19	nineteen	20th	twentieth
20	twenty	21st	twenty-first
21	twenty-one	22nd	twenty-second
22	twenty-two	23rd	twenty-third
23	twenty-three	24th	twenty-fourth
24	twenty-four	25th	twenty-fifth
25	twenty-five	26th	twenty-sixth
30	thirty	27th	twenty-seventh
40	forty	28th	twenty-eighth
50	fifty	29th	twenty-ninth
60	sixty	30th	thirtieth
70	seventy	40th	fortieth
80	eighty	50th	fiftieth
90	ninety	60th	sixtieth
100	a/one hundred	70th	seventieth
230	two hundred and thirty	80th	eightieth
1,000	a/one thousand	90th	ninetieth
10,000	ten thousand	100th	hundredth
100,000	a/one hundred thousand	230th	two hundred and thirtieth
1,000,000	a/one million	1,000th	thousandth

Klokken

Både engelskmennene og amerikanerne anvender uttrykkene *a.m. (ante meridiem)* om tiden etter midnatt frem til kl. 12, og *p.m. (post meridiem)* om tiden etter kl. 12 frem til midnatt. I England går man imidlertid mer og mer over til å bruke 24-timerssystemet.

Eksempler:

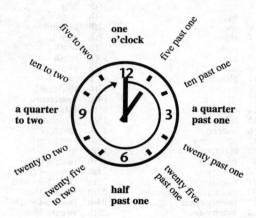

I'll come at seven a.m. Jeg kommer kl. 7 om morgenen.
I'll come at two p.m. Jeg kommer kl. 2 om etter-
                              middagen.
I'll come at eight p.m. Jeg kommer kl. 8 om kvelden.

Dagene

Sunday	søndag	*Thursday*	torsdag
Monday	mandag	*Friday*	fredag
Tuesday	tirsdag	*Saturday*	lørdag
Wednesday	onsdag		

Noen vanlige uttrykk

Some Basic Phrases

Vennligst.	Please.
Mange takk.	Thank you very much.
Ingen årsak.	Don't mention it.
God morgen.	Good morning.
God dag *(ettermiddag)*.	Good afternoon.
God kveld.	Good evening.
God natt.	Good night.
Adjø.	Good-bye.
På gjensyn.	See you later.
Hvor er…?	Where is/Where are…?
Hva heter (kalles) dette?	What do you call this?
Hva betyr det?	What does that mean?
Snakker De engelsk?	Do you speak English?
Snakker De tysk?	Do you speak German?
Snakker De fransk?	Do you speak French?
Snakker De spansk?	Do you speak Spanish?
Snakker De italiensk?	Do you speak Italian?
Kunne De snakke litt langsommere?	Could you speak more slowly, please?
Jeg forstår ikke.	I don't understand.
Kan jeg få…?	Can I have…?
Kan De vise meg…?	Can you show me…?
Kan De si meg…?	Can you tell me…?
Kan De være så vennlig å hjelpe meg?	Can you help me, please?
Jeg vil gjerne ha…	I'd like…
Vi ville gjerne ha…	We'd like…
Vennligst, gi meg…	Please give me…
Vennligst, hent…til meg.	Please bring me…
Jeg er sulten.	I'm hungry.
Jeg er tørst.	I'm thirsty.
Jeg har gått meg vill.	I'm lost.
Skynd Dem!	Hurry up!

| Det finnes... | There is/There are... |
| Det finnes ikke... | There isn't/There aren't... |

Ankomst / Arrival

Passet, takk.	Your passport, please.
Har De noe å fortelle?	Have you anything to declare?
Nei, ingenting.	No, nothing at all.
Kan De hjelpe meg med bagasjen?	Can you help me with my luggage, please?
Hvor tar man bussen til sentrum?	Where's the bus to the centre of town, please?
Denne vei.	This way, please.
Hvor kan jeg få tak i en drosje?	Where can I get a taxi?
Hva koster det til...?	What's the fare to...?
Vennligst, kjør meg til denne adressen.	Take me to this address, please.
Jeg har det travelt.	I'm in a hurry.

Hotell / Hotel

Mitt navn er...	My name is...
Har De bestilt?	Have you a reservation?
Jeg vil gjerne ha et rom med bad.	I'd like a room with a bath.
Hva koster det for en natt?	What's the price per night?
Kan jeg få se rommet?	May I see the room?
Hvilket værelsesnummer har jeg?	What's my room number, please?
Her er ikke noe varmt vann.	There's no hot water.
Kan jeg få snakke med direktøren?	May I see the manager, please?
Har det vært noen telefon til meg?	Did anyone telephone me?
Er det noe post til meg?	Is there any mail for me?
Kan jeg få regningen, takk.	May I have my bill (check), please?

Restaurant / Eating out

| Har De en fast meny? | Do you have a fixed-price menu? |
| Kan jeg få se spisekartet? | May I see the menu? |

Kan vi få et askebeger, takk?	May we have an ashtray, please?
Hvor er toalettet?	Where's the toilet, please?
Jeg vil gjerne ha en forrett.	I'd like an hors d'œuvre (starter).
Har De suppe?	Have you any soup?
Jeg vil gjerne ha fisk.	I'd like some fish.
Hva slags fisk har dere?	What kind of fish do you have?
Jeg vil gjerne ha en biff.	I'd like a steak.
Hvilke grønnsaker har dere?	What vegetables have you got?
Takk, jeg er forsynt.	Nothing more, thanks.
Hva vil De ha å drikke?	What would you like to drink?
Jeg vil gjerne ha en øl, takk.	I'll have a beer, please.
Jeg vil gjerne ha en flaske vin.	I'd like a bottle of wine.
Regningen, takk!	May I have the bill (check), please?
Er service inkludert?	Is service included?
Takk. Det smakte utmerket.	Thank you, that was a very good meal.

På reise

Travelling

Hvor er jernbanestasjonen?	Where's the railway station, please?
Unnskyld, kan De si meg hvor billettluken er?	Where's the ticket office, please?
Jeg vil gjerne ha en billett til...	I'd like a ticket to...
Første eller annen klasse?	First or second class?
Første, takk.	First class, please.
Enkeltbillett eller tur-retur?	Single or return (one way or roundtrip)?
Må jeg bytte tog?	Do I have to change trains?
Fra hvilken plattform går toget til...?	What platform does the train for... leave from?
Hvor er nærmeste undergrunnsstasjon?	Where's the nearest underground (subway) station?
Hvor er buss-stasjonen?	Where's the bus station, please?
Når går den første bussen til...?	When's the first bus to...?
Vil De slippe meg av på neste holdeplass?	Please let me off at the next stop.

Fornøyelser

Hva går på kino?

Når begynner filmen?

Er det noen billetter igjen til i kveld?

Hvor kan vi gå for å danse?

Relaxing

What's on at the cinema (movies)?

What time does the film begin?

Are there any tickets for tonight?

Where can we go dancing?

Bekjentskap

God dag.

Hvordan står det til?

Bare bra, takk. Og med Dem?

Kan jeg få presentere...?

Mitt navn er...

Gleder meg (å treffe Dem).

Hvor lenge har De vært her?

Det var hyggelig å treffe Dem.

Har De noe imot at jeg røyker?

Unnskyld, kan De gi meg fyr på sigaretten?

Kan jeg by Dem på en drink?

Vil De spise middag med meg i kveld?

Hvor skal vi møtes?

Meeting people

How do you do.

How are you?

Very well, thank you. And you?

May I introduce...?

My name is...

I'm very pleased to meet you.

How long have you been here?

It was nice meeting you.

Do you mind if I smoke?

Do you have a light, please?

May I get you a drink?

May I invite you for dinner tonight?

Where shall we meet?

Forretninger, varehus, etc.

Unnskyld, hvor er nærmeste bank?

Hvor kan jeg innløse reisesjekker?

Kan De gi meg litt vekslepenger?

Hvor er nærmeste apotek?

Hvordan kommer jeg dit?

Er det langt å gå dit?

Shops, stores and services

Where's the nearest bank, please?

Where can I cash some travellers' cheques?

Can you give me some small change, please?

Where's the nearest chemist's (pharmacy)?

How do I get there?

Is it within walking distance?

Kan De være så vennlig å hjelpe meg?	Can you help me, please?
Hvor mye koster dette? Og det?	How much is this? And that?
Det er ikke akkurat hva jeg vil ha.	It's not quite what I want.
Jeg liker det.	I like it.
Kan De anbefale noe for solforbrenning?	Can you recommend something for sunburn?
Jeg vil gjerne ha håret klippet.	I'd like a haircut, please.
Jeg vil gjerne ha en manikyr.	I'd like a manicure, please.

Vi spør om veien	**Street directions**
Kan De vise meg på dette kartet hvor jeg er?	Can you show me on the map where I am?
De er på feil vei.	You are on the wrong road.
Kjør/Gå rett frem.	Go/Walk straight ahead.
Det er på venstre/på høyre side.	It's on the left/on the right.

Ulykker	**Emergencies**
Tilkall en lege – fort.	Call a doctor quickly.
Ring etter en sykebil.	Call an ambulance.
Tilkall politiet.	Please call the police.

norwegian-english

norsk-engelsk

Abbreviations

adj	adjective	*pl*	plural
adv	adverb	*plAm*	plural (American)
Am	American		
art	article	*pp*	past participle
c	common gender	*pr*	present tense
conj	conjunction	*pref*	prefix
n	noun	*prep*	preposition
nAm	noun (American)	*pron*	pronoun
nt	neuter	*suf*	suffix
num	numeral	*v*	verb
p	past tense	*vAm*	verb (American)

Introduction

This dictionary has been designed to take account of your practical needs. Unnecessary linguistic information has been avoided. The entries are listed in alphabetical order, regardless of whether the entry is printed in a single word or in two or more separate words. As the only exception to this rule, a few idiomatic expressions are listed alphabetically as main entries by the most significant word of the expression. When an entry is followed by sub-entries, such as expressions and locutions, these are also listed in alphabetical order[1].

Each main-entry word is followed by a phonetic transcription (see guide to pronunciation). Following the transcription, the part of speech of the entry word is indicated, whenever applicable. If an entry word is used as more than one part of speech, the translations are grouped together after the respective part of speech.

In the regular indefinite plural, both common and neuter nouns take an -(e)r ending. Exceptions: common nouns ending in -er take ~e (e.g.: arbeider, pl arbeidere), and monosyllabic neuter nouns remain unchanged (e.g.: barn, pl barn).

All irregular plural forms of nouns not conforming to these rules are given in brackets after the part of speech.

Whenever an entry word is repeated in irregular forms or sub-entries, a tilde (~) is used to represent the full word. In plurals of long words, only the part that changes is written out fully, whereas the unchanged part is represented by a hyphen (-).

Entry word:	mus c (pl ~)	Plural:	mus
	vidunder nt (pl ~, ~e)		vidunder, vidundere
	antibiotikum nt (pl -ka)		antibiotika

An asterisk (*) in front of a verb indicates that it is irregular. For more detail, refer to the list of irregular verbs.

---

[1] Note that the Norwegian alphabet comprises 29 letters; æ, ø and å are considered independent characters and come after z, in that order.

Guide to Pronunciation

Each main entry in this part of the dictionary is followed by a phonetic transcription which shows you how to pronounce the words. This transcription should be read as if it were English. It is based on Standard British pronunciation, though we have tried to take account of General American pronunciation also. Below, only those letters and symbols are explained which we consider likely to be ambiguous or not immediately understood.

The syllables are separated by hyphens, and stressed syllables are printed in *italics*.

Of course, the sounds of any two languages are never exactly the same, but if you follow carefully our indications, you should be able to pronounce the foreign words in such a way that you'll be understood. To make your task easier, our transcriptions occasionally simplify slightly the sound system of the language while still reflecting the essential sound differences.

Consonants

g	always hard, as in **g**o
kh	quite like **h** in **h**uge, but with the tongue raised a little higher
r	rolled in the front of the mouth, except in south-western Norway, where it's pronounced in the back of the mouth
s	always hard, as in **s**o

The consonants **d**, **l**, **n**, **s**, **t**, if preceded by **r**, are generally pronounced with the tip of the tongue turned up well behind the upper front teeth. The **r** then ceases to be pronounced.

Vowels and Diphthongs

aa	long **a**, as in c**a**r, without any **r**-sound
ah	a short version of **aa**; between **a** in c**a**t and **u** in c**u**t
aw	as in r**aw** (British pronunciation)
æ	like **a** in c**a**t
ææ	a long **æ**-sound
eh	like **e** in g**e**t
er	as in oth**er**, without any **r**-sound
ew	a "rounded **ee**-sound". Say the vowel sound **ee** (as in s**ee**), and while saying it, round your lips as for **oo** (as in s**oo**n), without moving your tongue; when your lips are in the **oo** position, but your tongue in the **ee** position, you should be pronouncing the correct sound
igh	as in s**igh**
o	always as in h**o**t (British pronunciation)
ou	as in l**ou**d
ur	as in f**ur**, but with rounded lips and no **r**-sound

1) A bar over a vowel symbol (e.g. **ew̄**) shows that this sound is long.
2) Raised letters (e.g. **ᵞaa**, **ew**ᵉᵉ) should be pronounced only fleetingly.

Tones

In Norwegian there are two "tones": one is rising, the other consists of a falling pitch followed by a rise. As these tones are complex and very hard to copy, we do not indicate them, but mark their position as stressed.

A

abbedi (ah-ber-*dee*) *nt* abbey
abnorm (ahb-*norm*) *adj* abnormal
abonnement (ah-boo-ner-*mahngng*) *nt* subscription
abonnent (ah-boo-*nehnt*) *c* subscriber
abort (ah-*bott*) *c* abortion; miscarriage
absolutt (ahp-soo-*lewtt*) *adj* very, sheer; *adv* absolutely
abstrakt (ahp-*strahkt*) *adj* abstract
absurd (ahp-*sewrd*) *adj* absurd
adapter (ah-*dap*-terr) *nt* adaptor
addisjon (ah-di-*shoon*) *c* addition
adekvat (ah-deh-*kvaat*) *adj* adequate
adel (*aa*-derl) *c* nobility
adelig (aa-der-li) *adj* noble
adgang (*aad*-gahng) *c* admission, entrance, admittance, entry; ~ **forbudt** no entry, no admittance
adjektiv (*ahd*-Yehk-tiv) *nt* adjective
adkomst (*aad*-komst) *c* access
•**adlyde** (*aad*-lew-der) *v* obey
administrasjon (ahd-mi-ni-strah-*shoon*) *c* administration
administrerende (ahd-mi-ni-*stray*-rerner) *adj* administrative; executive
admiral (ahd-mi-*raal*) *c* admiral
adoptere (ah-doop-*tay*-rer) *v* adopt
adressat (ahd-reh-*saat*) *c* addressee
adresse (ah-*drehss*-ser) *c* address
adressere (ahd-reh-*say*-rer) *v* address
advare (*aad*-vaa-rer) *v* caution, warn
advarsel (*aad*-vah-sherl) *c* (pl -sler) warning
adverb (ahd-*værb*) *nt* adverb
advokat (ahd-voo-*kaat*) *c* lawyer, barrister; solicitor, attorney
affektert (ah-fehk-*tayt*) *adj* affected
affære (ah-*fææ*-rer) *c* business
Afrika (*aaf*-ri-kah) Africa
afrikaner (ahf-ri-*kaa*-nerr) *c* African
afrikansk (ahf-ri-*kaansk*) *adj* African
aften (*ahf*-tern) *c* night, evening
aftensmat (*ahf*-terns-maat) *c* supper
agent (ah-*gehnt*) *c* agent
agentur (ah-gehn-*tewr*) *nt* agency
aggressiv (*ahg*-greh-seev) *adj* aggressive
agn (ahngn) *nt* bait
agurk (ah-*gewrk*) *c* cucumber
AIDS (ayds) AIDS
akademi (ah-kah-day-*mee*) *nt* academy
akkompagnere (ah-koom-pahn-*Yay*-rer) *v* accompany
akkreditiv (ah-kreh-di-*teev*) *nt* letter of credit
akkurat (ah-kew-*raat*) *adj* just; exact; *adv* exactly
aksel (*ahk*-serl) *c* (pl aksler) axle
akselerere (*ahk*-ser-ler-*ray*-rer) *v* ac-

celerate

aksent (ahk-*sahngng*) c accent

akseptere (ahk-sehp-*tay*-rer) v accept

aksje (*ahk*-sher) c share, stock

aksjon (ahk-*shoon*) c action

akt (ahkt) c act; nude

akte (*ahk*-ter) v esteem

aktelse (*ahk*-terl-ser) c respect; esteem

akterspeil (*ahk*-ter-shpayl) nt (pl ~) stern, rear

aktiv (*ahk*-tiv) adj active

aktivitet (ahk-ti-vi-*tayt*) c activity

aktuell (ahk-tew-*ehll*) adj topical; current

akutt (ah-*kewtt*) adj acute

akvarell (ahk-vah-*rehll*) c water-colour

alarm (ah-*lahrm*) c alarm

alarmere (ah-lahr-*may*-rer) v alarm

albue (*ahl*-bew-er) c elbow

album (*ahl*-bewm) nt album

alder (*ahl*-derr) c (pl ~e, aldrer) age

alderdom (*ahl*-der-dom) c old age, age

aldri (*ahl*-dri) adv never

alene (ah-*lay*-ner) adv alone; only

ale opp (*aa*-ler) *breed, raise

alfabet (ahl-fah-*bayt*) nt alphabet

algebra (*ahl*-geh-brah) c algebra

Algerie (ahl-sheh-*ree*) Algeria

algerier (ahl-*shay*-ri-err) c Algerian

algerisk (ahl-*shay*-risk) adj Algerian

alkohol (ahl-koo-*hool*) c alcohol

alkoholholdig (ahl-koo-*hool*-hol-di) adj alcoholic; **alkoholholdige drikker** spirits

all (ahll) adj all

allé (ah-*lay*) c alley

allerede (ah-ler-*ray*-der) adv already

allergi (ahl-ær-*gee*) c allergy

allianse (ah-li-*ahng*-ser) c alliance

allierte (ah-li-*ay*-ter) pl Allies pl

allikevel (ah-*lee*-ker-vehl) conj yet

allmektig (*ahl*-mehk-ti) adj omnipotent

allsidig (*ahl*-see-di) adj all-round

alltid (*ahl*-ti) adv always; ever

allting (*ahl*-ting) pron everything

alm (ahlm) c elm

almanakk (ahl-mah-*nahkk*) c diary, almanac

almen (*ahl*-mayn) adj public; general

alminnelig (ahl-*min*-ner-li) adj plain, customary, common

alpelue (*ahl*-per-lew-er) c beret

alt (ahlt) pron everything; c alto

alter (*ahl*-terr) nt (pl altre) altar

alternativ (ahl-tæ-nah-teev) nt alternative

altfor (*ahlt*-for) adv too

altså (*ahlt*-so) adv consequently

alv (ahlv) c elf

alvor (*ahl*-vor) nt seriousness, gravity

alvorlig (ahl-*vaw*-li) adj serious, bad, grave

ambassade (ahm-bah-*saa*-der) c embassy

ambassadør (ahm-bah-sah-*durr*) c ambassador

ambisiøs (ahm-bi-si-*urss*) adj ambitious

ambulanse (ahm-bew-*lahng*-ser) c ambulance

Amerika (ah-*may*-ri-kah) America

amerikaner (ah-meh-ri-*kaa*-nerr) c American

amerikansk (ah-meh-ri-*kaansk*) adj American

ametyst (ah-mer-*tewst*) c amethyst

amme (*ahm*-mer) v nurse

amnesti (ahm-ner-*stee*) nt amnesty

amulett (ah-mew-*lehtt*) c lucky charm, charm

analfabet (ahn-nahl-fah-*bayt*) c illiterate

analyse (ahn-ah-*lew*-ser) c analysis

analysere (ahn-ah-lew-*say*-rer) v analyse

analytiker (ahn-ah-*lewt*-ti-kerr) c analyst

ananas (*ahn*-nah-nahss) *c* pineapple

anarki (ahn-ahr-*kee*) *nt* anarchy

anatomi (ahn-ah-too-*mee*) *c* anatomy

anbefale (*ahn*-beh-faa-ler) *v* recommend

anbefaling (*ahn*-beh-faa-ling) *c* recommendation

and (ahnn) *c* (pl ender) duck

ane (*aa*-ner) *v* suspect, guess

anelse (*aa*-nerl-ser) *c* notion; suspicion

anemi (ahn-eh-*mee*) *c* anaemia

anerkjenne (*ahn*-nær-kheh-ner) *v* recognize, acknowledge

anerkjennelse (*ahn*-nær-kheh-nerl-ser) *c* recognition

anfall (*ahn*-fahl) *nt* (pl ~) fit

anfører (*ahn*-fūr-rerr) *c* leader

anførselstegn (*ahn*-fur-sherls-tayn) *pl* quotation marks

anger (*ahng*-ngerr) *c* repentance

*****angi** (*ahn*-ʸee) *v* indicate

angre (*ahng*-rer) *v* regret, repent

angrep (*ahn*-grāyp) *nt* (pl ~) attack; raid

*****angripe** (*ahn*-gree-per) *v* attack, assault

angst (ahngst) *c* fright

*****angå** (*ahn*-gaw) *v* concern

angående (*ahn*-gaw-erner) *prep* regarding, about, as regards, concerning

ankel (*ahng*-kerl) *c* (pl ankler) ankle

anker (*ahng*-kerr) *nt* (pl ankre) anchor

anklage¹ (*ahn*-klaa-ger) *v* accuse, charge

anklage² (*ahn*-klaa-ger) *c* charge

anklagede (*ahn*-klaa-ger-der) accused

*****ankomme** (*ahn*-ko-mer) *v* arrive

ankomst (*ahn*-komst) *c* arrival

ankomsttid (*ahn*-komst-teed) *c* time of arrival

anledning (ahn-*lāyd*-ning) *c* chance, opportunity; *****ha ~ til** afford

anlegg (*ahn*-lehg) *nt* (pl ~) aptitude; construction

anliggende (*ahn*-li-ger-ner) *nt* affair, concern

anmassende (*ahn*-mah-ser-ner) *adj* presumptuous

anmelde (*ahn*-meh-ler) *v* report; review

anmeldelse (*ahn*-meh-lerl-ser) *c* review

anmode (*ahn*-mōō-der) *v* request

anmodning (*ahn*-mōōd-ning) *c* request

anneks (ah-*nehks*) *nt* annex

annektere (ah-nehk-*tāy*-rer) *v* annex

annen (*aa*-ern) *num* second; *pron* other

annerledes (*ahn*-ner-lāy-derss) *adv* otherwise; *adj* different

annetsteds (*aa*-ern-stehss) *adv* elsewhere

annonse (ah-*nong*-ser) *c* advertisement

annullere (ah-new-*lāy*-rer) *v* cancel; recall

annullering (ah-new-*lāy*-ring) *c* cancellation

anonym (ah-noo-*nēwm*) *adj* anonymous

anordning (*ahn*-nod-ning) *c* arrangement

ansatt (*ahn*-saht) *c* (pl ~e) employee

*****anse** (*ahn*-sāy) *v* consider, regard

anseelse (*ahn*-sāy-erl-ser) *c* reputation

anselig (ahn-*sāy*-li) *adj* considerable, substantial

*****ansette** (*ahn*-seh-ter) *v* engage

ansikt (*ahn*-sikt) *nt* face

ansiktskrem (*ahn*-sikts-krāym) *c* face-cream

ansiktsmaske (*ahn*-sikts-mahss-ker) *c* face-pack

ansiktsmassasje (*ahn*-sikts-mah-saa-sher) *c* face massage

ansiktspudder (*ahn*-sikts-pew-derr) *nt* face-powder

ansiktstrekk (*ahn*-sikts-trehk) *nt* feature

ansjos (ahn-*shōōss*) *c* anchovy

anskaffe (*ahn*-skah-fer) *v* *buy, *get

anskaffelse (*ahn*-skah-ferl-ser) *c* purchase

anspennelse (*ahn*-speh-nerl-ser) *c* strain

anspent (*ahn*-spehnt) *adj* tense

anspore (*ahn*-spōō-rer) *v* incite

anstalt (*ahn*-stahlt) *c* institute

anstendig (ahn-*stehn*-di) *adj* decent

anstendighet (ahn-*stehn*-di-hāyt) *c* decency

anstrengelse (*ahn*-strayng-erl-ser) *c* effort, strain

anstrenge seg (*ahn*-streh-nger) labour; try

anstøt (*ahn*-stūrt) *nt* (pl ~) offence

anstøtende (*ahn*-stūrt-erner) *adj* offensive

ansvar (*ahn*-svahr) *nt* liability, responsibility

ansvarlig (ahn-*svaa*-li) *adj* liable, responsible; ~ **for** in charge of

ansøke (*ahn*-sūr-ker) *v* apply

ansøkning (*ahn*-sūrk-ning) *c* request; application

*anta (*ahn*-taa) *v* assume, suppose; guess

antakelig (ahn-*taa*-ker-li) *adj* presumable

antall (*ahn*-tahl) *nt* (pl ~) number; quantity

antenne (ahn-*tehn*-ner) *c* aerial

antibiotikum (ahn-ti-bi-ōō-ti-kewm) *nt* (pl -ka) antibiotic

antikk (ahn-*tikk*) *adj* antique

antikvitet (ahn-ti-kvi-*tāyt*) *c* antique

antikvitetshandler (ahn-ti-kvi-*tāyts*-hahnd-lerr) *c* antique dealer

antipati (ahn-ti-pah-*tee*) *c* dislike

antologi (ahn-too-loo-*gee*) *c* anthology

antyde (*ahn*-tēw-der) *v* indicate; imply

anvende (*ahn*-veh-ner) *v* employ, apply; utilize

anvendelig (ahn-*vehn*-ner-li) *adj* usable

anvendelse (*ahn*-veh-nerl-ser) *c* application

anvise (*ahn*-vee-ser) *v* indicate

ape (*aa*-per) *c* monkey

aperitiff (ah-peh-ri-*tiff*) *c* aperitif

apotek (ah-poo-*tāyk*) *nt* pharmacy, chemist's; drugstore *nAm*

apoteker (ah-poo-*tāy*-kerr) *c* chemist

apparat (ah-pah-*raat*) *nt* apparatus, machine; appliance

appell (ah-*pehll*) *c* appeal

appelsin (ah-perl-*seen*) *c* orange

appetitt (ah-per-*titt*) *c* appetite

appetittlig (ah-per-*tit*-li) *adj* appetizing

appetittvekker (ah-per-*tit*-veh-kerr) *c* appetizer

applaudere (ahp-lou-*dāy*-rer) *v* clap

applaus (ah-*plouss*) *c* applause

aprikos (ahp-ri-*kōōss*) *c* apricot

april (ah-*preel*) April

araber (ah-*raa*-berr) *c* Arab

arabisk (ah-*raa*-bisk) *adj* Arab

arbeid (*ahr*-bay) *nt* labour, work; employment

arbeide (*ahr*-bay-der) *v* work

arbeider (ahr-*bay*-derr) *c* labourer, worker, workman

arbeidsbesparende (*ahr*-bayss-beh-spaa-rer-ner) *adj* labour-saving

arbeidsdag (*ahr*-bayss-daag) *c* working day

arbeidsformidling (*ahr*-bayss-for-mid-ling) *c* employment exchange

arbeidsgiver (*ahr*-bayss-Yee-verr) *c*

employer; master

arbeidsløs (*ahr*-bayss-lūrss) *adj* unemployed

arbeidsløshet (*ahr*-bayss-lūrss-hāyt) *c* unemployment

arbeidstillatelse (*ahr*-bayss-ti-laa-terl-ser) *c* work permit; labor permit *Am*

areal (ah-reh-*aal*) *nt* area

Argentina (ahr-gern-*tee*-nah) Argentina

argentiner (ahr-gern-*tee*-nerr) *c* Argentinian

argentinsk (ahr-gern-*teensk*) *adj* Argentinian

argument (ahr-gew-*mehnt*) *nt* argument

argumentere (ahr-gew-mehn-*tāy*-rer) *v* argue

ark (ahrk) *nt* sheet

arkade (ahr-*kaa*-der) *c* arcade

arkeolog (ahr-keh-oo-*lawg*) *c* archaeologist

arkeologi (ahr-keh-oo-loo-*gee*) *c* archaeology

arkitekt (ahr-ki-*tehkt*) *c* architect

arkitektur (ahr-ki-tehk-*tewr*) *c* architecture

arkiv (ahr-*keev*) *nt* archives *pl*

arm (ahrm) *c* arm; **arm i arm** arm-in-arm

armbånd (*ahrm*-bon) *nt* (pl ~) bangle, bracelet

armbåndsur (*ahrm*-bons-ēwr) *nt* (pl ~) wrist-watch

armé (ahr-*māy*) *c* army

aroma (ah-*rōo*-mah) *c* aroma

arr (ahrr) *nt* scar

arrangere (ah-rahng-*shāy*-rer) *v* arrange

arrestasjon (ah-reh-stah-*shōon*) *c* arrest, capture

arrestere (ah-reh-*stāy*-rer) *v* arrest

art (ahtt) *c* species

artikkel (ah-*tik*-kerl) *c* (pl artikler) article

artisjokk (ah-ti-*shokk*) *c* artichoke

artistisk (ah-*tiss*-tisk) *adj* artistic

arv (ahrv) *c* inheritance

arve (*ahr*-ver) *v* inherit

arvelig (*ahr*-ver-li) *adj* hereditary

asbest (ahss-*behst*) *c* asbestos

asfalt (*ahss*-fahlt) *c* asphalt

Asia (*aa*-si-ah) Asia

asiat (ah-si-*aat*) *c* Asian

asiatisk (ah-si-*aa*-tisk) *adj* Asian

aske (*ahss*-ker) *c* ash

askebeger (*ahss*-ker-bāy-gerr) *nt* (pl -gre) ashtray

asparges (ah-*spahr*-gerss) *c* (pl ~) asparagus

aspekt (ah-*spehkt*) *nt* aspect

aspirin (ahss-pi-*reen*) *c* aspirin

assistanse (ah-si-*stahng*-ser) *c* assistance

assistent (ah-si-*stehnt*) *c* assistant

astma (*ahst*-mah) *c* asthma

astronomi (ah-stroo-noo-*mee*) *c* astronomy

asyl (ah-*sēwl*) *nt* asylum

at (ahtt) *conj* that

ateist (ah-teh-*ist*) *c* atheist

Atlanterhavet (aht-*lahn*-terr-haa-ver) Atlantic

atlet (aht-*lāyt*) *c* athlete

atmosfære (aht-mooss-*fææ*-rer) *c* atmosphere

atom (ah-*tōom*) *nt* atom; **atom**-atomic

atskillelse (*aat*-shi-lerl-ser) *c* separation

atskillige (aht-*shil*-li-er) *adj* several

atskilt (*aat*-shilt) *adj* separate; *adv* apart

atspredelse (*aat*-sprāy-derl-ser) *c* amusement, diversion; recreation

atten (*aht*-tern) *num* eighteen

attende (*aht*-terner) *num* eighteenth

atter (*aht*-terr) *adv* again

attest (ah-*tehst*) *c* certificate

attraksjon (ah-trahk-*shoon*) *c* attraction

attrå (*aht*-raw) *c* desire, lust

attråverdig (*aht*-raw-vær-di) *adj* desirable

aubergine (o-behr-*sheen*) *c* eggplant

auditorium (ou-di-*too*-ri-ewm) *nt* (pl -ier) auditorium

august (ou-*gewst*) August

auksjon (ouk-*shoon*) *c* auction

Australia (ou-*straa*-li-ah) Australia

australier (ou-*straa*-li-err) *c* Australian

australsk (ou-*straalsk*) *adj* Australian

autentisk (ou-*tehn*-tisk) *adj* authentic

automat (ou-too-*maat*) *c* slot-machine; vending machine

automatisering (ou-too-mah-ti-*say*-ring) *c* automation

automatisk (ou-too-*maa*-tisk) *adj* automatic

automobilklubb (ou-too-moo-*beel*-klewb) *c* automobile club

autorisasjon (ou-too-ri-sah-*shoon*) *c* authorization

autoritet (ou-too-ri-*tayt*) *c* authority

autoritær (ou-too-ri-*tæær*) *adj* authoritarian

av (aav) *prep* by, of; for, with, *adv* off, *prep* from; off; ~ **og til** sometimes, occasionally

avansert (ah-vahng-*sayt*) *adj* advanced

avbestille (*aav*-beh-sti-ler) *v* cancel

avbetale (*aav*-beh-tah-ler) *v* *pay on account; *pay instalments on

avbetalingskjøp (*aav*-beh-tah-lings-khürp) *nt* (pl ~) hire-purchase

*avbryte (*aav*-brēw-ter) *v* interrupt

avbrytelse (*aav*-brēwt-erl-ser) *c* interruption

avdekke (*aav*-deh-ker) *v* uncover

avdeling (ahv-*day*-ling) *c* department; division, section

avdrag (*aav*-draag) *nt* (pl ~) instalment

aveny (ah-ver-*nēw*) *c* avenue

avfall (*aav*-fahl) *nt* rubbish, refuse, garbage, litter

avfatte (*aav*-fah-ter) *v* *draw up

avføringsmiddel (*aav*-fūr-rings-mi-derl) *nt* (pl -midler) laxative

avgangstid (*aav*-gahngs-teed) *c* time of departure

avgifter (*aav*-yif-terr) *pl* dues *pl*

avgiftspliktig (*aav*-yifts-plik-ti) *adj* dutiable

*avgjøre (*aav*-yür-rer) *v* decide

avgjørelse (*aav*-yür-rerl-ser) *c* decision

avgrunn (*aav*-grewn) *c* abyss

avgud (*aav*-gēwd) *c* idol

avhandling (*aav*-hahnd-ling) *c* essay, treatise

avhengig (*aav*-heh-ngi) *adj* dependant

avhente (*aav*-hehn-ter) *v* collect, fetch

*avholde seg fra (*aav*-ho-ler) abstain from

avholdsmann (*aav*-hols-mahn) *c* (pl -menn) teetotaller

avis (ah-*veess*) *c* newspaper

avishandler (ah-*vee*-s-hahnd-lerr) *c* newsagent

aviskiosk (ah-*veess*-khosk) *c* newsstand

avlang (*aav*-lahng) *adj* oblong

avle (*ahv*-ler) *v* generate

avleiring (*aav*-lay-ring) *c* deposit

avlevere (*aav*-leh-vay-rer) *v* deliver

avling (*ahv*-ling) *c* harvest, crop

avløp (*aav*-lürp) *nt* (pl ~) drain

avløse (*aav*-lür-ser) *v* relieve

avreise (*aav*-ray-ser) *c* departure

avrundet (*aav*-rew-nert) *adj* rounded

avsende (*aav*-seh-ner) *v* dispatch, despatch

avsides (*aav*-see-derss) *adj* out of the

way, remote

avskaffe (*aav*-skah-fer) *v* abolish

avskjed (*aav*-shāyd) *c* parting; resignation

avskjedige (*aav*-shāy-di-er) *v* dismiss, fire

avskjedsansøkning (*aav*-shāyd-sahn-sūrk-ning) *c* resignation

avskrift (*aav*-skrift) *c* copy

avsky¹ (*aav*-shēw) *v* hate, dislike

avsky² (*aav*-shēw) *c* dislike

avskyelig (ahv-*shēw*-er-li) *adj* hideous, horrible, disgusting

avslag (*aav*-shlaag) *nt* (pl ~) refusal; discount, reduction

avslapning (*aav*-shlahp-ning) *c* relaxation

avslappet (*aav*-shlah-pert) *adj* easygoing

avslutning (*aav*-shlewt-ning) *c* ending

avslutte (*aav*-shlew-ter) *v* stop, finish; settle

avsløre (*aav*-shlūr-rer) *v* reveal

avsløring (*aav*-shlūr-ring) *c* revelation

•**avslå** (*aav*-shlaw) *v* refuse

avsnitt (*aav*-snit) *nt* (pl ~) paragraph; passage

avspark (*aav*-spahrk) *nt* kick-off

avstamning (*aav*-stahm-ning) *c* origin

avstand (*aav*-stahn) *c* distance; space; way

avstandsmåler (*aav*-stahns-maw-lerr) *c* range-finder

avstemning (*aav*-stehm-ning) *c* vote

•**avta** (*aav*-taa) *v* decrease

avtale (*aav*-taa-ler) *c* agreement, engagement; date, appointment

avtrekker (*aav*-treh-kerr) *c* trigger

avtrykk (*aav*-trewk) *nt* (pl ~) print

avveksling (*aav*-vehks-ling) *c* variation

avvente (aa-*vehn*-ter) *v* await

avverge (aa-*vær*-ger) *v* prevent

•**avvike** (aa-*vee*-ker) *v* deviate

avvise (aa-*vee*-ser) *v* reject

B

babord (*baa*-boor) port

baby (*bay*-bi) *c* baby

babybag (*bay*-bi-bæg) *c* carry-cot

bacon (*bay*-kern) *nt* bacon

bad (baad) *nt* bath

bade (*baa*-der) *v* bathe

badebukse (*baa*-der-book-ser) *c* swimming-trunks *pl*, bathing-suit

badedrakt (*baa*-der-drahkt) *c* swimsuit, bathing-suit

badehette (*baa*-der-heh-ter) *c* bathing-cap

badehåndkle (*baa*-der-hong-kler) *nt* (pl -lær) bath towel

badekåpe (*baa*-der-kaw-per) *c* bathrobe

badesalt (*baa*-der-sahlt) *nt* bath salts

badested (*baa*-der-stāy) *nt* seaside resort

badeværelse (*baa*-der-væl-ser) *nt* bathroom

badstue (*bahss*-tēwer) *c* sauna

bagasje (bah-*gaa*-sher) *c* luggage, baggage

bagasjehylle (bah-*gaa*-sher-hew-ler) *c* luggage rack

bagasjeoppbevaring (bah-*gaa*-sher-oop-ber-*vaa*-ring) *c* left luggage office; baggage deposit office *Am*

bagasjerom (bah-*gaa*-sher-room) *nt* (pl ~) boot; trunk *nAm*

bagasjevogn (bah-*gah*-sher-vongn) *c* luggage van

bak (baak) *prep* behind; *adv* behind; *c* bottom

bake (*baa*-ker) *v* bake

baker (*baa*-kerr) *c* baker

bakeri (bah-ker-*ree*) *nt* bakery

bakgrunn (*baak*-grewn) *c* background

bakhold (*baak*-hol) *nt* (pl ~) ambush

bakke (*bahk*-ker) *c* hill; earth

bakketopp (*bahk*-ker-top) *c* hilltop

baklengs (*baak*-lehngs) *adv* backwards

baklykt (*baak*-lewkt) *c* rear-light

baklys (*baak*-lēwss) *nt* (pl ~) tail-light

bakside (*baak*-see-der) *c* rear; reverse

bakterie (bahk-*tāy*-ri-er) *c* bacterium

bakvaskelse (*baak*-vahss-kerl-ser) *c* slander

bakverk (*baak*-værk) *nt* pastry

balanse (bah-*lahng*-ser) *c* balance

balkong (bahl-*kongng*) *c* balcony; dress circle

ball (bahll) *c* ball; *nt* ball

ballett (bah-*lehtt*) *c* ballet

ballong (bah-*longng*) *c* balloon

ballsal (*bahll*-saal) *c* ballroom

bambus (*bahm*-bewss) *c* bamboo

banan (bah-*naan*) *c* banana

bandasje (bahn-*daa*-sher) *c* bandage

bande (bahn-der) *c* gang

banditt (bahn-*ditt*) *c* bandit

bane (*baa*-ner) *c* track

bank (bahngk) *c* bank; *c/nt* tap; **•sette i banken** deposit

banke (*bahng*-ker) *v* knock, tap

bankett (bahng-*kehtt*) *c* banquet

bankettsal (bahng-*kehtt*-saal) *c* banqueting-hall

bankhvelv (bahngk-vehlv) *nt* (pl ~) vault

banking (*bahng*-king) *c* knock

bankkonto (*bahng*-kon-too) *c* (pl ~er, -ti) bank account

banne (*bahn*-ner) *v* curse, •swear

banner (*bahn*-nerr) *nt* (pl ~, ~e) banner

banning (*bahn*-ning) *c* curse

bar (baar) *adj* bare, naked; neat; *c* bar, saloon

barberblad (bahr-*bāyr*-blaa) *nt* (pl ~) razor-blade

barbere seg (bahr-*bāy*-rer) shave

barberhøvel (bahr-*bair*-hur-verl) *c* (pl -vler) safety-razor, razor

barberkost (bahr-*bāyr*-koost) *c* shaving-brush

barberkrem (bahr-*bāyr*-krāym) *c* shaving-cream

barbermaskin (bahr-*bāyr*-mah-sheen) *c* electric razor, shaver

barbersåpe (bahr-*bāyr*-saw-per) *c* shaving-soap

barbervann (bahr-*bāyr*-vahn) *nt* after-shave lotion

bare (*baarer*) *adv* only, merely

bark (bahrk) *c* bark

barm (bahrm) *c* bosom

barmhjertig (bahrm-*ʸæ*-ti) *adj* merciful

barmhjertighet (bahrm-*ʸæ*-ti-hāyt) *c* mercy

barn (baan) *nt* child; kid; **foreldreløst** ~ orphan

barnehage (*baa*-ner-haa-ger) *c* kindergarten

barnelammelse (*baa*-ner-lah-merl-ser) *c* polio

barnepike (*baa*-ner-pee-ker) *c* nurse

barnevakt (*baa*-ner-vahkt) *c* babysitter

barnevogn (*baa*-ner-voangn) *c* pram; baby carriage *Am*

barneværelse (*baa*-ner-vææ-rerl-ser) *nt* nursery

barokk (bah-*rokk*) *adj* baroque

barometer (bah-roo-*māy*-terr) *nt* (pl -tre) barometer

barriere (bah-ri-*ææ*-rer) *c* barrier; crash barrier

barsk (bahshk) *adj* bleak; tough

bart (bahtt) *c* moustache

bartender (baa-tehn-derr) *c* bartender, barman

baryton (*bahr*-ri-ton) *c* baritone

basar (bah-*saar*) *c* fair

base (*baa*-ser) *c* base

basere (bah-*say*-rer) v base

basilika (bah-*see*-li-kah) c basilica

basill (bah-*sill*) c germ

basis (*baa*-siss) c basis, base

bass (bahss) c bass

bastard (bah-*stahrd*) c bastard

batteri (bah-ter-*ree*) nt battery

•be (*bay*) v ask; beg; pray

bebo (beh-*boo*) v inhabit

beboelig (beh-*boo*-er-li) adj habitable, inhabitable

beboer (beh-*boo*-err) c occupant, inhabitant

bebreide (beh-*bray*-der) v blame, reproach

bebreidelse (beh-*bray*-derl-ser) c blame, reproach

bedervelig (beh-*dær*-ver-li) adj perishable

•bedra (beh-*draa*) v deceive

bedrag (beh-*draag*) nt (pl ~) deceit

bedrageri (beh-drah-ger-*ree*) nt fraud

bedre (*bayd*-rer) adj better; superior

bedrift (beh-*drift*) c concern; feat

bedring (*bayd*-ring) c recovery

bedrøvelig (beh-*drūr*-ver-li) adj sad, dreary

bedrøvet (beh-*drūr*-vert) adj sad

bedømme (beh-*durm*-mer) v judge

bedøvelse (beh-*dūr*-verl-ser) c anaesthesia

bedøvelsesmiddel (beh-*dūr*-verl-serss-mi-derl) nt (pl -midler) anaesthetic

bedårende (beh-*daw*-rer-ner) adj enchanting

befale (beh-*faa*-ler) v command

befaling (beh-*faa*-ling) c order, command

befalshavende (beh-*faals*-haa-ver-ner) c commander

befolkning (beh-*folk*-ning) c population

befrielse (beh-*free*-erl-ser) c liberation

befruktning (beh-*frewkt*-ning) c conception, fertilization

begavelse (beh-*gaa*-verl-ser) c talent, faculty

begavet (beh-*gaa*-vert) adj gifted, talented; clever, brilliant

begeistret (beh-*gayss*-trert) adj keen, enthusiastic

beger (*bay*-gerr) nt (pl ~, begre) tumbler

begge (*behg*-ger) pron both; either

begivenhet (beh-*Yee*-vern-hāyt) c event, happening

begjær (beh-*Yæær*) nt desire; lust

begjære (beh-*Yææ*-rer) v desire

begrave (beh-*graa*-ver) v bury

begravelse (beh-*graa*-verl-ser) c funeral; burial

begrense (beh-*grehn*-ser) v limit

begrenset (beh-*grehn*-sert) adj limited

begrep (beh-*grāyp*) nt notion, idea

•begripe (beh-*gree*-per) v *see, *understand

begunstige (beh-*gewns*-ti-er) v favour

begynne (beh-*Yewn*-ner) v start, commence, *begin; ~ igjen recommence

begynnelse (beh-*Yewn*-nerl-ser) c beginning; i begynnelsen at first; originally

•begå (beh-*gaw*) v commit

behagelig (beh-*haa*-ger-li) adj agreeable, pleasing, enjoyable

behandle (beh-*hahnd*-ler) v handle, treat

behandling (beh-*hahnd*-ling) c treatment

•beholde (beh-*hol*-ler) v *keep

beholder (beh-*hol*-lerr) c container

behov (beh-*hōōv*) nt (pl ~) need; want

behøve (beh-*hūr*-ver) v need; demand

beige (*bāysh*) adj beige

bein (bayn) nt (pl ~) leg; bone

beinskinne (*bayn*-shi-ner) c splint
beite (*bay*-ter) nt pasture; v graze
bekjempe (beh-*khehm*-per) v combat
bekjenne (beh-*kheh*-ner) v confess
bekjent (beh-*khehnt*) c acquaintance
*****bekjentgjøre** (beh-*khehnt*-ᵛᵘr-rer) v announce
bekjentgjørelse (beh-*khehnt*-ᵛᵘr-rerl-ser) c announcement
bekk (behkk) c stream, brook
bekken (*behk*-kern) nt pelvis
beklage (beh-*klaager*) v regret
beklagelse (beh-*klaa*-gerl-ser) c regret
beklager! (beh-*klaa*-gerr) sorry!
bekrefte (beh-*krehf*-ter) v confirm; acknowledge
bekreftelse (beh-*krehf*-terl-ser) c confirmation
bekreftende (beh-*krayf*-ter-ner) adj affirmative
bekvem (beh-*kvehmm*) adj comfortable; easy, convenient
bekvemmelighet (beh-*kvehm*-mer-li-hayt) c comfort
bekymre seg (beh-*khewm*-rer) worry; **bekymre seg om** care about
bekymret (beh-*khewm*-rert) adj concerned, worried
bekymring (beh-*khewm*-ring) c anxiety, worry; concern, care
belastning (beh-*lahst*-ning) c load, strain
beleilig (beh-*lay*-li) adj convenient
beleiring (beh-*lay*-ring) c siege
Belgia (*behl*-gi-ah) Belgium
belgier (*behl*-gi-err) c Belgian
belgisk (*behl*-gisk) adj Belgian
beliggende (beh-*lig*-ger-ner) adj situated
beliggenhet (beh-*lig*-gern-hayt) c location, site
belte (*behl*-ter) nt belt
belyse (beh-*lew*-ser) v illuminate
belysning (beh-*lewss*-ning) c lighting, illumination
belønne (beh-*lurn*-ner) v reward
belønning (beh-*lurn*-ning) c reward; prize
beløp (beh-*lurp*) nt (pl ~) amount
*****beløpe seg til** (beh-*lur*-per) amount to
bemerke (beh-*mær*-ker) v note, notice; remark
bemerkelsesverdig (beh-*mær*-kerl-serss-vær-di) adj noticeable, remarkable
bemerkning (beh-*mærk*-ning) c remark
benekte (beh-*nehk*-ter) v deny
benektende (beh-*nehk*-ter-ner) adj negative
benevnelse (beh-*nehv*-nerl-ser) c name, designation, denomination
benk (behngk) c bench
bensin (behn-*seen*) c fuel, petrol; gas nAm, gasoline nAm; **blyfri ~** unleaded petrol
bensinpumpe (behn-*seen*-poom-per) c petrol pump; fuel pump Am
bensinstasjon (behn-*seen*-stah-shoon) c service station, petrol station, filling station; gas station Am
bensintank (behn-*seen*-tahngk) c petrol tank, gas tank nAm
benytte (beh-*newt*-ter) v use, make use of
benådning (beh-*nawd*-ning) c pardon
beordre (beh-*or*-drer) v order
beredt (beh-*reht*) adj prepared
beregne (beh-*ray*-ner) v calculate
berettiget (beh-*reht*-ti-ert) adj justified
berg (bærg) nt mountain
berglendt (*bærg*-lehnt) adj mountainous
berolige (beh-*roo*-li-er) v reassure, calm down
beroligende (beh-*roo*-li-er-ner) adj

restful; ~ **middel** sedative, tranquillizer

bero på (beh-*rōō*) depend on

beruset (beh-*rēw*-sert) *adj* intoxicated, drunk

beryktet (beh-*rewk*-tert) *adj* notorious

berømmelse (beh-*rurm*-merl-ser) *c* fame, glory, celebrity

berømt (beh-*rurmt*) *adj* famous

berøre (beh-*rūr*-rer) *v* touch

berøring (beh-*rūr*-ring) *c* touch

besatt (beh-*sahtt*) *adj* possessed

beseire (beh-*say*-rer) *v* conquer

*besette (beh-*seht*-ter) *v* occupy

besettelse (beh-*seht*-terl-ser) *c* obsession

besittelse (beh-*sit*-terl-ser) *c* possession

beskatning (beh-*skaht*-ning) *c* taxation

beskjed (beh-*shēr*) *c* message

beskjeden (beh-*shay*-dern) *adj* modest

beskjedenhet (beh-*shay*-dern-hayt) *c* modesty

beskjeftige (beh-*shehf*-ti-er) *v* employ, occupy

beskjeftigelse (beh-*shehf*-ti-erl-ser) *c* employment, occupation

*beskrive (beh-*skree*-ver) *v* describe

beskrivelse (beh-*skree*-verl-ser) *c* description

beskylde (beh-*shewl*-ler) *v* accuse

beskytte (beh-*shewt*-ter) *v* protect

beskyttelse (beh-*shewt*-terl-ser) *c* protection

*beslaglegge (beh-*shlaag*-leh-ger) *v* impound, confiscate

beslektet (beh-*shlehk*-tert) *adj* related

beslutning (beh-*shlewt*-ning) *c* decision

besluttsom (beh-*shlewt*-som) *adj* resolute

best (behst) *adj* best

bestanddel (beh-*stahn*-dayl) *c* element, ingredient

bestefar (*behss*-ter-faar) *c* (pl -fedre) grandfather, granddad

besteforeldre (*behss*-ter-fo-rehl-drer) *pl* grandparents *pl*

bestemme (beh-*stehm*-mer) *v* define, determine; designate, destine

bestemmelse (beh-*stehm*-merl-ser) *c* regulation

bestemmelsessted (beh-*stehm*-merl-serss-stay) *nt* destination

bestemor (*behss*-ter-mōōr) *c* (pl -mødre) grandmother

bestemt (beh-*stehmt*) *adj* definite; resolute

*bestige (beh-*stee*-ger) *v* ascend; mount

bestikk (beh-*stikk*) *nt* cutlery; silverware *nAm*

*bestikke (beh-*stik*-ker) *v* corrupt, bribe

bestikkelse (beh-*stik*-kerl-ser) *c* corruption, bribery; bribe

bestille (beh-*stil*-ler) *v* order; book, engage, reserve

bestilling (beh-*stil*-ling) *c* order; booking; **laget på** ~ made to order

bestrebelse (beh-*strāy*-berl-ser) *c* effort

*bestride (beh-*stree*-der) *v* dispute

bestyre (beh-*stēw*-rer) *v* manage

bestyrerinne (beh-stew-rer-*rin*-ner) *c* manageress

*bestå (beh-*staw*) *v* exist; pass a test; ~ **av** consist of

besvare (beh-*svaa*-rer) *v* answer

besvime (beh-*svee*-mer) *v* faint

besvær (beh-*svæær*) *nt* trouble, inconvenience

besværlig (beh-*svææ*-li) *adj* inconvenient

besøk (beh-*sūrk*) *nt* (pl ~) call, visit

besøke (beh-*sūr*-ker) *v* call on, visit

besøkende (beh-*sūr*-ker-ner) *c* visitor

besøkstid (beh-*sūrks*-teed) *c* visiting hours

betagende (beh-*taa*-ger-ner) *adj* moving; beautiful

betalbar (beh-*taal*-bahr) *adj* due; payable

betale (beh-*taa*-ler) *v* *pay

betaling (beh-*taa*-ling) *c* payment

bete (*bay*-ter) *c* beet

betegnende (beh-*tay*-ner-ner) *adj* characteristic

betenkt (beh-*tehngkt*) *adj* uneasy

betennelse (beh-*tehn*-nerl-ser) *c* inflammation; •gå ~ i *become septic

betingelse (beh-*ting*-ngerl-ser) *c* term; stipulation

betingelsesløs (beh-*ting*-ngerl-serss-lūrss) *adj* unconditional

betinget (beh-*ting*-ngert) *adj* conditional

betjene (beh-*tYay*-ner) *v* attend on; serve

betjening (beh-*tYay*-ning) *c* service

betong (beh-*tongng*) *c* concrete

betoning (beh-*tōō*-ning) *c* accent

betrakte (beh-*trahk*-ter) *v* consider, regard; view, watch; i betraktning av considering

betraktelig (beh-*trahk*-ter-li) *adj* considerable

betro (beh-*trōō*) *v* confide in

betvile (beh-*tvee*-ler) *v* query, doubt

bety (beh-*tēw*) *v* *mean

betydelig (beh-*tēw*-der-li) *adj* considerable

betydning (beh-*tēwd*-ning) *c* sense; importance; •være av ~ matter

betydningsfull (beh-*tēwd*-nings-fewl) *adj* important; significant

beundre (beh-*ewn*-drer) *v* admire

beundrer (beh-*ewn*-drerr) *c* fan

beundring (beh-*ewn*-dring) *c* admiration

bevare (beh-*vaa*-rer) *v* *keep; *uphold

bevege (beh-*vay*-ger) *v* move

bevegelig (beh-*vay*-ger-li) *adj* mobile

bevegelse (beh-*vay*-gerl-ser) *c* motion, movement

bever (*bay*-verr) *c* beaver

beverte (beh-*væ*-ter) *v* entertain, treat

bevilge (beh-*veel*-ger) *v* extend, grant; allow

bevis (beh-*veess*) *nt* proof, evidence; token

bevise (beh-*vee*-ser) *v* prove; demonstrate, *show

bevisst (beh-*vist*) *adj* conscious

bevissthet (beh-*vist*-hāyt) *c* consciousness

bevisstløs (beh-*vist*-lūrss) *adj* unconscious

bevokte (beh-*vok*-ter) *v* watch, guard

bevæpne (beh-*vāyp*-ner) *v* arm

bevæpnet (beh-*vāyp*-nert) *adj* armed

bibel (*bee*-berl) *c* (pl bibler) bible

bibetydning (*bee*-beh-tēwd-ning) *c* connotation

bibliotek (bi-bli-oo-*tāyk*) *nt* library

bidrag (*bee*-draag) *nt* (pl ~) contribution; allowance

bie (*bee*-er) *c* bee

bielv (*bee*-ehlv) *c* tributary

bifalle (*bee*-fah-ler) *v* consent; applaud

biff (biff) *c* steak

bikube (*bee*-kew-ber) *c* beehive

bil (beel) *c* automobile, motor-car, car

bilde (*bil*-der) *nt* picture, image

bile (*bee*-ler) *v* motor

bilhorn (*beel*-hōōn) *nt* (pl ~) hooter

bilisme (bi-*liss*-mer) *c* motoring

bilist (bi-*list*) *c* motorist

biljard (bil-*Yaad*) *c* billiards *pl*

bille (*bil*-ler) *c* beetle; bug

billedhogger (*bil*-lerd-ho-gerr) *c* sculptor

billett (bi-*lehtt*) c ticket

billettautomat (bi-*lehtt*-ou-too-maat) c ticket machine

billettkontor (bi-*leht*-koon-tōōr) nt box-office

billettluke (bi-*leht*-lew-ker) c box-office window

billettpris (bi-*leht*-preess) c fare; admission fee

billig (*bil*-li) adj cheap, inexpensive

bilpanser (*beel*-pahn-serr) nt bonnet; hood nAm

bilutleie (*beel*-oot-lay-er) c car hire; car rental Am

bind (binn) nt volume

***binde** (*bin*-ner) v *bind; tie; ~ **sammen** bundle

bindestrek (*bin*-ner-strāyk) c hyphen

biologi (bi-oo-loo-*gee*) c biology

biskop (*biss*-kop) c bishop

***bistå** (*bee*-staw) v assist, aid

bit (beet) c bit, piece; scrap, morsel; bite

***bite** (*bee*-ter) v *bite

bitter (*bit*-terr) adj bitter

bjelke (*bYehl*-ker) c beam

bjelle (*bYehl*-ler) c small bell

bjørk (bYurrk) c birch

bjørn (bYūrn) c bear

bjørnebær (*bYūr*-ner-bæær) nt (pl ~) blackberry

blad (blaa) nt leaf; blade

bladgull (*blaa*-gewl) nt gold leaf

bladsalat (*blaa*-sah-laht) c lettuce

blakk (blahkk) adj broke

blande (*blahn*-ner) v mix; ~ **seg inn i** interfere with

blandet (*blahn*-nert) adj mixed

blanding (*blahn*-ning) c mixture

blank (blahngk) adj glossy; blank

blankett (blahng-*kehtt*) c form

blant (blahnt) prep amid; among; ~ **annet** among other things

bleie (*blay*-er) c nappy; diaper nAm

blek (blāyk) adj pale

bleke (*blāy*-ker) v bleach

blekk (blehkk) nt ink

blekksprut (*blehk*-sprewt) c octopus

blekne (*blāyk*-ner) v fade; *grow pale

blemme (*blehm*-mer) c blister

blende (*blehn*-ner) v blind

blendende (*blehn*-ner-ner) adj glaring

***bli** (blee) v *become, *be, *get, *grow; stay; ~ **igjen** remain

blikk (blikk) nt glance, look; **kaste et** ~ glance

blind (blinn) adj blind

blindgate (*blin*-gaa-ter) c cul-de-sac

blindtarm (*blin*-tahrm) c appendix

blindtarmbetennelse (*blin*-tahrm-beh-teh-nerl-ser) c appendicitis

blinklys (*blingk*-lēwss) nt (pl ~) trafficator; blinker nAm

blitzlampe (*blits*-lahm-per) c flash-bulb

blivende (*blee*-ver-ner) adj permanent

blod (blōō) nt blood

blodforgiftning (*blōō*-for-Yift-ning) c blood-poisoning

blodkar (*blōō*-kaar) nt (pl ~) blood-vessel

blodomløp (*blōō*-oom-lūrp) nt (pl ~) circulation

blodtrykk (*blōō*-trewk) nt (pl ~) blood pressure

blokkere (blo-*kāy*-rer) v block

blomkål (*blom*-kawl) c cauliflower

blomst (blomst) c flower

blomsterbed (*blom*-sterr-behd) nt (pl ~) flowerbed

blomsterforretning (*blom*-sterr-for-reht-ning) c flower-shop

blomsterhandler (*blom*-sterr-hahnd-lerr) c florist

blomsterløk (*blom*-sterr-lūrk) c bulb

blond (blonn) adj fair

blondine (blon-*dee*-ner) c blonde

*blottlegge (*blott*-leh-ger) *v* expose

bluse (*blew*-ser) *c* blouse

bly (blew) *nt* lead

blyant (*blew*-ahnt) *c* pencil

blyantspisser (*blew*-ahnt-spi-serr) *c* pencil-sharpener

blyg (blewg) *adj* timid

blære (*blææ*-rer) *c* bladder

blærekatarr (*blææ*-rer-kah-tahr) *c* cystitis

blø (blur) *v* *bleed

blødning (*blurd*-ning) *c* haemorrhage

bløt (blurt) *adj* mellow

bløte (*blur*-ter) *v* soak

*bløtgjøre (*blurt*-Yur-rer) *v* soften

blå (blaw) *adj* blue; **blått merke** bruise

blåse (*blaw*-ser) *v* *blow; ~ **opp** inflate

blåsende (*blaw*-ser-ner) *adj* gusty

blåskjell (*blo*-shehl) *nt* (pl ~) mussel

bo (boo) *v* live, reside

boble (*bob*-ler) *c* bubble

bok (book) *c* (pl bøker) book

bokbind (*book*-bin) *nt* (pl ~) binding

bokføre (*book*-fūr-rer) *v* enter, book

bokhandel (*book*-hahn-derl) *c* (pl -dler) bookstore

bokhandler (*book*-hahndd-lerr) *c* bookseller

boks (boks) *c* can, tin

bokse (*bok*-ser) *v* box

boksekamp (*bok*-ser-kahmp) *c* boxing match

bokstav (book-*staav*) *c* letter; **stor ~** capital letter

boksåpner (*boks*-awp-nerr) *c* can opener

bolig (*boo*-li) *c* house, residence

Bolivia (boo-*lee*-vi-ah) Bolivia

bolivianer (boo-li-vi-*aa*-nerr) *c* Bolivian

boliviansk (boo-li-vi-*aansk*) *adj* Bolivian

bolle (*bol*-ler) *c* bowl; basin

bolt (bolt) *c* bolt

bom (boomm) *c* barrier; miss

bombardere (boom-bah-*dāy*-rer) *v* bomb

bombe (*boom*-ber) *c* bomb

bomme (*boom*-mer) *v* miss

bomull (*boom*-mewl) *c* cotton; **bomulls-** cotton

bomullsfløyel (*boom*-mewls-flur^ew-erl) *c* velveteen

bomvei (*boom*-vay) *c* turnpike *nAm*

bonde (*boon*-ner) *c* (pl bønder) peasant, farmer

bondegård (*boon*-ner-gawr) *c* farm

bondekone (*boon*-ner-kōō-ner) *c* farmer's wife

bong (bong) *c* voucher

bopel (*bōō*-pāyl) *c* domicile

bor (borr) *nt* drill

bord (bōōr) *nt* table

bordell (boo-*dehll*) *nt* brothel

bordtennis (*bōō*-teh-niss) *c* ping-pong, table tennis

bore (*bōō*-rer) *v* bore, drill

borg (borg) *c* castle

borger (*bor*-gerr) *c* citizen; **borger-** civic

borgerlig (*bor*-ger-li) *adj* middle-class

borgermester (*bor*-ger-mehss-terr) *c* (pl -tre) mayor

bort (boott) *adv* away; ***gå ~** *leave, *go away

borte (*boot*-ter) *adv* gone; off

bortenfor (*boot*-tern-for) *adv* beyond; *prep* off; beyond

bortsett fra (*boot*-seht) apart from

bosatt (*bōō*-saht) *adj* resident

boss (boss) *c* boss

bot (bōōt) *c* (pl bøter) fine

botanikk (boo-tah-*nikk*) *c* botany

botemiddel (*bōō*-ter-mi-derl) *nt* (pl -midler) remedy

bowlingbane (*bov*-ling-baa-ner) *c* bowling alley

bra (braa) *adj* good; **bra!** all right!

brann (brahnn) *c* fire

brannalarm (*brahn*-nah-lahrm) *c* fire-alarm

brannsikker (*brahn*-si-kerr) *adj* fire-proof

brannslokker (*brahn*-shloo-kerr) *c* fire-extinguisher

brannsår (*brahn*-sawr) *nt* (pl ~) burn

branntrapp (*brahn*-trahp) *c* fire-escape

brannvesen (*brahn*-vāy-sern) *nt* fire-brigade

Brasil (brah-*seel*) Brazil

brasilianer (brah-si-li-*aa*-nerr) *c* Brazilian

brasiliansk (brah-si-li-*aansk*) *adj* Brazilian

brasme (*brahss*-mer) *c* bream

bratt (brahtt) *adj* steep

bred (brāy) *adj* wide, broad

bredd (brehdd) *c* shore, bank; embankment

bredde (*brehd*-der) *c* width, breadth

breddegrad (*brehd*-der-graad) *c* latitude

***brekke** (brehk-ker) *v* fracture; ~ **seg** vomit

brekkjern (*brehk*-ᵞæn) *nt* crowbar

bremse (brehm-ser) *c* brake; *v* slow down

bremselys (brehm-ser-lēwss) *pl* brake lights

bremsetrommel (*brehm*-ser-troo-merl) *c* (pl -tromler) brake drum

***brenne** (brehn-ner) *v* *burn

brennemerke (*brehn*-ner-mær-ker) *nt* brand; stigma

brennpunkt (*brehn*-poongkt) *nt* focus

brensel (brehn-sherl) *nt* fuel

brenselolje (*brehn*-sherl-ol-ᵞer) *c* fuel oil

brett (brehtt) *nt* tray

brette (*breht*-ter) *v* fold; ~ **ut** unfold

brev (brāyv) *nt* letter; **rekommandert** ~ registered letter

brevkort (*brāyv*-kot) *nt* (pl ~) card

brevpapir (*brāyv*-pah-peer) *nt* notepaper

brevveksle (*brāyvehk*-shler) *v* correspond

brevveksling (*brāyvehk*-shling) *c* correspondence

briller (*bril*-lerr) *pl* spectacles, glasses

***bringe** (bring-nger) *v* *bring; ~ **tilbake** *bring back

bringebær (*bring*-nger-bæær) *nt* (pl ~) raspberry

bris (breess) *c* breeze

***briste** (briss-ter) *v* *burst

brite (*brit*-ter) *c* Briton

britisk (*brit*-tisk) *adj* British

bro (brōō) *c* bridge

brodere (broo-*dāy*-rer) *v* embroider

broderi (broo-der-*ree*) *nt* embroidery

broiler (*broi*-lerr) *c* chicken

brokk (brokk) *c* hernia

***brolegge** (*brōō*-leh-nger) *v* pave

bronkitt (broong-*kitt*) *c* bronchitis

bronse (brong-sher) *c* bronze; **bronse-** bronze

bror (brōōr) *c* (pl brødre) brother

brorskap (*brōōsh*-kaap) *c/nt* fraternity, brotherhood

brosje (*brosh*-sher) *c* brooch

brosjyre (bro-*shēw*-rer) *c* brochure

brud (brēwd) *c* bride

brudd (brewdd) *nt* fracture, break

bruddstykke (*brewd*-stew-ker) *nt* fragment

brudgom (*brewd*-gom) *c* (pl ~mer) bridegroom

bruk (brewk) *c* use

brukbar (*brēwk*-baar) *adj* useful

bruke (*brēw*-ker) *v* apply, use; *spend; ~ **opp** use up

bruker (*brēw*-kerr) *c* user

bruksanvisning (*brewks*-ahn-viss-ning)

c directions for use

brukt (brewkt) adj second-hand

brumme (broom-mer) v growl

brun (brewn) adj brown; tanned

brunette (brew-neht-ter) c brunette

brus (brewss) nt fizz; c lemonade; soft drink Am

bruse (brew-ser) v roar

brusk (brewsk) c cartilage

brutal (brew-taal) adj brutal

brutto (brewt-too) adj gross

bry (brew) v trouble; nt bother; ~ seg bother; ~ seg om mind; care for

brydd (brewdd) adj embarrassed; *gjøre ~ embarrass

brygge (brewg-ger) v brew

bryggeri (brew-ger-ree) nt brewery

bryllup (brewl-lewp) nt wedding

bryllupsreise (brewl-lewps-ray-ser) c honeymoon

brysom (brew-som) adj troublesome

bryst (brewst) nt chest, breast; bosom

brystholder (brewst-ho-lerr) c brassiere, bra

brystkasse (brewst-kah-ser) c chest

brystsvømming (brewst-svur-ming) c breaststroke

***bryte** (brew-ter) v *break; ~ sammen collapse

bryter (brew-terr) c switch

brød (brur) nt bread; loaf; ristet ~ toast

brøkdel (brurk-dayl) c fraction

brøl (brurl) nt roar

brøle (brur-ler) v roar

brønn (brurnn) c well

bråk (brawk) nt fuss

bu (bew) c booth

bud (bewd) nt messenger; sende ~ etter *send for

budsjett (bewd-shehtt) nt budget

bue (bew-er) c bow; arch

bueformet (bew-er-for-mert) adj arched

buegang (bew-er-gahng) c arcade

buet (bew-ert) adj curved

bukett (bew-kehtt) c bouquet, bunch

bukke (book-ker) v bow; ~ under succumb

bukse (book-ser) c trousers pl; pants plAm

buksedrakt (book-ser-drahkt) c pantsuit

bukseseler (book-ser-say-lerr) pl braces pl; suspenders plAm

buksesmekk (book-ser-smehk) c fly

bukt (bookt) c bay

buktet (book-tert) adj winding

bulder (bewl-derr) nt noise

bulgarer (bewl-gaa-rerr) c Bulgarian

Bulgaria (bewl-gaa-ri-ah) Bulgaria

bulgarsk (bewl-gaashk) adj Bulgarian

bulk (bewlk) c dent

bunke (boong-ker) c batch

bunn (bewnn) c bottom

bunnfall (bewn-fahl) nt (pl ~) deposit; sediment

bunt (bewnt) c bundle

bunte (bewn-ter) v bundle

buntmaker (bewnt-maa-kerr) c furrier

bur (bewr) nt cage

***burde** (bew-der) v *ought to

busk (bewsk) c bush; shrub

buss (bewss) c bus; coach

butikk (bew-tikk) c shop; boutique

butt (bewtt) adj blunt

butterfly (burt-ter-fligh) c butterfly stroke

by (bew) c town, city; by- urban

byfolk (bew-folk) pl townspeople pl

bygg (bewgg) nt barley; building

bygge (bewg-ger) v construct, *build

byggekunst (bewg-ger-kewnst) c architecture

bygning (bewg-ning) c construction, bui'ding

byll (bewll) c abscess, boil

byrde (bewrr-der) c burden; charge

byrå (bew-raw) nt agency

byråkrati (bew-ro-krah-tee) nt bureaucracy

byste (bewss-ter) c bust

bytte (bewt-ter) v exchange, swap; nt exchange

bær (bæær) nt berry

*****bære** (bææ-rer) v carry, *bear; support

bærer (bææ-rerr) c porter

bøddel (burd-derl) c (pl bødler) executioner

bøk (būrk) c beech

bølge (burl-ger) c wave

bølgelengde (burl-ger-lehng-der) c wave-length

bølgende (burl-ger-ner) adj undulating

bølget (burl-gert) adj wavy

bølle (burl-ler) c brute

bøllete (burl-ler-ter) adj rowdy

bønn (burnn) c prayer

bønne (burn-ner) c bean

*****bønnfalle** (burn-fah-ler) v beg

bør (būrr) c load

børs (būrsh) c stock exchange

børste (bursh-ter) v brush; c brush

bøyd (bur^{ew}d) adj bent

bøye (bur^{ew}-er) v *bend; c buoy; ~ seg *bend down

bøyelig (bur^{ew}-er-li) adj flexible, supple

bøyning (bur^{ew}-ning) c bend

både . . . og (baw-der aw) both ... and

bål (bawl) nt bonfire

bånd (bonn) nt band; ribbon; tape; leash

båndopptaker (bonn-op-taa-kerr) c tape-recorder

bås (bawss) c booth

båt (bawt) c boat

C

campe (kæm-per) v camp

camping (kæm-ping) c camping

campinggjest (kæm-ping-ʸehst) c camper

campingplass (kæm-ping-plahss) c camping site

campingvogn (kæm-ping-vongn) c caravan; trailer nAm

Canada (kahn-nah-dah) Canada

CD-plate (seh-deh-plaa-ter) c CD; **CD-spiller** c CD player

celle (sehl-ler) c cell

cellofan (sehloa-faan) c cellophane

celsius (sehl-si-ewss) centigrade

cembalo (shehm-bah-loo) c harpsichord

centimeter (sehn-ti-may-terr) c (pl ~) centimetre

champagne (shahm-pahn-ʸer) c champagne

charterflygning (chaa-terr-flewg-ning) c charter flight

Chile (chee-ler) Chile

chilener (chi-lay-nerr) c Chilean

chilensk (chi-laynsk) adj Chilean

cirka (seer-kah) adv approximately

clutch (klurch) c clutch

cocktail (kok-tayl) c cocktail

Colombia (koo-loom-bi-ah) Colombia

colombianer (koo-loom-bi-aa-nerr) c Colombian

colombiansk (koo-loom-bi-aansk) adj Colombian

container (koon-tay-nerr) c container

cricket (kri-kertt) c cricket

cruise (krewss) nt (pl ~) cruise

Cuba (kew-bah) Cuba

D

da (daa) conj when; adv then

daddel (dahd-derl) c (pl dadler) date

dag (daag) c day; **i ~** today; **om dagen** by day; **per ~** per day

dagbok (daag-bōōk) c (pl -bøker) diary

daggry (daa-grew) nt daybreak, dawn

daghjem (daag-Yehm) nt (pl ~) nursery

daglig (daag-li) adj everyday, daily

dagligdags (daag-li-dahks) adj ordinary

dagligstue (daag-li-stew-er) c livingroom

dagsavis (dahks-ahveess) c daily newspaper

dagslys (dahks-lewss) nt daylight

dagsorden (dahk-so-dern) c agenda

dagstur (dahks-tewr) c day trip

dal (daal) c valley

dam (dahmm) c (pl ~mer) pond

dambrett (dahm-breht) nt draughtboard; checkerboard nAm

dame (daa-mer) c lady

dameundertøy (daa-mer-ew-ner-tur ew) nt lingerie

damp (dahmp) c steam, vapour

dampskip (dahmp-sheep) nt (pl ~) steamer

damspill (dahm-spil) nt (pl ~) draughts; checkers plAm

Danmark (dahn-mahrk) Denmark

dans (dahns) c dance

danse (dahn-ser) v dance

dansk (dahnsk) adj Danish

danske (dahn-sker) c Dane

dask (dahsk) c smack

datamaskin (daa-tah-mah-sheen) c computer

dato ((daa-too) c date

datter (daht-terr) c (pl døtre) daughter

datterdatter (daht-ter-dah-terr) c (pl -døtre) granddaughter

dattersønn (daht-ter-shurn) c grandson

De (dee) pron you

de (dee) pron those, they; adj those

debatt (deh-bahtt) c debate, discussion

debattere (deh-bah-tay-rer) v argue, discuss

debet (day-bert) c debit

defekt (deh-fehkt) c fault; adj faulty

definere (deh-fi-nay-rer) v define

definisjon (deh-fi-ni-shōōn) c definition

deg (day) pron yourself; you

deig (day) c batter, dough

deilig (day-li) adj enjoyable, delicious; pleasant

dekk (dehkk) nt tire, tyre; deck; **øverste ~** main deck

dekke (dehk-ker) v cover

dekkslugar (dehks-lew-gaar) c deck cabin

deklarasjon (dehk-lah-rah-shōōn) c declaration

deklarere (dehk-lah-ray-rer) v declare

dekorasjon (deh-koo-rah-shōōn) c decoration

del (dayl) c part; share

dele (day-ler) v divide; share; **~ seg** fork; **~ ut** *deal

delegasjon (deh-leh-gah-shōōn) c delegation

delikat (deh-li-kaat) adj delicate

delikatesse (deh-li-kah-tehss-ser) c delicatessen

deling (day-ling) c division

***delta** (dayl-taa) v participate

deltakelse (dayl-taa-kerl-ser) c participation

deltakende (dayl-taa-ker-ner) adj

sympathetic

deltaker (d*ay*l-taa-kerr) *c* participant

delvis (d*ay*l-veess) *adv* partly; *adj* partial

Dem (dehmm) *pron* you

dem (dehmm) *pron* them

demning (d*ehm*-ning) *c* dam; dike

demokrati (deh-moo-krah-*tee*) *nt* democracy

demokratisk (deh-moo-*kraa*-tisk) *adj* democratic

demonstrasjon (deh-moon-strah-sh*oon*) *c* demonstration

demonstrere (deh-moon-str*ay*-rer) *v* demonstrate

den (dehnn) *pron* (nt det, pl de) that

denne (*dehn*-ner) *pron* (nt dette) this; *adj* this

deodorant (deh-oo-doo-*rahnt*) *c* deodorant

departement (deh-pah-ter-*mahngng*) *nt* department; ministry

deponere (deh-poo-n*ay*-rer) *v* deposit

depositum (deh-p*oo*-si-tewm) *nt* (pl -ta) deposit

depresjon (deh-preh-sh*oon*) *c* depression

deprimere (deh-pri-m*ay*-rer) *v* depress

deprimerende (deh-pri-m*ay*-rer-ner) *adj* depressing

deprimert (deh-pri-m*ay*t) *adj* depressed

deputert (deh-pew-t*ay*t) *c* deputy

der (dæær) *adv* there; ~ **borte** over there

dere (d*ay*-rer) *pron* you, yourselves

Deres (d*ay*-rerss) *pron* your

deres (d*ay*-rerss) *pron* your; their

derfor (*dær*-for) *adv* therefore

dersom (*dæ*-shom) *conj* if, in case

desember (deh-*sehm*-berr) December

desertere (deh-sæ-t*ay*-rer) *v* desert

desimalsystem (deh-si-*maal*-sewss-t*ay*m) *nt* decimal system

desinfisere (dehss-sin-fi-s*ay*-rer) *v* disinfect; **desinfiserende middel** disinfectant

dessert (deh-sæær) *c* dessert; sweet

dessuten (deh-s*ew*-tern) *adv* moreover, also, furthermore, besides

dessverre (dehss-*vær*-rer) *adv* unfortunately

det (d*ay*) *pron* it

detalj (deh-*tahl*ᵞ) *c* detail

detaljert (deh-tahl-*ay*t) *adj* detailed

detaljhandel (deh-*tahl*ᵞ-hahn-derl) *c* (pl -dler) retail trade

detaljist (deh-tahl-ᵞist) *c* retailer

detektiv (*deht*-tehk-teev) *c* detective

detektivroman (*deht*-tehk-tiv-roo-maan) *c* detective story

devaluere (deh-vah-lew-*ay*-rer) *v* devalue

devaluering (deh-vah-lew-*ay*-ring) *c* devaluation

diabetes (di-ah-b*ay*-terss) *c* diabetes

diabetiker (di-ah-b*ay*-ti-kerr) *c* diabetic

diagnose (di-ahg-n*oo*-ser) *c* diagnosis; **stille en** ~ **diagnose**

diagonal (di-ah-goo-*naal*) *c* diagonal; *adj* diagonal

diagram (di-ah-*grahmm*) *nt* (pl ~mer) chart, graph, diagram

dialekt (di-ah-*lehkt*) *c* dialect

diamant (di-ah-*mahnt*) *c* diamond

diaré (di-ah-*ay*) *c* diarrhoea

diesel (*dee*-serl) *c* diesel

diett (di-*ehtt*) *c* diet

difteri (dif-ter-*ree*) *c* diphtheria

digital (dig-i-*taal*) *adj* digital

dikt (dikt) *nt* poem

diktafon (dik-tah-f*oon*) *c* dictaphone

diktat (dik-*taat*) *c* dictation

diktator (dik-*taa*-toor) *c* dictator

dikter (dik-terr) *c* poet

diktere (dik-t*ay*-rer) *v* dictate

dimensjon (di-mehn-sh*oon*) *c* size; dimension

din (deen) *pron* your

dine (dee-ner) *pron* your

diplom (di-plōōm) *nt* certificate, diploma

diplomat (dip-loo-maat) *c* diplomat

direksjon (deer-ehk-shōōn) *c* board of directors

direkte (di-rehk-ter) *adj* direct

direktiv (di-rehk-teev) *nt* directive; direction

direktør (di-rehk-tūrr) *c* executive, manager, director

dirigent (di-ri-gehnt) *c* conductor

dirigere (di-ri-gāy-rer) *v* conduct

dirre (deer-rer) *v* tremble

dis (deess) *c* mist, haze

disig (dee-si) *adj* hazy; misty

disiplin (di-si-pleen) *c* discipline

disk (disk) *c* counter

diskonto (diss-kon-too) *c* bank-rate

diskusjon (diss-kew-shōōn) *c* discussion; argument

diskutere (diss-kew-tāy-rer) *v* discuss; argue

disponibel (diss-poo-nee-berl) *adj* available

disposisjon (diss-poo-si-shōōn) *c* disposal

disse (diss-ser) *pron* these

distrikt (diss-trikt) *nt* district

dit (deet) *adv* there

divan (di-vaan) *c* couch

diverse (di-væsh-sher) *adj* miscellaneous, various

djerv (dУærv) *adj* fearless, bold

djevel (dУāУ-verl) *c* (pl -vler) devil

dobbel (dob-berl) *adj* double

dobbeltsenger (dob-berlt-seh-ngerr) *pl* twin beds

dog (dawg) *conj* but, yet

dokk (dokk) *c* dock

***dokksette** (dok-seh-ter) *v* dock

doktor (dok-toor) *c* doctor

dokument (doo-kew-mehnt) *nt* certificate, document

dokumentmappe (doo-kew-mehnt-mah-per) *c* attaché case, briefcase

dom (domm) *c* (pl ~mer) judgment; verdict, sentence

domfellelse (dom-feh-lerl-ser) *c* conviction

domfelt (dom-fehltt) *c* (pl ~e) convict

dominere (doo-mi-nāy-rer) *v* dominate

domkirke (dom-kheer-ker) *c* cathedral

dommer (dom-merr) *c* judge; magistrate; umpire

domstol (dom-stōōl) *c* court, law court

donasjon (doo-nah-shōōn) *c* donation

dose (dōō-ser) *c* dose

dott (dott) *c* wisp; tuft; wad

doven (daw-vern) *adj* lazy

***dra** (draa) *v* pull; travel; *go; ~ av sted *set out

drake (draa-ker) *c* kite; dragon

drakt (drahkt) *c* costume

dram (drahmm) *c* drink of liquor

drama (draa-mah) *nt* drama

dramatiker (drah-maa-ti-kerr) *c* dramatist

dramatisk (drah-maa-tisk) *adj* dramatic

drap (draap) *nt* manslaughter, homicide

dreie (dray-er) *v* turn, resolve

dreining (dray-ning) *c* turn

drenere (dreh-nāy-rer) *v* drain

drepe (drāy-per) *v* kill

dress (drehss) *c* suit

dressere (dreh-sāy-rer) *v* train

dressjakke (drehss-Уahk-ker) *c* jacket

dreven (drāy-vern) *adj* skilled, clever

drikk (drikk) *c* drink; beverage; **alkoholfri** ~ soft drink

***drikke** (drik-ker) *v* *drink

drikkelig (drik-ker-li) *adj* drinkable

drikkepenger (drik-ker-peh-ngerr) *pl*

tip, gratuity

drikkevann (*drik*-ker-vahn) *nt* drinking-water

drink (dringk) *c* drink

dristig (*driss*-ti) *adj* bold, daring; risky

dristighet (*driss*-ti-hāyt) *c* daring

•drive frem (*dree*-ver) propel

drivhus (*dreev*-hewss) *nt* (pl ~) greenhouse

drivkraft (*dreev*-krahft) *c* driving force

dronning (*droan*-ning) *c* queen

drosje (*drosh*-sher) *c* cab, taxi

drosjeholdeplass (*drosh*-sher-ho-ler-plahss) *c* taxi rank; taxi stand *Am*

drosjesjåfør (*drosh*-sher-sho-fūrr) *c* cab-driver, taxi-driver

druer (*drēw*-err) *pl* grapes *pl*

drukne (*drook*-ner) *v* *be drowned; drown

dryppe (*drewp*-per) *v* drip

drøm (drurmm) *c* (pl ~mer) dream

drømme (*drurm*-mer) *v* *dream

dråpe (*draw*-per) *c* drop

du (dēw) *pron* you

due (*dēw*-er) *c* pigeon

duft (dewft) *c* scent

dugg (dewgg) *c* dew

duk (dēwk) *c* table-cloth

dukke (*dewk*-ker) *v* dive; *c* doll

dukketeater (*dewk*-ker-teh-aa-terr) *nt* (pl ~, -tre) puppet-show

dum (doomm) *adj* stupid, dumb; foolish, silly

dun (dēwn) *nt* down

dunke (*doong*-ker) *v* thump, bump

dunkel (*doong*-kerl) *adj* dim

dur (dēwr) *c* roar

dusin (dew-*seen*) *nt* (pl ~) dozen

dusj (dewshsh) *c* shower

duskregn (*dewsk*-rehngn) *nt* drizzle

dverg (dværg) *c* dwarf

dybde (*dewb*-der) *c* depth

dyd (dēwd) *c* virtue

dykke (*dewk*-ker) *v* dive

dykkermaske (*dew*-ker-*mahss*-ker) *c* goggles *pl*

dyktig (*dewk*-ti) *adj* able, capable, skilful

dyktighet (*dewk*-ti-hāyt) *c* ability, skill

dynamo (dew-*naa*-moo) *c* dynamo

dyne (*dēw*-ner) *c* eiderdown

dyp (dēwp) *adj* deep; low

dypfryser (*dēwp*-frēw-serr) *c* deep-freeze

dypfryst mat (*dēwp*-frewst maat) frozen food

dypsindig (*dēwp*-sin-di) *adj* profound

dyr (dēwr) *nt* beast, animal; *adj* expensive

dyrebar (*dēw*-rer-baar) *adj* precious; dear

dyrekretsen (*dēw*-rer-kreht-sern) zodiac

dyrke (*dewr*-ker) *v* raise, cultivate, *grow

dyrlege (*dewr*-lāy-ger) *c* veterinary surgeon

dysenteri (dew-sehn-ter-*ree*) *c* dysentery

dyster (*dewss*-terr) *adj* gloomy, sombre

dytt (dewtt) *c* push

dø (dūr) *v* die

død (dūr) *adj* dead; *c* death

dødelig (*dūr*-der-li) *adj* mortal, fatal

dødsfall (*durts*-fahl) *nt* (pl ~) death

dødsstraff (*durt*-strahf) *c* death penalty

døgn (durngn) *nt* twenty-four hours

dømme (*durm*-mer) *v* sentence; judge

døpe (*dūr*-per) *v* baptize, christen

dør (dūrr) *c* door

dørslag (*dūr*-shlaag) *nt* (pl ~) strainer

dørvokter (dūrr-vok-terr) *c* door-keeper

døv (dūrv) *adj* deaf

dåd (dawd) *c* exploit, achievement

dåkalv (*daw*-kahlv) *c* fawn

dåp (dawp) *c* christening, baptism

dårlig (*daw*-li) *adj* ill, bad; poor

dåse (*daw*-ser) *c* canister

E

ebbe (*ehb*-ber) *c* ebb

Ecuador (ehk-vah-*dawr*) Ecuador

ecuadorianer (ehk-vah-do-ri-*aa*-nerr) *c* Ecuadorian

ed (āyd) *c* oath, vow

edderkopp (*ehd*-derr-kop) *c* spider

eddik (*ehd*-dik) *c* vinegar

edel (*āy*-derl) *adj* noble

edelsten (*āy*-derl-stāyn) *c* gem

edru (*āyd*-rēw) *adj* sober

effekt (eh-*fehkt*) *c* effect

effektiv (*ehf*-fehk-tiv) *adj* effective; efficient

eføy (*āy*-fur[ew]) *c* ivy

egen (*āy*-gern) *adj* own; peculiar, odd

egenskap (*āy*-gern-skaap) *c* quality, characteristic

egentlig (*āy*-gernt-li) *adv* really

egg (ehgg) *nt* egg

eggeglass (*ehg*-ger-glahss) *nt* (pl ~) egg-cup

eggeplomme (*ehg*-ger-plo-mer) *c* yolk, egg-yolk

egn (ayn) *c* region

egnet (*ay*-nert) *adj* convenient, suitable, fit

egoisme (eh-goo-*iss*-mer) *c* selfishness

egoistisk (eh-goo-*iss*-tisk) *adj* egoistic

Egypt (eh-*gewpt*) Egypt

egypter (eh-gewp-terr) *c* Egyptian

egyptisk (eh-gewp-tisk) *adj* Egyptian

eie (*ay*-er) *v* own; possess, *nt* possession; **eiendeler** belongings *pl*

eiendom (*ay*-ern-dom) *c* (pl ~mer) property; estate; premises *pl*

eiendommelig (ay-ern-*dom*-li) *adj* peculiar; quaint

eiendommelighet (ay-ern-*dom*-li-hāyt) *c* peculiarity

eiendomsmegler (ay-ern-doms-mehg-lerr) *c* house-agent; realtor *nAm*

eier (*ay*-err) *c* owner, proprietor

eik (ayk) *c* oak

eike (*ay*-ker) *c* spoke

eikenøtt (*ay*-ker-nurt) *c* acorn

ekkel (*ehk*-kerl) *adj* nasty

ekko (*ehk*-koo) *nt* echo

ekorn (*ehk*-koon) *nt* squirrel

eksakt (ehk-*sahkt*) *adj* exact

eksamen (ehk-*saa*-mern) *c* examination; **°ta ~** graduate

eksem (ehk-*sāym*) *c/nt* eczema

eksempel (ehk-*sehm*-perl) *nt* (pl -pler) example, instance; **for ~** for instance, for example

eksemplar (ehk-sehm-*plaar*) *nt* specimen; copy

eksentrisk (ehk-*sehn*-trisk) *adj* eccentric

eksil (ehk-*seel*) *nt* exile

eksistens (ehk-si-*stehns*) *c* existence

eksistere (ehk-si-*stāy*-rer) *v* exist

eksklusiv (*ehks*-klew-seev) *adj* exclusive

eksos (ehk-*sōōss*) *c* exhaust gases

eksospotte (ehk-*sōōss*-po-ter) *c* silencer; muffler *nAm*

eksosrør (ehk-*sōōss*-rūrr) *nt* (pl ~) exhaust pipe

eksotisk (ehk-soo-tisk) *adj* exotic

ekspedisjon (ehk-sper-di-*shōōn*) *c* expedition

ekspeditrise (ehk-sper-di-*tree*-ser) *c* salesgirl

ekspeditør (ehk-sper-di-*tūrr*) *c* shop assistant, salesman

eksperiment (ehk-speh-ri-*mehnt*) *nt*

experiment

eksperimentere (ehk-speh-ri-mehn-*tāy*-rer) v experiment

ekspert (ehk-*spæt*) c expert

eksplodere (ehk-sploo-*dāy*-rer) v explode

eksplosiv (ehk-sploo-*seev*) adj explosive

eksplosjon (ehk-sploo-*shōōn*) c blast, explosion

eksponering (ehk-spoo-*nāy*-ring) c exposure

eksport (ehk-*spot*) c exports pl

eksportere (ehk-spo-*tāy*-rer) v export

ekspress- (ehk-*sprehss*) express

ekstase (ehk-*staa*-ser) c ecstasy

ekstra (*ehk*-strah) adj additional, extra; spare

ekstravagant (ehk-strah-vah-*gahnt*) adj extravagant

ekstrem (ehk-*strāym*) adj extreme

ekte (*ehk*-ter) adj genuine, authentic, true; v marry

ektemann (*ehk*-ter-mahn) c (pl -menn) husband

ektepar (*ehk*-ter-paar) nt married couple

ekteskap (*ehk*-teh-skaap) nt matrimony, marriage

ekteskapelig (ehk-ter-*skaaper*-li) adj matrimonial

ekvator (ehk-*vaa*-toor) c equator

elastisk (eh-*lahss*-tisk) adj elastic

eldre (*ehl*-drer) adj older; elderly; **eldst** eldest

elefant (eh-ler-*fahnt*) c elephant

eleganse (eh-ler-*gahng*-ser) c elegance

elegant (eh-ler-*gahnt*) adj elegant

elektriker (eh-*lehk*-tri-kerr) c electrician

elektrisitet (eh-lehk-tri-si-*tāyt*) c electricity

elektrisk (eh-*lehk*-trisk) adj electric

elektronisk (eh-lehk-*trōō*-nisk) adj

electronic

element (eh-ler-*mehnt*) nt element

elementær (eh-ler-mehn-*tæær*) adj primary

elendig (eh-*lehn*-di) adj miserable

elendighet (eh-*lehn*-di-hāyt) c misery

elev (eh-*lāyv*) c pupil

elfenbein (*ehl*-fern-bayn) nt ivory

elg (ehlg) c moose, elk

eliminere (eh-li-mi-*nāy*-rer) v eliminate

eller (*ehl*-lerr) conj or; **enten ... eller** either ... or; **om ... eller** whether ... or

ellers (*ehl*-lersh) adv otherwise; else

elleve (*ehl*-ver) num eleven

ellevte (*ehl*-lerf-ter) num eleventh

elske (*ehl*-sker) v love

elsker (*ehl*-skerr) c lover

elskerinne (ehl-sker-*rin*-ner) c mistress

elsket (*ehl*-skert) adj beloved

elskling (*ehlsk*-ling) c sweetheart

elv (ælv) c river

elvebredd (*æl*-ver-brehd) c river bank, riverside

elvemunning (*æl*-ver-mew-ning) c estuary

emalje (eh-*mahl*-Yer) c enamel

emaljert (eh-mahl-*Yāyt*) adj enamelled

embete (*ehm*-ber-ter) nt civil service affice

embetsmann (*ehm*-berts-mahnn) c (pl -menn) civil servant

emblem (ehm-*blāym*) nt emblem

emigrant (eh-mi-*grahnt*) c emigrant

emigrasjon (eh-mi-grah-*shōōn*) c emigration

emne (*ehm*-ner) nt topic, theme

en (āyn) art (nt et) a art; num one; **-en** the art

enakter (*āyn*-ahk-terr) c one-act play

ende (*ehn*-ner) c end

endelig (*ehn*-der-li) adv finally

endestasjon (*ehn*-ner-stah-shōōn) *c* terminal

endetarm (*ehn*-ner-tahrm) *c* rectum

endog (*ehn*-dawg) *adv* even

endossere (ahng-do-*say*-rer) *v* endorse

endre (*ehn*-drer) *v* alter; modify

endring (*ehn*-dring) *c* alteration; change

eneforhandler (*āy*-ner-for-hahnd-lerr) *c* sole distributor

energi (eh-nær-*gee*) *c* power, energy

energisk (eh-*nær*-gisk) *adj* energetic

eneste (*āy*-nerss-ter) *adj* sole, only

enestående (*āy*-ner-sto-er-ner) *adj* exceptional, unique; singular

eng (ehngng) *c* meadow

engangs- (*āyn*-gahngs) disposable

engel (*ehng*-ngerl) *c* (pl engler) angel

engelsk (*eh*-ngerlsk) *adj* English

engelskmann (*eh*-ngerlsk-mahn) *c* (pl -menn) Englishman; Briton

England (*ehng*-lahn) England

engroshandel (ahng-*graw*-hahn-derl) *c* (pl -dler) wholesale-trade

engstelig (*ehng*-ster-li) *adj* anxious; afraid

engstelse (*ehng*-sterl-ser) *c* fear

enhet (*āyn*-hāyt) *c* unity; unit

enhver (ehn-*væær*) *pron* anyone; everybody, everyone

enig (*āy*-ni) *adj* unanimous, agreed; •være ~ agree

enke (*ehng*-ker) *c* widow

enkel (*ehng*-kerl) *adj* simple; plain; single

enkelt (*ehng*-kerlt) *adj* individual

enkelte (*ehng*-kerl-ter) *pron* some

enkeltperson (*ehng*-kerlt-pæ-shōōn) *c* individual

enkeltrom (*ehng*-kerlt-room) *nt* (pl ~) single room

enkemann (*ayng*-ker-mahn) *c* (pl -menn) widower

enn (ehnn) *conj* than

ennå (*ehn*-naw) *adv* yet

enorm (eh-*norm*) *adj* enormous; huge, immense, gigantic

ensartet (*āyn*-saa-tert) *adj* uniform

ensidig (*āyn*-see-di) *adj* one-sided

ensom (*āyn*-som) *adj* lonely

enstemmig (*āyn*-steh-mi) *adj* unanimous

entall (*āyn*-tahl) *nt* singular

entrénøkkel (ahng-*tray*-nur-kerl) *c* (pl -nøkler) latchkey

entreprenør (ahng-trer-preh-*nūrr*) *c* contractor

entusiasme (ehn-tew-si-*ahss*-mer) *c* enthusiasm

entusiastisk (ehn-tew-si-*ahss*-tisk) *adj* enthusiastic

enveiskjøring (*āyn*-vayss-khūr-ring) *c* one-way traffic

epidemi (eh-pi-der-*mee*) *c* epidemic

epilepsi (eh-pi-lehp-*see*) *c* epilepsy

epilog (eh-pi-*lawg*) *c* epilogue

episk (*āy*-pisk) *adj* epic

episode (eh-pi-*sōō*-der) *c* episode

eple (*ehp*-ler) *nt* apple

epos (*āy*-pooss) *nt* epic

erfare (ær-*faa*-rer) *v* experience

erfaren (ær-*faa*-rern) *adj* experienced

erfaring (ær-*faa*-ring) *c* experience

ergerlig (*ær*-ger-li) *adj* annoying

ergre (*ær*-grer) *v* annoy; irritate

ergrelse (*ær*-grerl-ser) *c* annoyance

erindre (eh-*rin*-drer) *v* recall

erindring (eh-*rin*-dring) *c* remembrance

erkebiskop (*ær*-ker-biss-kop) *c* archbishop

erkjenne (ær-*khehn*-ner) *v* acknowledge; confess, admit

erklære (ær-*klææ*-rer) *v* declare; state

erklæring (ær-*klææ*-ring) *c* declaration, statement

erme (*ær*-mer) *nt* sleeve

erobre (æ-*rōōb*-rer) *v* conquer; cap-

ture
erobrer (æ-*rōōb*-rerr) *c* conqueror
erobring (æ-*rōōb*-ring) *c* conquest; capture
erstatning (æ-*shtaht*-ning) *c* indemnity; substitute
erstatte (æ-*shtaht*-ter) *v* replace, substitute
ert (ætt) *c* pea
erte (æ-ter) *v* tease
erverve (ær-*vær*-ver) *v* acquire; obtain
ervervelse (ær-*vær*-verl-ser) *c* acquisition
esel (*āy*-serl) *nt* (pl esler) ass, donkey
eskadrille (ehss-kah-*dril*-ler) *c* squadron
eske (*ehss*-ker) *c* box
eskorte (ehss-*kot*-ter) *c* escort
eskortere (ehss-ko-*tāy*-rer) *v* escort
esplanade (ehss-plah-*naa*-der) *c* esplanade
essay (*ehss*-say) *nt* (pl ~, ~s) essay
essens (eh-*sehns*) *c* essence
etablere (eh-tah-*blāy*-rer) *v* establish
etappe (eh-*tahp*-per) *c* stage, leg
etasje (eh-*taa*-sher) *c* storey, floor; **første** ~ ground floor
eter (*āy*-terr) *c* ether
etikett (eh-ti-*kehtt*) *c* label
Etiopia (eh-ti-*ōō*-pi-ah) Ethiopia
etiopier (eh-ti-*ōō*-pi-err) *c* Ethiopian
etiopisk (eh-ti-*ōō*-pisk) *adj* Ethiopian
etsteds (eht-*stehss*) *adv* somewhere
etter (*eht*-terr) *prep* after; ~ **at** after
etterforske (*eht*-terr-fosh-ker) *v* investigate
etterforskning (*eht*-terr-foshk-ning) *c* inquiry
*****etterfølge** (*eht*-terr-fur-ler) *v* succeed
etterkommer (*eht*-terr-ko-merr) *c* descendant
*****etterlate** (*eht*-ter-laa-ter) *v* *leave behind; *leave

etterligne (*eht*-ter-ling-ner) *v* copy, imitate
etterligning (*eht*-ter-ling-ning) *c* imitation
ettermiddag (*eht*-terr-mi-dah) *c* afternoon; **i** ~ this afternoon
etternavn (*eht*-ter-nahvn) *nt* (pl ~) family name, surname
etterpå (*eht*-terr-paw) *adv* afterwards
ettersende (*eht*-ter-sheh-ner) *v* forward
ettersom (*eht*-ter-shom) *conj* as, because
etterspore (*eht*-ter-shpōō-rer) *v* trace
etterspørsel (*eht*-ter-shpur-sherl) *c* demand
etui (eh-tew-*ee*) *nt* case
Europa (ou-*rōō*-pah) Europe
europeer (ou-roo-*pāy*-err) *c* European
europeisk (ou-roo-*pāy*-isk) *adj* European
evakuere (eh-vah-kew-*āy*-rer) *v* evacuate
evangelium (eh-vahng-*gāy*-li-ewm) *nt* (pl -ier) gospel
eventuell (eh-vehn-tew-*ehll*) *adj* possible
eventyr (*āy*-vern-tēwr) *nt* (pl ~) fairytale; tale; adventure
evig (*āy*-vi) *adj* eternal
evighet (*āy*-vi-hāyt) *c* eternity
evne (*ehv*-ner) *c* faculty, gift; ability, capacity
evolusjon (eh-voo-lew-*shōōn*) *c* evolution

F

fabel (*faa*-berl) *c* (pl fabler) fable
fabrikant (fahb-ri-*kahnt*) *c* manufacturer
fabrikk (fahb-*rikk*) *c* works *pl*, mill,

plant, factory
fabrikkere (fahb-ri-*kay*-rer) v manufacture
fag (faag) nt profession
fagforening (faag-fo-reh-ning) c tradeunion; union
fagmann (faag-mahnn) c (pl -menn) expert
fajanse (fah-*Yahng*-ser) c faience
fakkel (*fahk*-kerl) c (pl fakler) torch
faktisk (*fahk*-tisk) adv as a matter of fact, really, actually, in effect, in fact; adj actual, factual
faktor (*fahk*-toor) c factor
faktum (*fahk*-tewm) nt (pl -ta) fact
faktura (fahk-*tew*-rah) c invoice
fakturere (fahk-tew-*ray*-rer) v bill
fakultet (fah-kewl-*tayt*) nt faculty
fald (fahll) c hem
falk (fahlk) c hawk
fall (fahll) nt fall; **i alle ~** at any rate; **i hvert ~** anyway, at any rate
***falle** (*fahl*-ler) v *fall; **~ sammen med** coincide; ***la ~** drop
falleferdig (*fahl*-ler-fæ-di) adj ramshackle
fallitt (fah-*litt*) adj bankrupt
falme (*fahl*-mer) v fade
falsk (fahlsk) adj false
familie (fah-*mee*-li-er) c family
familiær (fah-mi-li-*æær*) adj familiar
fanatisk (fah-*naa*-tisk) adj fanatical
fange (*fahng*-nger) v capture; *catch; c prisoner; ***ta til ~** capture
fangenskap (*fahng*-ngern-skaap) nt imprisonment
fangevokter (*fahng*-nger-vok-terr) c prison guard, jailer
fangst (fahngst) c catch
fantasi (fahn-tah-*see*) c fantasy, imagination, fancy
fantasifoster (fahn-tah-*seefooss*-terr) nt illusion
fantastisk (fahn-*tahss*-tisk) adj fantastic

fantom (fahn-*toom*) nt phantom
far (faar) c (pl fedre) father; dad
fare (*faa*-rer) c peril, danger; risk
farfar (*fahr*-faar) c (pl -fedre) grandfather
farge (*fahr*-ger) c colour; dye; v dye; **~ av** discolour
fargeblind (*fahr*-ger-blin) adj colourblind
fargeekte (*fahr*-ger-ehk-ter) adj fastdyed
fargefilm (*fahr*-ger-film) c colour film
fargemiddel (*fahr*-ger-mi-derl) nt (pl -midler) colourant
fargerik (*fahr*-ger-reek) adj colourful; gay
farget (*fahr*-gert) adj coloured
farlig (*faa*-li) adj dangerous
farmakologi (fahr-mah-koo-loo-*gee*) c pharmacology
farmor (*fahr*-moor) c (pl -mødre) grandmother
farse (*fah*-sher) c stuffing; farce
fart (fahtt) c rate, speed; **i full ~** in a hurry; **saktne farten** slow down; **øke farten** accelerate
fartsgrense (*fahts*-grehn-ser) c speed limit
fartsmåler (*fahts*-maw-lerr) c speedometer
fartøy (*faa*-tur^ew) nt vessel
fasade (fah-*saa*-der) c façade
fasan (fah-*saan*) c pheasant
fascisme (fah-*shiss*-mer) c fascism
fascist (fah-*shist*) c fascist
fascistisk (fah-*shiss*-tisk) adj fascist
fase (*faa*-ser) c stage, phase
fast (fahst) adj firm; fixed; permanent; adv tight
fastboende (*fahst*-bōō-er-ner) c (pl ~) resident
***fastholde** (*fahst*-ho-ler) v insist
fastland (*fahst*-lahn) nt mainland;

continent

•fastsette (*fahst-seh-ter*) *v* determine

•fastslå (*fahst-*shlo) *v* establish; ascertain

fat (faat) *nt* dish; cask, barrel

fatal (fah-*taal*) *adj* fatal

fatning (*faht-*ning) *c* composure

fatte (*faht-*ter) *v* *understand, grasp

fattig (*faht-*ti) *adj* poor

fattigdom (*faht-*ti-dom) *c* poverty

fattigslig (*faht-*tik-sli) *adj* poor

favoritt (fah-voo-*ritt*) *c* favourite

fe (fāy) *c* fairy

feber (*fāy-*berr) *c* fever

feberaktig (*fāy-*berr-ahk-ti) *adj* feverish

februar (feh-brew-*aar*) February

fedme (*fehd-*mer) *c* fatness

fedreland (*fāy-*drer-lahn) *nt* fatherland, native country

feie (*fay-*er) *v* *sweep

feig (fayg) *adj* cowardly

feiging (*fay-*ging) *c* coward

feil (fayl) *c* (pl ~) fault, error, mistake; *adj* incorrect; *•ta ~ *be mistaken

feilaktig (fayl-*ahk-*ti) *adj* mistaken

feile (*fay-*ler) *v* err

feilfri (*fayl-*free) *adj* faultless

feiltakelse (fayl-*taa-*kerl-ser) *c* mistake, error

feiltrinn (*fayl-*trin) *nt* slip

feinschmecker (*fighn-*shmeh-kerr) *c* gourmet

feire (*fay-*rer) *v* celebrate

feiring (*fay-*ring) *c* celebration

fekte (*fehk-*ter) *v* fence

fele (*fai-*ler) *c* fiddle

felg (fehlg) *c* rim

felle (*fehl-*ler) *c* trap

felles (*fehl-*lerss) *adj* common; joint

i fellesskap (*fehl-*ler-skaap) jointly

felt (fehlt) *nt* field

feltkikkert (*fehlt-*khi-kert) *c* field

glasses

feltseng (*fehlt-*sehng) *c* camp-bed; cot *nAm*

fem (fehmm) *num* five

feminin (feh-mi-*neen*) *adj* feminine

femte (*fehm-*ter) *num* fifth

femten (*fehm-*tern) *num* fifteen

femtende (*fehm-*ter-ner) *num* fifteenth

femti (*fehm-*ti) *num* fifty

fengsel (*fehng-*sherl) *nt* (pl -sler) jail, gaol, prison

fengsle (*fehng-*shler) *v* imprison; fascinate

ferdig (*fææ-*di) *adj* finished

ferdselsåre (*færd-*serls-aw-rer) *c* thoroughfare

ferie (*fāy-*ri-er) *c* vacation, holiday; **på ~** on holiday

ferieleir (*fāy-*ri-er-layr) *c* holiday camp

feriested (*fāy-*ri-er-stāy) *nt* holiday resort

ferje (*fær-*Yer) *c* ferry-boat

fersk (fæshk) *adj* fresh

fersken (*fæsh-*kern) *c* peach

ferskvann (*fæshk-*vahn) *nt* fresh water

fest (fehst) *c* feast, party

feste (*fehss-*ter) *v* attach, fasten; **~ med nål** pin

festeinnretning (*fehss-*ter-in-reht-ning) *c* fastener

festival (fehss-ti-*vaal*) *c* festival

festlig (*fehst-*li) *adj* festive

festning (*fehst-*ning) *c* fortress; stronghold

fet (fāyt) *adj* fat

fett (fehtt) *nt* grease, fat

fetter (*feht-*terr) *c* cousin

fettet (*feht-*tert) *adj* greasy

fettholdig (*feht-*hol-di) *adj* fatty

fiasko (fi-*ahss-*koo) *c* failure

fiber (*fee-*berr) *c* (pl fibrer) fibre

fiende (*fee*-ern-der) *c* enemy
fiendtlig (*fee*-ern-tli) *adj* hostile
figur (fi-*gewr*) *c* figure
fik (feek) *c* slap, blow
fike (*fee*-ker) *v* slap
fiken (*fee*-kern) *c* fig
fiks (fiks) *adj* smart
fil (feel) *c* file; lane
filial (fi-li-*aal*) *c* branch
filipens (fi-li-*pehns*) *c* acne
Filippinene (fi-li-*pee*-ner-ner) Philippines *pl*
filippiner (fi-li-*pee*-nerr) *c* Filipino
filippinsk (fi-li-*peensk*) *adj* Philippine
fille (*fil*-ler) *c* rag
film (film) *c* movie, film
filmavis (*film*-ahveess) *c* newsreel
filme (*fil*-mer) *v* film
filmkamera (*film*-kaa-mer-rah) *nt* camera
filmlerret (*film*-lær-rert) *nt* screen
filosof (fi-loo-*soof*) *c* philosopher
filosofi (fi-loo-soo-*fee*) *c* philosophy
filt (filt) *c* felt
filter (*fil*-terr) *nt* (pl -tre) filter
fin (feen) *adj* fine
finanser (fi-*nahng*-serr) *pl* finances *pl*
finansiell (fi-nahng-si-*ehll*) *adj* financial
finansiere (fi-nahng-si-*āy*-rer) *v* finance
finger (*fing*-ngerr) *c* (pl -gre) finger
fingeravtrykk (*fing*-ngerr-ahv-trewk) *nt* (pl ~) fingerprint
fingerbøl (*fing*-ngerr-burl) *nt* (pl ~) thimble
finhakke (*feen*-hah-ker) *v* mince
finke (*fing*-ker) *c* finch
Finland (*fin*-lahn) Finland
finmale (*feen*-maa-ler) *v* *grind
finne[1] (*fin*-ner) *c* Finn
*finne[2] (*fin*-ner) *v* *find; ~ **igjen** recover; ~ **skyldig** convict; ~ **sted** *take place

finsk (finsk) *adj* Finnish
fint! (feent) all right!, okay!
fiol (fi-*ool*) *c* violet
fiolett (fi-oo-*lehtt*) *adj* violet
fiolin (fi-oo-*leen*) *c* violin
fire (*fee*-rer) *num* four
firma (*feer*-mah) *nt* firm, company
fisk (fisk) *c* fish
fiske (*fiss*-ker) *v* fish; angle
fiskebein (*fiss*-ker-bayn) *nt* bone, fishbone
fiskeforretning (*fiss*-ker-fo-reht-ning) *c* fish shop
fiskegarn (*fiss*-ker-gaan) *nt* (pl ~) fishing net
fiskekort (*fiss*-ker-kot) *nt* (pl ~) fishing licence
fiskekrok (*fiss*-ker-krōōk) *c* fishing hook
fisker (*fiss*-kerr) *c* fisherman
fiskeredskap (*fiss*-ker-rehss-kaap) *nt* fishing tackle
fiskeri (fiss-ker-*ree*) *nt* fishing industry
fiskesnøre (*fiss*-ker-snūr-rer) *nt* fishing line
fiskestang (*fiss*-ker-stahng) *c* (pl -stenger) fishing rod
fiskeutstyr (*fiss*-ker-ewt-stēwr) *nt* fishing gear
fjell (fYehll) *nt* mountain
fjelldal (fYehll-daal) *c* glen
fjellkjede (fYehll-khāy-der) *c* mountain range
fjellklatring (fYehll-klaht-ring) *c* mountaineering
fjerde (fYææ-rer) *num* fourth
fjern (fYææn) *adj* far-away, far, distant, remote, far-off
fjerne (fYææ-ner) *v* *take away, remove
fjerning (fYææ-ning) *c* removal
fjernskriver (fYææn-skree-verr) *c* telex
fjernsyn (fYææn-sēwn) *nt* television

fjernsynsapparat (f*Y*ææn-sēwn-sah-pah-raat) *nt* television set

fjernvalgnummer (f*Y*ææn-vahlg-noo-merr) *nt* (pl -numre) area code

fjollet (f*Y*ol-lert) *adj* foolish

i fjor (ee f*Y*ōōr) last year

fjord (f*Y*ōōr) *c* fjord

fjorten (f*Y*oot-tern) *num* fourteen; ~ **dager** fortnight

fjortende (f*Y*oot-ter-ner) *num* fourteenth

fjær (f*Y*æær) *c* (pl ~) feather; spring

fjære (f*Y*ææ-rer) *c* low tide

fjæring (f*Y*ææ-ring) *c* suspension

fjærkre (f*Y*æær-kr*āy*) *nt* (pl ~) fowl, poultry

flagg (flahgg) *nt* flag

flakke (flahk-ker) *v* wander

flamingo (flah-*ming*-goo) *c* flamingo

flamme (flahm-mer) *c* flame

flanell (flah-*nehll*) *c* flannel

flaske (flahss-ker) *c* bottle; flask

flaskehals (flahss-ker-hahls) *c* bottle-neck

flaskeåpner (flahss-ker-awp-nerr) *c* bottle opener

flass (flahss) *nt* dandruff

flat (flaat) *adj* flat; plane

flekk (flehkk) *c* spot, stain; speck, blot

flekke (flehk-ker) *v* stain

flekket (flehk-kert) *adj* spotted

flekkfjerner (flehk-f*Y*æ-nerr) *c* stain remover

flere (fl*āy*-rer) *adj* several; **flest** most

flertall (fl*āy*-tahl) *nt* majority; plural

flid (fleed) *c* diligence

flink (flingk) *adj* clever, skilful, smart

flintstein (flint-stayn) *c* flint

flis (fleess) *c* chip; tile

flittig (fli-ti) *adj* diligent; industrious

flo (floo) *c* flood

flokk (flokk) *c* herd, flock; bunch

flott (flott) *adj* swell

flottør (flo-t*ū*rr) *c* float

flue (fl*ē*w-er) *c* fly

flukt (flewkt) *c* escape

fluktstol (flewkt-st*ōō*l) *c* deck chair

fly (fl*ē*w) *nt* aircraft, aeroplane, plane; airplane *nAm*

***fly** (fl*ē*w) *v* *fly

flygel (fl*ē*w-gerl) *nt* (pl -gler) grand piano

flyhavn (fl*ē*w-hahvn) *c* airport

flykaptein (fl*ē*w-kahp-tayn) *c* captain

flykte (flewk-ter) *v* escape

flyktig (flewk-ti) *adj* casual

flymaskin (fl*ē*w-mah-sheen) *c* aircraft

flyndre (flewnd-rer) *c* sole

flyplass (fl*ē*w-plahss) *c* airfield

flyselskap (fl*ē*w-sehl-skaap) *nt* airline

***flyte** (fl*ē*w-ter) *v* flow; float

flytende (fl*ē*w-ter-ner) *adj* fluent; fluid, liquid

flyttbar (flewt-baar) *adj* movable

flytte (flewt-ter) *v* move

flytur (fl*ē*w-t*ē*wr) *c* flight

flyulykke (fl*ē*w-ew-lew-ker) *c* plane crash

flyvertinne (fl*ē*w-væ-ti-ner) *c* stewardess

fløte (fl*ū*r-ter) *c* cream

fløteaktig (fl*ū*r-ter-ahk-ti) *adj* creamy

fløyel (flur*ew*-erl) *c* velvet

fløyte (flur*ew*-ter) *c* flute; whistle

flå (flaw) *v* fleece

flåte (flaw-ter) *c* raft; fleet; navy

fnise (fnee-ser) *v* giggle

foajé (foo-ah-*Y*āy) *c* foyer, lobby

fokk (fokk) *c* foresail

fold (foll) *c* crease, fold

folde (fol-ler) *v* fold; ~ **sammen** fold; ~ **ut** *v* unfold

foldekniv (fol-ler-kneev) *c* clasp-knife

folk (folk) *nt* people, nation; *pl* people; **folke-** popular; national

folkedans (fol-ker-dahns) *c* folk-dance

folkemengde (fol-ker-mehng-der) *c* crowd

folkerik (*fol*-ker-reek) *adj* populous
folkeslag (fol-ker-*shlaag*) *nt* (pl ~)
people
folkevise (*fol*-ker-vee-ser) *c* folk song
folklore (folk-*law*-rer) *c* folklore
fond (fonn) *nt* fund
fondsbørs (*fons*-būrsh) *c* stock exchange
fondsmarked (*fons*-mahr-kerd) *nt*
stock market
fonetisk (foo-*nay*-tisk) *adj* phonetic
for[1] (forr) *conj* for; *prep* for; ~ **hånden** available; ~ **å** in order to, to
fôr[2] (fōōr) *nt* lining; fodder
forakt (for-*ahkt*) *c* scorn, contempt
forakte (for-*ahk*-ter) *v* despise, scorn
foran (*for*-rahn) *prep* before, ahead
of, in front of
forandre (for-*ahn*-drer) *v* change;
vary, alter
forandring (for-*ahn*-dring) *c* variation,
change; alteration
foranledning (*for*-rahn-*layd*-ning) *c* occasion
foranstaltning (*for*-rahn-stahlt-ning) *c*
measure
forargelse (for-*ahr*-gerl-ser) *c* indignation
forbanne (for-*bahn*-ner) *v* curse
forbause (for-*bou*-ser) *v* astonish;
amaze, surprise
forbauselse (for-*bou*-serl-ser) *c* astonishment; amazement
forbausende (for-*bou*-ser-ner) *adj* astonishing
forbedre (for-*bayd*-rer) *v* improve
forbedring (for-*bayd*-ring) *c* improvement
forbehold (*for*-ber-hol) *nt* qualification; reservation
forberede (*for*-ber-*ray*-der) *v* prepare
forberedelse (*for*-ber-*ray*-derl-ser) *c*
preparation
forberedende (*for*-ber-*ray*-der-ner) *adj*

preliminary
forbi (for-*bee*) *prep* past, beyond,
past; •**gå** ~ pass by
•**forbinde** (for-*bin*-ner) *v* connect,
link, join; dress; associate
forbindelse (for-*bin*-nerl-ser) *c* connection; relation, reference
forbipasserende (for-*bee*-pah-*say*-rer-
ner) *c* (pl ~) passer-by
•**forbli** (for-*blee*) *v* remain
forbløffe (for-*blurf*-fer) *v* astonish
forbokstav (*for*-book-staav) *c* initial
forbruk (*for*-brēwk) *nt* expenditure
forbruker (*for*-brēw-kerr) *c* consumer
forbrytelse (for-*brēw*-terl-ser) *c* crime
forbryter (for-*brēw*-terr) *c* criminal
forbrytersk (for-*brēw*-tershk) *adj*
criminal
forbud (*for*-bēwd) *nt* (pl ~) prohibition
forbudt (for-*bewtt*) *adj* prohibited;
forbikjøring forbudt no passing
Am
forbund (*for*-bewn) *nt* (pl ~) league,
union; **forbunds-** federal
forbundsfelle (*for*-bewns-feh-ler) *c* associate
forbundsstat (*for*-bewn-staat) *c* federation
•**forby** (for-*bēw*) *v* •forbid, prohibit
•**fordampe** (fo-*dahm*-per) *v* evaporate
fordel (fo-*dayl*) *c* benefit, advantage,
profit; •**ha** ~ **av** benefit; **til** ~ **for**
for the benefit of
fordelaktig (fo-dayl-ahk-ti) *adj* advantageous
fordele (fo-*day*-ler) *v* divide
fordervet (fo-*dær*-vert) *adj* stale
fordi (fo-*dee*) *conj* as, because; since
fordom (*fo*-dom) *c* (pl ~mer) prejudice
fordreid (fo-*drayd*) *adj* crooked,
twisted
fordring (*fod*-ring) *c* claim

•**fordrive** (fo-*dree*-ver) *v* expel; chase

fordum (fo-*dewm*) *adv* formerly

fordøye (fo-*dur*ᵉʷ-er) *v* digest

fordøyelig (fo-*dur*ᵉʷ-er-li) *adj* digestible

fordøyelse (fo-*dur*ᵉʷ-erl-ser) *c* digestion; **dårlig** ~ indigestion

forebygge (*faw*-rer-bew-ger) *v* prevent

forebyggende (*faw*-rer-bew-ger-ner) *adj* preventive

foredrag (*faw*-rer-draag) *nt* (pl ~) lecture

•**foregi** (*faw*-rer-Yee) *v* pretend

•**foregripe** (*faw*-rer-gree-per) *v* anticipate

foregående (*faw*-rer-gaw-er-ner) *adj* preceding, previous

•**forekomme** (*faw*-rer-ko-mer) *v* occur

foreldet (for-*ehl*-dert) *adj* out of date

foreldre (for-*ehl*-drer) *pl* parents *pl*

•**forelegge** (*faw*-rer-leh-ger) *v* present

forelesning (*faw*-rer-*layss*-ning) *c* lecture

forelsket (for-*ehl*-skert) *adj* in love

foreløpig (*faw*-rer-lūr-pi) *adj* provisional, temporary

forene (for-*ay*-ner) *v* join, unite

forening (for-*ay*-ning) *c* association; club, society

forent (for-*aynt*) *adj* joint

De forente stater (di for-*ayn*-ter *staa*-terr) the States, United States

•**foreskrive** (*faw*-rer-skree-ver) *v* prescribe

•**foreslå** (*faw*-rer-shlaw) *v* propose, suggest

•**forespørre** (*faw*-rer-spur-rer) *v* inquire, query, enquire

forespørsel (*faw*-rer-spur-sherl) *c* (pl -sler) inquiry, query, enquiry

forestille (*faw*-rer-sti-ler) *v* represent; ~ **seg** conceive; imagine, fancy

forestilling (*faw*-rer-sti-ling) *c* show, performance; idea, conception

foretagende (*faw*-rer-taa-ger-ner) *nt* undertaking; concern

•**foretrekke** (*faw*-rer-treh-ker) *v* prefer; **å** ~ preferable

forfader (for-faa-derr) *c* (pl -fedre) ancestor

forfallen (for-*fahl*-lern) *adj* dilapidated; overdue

forfalske (for-*fahl*-sker) *v* counterfeit, forge

forfalskning (for-*fahlsk*-ning) *c* fake

forfatter (for-*faht*-terr) *c* author, writer

forfengelig (for-*fehng*-nger-li) *adj* vain

forferdelig (for-*fæ*-der-li) *adj* awful, dreadful, frightful, terrible

forfremme (for-*frehm*-mer) *v* promote

forfremmelse (for-*frehm*-merl-ser) *c* promotion

forfriske (for-*friss*-ker) *v* refresh

forfriskende (for-*friss*-ker-ner) *adj* refreshing

forfriskning (for-*frisk*-ning) *c* refreshment

•**forfølge** (for-*furl*-ler) *v* pursue, chase

forføre (for-*fūr*-rer) *v* seduce

forgasser (for-*gahss*-serr) *c* carburettor

forgifte (for-Yif-ter) *v* poison

forgjenger (for-Yeh-ngerr) *c* predecessor

forgjeves (for-Yay-verss) *adv* in vain; *adj* vain

forglemmelse (for-*glehm*-merl-ser) *c* oversight

forgrunn (for-grewn) *c* foreground

forgylt (for-Yewlt) *adj* gilt

i forgårs (ee for-gosh) the day before yesterday

•**forgå seg** (for-*gaw*) offend

forhandle (for-*hahnd*-ler) *v* negotiate

forhandler (for-*hahnd*-lerr) *c* dealer

forhandling (for-*hahnd*-ling) *c* negotiation

forhastet (for-*hahss*-tert) *adj* rash; premature

forhekse (for-*hehk*-ser) *v* bewitch

forhenværende (*for*-hehn-væææ-rer-ner) *adj* former

forhindre (*for*-hin-drer) *v* prevent

forhold (*for*-hol) *nt* (pl ~) relation; affair

forholdsmessig (*for*-hols-meh-si) *adj* proportional

forhør (for-*hūrr*) *nt* (pl ~) interrogation, examination

forhøre (for-*hūr*-rer) *v* interrogate; ~ **seg** inquire

på forhånd (po *for*-hon) in advance

forhåndsbetalt (*for*-hons-beh-tahlt) *adj* prepaid

forkaste (for-*kahss*-ter) *v* reject, turn down

forkjemper (for-*khehm*-perr) *c* champion

forkjærlighet (for-*khææ*-li-hāyt) *c* preference

forkjølelse (for-*khūr*-lerl-ser) *c* cold; •**bli forkjølet** *catch a cold

forkjørsrett (*for*-khūrsh-reht) *c* right of way

forklare (for-*klaa*-rer) *v* explain

forklaring (for-*klaa*-ring) *c* explanation

forklarlig (for-*klaa*-li) *adj* accountable

forkle (for-kler) *nt* (pl -lær) apron

forkledning (for-*klāyd*-ning) *c* disguise

forkle seg (for-*klāy*) disguise

forkorte (for-*kot*-ter) *v* shorten

forkortelse (for-*ko*-terl-ser) *c* abbreviation

forlange (fo-*lahng*-nger) *v* demand

•**forlate** (fo-*laa*-ter) *v* check out, *leave; desert

forleden (fo-*lāy*-dern) *adv* recently

forlegen (fo-*lāy*-gern) *adj* embarrassed; •**gjøre** ~ embarrass

•**forlegge** (fo-*leh*-ger) *v* *mislay

forlegger (*fo*-leh-gerr) *c* publisher

forlenge (fo-*lehng*-nger) *v* lengthen; extend

forlengelse (fo-*lehng*-ngerl-ser) *c* extension

forlovede (fo-*law*-ver-der) *c* fiancé; fiancée

forlovelse (fo-*law*-verl-ser) *c* engagement

forlovelsesring (fo-*law*-verl-serss-ring) *c* engagement ring

forlovet (fo-*law*-vert) *adj* engaged

forlystelse (fo-*lewss*-terl-ser) *c* entertainment, amusement

•**forløpe** (fo-*lūr*-per) *v* pass

form (form) *c* form, shape

formalitet (for-mah-li-*tāyt*) *c* formality

formane (for-*maa*-ner) *v* urge

formann (*for*-mahn) *c* (pl -menn) president, chairman; foreman

format (for-*maat*) *nt* size

forme (*for*-mer) *v* shape, model, form

formel (*for*-merl) *c* (pl -mler) formula

formell (for-*mehll*) *adj* formal

formiddag (for-mi-dah) *c* morning

formiddagsmat (*for*-mi-dahks-maat) *c* lunch

forminske (for-*min*-sker) *v* lessen

formodning (for-*mōōd*-ning) *c* guess

formue (*for*-moo-er) *c* fortune

formynder (for-*mewn*-derr) *c* tutor, guardian

formynderskap (for-*mewn*-der-shkaap) *nt* custody

formørkelse (for-*murr*-kerl-ser) *c* eclipse

formål (*for*-mawl) *nt* (pl ~) purpose, objective, object

formålstjenlig (*for*-mawls-t^y*āyn*-li) *adj* appropriate

fornavn (*fo*-nahvn) *nt* (pl ~) first name, Christian name

fornemme (fo-*nehm*-mer) *v* perceive

fornemmelse (fo-*nehm*-merl-ser) *c* perception; sensation

fornuft (fo-*newft*) c reason, sense

fornuftig (fo-*newf*-ti) adj reasonable, sensible

fornye (fo-*new*-er) v renew

fornærme (fo-*nær*-mer) v offend; insult

fornærmelse (fo-*nær*-merl-ser) c offence; insult

fornøyd (for-*nur^ew*d) adj pleased; glad

fornøyelse (fo-*nur^ew*-erl-ser) c pleasure

forpakte bort (for-*pahk*-ter bot) lease

forpaktning (for-*pahkt*-ning) c lease

forplikte (for-*plik*-ter) v oblige; ~ **seg** engage; •**være forpliktet til** *be obliged to

forpliktelse (for-*plik*-terl-ser) c engagement

forresten (fo-*rehss*-tern) adv besides; by the way

forretning (fo-*reht*-ning) c store, shop; business

forretninger (fo-*reht*-ni-ngerr) pl business; i ~ on business

forretningsmann (fo-*reht*-nings-mahn) c (pl -menn) businessman

forretningsmessig (fo-*reht*-nings-meh-si) adj business-like

forretningsreise (fo-*reht*-nings-ray-ser) c business trip

forretningssenter (fo-*reht*-ning-sehn-terr) nt (pl -trer) shopping centre

forrett (for-reht) c hors-d'œuvre

forrige (for-^ver) adj previous, last, past

forræder (fo-*ray*-derr) c traitor

forræderi (fo-reh-der-der-*ree*) nt treason

forråd (foar-rawd) nt (pl ~) supply

forråde (fo-*raw*-der) v betray

forsamling (fo-*shahm*-ling) c assembly, rally

forseelse (fo-*shay*-erl-ser) c offence, misdemeanour

forsere (fo-*shay*-rer) v force

forside (fo-*shee*-der) c front

forsikre (fo-*shik*-rer) v assure; insure

forsikring (fo-*shik*-ring) c insurance

forsikringspolise (fo-*shik*-rings-poo-lee-ser) c insurance policy

forsikringspremie (fo-*shik*-rings-pray-mi-er) c premium

forsiktig (fo-*shik*-ti) adj careful, cautious; gentle; wary; •**være** ~ watch out

forsiktighet (fo-*shik*-ti-hayt) c caution, precaution

forsinke (fo-*shing*-ker) v delay

forsinkelse (fo-*shing*-kerl-ser) c delay

forsinket (fo-*shing*-kert) adj overdue

forskjell (fo-*shehl*) c distinction, difference; •**gjøre** ~ distinguish

forskjellig (fo-*shehl*-li) adj different, unlike, distinct; •**være** ~ vary, differ

forskning (foshk-ning) c research

forskole (fo-shkoo-ler) c kindergarten

forskrekke (fo-*shkrehk*-ker) v frighten; •**bli forskrekket** *be frightened

forskrekkelig (fo-*shkrehk*-ker-li) adj frightful

forskudd (fo-shkewd) nt (pl ~) advance; **betale på** ~ advance; **på** ~ in advance

forslag (fo-shlaag) nt (pl ~) proposal, suggestion, proposition; motion

forsoning (fo-*shoo*-ning) c reconciliation

•**forsove seg** (fo-*shaw*-ver) *oversleep

forsprang (fo-shprahng) nt (pl ~) lead

forstad (fo-shtaad) c (pl -steder) suburb; **forstads-** suburban

forstand (fo-*shtahn*) c reason; brain, wits pl, intellect

forstavelse (fo-shtaa-verl-ser) c prefix

forstmann (fosht-mahn) c (pl -menn)

forester

forstoppelse (fo-*shtop*-perl-ser) c constipation

forstoppet (fo-*shtop*-pert) adj constipated

forstue (fo-*shtew*-er) v sprain

forstuing (fo-*shtew*-ing) c sprain

forstyrre (fo-*shtewr*-rer) v disturb; *upset

forstyrrelse (fo-*shtewr*-rerl-ser) c disturbance

forstørre (fo-*shturr*-rer) v enlarge

forstørrelse (fo-*shturr*-rerl-ser) c enlargement

forstørrelsesglass (fo-*shturr*-rerl-serss-glahss) nt (pl ~) magnifying glass

*__forstå__ (fo-*shtaw*) v *understand; *see

forståelse (fo-*shtaw*-erl-ser) c understanding

forsvar (fo-shvaar) nt defence

forsvare (fo-*shvaa*-rer) v defend

forsvarstale (fo-shvaa-sh-taa-ler) c plea

*__forsvinne__ (fo-*shvin*-ner) v disappear, vanish

forsvunnet (fo-shvewn-nert) adj lost

forsyne (fo-*shēw*-ner) v provide, furnish, supply; ~ med furnish with

forsyning (fo-*shēw*-ning) c stock

forsøk (fo-shūrk) nt (pl ~) try, attempt; trial; experiment

forsøke (fo-*shūr*-ker) v try, attempt

forsømme (fo-*shurm*-mer) v neglect; fail

forsømmelig (fo-*shurm*-mer-li) adj neglectful

forsømmelse (fo-*shurm*-merl-ser) c neglect

fort[1] (foott) adv quickly

fort[2] (fott) nt fort

*__forta seg__ (fo-*taa*) *wear away

fortau (fo-tou) nt (pl ~) pavement;

sidewalk nAm

fortauskant (fo-touss-kahnt) c curb

*__fortelle__ (fo-*tehl*-ler) v *tell; relate

fortelling (fo-*tehl*-ling) c story, tale

forte seg (*foot*-ter) hurry

fortid (fo-teed) c past

fortjene (fo-t*y*ay-ner) v deserve, merit

fortjeneste (fo-t*y*ay-nerss-ter) c profit, gain; merit

fortred (fo-trāyd) c harm, mischief

fortrinnsrett (fo-trins-reht) c priority

fortryllelse (fo-trewl-lerl-ser) c spell

fortryllende (fo-trewl-ler-ner) adj charming

*__fortsette__ (fot-seh-ter) v continue; *keep on, carry on, *go on, proceed, *go ahead

fortsettelse (fot-seh-terl-ser) c sequel

fortvile (fo-tvee-ler) v despair

fortvilet (fo-tvee-lt) adj desperate

fortynne (fo-tewn-ner) v dilute

forundre (for-ewn-drer) v amaze

forundring (for-ewn-dring) c wonder

forurensning (for-rew-rehns-ning) c pollution

forurolige (for-rew-rōō-li-er) v alarm

foruroligende (for-rew-rōō-li-er-ner) adj scary

foruten (for-*ēw*-tern) prep besides

forutgående (for-rewt-gaw-er-ner) adj prior

forutsatt at (for-*ēw*t-sahtt ahtt) provided that, supposing that

*__forutse__ (for-*rēw*t-say) v anticipate

*__forutsi__ (for-rewt-see) v predict, forecast

forutsigelse (for-rewt-see-erl-ser) c prediction

forvaltende (for-*vahl*-ter-ner) adj administrative

forvaltningsrett (for-*vahl*t-nings-reht) c administrative law

forvandle (for-*vahnd*-ler) v transform; **forvandles til** turn into

forvaring (for-*vaa*-ring) *c* custody

forveksle (for-*vehk*-shler) *v* *mistake, confuse

forventning (for-*vehnt*-ning) *c* expectation

forvirre (for-*veer*-rer) *v* confuse

forvirret (for-*veer*-rert) *adj* confused

forvirring (for-*veer*-ring) *c* confusion; disturbance; muddle

forårsake (for-ro-*shaa*-ker) *v* cause

foss (foss) *c* waterfall

fossestryk (*foss*-ser-strēwk) *nt* (pl ~) rapids *pl*

fot (fōōt) *c* (pl føtter) foot; **til fots** on foot, walking

fotball (*foot*-bahl) *c* soccer; football

fotballkamp (*foot*-bahl-kahmp) *c* football match

fotbrems (*fōōt*-brehms) *c* foot-brake

fotgjenger (*fōōt*-Yehng-err) *c* pedestrian

fotgjengerovergang (*foot*-Yayng-err-aw-verr-gahng) *c* crossing, pedestrian crossing; crosswalk *nAm*

fotoforretning (*fōō*-too-fo-reht-ning) *c* camera shop

fotograf (foo-too-*graaf*) *c* photographer

fotografere (foo-too-grah-*fāy*-rer) *v* photograph

fotografering (foo-too-grah-*fāy*-ring) *c* photography

fotografi (foo-too-grah-*fee*) *nt* photograph, photo

fotografiapparat (foo-too-grah-*fee*-ah-pah-raat) *nt* camera

***fotokopi** (*foot*-too-koo-pee) *c* photocopy

fotokopiere (*fōō*-too-koo-pee-*āy*-rer) *v* photocopy

fotpudder (*fōōt*-pew-derr) *nt* foot powder

fotspesialist (*fōōt*-speh-si-ah-list) *c* chiropodist

fottur (*foot*-tēwr) *c* hike

fra (fraa) *prep* from; out of; as from; **~ og med** from, as from

fradrag (*fraa*-draag) *nt* (pl ~) deduction; rebate

fraflytte (*fraa*-flew-ter) *v* vacate

frakk (frahkk) *c* topcoat, coat

frakt (frahkt) *c* cargo, freight

frankere (frahng-*kāy*-rer) *v* stamp

franko (*frahng*-koo) *adv* post-paid

Frankrike (*frahngk*-ree-ker) France

fransk (frahnsk) *adj* French

franskmann (*frahnsk*-mahn) *c* (pl -menn) Frenchman

fraråde (*fraa*-raw-der) *v* dissuade from

frastøtende (fraa-*stūr*-ter-ner) *adj* revolting, repellent, repulsive

***frata** (*fraa*-taa) *v* deprive of

***fratre** (*fraa*-trāy) *v* resign

fravær (*fraa*-væær) *nt* (pl ~) absence

fraværende (fraa-*vææ*-rer-ner) *adj* absent

fred (frāyd) *c* peace

fredag (*frāy*-dah) *c* Friday

fredelig (*frāy*-der-li) *adj* peaceful

frekk (frehkk) *adj* insolent, bold

frekkhet (*frehk*-hāyt) *c* impertinence

frekvens (freh-*kvehns*) *c* frequency

frelse (*frehl*-ser) *v* redeem, save; *c* salvation

frem (frehmm) *adv* forward

fremad (*frehm*-maad) *adv* forward

fremadstrebende (*frehm*-maad-strāy-ber-ner) *adj* go-ahead

***frembringe** (*frehm*-bri-nger) *v* effect

fremdeles (frehm-*dāy*-lerss) *adv* still

fremgang (*frehm*-gahng) *c* prosperity

fremgangsmåte (*frehm*-gahngs-maw-ter) *c* approach; method, process, procedure

***fremgå** (*frehm*-gaw) *v* appear

fremkalle (*frehm*-kah-ler) *v* develop

fremme (*frehm*-mer) *v* promote

fremmed (*frehm*-merd) *adj* strange; foreign; *c* stranger

fremover (*frehm*-maw-verr) *adv* onwards, ahead

fremragende (*frehm*-raa-ger-ner) *adj* outstanding, excellent

fremskritt (*frehm*-skrit) *nt* (pl ~) progress; advance; *gjøre ~ *get on, advance

fremstille (*frehm*-sti-ler) *v* produce

fremstående (*frehm*-staw-er-ner) *adj* distinguished

fremtid (*frehm*-tee) *c* future

fremtidig (*frehm*-tee-di) *adj* future

fremtoning (*frehm*-tōō-ning) *c* appearance

fremtre (*frehm*-trāy) *v* appear

fremtredende (*frehm*-trāy-der-ner) *adj* outstanding, distinguished

fremvise (*frehm*-vee-ser) *v* exhibit

fri (free) *adj* free

fribillett (*free*-bi-leht) *c* free ticket

frifinnelse (*free*-fi-nerl-ser) *c* acquittal

frigjørelse (*free*-Yūr-rerl-ser) *c* emancipation

frihet (*free*-hāyt) *c* freedom, liberty

friidrett (*free*-id-reht) *c* athletics *pl*

friksjon (frik-*shōōn*) *c* friction

frikvarter (*free*-kvah-tāyr) *nt* break; recess *nAm*

frimerke (*free*-mær-ker) *nt* postage stamp, stamp

frimerkeautomat (*free*-mær-ker-ou-too-maat) *c* stamp machine

frisk (frisk) *adj* well; **bli ~** recover

frist (frist) *c* term

friste (*friss*-ter) *v* tempt

fristelse (*friss*-terl-ser) *c* temptation

frisyre (fri-*sēw*-rer) *c* hair-do

frisør (fri-*sūrr*) *c* hairdresser

frita (*free*-taa) *v* exempt; **~ for** discharge of

fritakelse (*free*-taa-kerl-ser) *c* exemption

fritatt (*free*-taht) *adj* exempt

fritid (*free*-teed) *c* spare time; leisure

frivillig[1] (*free*-vi-li) *adj* voluntary

frivillig[2] (*free*-vi-li) *c* (pl ~e) volunteer

frokost (*frōō*-kost) *c* breakfast

from (fromm) *adj* pious

frontlys (*front*-lēwss) *nt* (pl ~) headlamp, headlight

frontrute (*front*-rēw-ter) *c* windscreen; windshield *nAm*

frosk (frosk) *c* frog

frossen (*fross*-sern) *adj* frozen

frost (frost) *c* frost

frostknute (*frost*-knēw-ter) *c* chilblain

frotté (fro-*tāy*) *c* towelling

frue (*frēw*-er) *c* madam; mistress

frukt (frewkt) *c* fruit

fruktbar (*frewkt*-baar) *adj* fertile

frukthage (*frewkt*-haa-ger) *c* orchard

fruktsaft (*frewkt*-sahft) *c* squash

fryd (frēwd) *c* delight, joy

frykt (frewkt) *c* fear, dread

frykte (*frewk*-ter) *v* fear, dread

fryktelig (*frewk*-ter-li) *adj* terrible, dreadful

frynse (*frewn*-ser) *c* fringe

fryse (*frēw*-ser) *v* *freeze

fryse (*frēw*-ser) *v* *freeze

frysepunkt (*frēw*-ser-pewngt) *nt* freezing-point

frysevæske (*frēw*-ser-vehss-ker) *c* antifreeze

frø (frūr) *nt* seed

frøken (*frūr*-kern) *c* (pl -kner) miss

fugl (fēwl) *c* bird

fukte (*fook*-ter) *v* moisten, damp

fuktig (*fook*-ti) *adj* wet, damp, humid, moist

fuktighet (*fook*-ti-hāyt) *c* damp, humidity, moisture

fuktighetskrem (*fook*-ti-hāyts-krāym) *c* moisturizing cream

full (fewll) *adj* full; drunk

fullblods (*fewl*-bloots) *adj* thorough-bred

fullende (*fewl*-leh-ner) *v* accomplish, complete, finish

fullføre (*fewl*-fūr-rer) *v* complete

fullkommen (*fewl*-ko-mern) *adj* perfect

fullkommenhet (*fewl*-ko-mern-hāyt) *c* perfection

fullsatt (*fewl*-saht) *adj* full up

fullstappet (*fewl*-stah-pert) *adj* chock-full

fullstendig (fewl-*stehn*-di) *adv* alto-gether, *adj* total; utter, whole, complete

fundament (fewn-dah-*mehnt*) *nt* base

fundamental (fewn-dah-mehn-*taal*) *adj* fundamental

fungere (fewng-*gāy*-rer) *v* work

funklende (*foongk*-ler-ner) *adj* spark-ling

funksjon (fewngk-*shōōn*) *c* function; operation

fure (*few*-rer) *c* groove

furu (*few*-rew) *c* pine

fy! (*few*) shame!

fyldig (*fewl*-di) *adj* bulky, plump

fylke (*fewl*-ker) *nt* province

fyll (fewll) *nt* filling

fylle (*fewl*-ler) *v* fill; ~ **opp** fill up; ~ **ut** fill in; fill out *Am*

fyllepenn (*fewl*-ler-pehn) *c* fountain-pen

fylt (fewlt) *adj* stuffed

fyr (fewr) *c* chap, fellow

fyring (*few*-ring) *c* heating

fyrstikk (*fewsh*-tik) *c* match

fyrstikkeske (*fewsh*-ti-kehss-ker) *c* match-box

fyrtårn (*few*-tawn) *nt* (pl ~) light-house

fysiker (*few*-si-kerr) *c* physicist

fysikk (few-*sikk*) *c* physics

fysiologi (few-si-oo-loo-*gee*) *c* physiol-ogy

fysisk (*few*-sisk) *adj* physical

føde (*fūr*-der) *c* nourishment

fødested (*fūr*-der-stāyd) *nt* place of birth

fødsel (*furt*-serl) *c* (pl -sler) birth; childbirth

fødselsdag (*furt*-serls-daag) *c* birth-day

fødselsveer (*furt*-serls-vāy-err) *pl* la-bour pains

født (furtt) *adj* born

følbar (*fūrl*-baar) *adj* tangible

føle (*fūr*-ler) *v* *feel; ~ **på** *feel

følelig (*fūr*-ler-li) *adj* perceptible

følelse (*fūr*-lerl-ser) *c* sensation, feel-ing; emotion

følelsesløs (*fūr*-lerl-serss-lūrss) *adj* numb

følesans (*fūr*-ler-sahns) *c* touch

følge (*furl*-ler) *c* consequence; result; ***holde** ~ **med** *keep up with

***følge** (*fūrl*-ler) *v* follow, accompany

følgende (*fūrl*-ger-ner) *adj* subse-quent, following

føljetong (furl-Yer-*tongng*) *c* serial

følsom (*fūrl*-som) *adj* sensitive

før (fūrr) *conj* before; *prep* before

føre (*fūr*-rer) *v* *lead, conduct

fører (*fūr*-rerr) *c* leader; driver, con-ductor

førerhund (*fūr*-rerr-hewn) *c* guide-dog

førerkort (*fūr*-rerr-kot) *nt* (pl ~) driving licence

førerskap (*fūr*-rer-shkaap) *nt* leader-ship

førkrigs- (*fūrr*-kriks) pre-war

først (fursht) *adv* at first; ~ **og fremst** especially, essentially

første (*fursh*-ter) *num* first; *adj* fore-most, primary

førstehjelp (*fursh*-ter-Yehlp) *c* first-aid

førstehjelpsskrin (*fursh*-ter-Yehlp-skreen) *nt* first-aid kit

førstehjelpsstasjon (*fursh-ter-Yehlp-stah-shōōn*) *c* first-aid post
førsteklasses (*fursh-ter-klah-serss*) *adj* first-class, first-rate
førsterangs (*fursh-ter-rahngs*) *adj* first-rate
førti (*furt-ti*) *num* forty
føydal (*fur⁽ᵉʷ⁾-daal*) *adj* feudal
få (*faw*) *adj* few
•**få** (*faw*) *v* *get; obtain, receive; *have; ~ **til å** cause to
fårekjøtt (*faw-rer-khurtt*) *nt* mutton

G

gaffel (*gahf-ferl*) *c* (pl gafler) fork
gal (*gaal*) *adj* wrong, false; mad, crazy
galge (*gahl-ger*) *c* gallows *pl*
galle (*gahl-ler*) *c* bile, gall
galleblære (*gahl-ler-blææ-rer*) *c* gall bladder
galleri (*gah-ler-ree*) *nt* gallery
gallestein (*gahl-ler-stayn*) *c* gallstone
galopp (*gah-lopp*) *c* gallop
galskap (*gaal-skaap*) *c* madness
gammel (*gahm-merl*) *adj* ancient, old; aged
gammeldags (*gahm-merl-dahks*) *adj* ancient, old-fashioned; quaint
gang¹ (*gahngng*) *c* time; **en** ~ once; some time, some day; **en** ~ **til** once more; **gang på gang** again and again; •**gå i** ~ **med** *undertake; **med en** ~ straight away; **nok en** ~ once more
gang² (*gahngng*) *c* aisle; hallway
gangart (*gahng-aat*) *c* gait
gange (*gahng-nger*) *c* pace, walk
gangsti (*gahng-sti*) *c* footpath
ganske (*gahn-sker*) *adv* quite, fairly, pretty, rather

gap (*gaap*) *nt* mouth
garantere (*gah-rahn-tāy-rer*) *v* guarantee
garanti (*gah-rahn-tee*) *c* guarantee
garasje (*gah-raa-sher*) *c* garage
garderobe (*gahr-der-rōō-ber*) *c* (pl ~) wardrobe; checkroom *nAm*, cloakroom
garderobeskap (*gahr-der-rōō-ber-skaap*) *nt* (pl ~) closet *nAm*
gardin (*gah-deen*) *c/nt* curtain
garn (*gaan*) *nt* yarn
gartner (*gaht-nerr*) *c* gardener
gas (*gaass*) *c* (pl ~) gauze
gasje (*gaa-sher*) *c* pay, salary
gasjepålegg (*gaa-sher-paw-lehg*) *nt* (pl ~) rise
gass (*gahss*) *c* gas
gasskomfyr (*gahss-koom-fēw*) *c* gas cooker
gassovn (*gahss-ovnn*) *c* gas stove
gasspedal (*gahss-peh-daal*) *c* accelerator
gassverk (*gahss-værk*) *nt* gasworks
gate (*gaa-ter*) *c* street, road
gatekryss (*gaa-ter-krewss*) *nt* (pl ~) crossroads
gave (*gaa-ver*) *c* present, gift
gavl (*gahvl*) *c* gable
gavmild (*gaav-mil*) *adj* liberal, generous
gavmildhet (*gaav-mil-hāyt*) *c* generosity
gebiss (*geh-biss*) *nt* denture, false teeth
geit (*Yayt*) *c* goat
geitebukk (*Yay-ter-book*) *c* goat
geiteskinn (*Yay-ter-shin*) *nt* kid
gelé (*sheh-lāy*) *c* jelly
gelender (*geh-lehn-derr*) *nt* (pl -dre) banisters *pl*; railing, rail
gemen (*geh-māyn*) *adj* foul, mean
general (*geh-ner-raal*) *c* general

generasjon (geh-ner-rah-*shoon*) *c* generation

generator (geh-ner-*raa*-toor) *c* generator

generell (sheh-ner-rehll) *adj* universal, general

generøs (sheh-ner-*rūrss*) *adj* generous

geni (sheh-*nee*) *nt* genius

genser (*gehn*-serr) *c* jersey

geografi (geh-oo-grah-*fee*) *c* geography

geologi (geh-oo-loo-*gee*) *c* geology

geometri (geh-oo-meh-*tree*) *c* geometry

gest (shehst) *c* gesture

gestikulere (gehss-ti-kew-*lay*-rer) *v* gesticulate

gevinst (geh-*vinst*) *c* prize

gevir (geh-*veer*) *nt* antlers *pl*

gevær (geh-*væær*) *nt* rifle, gun

*****gi** (Yee) *v* *give; ~ **etter** indulge, *give in; ~ **opp** *v* *give up; ~ **seg** *give in

gift (Yift) *c* poison

gifte seg (Yif-ter) marry

giftig (Yif-ti) *adj* toxic, poisonous

gikt (Yikt) *c* gout

gips (Yips) *c* plaster

gir (geer) *nt* gear; **skifte ~** change gear

girkasse (*geer*-kah-ser) *c* gear-box

girstang (*gee*-shtahng) *c* (pl -stenger) gear lever

gissel (*giss*-serl) *nt* (pl gisler) hostage

gitar (gi-*taar*) *c* guitar

gjedde (Yayd-der) *c* pike

gjeld (Yehll) *c* debt

*****gjelde** (Yehl-ler) *v* concern, apply

gjelle (Yehl-ler) *c* gill

gjemme (Yehm-mer) *v* *hide

gjenforene (Yehn-fo-ray-ner) *v* reunite

gjeng (Yehngng) *c* gang

gjenlyd (Yehn-lēwd) *c* echo

gjennom (Yehn-noom) *prep* through; *****gå ~** pass through

gjennombløte (Yehn-noom-blūr-ter) *v* soak

gjennombore (Yehn-noom-bōō-rer) *v* pierce

*****gjennomgå** (Yehn-noom-gaw) *v* *go through, suffer

gjennomreise (Yehn-noom-ray-ser) *c* passage

gjennomsiktig (Yehn-noom-sik-ti) *adj* sheer, transparent

gjennomsnitt (Yehn-noom-snit) *nt* (pl ~) average, mean; **i ~** on the average

gjennomsnittlig (Yehn-noom-snit-li) *adj* average, medium

gjennomtrenge (Yehn-noom-treh-nger) *v* penetrate

gjenopplivelse (Yehn-noop-lee-verl-ser) *c* revival

*****gjenoppta** (Yehn-nop-taa) *v* resume

gjenpart (Yehn-paht) *c* carbon copy

gjensidig (Yehn-see-di) *adj* mutual

gjenstand (Yehn-stahn) *c* object; article

*****gjenta** (Yehn-taa) *v* repeat

gjentakelse (Yehn-taa-kerl-ser) *c* repetition

gjerde (Yææ-der) *nt* fence

gjerne (Yææ-ner) *adv* willingly, gladly

gjerning (Yææning) *c* deed

gjerrig (Yær-ri) *adj* avaricious

gjespe (Yehss-per) *v* yawn

gjest (Yehst) *c* guest

gjesteværelse (Yehss-ter-vææ-rerl-ser) *nt* guest room

gjestfri (Yehst-free) *adj* hospitable

gjestfrihet (Yehst-fri-hāyt) *c* hospitality

gjeter (Yāy-terr) *c* shepherd

gjette (Yeht-ter) *v* guess

gjær (Yæær) *c* yeast

gjære (Yææ-rer) *v* ferment

gjø (Yūr) v bark, bay

gjødsel (Yurt-serl) c manure, dung

gjødseldynge (Yurt-serl-dew-nger) c dunghill

gjøk (Yūrk) c cuckoo

*gjøre (Yūr-rer) v *do

gjørlig (Yūr-li) adj feasible

glad (glaa) adj cheerful, glad, joyful, happy; *være ~ i love

glans (glahns) c gloss

glansløs (glahns-lūrss) adj mat

glass (glahss) nt glass; farget ~ stained glass; glass- glass

glassmaleri (glahss-maa-ler-ree) nt stained glass

glasur (glah-sēwr) c icing, frosting

glatt (glahtt) adj slippery; smooth

glede (glāy-der) c gladness, joy, delight; v please, delight; *ha ~ av enjoy; med ~ gladly

glemme (glehm-mer) v *forget

glemsom (glehm-som) adj forgetful

*gli (glee) v *slide, glide; skid, slip

glidefly (glee-der-flēw) nt (pl ~) glider

glidelås (glee-der-lawss) c zip, zipper

glimrende (glim-rer-ner) adj splendid

glimt (glimt) nt flash; glimpse

glinse (glin-ser) v *shine

glis (gleess) nt grin

glise (glee-ser) v grin

globus (glōo-bewss) c globe

glød (glūrd) c glow

gløde (glūr-der) v glow

*gni (gnee) v rub

gnist (gnist) c spark

gobelin (goo-beh-lehngng) nt tapestry

god (gōo) adj good; kind

godkjenne (gōo-kheh-ner) v approve of, approve

godkjennelse (gōo-kheh-nerl-ser) c approval

godlyndt (gōo-lewnt) adj good-humoured

godmodig (gōo-mōo-di) adj good-tempered, good-natured

*godskrive (gōo-skree-ver) v credit

godstog (goots-tawg) nt (pl ~) goods train; freight-train nAm

godsvogn (goots-vongn) c waggon

godt (gott) adv well

*godtgjøre (got-Yūr-rer) v *make good

godtgjørelse (got-Yūr-rerl-ser) c remuneration

godtroende (gōo-trōo-er-ner) adj credulous

godvilje (gōo-vil-Yer) c goodwill

golf (golf) c golf; gulf

golfbane (golf-baa-ner) c golf-links, golf-course

gondol (gon-dōol) c gondola

gotter (got-terr) pl candy nAm

grad (graad) c degree; grade; i den ~ so

gradvis (graad-veess) adv gradually; adj gradual

grafisk (graa-fisk) adj graphic; ~ fremstilling diagram

gram (grahmm) nt gram

grammatikk (grah-mah-tikk) c grammar

grammatisk (grah-maa-tisk) adj grammatical

grammofon (grah-moo-fōon) c record-player

grammofonplate (grah-moo-fōon-plaa-ter) c disc, record

gran (graan) c fir-tree

granitt (grah-nitt) c granite

granne (grahn-ner) c neighbour

grapefrukt (grayp-frewkt) c grapefruit

grasiøs (grah-si-ūrss) adj graceful

gratis (graa-tiss) adj free, gratis; free of charge

gratulasjon (grah-tew-lah-shōon) c congratulation

gratulere (grah-too-*lay*-rer) v congratulate

grav (graav) c tomb, grave

grave (*graa*-ver) v *dig; ~ **ned** bury

gravere (grah-*vay*-rer) v engrave

gravid (grah-*veed*) adj pregnant

gravlund (*graav*-lewn) c cemetery

gravstein (*graav*-stayn) c tombstone, gravestone

gravør (grah-*vurr*) c engraver

gre (greh) v comb

greker (*gray*-kerr) c Greek

gren (*grayn*) c branch, bough

grense (*grehn*-ser) c limit, bound, boundary; frontier, border

grenseløs (*grehn*-ser-lurss) adj unlimited

grep (grayp) nt grasp; clutch, grip

gresk (graysk) adj Greek

gress (grehss) nt grass

gresshoppe (*grehss*-ho-per) c grasshopper

gressløk (*grehss*-lurk) c chives pl

gressplen (*grehss*-playn) c lawn

gresstrå (*greh*-straw) nt (pl ~) blade of grass

greve (*gray*-ver) c earl, count

grevinne (greh-*vin*-ner) c countess

grevskap (*grayv*-skaap) nt county

gribb (gribb) c vulture

grille (*gril*-ler) v grill

grillrom (*grill*-room) nt (pl ~) grill-room

grind (grinn) c gate

*****gripe** (*gree*-per) v *take, *catch, grasp, seize, grip; ~ **inn** intervene, interfere

gris (greess) c pig

grisk (grisk) adj greedy

griskhet (*grisk*-hayt) c greed

grop (groop) c pit

gross (gross) nt gross

grosserer (groo-*say*-rerr) c wholesale dealer

grotte (*grot*-ter) c cave, grotto

grov (grawv) adj coarse, gross

grovsmed (*grawv*-smay) c blacksmith

gru (grew) c horror

grundig (*grewn*-di) adj thorough

grunn[1] (grewnn) c reason; cause; **på ~ av** owing to, because of, for, on account of

grunn[2] (grewnn) c ground

grunn[3] (grewnn) adj shallow

grunnlag (*grewn*-laag) nt (pl ~) basis

*****grunnlegge** (*grewn*-leh-ger) v found

grunnleggende (*grewn*-leh-ger-ner) adj basic

grunnlov (*grewn*-lawv) c constitution

grunnsetning (*grewn*-seht-ning) c principle

gruppe (*grewp*-per) c group; party

gruppere (grew-*pay*-rer) v classify

grus (grewss) c gravel, grit

grusom (*grew*-som) adj cruel, harsh; terrible, horrible

gruve (*grew*-ver) c pit, mine

gruvearbeider (*grew*-ver-ahr-bay-derr) c miner

gruvedrift (*grew*-ver-drift) c mining

gryte (*grew*-ter) c pot

grøft (grurft) c ditch

grønn (grurnn) adj green; **grønt kort** green card

grønnsak (*grurn*-saak) c vegetable

grønnsakhandler (*grurn*-saak-hahnd-lerr) c greengrocer; vegetable man

grøt (grurt) c porridge

grå (graw) adj grey

grådig (*graw*-di) adj greedy

*****gråte** (*graw*-ter) v *weep, cry

gud (gewd) c god

guddommelig (gew-*dom*-mer-li) adj divine

gudfar (*gew*-faar) c (pl -fedre) godfather

gudinne (gew-*din*-ner) c goddess

gudstjeneste (*gewts*-t^y*ay*-nerss-ter) *c* worship, service
guide (gighd) *c* guide
gul (gēwl) *adj* yellow
gull (gewll) *nt* gold
gullgruve (*gewl*-grēw-ver) *c* goldmine
gullsmed (*gewl*-smay) *c* jeweller, goldsmith
gulrot (*gēwl*-rōōt) *c* (pl -røtter) carrot
gulsott (*gēwl*-sot) *c* jaundice
gulv (gewlv) *nt* floor
gulvteppe (*gewlv*-teh-per) *nt* carpet
gummi (*gewm*-mi) *c* rubber, gum
gummisko (*gewm*-mi-skōō) *pl* plimsolls *pl*
gunstig (*gewn*-sti) *adj* favourable; cheap
gurgle (*gewr*-gler) *v* gargle
gutt (gewtt) *c* boy; lad
guttespeider (*gewt*-ter-spay-derr) *c* scout, boy scout
guvernante (gew-veh-*nahn*-ter) *c* governess
guvernør (gew-veh-*nūrr*) *c* governor
gyldig (^y*ewl*-di) *adj* valid
gyllen (^y*ewl*-lern) *adj* golden
gymnastikk (gewm-nah-*stikk*) *c* physical education; gymnastics *pl*
gymnastikksal (gewm-nah-*stik*-saal) *c* gymnasium
gynekolog (gew-ner-koo-*lawg*) *c* gynaecologist
gynge (^y*ewng*-nger) *v* rock
gys (^y*ewss*) *nt* shudder
gøy (gur^{ew}) *c/nt* fun
gøyal (gur^{ew}-ahl) *adj* amusing
*gå (gaw) *v* *go, walk; pull out; ~ **bort** *leave, *go away; ~ **forbi** pass by; ~ **forut for** precede; ~ **fottur** hike; ~ **fra borde** disembark; ~ **gjennom** pass through; ~ **hjem** *go home; ~ **igjennom** *go through; ~ **i land** land; ~ **inn** enter, *go in; ~ **med på** agree; ~

ned descend; ~ **om bord** embark; ~ **over** cross; ~ **sin vei** depart; ~ **tilbake** *get back; ~ **til verks** proceed; ~ **ut** *go out; ~ **videre** *go ahead, *go on
i går (i-*gawr*) yesterday
gårdsplass (*gawsh*-plahss) *c* backyard, courtyard
gås (gawss) *c* (pl gjess) goose
gåsehud (*gaw*-ser-hēwd) *c* goose-flesh
gåte (*gaw*-ter) *c* puzzle, enigma, riddle
gåtefull (*gaw*-ter-fewl) *adj* mysterious

H

*ha (haa) *v* *have; ~ **noe imot** mind; ~ **på seg** *wear
hage (*haa*-ger) *c* garden
hagl (hahgl) *nt* hail; buckshot
hai (high) *c* shark
haike (*high*-ker) *v* hitchhike
haiker (*high*-kerr) *c* hitchhiker
hake (*haa*-ker) *c* chin
hakke (*hahk*-ker) *v* chop; *c* pick-axe
hale (*haa*-ler) *c* tail
hallo! (hah-*lōō*) hello!
halm (hahlm) *c* straw
halmtak (*hahlm*-taak) *nt* (pl ~) thatched roof
hals (hahls) *c* throat, neck
halsbrann (*hahls*-brahn) *c* heartburn
halsbånd (*hahls*-bon) *nt* (pl ~) collar
halsesyke (*hahl*-ser-sēw-ker) *c* sore throat
halskjede (*hahls*-khay-der) *nt* necklace
halt (hahlt) *adj* lame
halte (*hahl*-ter) *v* limp
halv (hahll) *adj* half; **halv-** semi-
halvdel (*hahl*-dayl) *c* half
halvere (hahl-*vay*-rer) *v* halve
halvsirkel (*hahl*-seer-kerl) *c* (pl -kler)

semicircle
halvt (hahlt) *adv* half
halvtid (hahl-teed) *c* half-time
halvveis (hahl-vayss) *adv* halfway
halvøy (hahl-lur^ew) *c* peninsula
ham (hahmm) *pron* him
hammer (hahm-merr) *c* hammer
hamp (hahmp) *c* hemp
han (hahnn) *pron* he; **hann-** male
handel (hahn-derl) *c* (pl -dler) commerce, business, trade; deal; *drive ~ trade; **handels-** commercial
handelsmann (hahn-derls-mahn) *c* (pl -menn) tradesman
handelsrett (hahn-derls-reht) *c* commercial law
handelsvare (hahn-derls-vaa-rer) *c* merchandise
handle (hahnd-ler) *v* shop; act; ~ med *deal with
handlebag (hahnd-ler-bæg) *c* shopping bag
handlende (hahnd-ler-ner) *c* (pl ~) dealer
handling (hahnd-ling) *c* action, act, deed; plot
hane (haa-ner) *c* cock
hans (hahns) *pron* his
hanske (hahn-sker) *c* glove
hard (haar) *adj* hard
hardnakket (haanah-kert) *adj* obstinate
hare (haa-rer) *c* hare
harmoni (hahr-moo-nee) *c* harmony
harpe (hahr-per) *c* harp
harpiks (hahr-piks) *c* resin
harsk (hahshk) *adj* rancid
hasselnøtt (hahss-serl-nurt) *c* hazelnut
hast (hahst) *c* haste
hastig (hahss-ti) *adj* hasty
hastighet (hahss-ti-hāyt) *c* speed
hastverk (hahst-værk) *nt* hurry
hat (haat) *nt* hatred, hate

hate (haa-ter) *v* hate
hatt (hahtt) *c* hat
haug (hou) *c* pile, heap; mound
hauk (houk) *c* hawk
hav (haav) *nt* ocean
havfrue (haav-frēw-er) *c* mermaid
havmåke (haav-maw-ker) *c* seagull
havn (hahvn) *c* port, harbour
havnearbeider (hahv-ner-ahr-bay-derr) *c* docker
havneby (hahv-ner-bēw) *c* seaport
havre (hahv-rer) *c* oats *pl*
hebraisk (heh-braa-isk) *nt* Hebrew
hedensk (hāy-dernsk) *adj* pagan, heathen
heder (hāy-derr) *c* glory
hederlig (hāy-der-li) *adj* honourable
hedning (hāyd-ning) *c* pagan, heathen
hedre (hāy-drer) *v* honour
heftig (hehf-ti) *adj* severe, violent, fierce
heftplaster (hehft-plahss-terr) *nt* (pl -tre) plaster, adhesive tape
hegre (hāy-grer) *c* heron
hei (hay) *c* heath, moor
heis (hayss) *c* lift; elevator *nAm*
heise (hay-ser) *v* hoist
heisekran (hay-ser-kraan) *c* crane
hekk (hehkk) *c* hedge
hekle (hehk-ler) *v* crochet
heks (hehks) *c* witch
hel (hāyl) *adj* entire, whole
helbrede (hehl-brāy-der) *v* cure, heal
helbredelse (hehl-brāy-derl-ser) *c* recovery, cure
heldig (hehl-di) *adj* lucky, fortunate
hele (hāy-ler) *nt* whole; **i det ~** altogether
helgen (hehl-gern) *c* saint
helgenskrin (hehl-gern-skreen) *nt* (pl ~) reliquary
helkornbrød (hāyl-koōn-brūr) *nt* (pl ~) wholemeal bread
hell (hehll) *nt* luck

Hellas (*hehl*-lahss) Greece
helle (*hehl*-ler) v pour; slope
heller (*hehl*-lerr) adv sooner, rather
hellig (*hehl*-li) adj holy, sacred
helligbrøde (*hehl*-li-brūr-der) c sacrilege
helligdag (*hehl*-li-daag) c holiday, Sunday
helligdom (*hehl*-li-dom) c (pl ~mer) shrine
hellige (*hehl*-li-er) v dedicate
helling (*hehl*-ling) c gradient
helse (*hehl*-ser) c health
helseattest (*hehl*-ser-ah-tehst) c health certificate
helt¹ (hehlt) c hero
helt² (hāylt) adv wholly, entirely, quite, completely
heltinne (hehlt-*inn*-ner) c heroine
helvete (*hehl*-ver-ter) nt hell
hemmelig (*hehm*-li) adj secret
hemmelighet (*hehm*-li-hāyt) c secret
hemorroider (heh-moo-*ree*-derr) pl piles pl, haemorrhoids pl
hende (*hehn*-ner) v happen, occur
hendelse (*hehn*-nerl-ser) c incident, happening, occurrence
hendig (*hehn*-di) adj handy
***henge** (*hehng*-nger) v *hang
hengebru (*hehng*-nger-brēw) c suspension bridge
hengekøye (*hehng*-nger-kur^(ew)-er) c hammock
hengelås (*heh*-nger-lawss) c padlock
henger (*hehng*-ngerr) c hanger
hengesmykke (*hehng*-nger-smew-ker) nt pendant
hengiven (*hehn*-^(Y)ee-vern) adj affectionate
hengivenhet (*hehn*-^(Y)ee-vern-hāyt) c affection
hengsel (*hehng*-sherl) nt (pl -sler) hinge
henne (*hehn*-ner) pron her

hennes (*hehn*-nerss) pron her
henrettelse (*hehn*-reh-terl-ser) c execution
henrivende (*hehn*-ree-ver-ner) adj adorable, delightful, enchanting
henrykt (*hehn*-rewkt) adj delighted
hensikt (*hehn*-sikt) c intention, purpose, design; *ha til ~ intend
henstand (*hehn*-stahn) c respite
hensyn (*hehn*-sēwn) nt regard; med ~ til as regards, regarding
hensynsfull (*hehn*-sēwns-fewl) adj considerate
hensynsfullhet (*hehn*-sēwns-fewl-hāyt) c consideration
hente (*hehn*-ter) v fetch; *get, pick up, collect
henvende seg til (*hehn*-veh-ner) address
henvise til (*hehn*-vee-ser) refer to
henvisning (*hehn*-veess-ning) c reference
her (hæær) adv here
herberge (*hær*-bær-ger) nt hostel
heretter (hææ-reh-terr) adv henceforth
herkomst (*hæær*-komst) c origin
herlig (*hææ*-li) adj wonderful, lovely, delightful
hermetikk (hær-mer-*tikk*) c tinned food
hermetikkboks (hær-mer-*tik*-boks) c tin; can nAm
hermetikkåpner (hær-mer-*tik*-awp-nerr) c tin-opener
hermetisere (hær-mah-ti-*sāy*-rer) v preserve
herr (hærr) c mister
herre (*hær*-rer) c gentleman
herredømme (*hær*-rer-dur-mer) nt dominion
herrefrisør (*hær*-rer-fri-sūrr) c barber
herregård (*hær*-rer-gawr) c mansion, manor-house

herretoalett (*hær-rer-too-ah-leht*) *nt* men's room

herske (*hæsh-ker*) *v* reign, rule

hersker (*hæsh-kerr*) *c* sovereign

hertug (*hæt-tewg*) *c* duke

hertuginne (*hæ-tew-gin-ner*) *c* duchess

hes (*hāyss*) *adj* hoarse

hest (*hehst*) *c* horse

hestekraft (*hehss-ter-krahft*) *c* (pl -krefter) horsepower

hestesko (*hehss-ter-skoo*) *c* (pl ~) horseshoe

hesteveddeløp (*hehss-ter-veh-der-lūrp*) *nt* (pl ~) horserace

het (*hāyt*) *adj* hot

hete (*hāy-ter*) *c* heat

***hete** (*hāy-ter*) *v* *be called

heteroseksuell (*hāy-ter-roo-sehk-sew-ehl*) *adj* heterosexual

hette (*heht-ter*) *c* hood

hevarm (*hāyv-ahrm*) *c* lever

heve (*hāy-ver*) *v* raise; *draw, cash

hevelse (*hāy-verl-ser*) *c* swelling

hevn (*hehvn*) *c* revenge

hi (*hee*) *nt* den

hierarki (*hi-eh-rahr-kee*) *nt* hierarchy

hikke (*hik-ker*) *c* hiccup

hilse (*hil-ser*) *v* greet; salute

hilsen (*hil-sern*) *c* greeting

himmel (*him-merl*) *c* (pl himler) sky; heaven

hindre (*hin-drer*) *v* hinder, impede

hindring (*hin-dring*) *c* obstacle, impediment

hinsides (*heen-see-derss*) *prep* beyond

hissig (*hiss-si*) *adj* hot-tempered, quick-tempered

historie (*hiss-too-ri-er*) *c* history

historiker (*hiss-too-ri-kerr*) *c* historian

historisk (*hiss-too-risk*) *adj* historic, historical

hittegods (*hit-ter-goots*) *nt* lost and found

hittegodskontor (*hit-ter-goots-koon-toor*) *nt* lost property office

hittil (*heet-til*) *adv* so far

hjelm (*Yehlm*) *c* helmet

hjelp (*Yehlp*) *c* aid, assistance, help; relief

***hjelpe** (*Yehl-per*) *v* help, aid; support, assist

hjelper (*Yehl-perr*) *c* helper

hjelpsom (*Yehlp-som*) *adj* helpful

hjem (*Yehmm*) *nt* home

hjemlengsel (*Yehm-lehng-serl*) *c* homesickness

hjemme (*Yehm-mer*) *adv* at home

hjemmelaget (*Yehm-mer-laa-gert*) *adj* home-made

hjemover (*Yehm-maw-verr*) *adv* homeward

hjemreise (*Yehm-ray-ser*) *c* return journey

hjerne (*Yææ-ner*) *c* brain

hjernerystelse (*Yææ-ner-rewss-terl-ser*) *c* concussion

hjerte (*Yæt-ter*) *nt* heart

hjerteanfall (*Yæt-ter-ahn-fahl*) *nt* (pl ~) heart attack

hjerteklapp (*Yæt-ter-klahp*) *c* palpitation

hjertelig (*Yæt-li*) *adj* cordial, hearty

hjerteløs (*Yæt-ter-lūrss*) *adj* heartless

hjort (*Yott*) *c* deer

hjul (*Yewl*) *nt* wheel

hjørne (*Yūr-ner*) *nt* corner

hode (*hoo-der*) *nt* head; **på hodet** upside-down

hodepine (*hoo-der-pee-ner*) *c* headache

hodepute (*hoo-der-pew-ter*) *c* pillow

hoff (*hoff*) *nt* court

hofte (*hof-ter*) *c* hip

hofteholder (*hof-ter-ho-lerr*) *c* girdle

hold (*holl*) *nt* stitch

***holde** (*hol-ler*) *v* *hold; *keep; ~ **oppe** *hold up; ~ **opp med** stop;

~ **på** *hold; ~ **på med** *keep at;
~ **seg borte fra** *keep away from;
~ **seg fast** *hold on; ~ **tilbake**
keep back, *withhold ~ **ut** *keep
up; *bear, endure; ~ **utkikk etter**
watch for

holdeplass (*hol*-ler-plahss) c stop

holdning (*hold*-ning) c position, attitude

Holland (*hol*-lahn) Holland

hollandsk (*hol*-lahnsk) adj Dutch

hollender (*hol*-lehn-derr) c Dutchman

homoseksuell (*hōō*-moo-sehk-sew-ehl) adj homosexual

honning (*hon*-ning) c honey

honorar (hoo-noo-*raar*) nt fee

hop (hōōp) c lot; heap

hopp (hopp) nt jump, leap, hop

hoppe[1] (*hop*-per) v jump; skip, hop; *leap; ~ **over** skip

hoppe[2] (*hop*-per) c mare

hore (*hōō*-rer) c whore

horisont (hoo-ri-*sont*) c horizon

horisontal (hoo-ri-son-*taal*) adj horizontal

horn (hōōn) nt horn

hornorkester (*hōō*-nor-kehss-terr) nt (pl -tre) brass band

hos (hooss) prep with; at

hospital (hooss-pi-*taal*) nt hospital

hoste (*hooss*-ter) v cough; c cough

hotell (hoo-*tehll*) nt hotel

hov (hōōv) c hoof

hoved- (*hōō*-verd) capital, cardinal, chief, main, primary, principal

hovedgate (*hōō*-verd-gaa-ter) c main street

hovedkvarter (*hōō*-verd-kvah-tāyr) nt headquarters pl

hovedledning (*hōō*-verd-lāyd-ning) c mains pl

hovedlinje (*hōō*-verd-lin-Yer) c main line

hovedsakelig (*hōō*-verd-saa-ker-li) adv mainly

hovedstad (*hōō*-verd-staad) c (pl -steder) capital

hovedvei (*hōō*-verd-vay) c thoroughfare, main road

hoven (*haw*-vern) adj snooty

hovmester (*hawv*-mehss-terr) c (pl -tre) head-waiter

hovmodig (hov-*mōō*-di) adj haughty; proud

hud (hēwd) c skin; **hard** ~ callus

hudfarge (*hēwd*-fahr-ger) c complexion

hudkrem (*hēwd*-krāym) c skin cream

hukommelse (hew-*kom*-merl-ser) c memory

hul (hēwl) adj hollow

hule (*hēw*-ler) c cave, cavern

hull (hewll) nt hole

hulrom (*hēwl*-room) nt (pl ~) cavity

humle (*hoom*-ler) c bumblebee; hops

hummer (*hoom*-merr) c lobster

humor (*hēw*-moor) c humour

humoristisk (hew-moo-*riss*-tisk) adj humorous

humpet (*hoom*-pert) adj bumpy

humør (hew-*mūrr*) nt spirit, mood; spirits

hun (hewnn) pron she; **hunn-** female

hund (hewnn) c dog

hundehus (*hewn*-ner-hēwss) nt (pl ~) kennel

hunderem (*hewn*-ner-rehmm) c (pl ~mer) lead

hundre (*hewn*-drer) num hundred

hurtig (*hewt*-ti) adj fast, quick, rapid

hurtigtog (*hewt*-ti-tawg) nt (pl ~) through train, express train

hus (hēwss) nt house; **hus-** domestic

husarbeid (*hēwss*-ahr-bayd) nt housework

husbåt (*hēwss*-bawt) c houseboat

husdyr (*hēwss*-dēwr) nt (pl ~) domestic animal

huse (*hēw*-ser) *v* lodge

huseier (*hēwss*-ay-err) *c* landlord

hushjelp (*hēwss*-Yerlp) *c* maid, house-maid

husholderske (*hēwss*-ho-lersh-ker) *c* housekeeper

husholdning (*hēwss*-hol-ning) *c* house-keeping

huske (*hewss*-ker) *v* remember; recollect; *swing; *c* swing

huslærer (*hēwss*-lææ-rerr) *c* tutor

husmor (*hēwss*-mōōr) *c* (pl -mødre) housewife

husrom (*hēwss*-room) *nt* accommodation; **skaffe ~** accommodate

husstand (*hēw*-stahn) *c* household

hustru (*hewss*-trew) *c* wife

husvert (*hēwss*-væt) *c* landlord

husvogn (*hēwss*-vongn) *c* caravan

hutre (*hewt*-rer) *v* shiver

hutrende (*hewt*-rer-ner) *adj* shivery

hva (vaa) *pron* what; **~ enn** whatever; **~ som helst** anything

hval (vaal) *c* whale

hvelv (vehlv) *nt* arch

hvelving (*vehl*-ving) *c* vault

hvem (vehmm) *pron* who; **~ som enn** whoever; **~ som helst** anybody; **til ~** whom

hver (væær) *adj* every, each

hverandre (væ-*rahn*-drer) *pron* each other

hverdag (*vææ*-daag) *c* weekday

hvete (*vāy*-ter) *c* wheat

hvetebolle (*vāy*-ter-bo-ler) *c* bun

hvetebrødsdager (*vāy*-ter-brürss-daa-gerr) *pl* honeymoon

hvile (*vee*-ler) *v* rest; *c* rest

hvilehjem (*vee*-ler-Yehm) *nt* (pl ~) rest-home

hvilken (*vil*-kern) *pron* which; **~ som helst** whichever; **hvilke som helst** any

hvin (veen) *nt* shriek

hvis (viss) *conj* if; in case

hviske (*viss*-ker) *v* whisper

hvisking (*viss*-king) *c* whisper

hvit (veet) *adj* white

hvitløk (*veet*-lürk) *c* garlic

hvitting (*vit*-ting) *c* whiting

hvor (vōōr) *adv* where; how; **~ enn** wherever; **~ mange** how many; **~ mye** how much; **~ som helst** anywhere

hvordan (*voo*-dahn) *adv* how

hvorfor (*voor*-for) *adv* why; what for

hyggelig (*hewg*-ger-li) *adj* pleasant, enjoyable

hygiene (hew-gi-*āy*-ner) *c* hygiene

hygienisk (hew-gi-*āy*-nisk) *adj* hygienic

hykler (*hewk*-lerr) *c* hypocrite

hykleri (hewk-ler-*ree*) *nt* hypocrisy

hyklersk (*hewk*-lehshk) *adj* hypocritical

hyl (hēwl) *nt* scream, yell

hyle (*hēw*-ler) *v* scream, yell

hylle (*hewl*-ler) *c* shelf; *v* *pay tribute to

hyllest (*hewl*-lerst) *c* homage, tribute

hymne (*hewm*-ner) *c* hymn

hypotek (hew-poo-*tāyk*) *nt* mortgage

hyppig (*hewp*-pi) *adj* frequent

hyppighet (*hewp*-pi-hāyt) *c* frequency

hyssing (*hewss*-sing) *c* twine

hysterisk (hewss-*tāy*-risk) *adj* hysterical

hytte (*hewt*-ter) *c* cabin, hut; chalet; cottage

hæl (hæææl) *c* heel

høflig (*hurf*-li) *adj* polite, civil

høne (*hūr*-ner) *c* hen

hørbar (*hūr*-baar) *adj* audible

høre (*hūr*-rer) *v* *hear

hørsel (*hursh*-sherl) *c* hearing

høst (hurst) *c* autumn; fall *nAm*

høste (*hurss*-ter) *v* gather

høvding (*hurv*-ding) *c* chieftain

høvisk (*hūr*-visk) *adj* courteous

høy (hur*ew*) *adj* tall, high; loud; *nt* hay

høyde (hur*ew*-der) *c* height; altitude, rise

høydepunkt (hur*ew*-der-poongt) *nt* zenith, height

høyderygg (hur*ew*-der-rewgg) *c* ridge

høyere (hur*ew*-er-rer) *adj* superior, higher

høyland (hur*ew*-lahn) *nt* (pl ~) uplands *pl*

høylydt (hur*ew*-lewt) *adj* loud

høyre (hur*ew*-rer) *adj* right; right-hand; på ~ side right-hand

høyrød (hur*ew*-rūr) *adj* crimson

høysesong (hur*ew*-seh-song) *c* peak season, high season

høyslette (hur*ew*-shleh-ter) *c* plateau

høysnue (hur*ew*-snew-er) *c* hay fever

høyst (hur*ew*st) *adv* at most

høyt (hur*ew*t) *adv* aloud

høytidelig (hur*ew*-*tee*-der-li) *adj* solemn

høyttaler (hur*ew*-taa-lerr) *c* loudspeaker

høyvann (hur*ew*-vahn) *nt* high tide

hån (hawn) *c* mockery, scorn

hånd (honn) *c* (pl hender) hand; hånd- manual; *ta ~ om attend to

håndarbeid (hon-nahr-bayd) *nt* needlework

håndbagasje (hon-bah-gaa-sher) *c* hand luggage; hand baggage *Am*

håndbok (hon-bōōk) *c* (pl -bøker) handbook

håndbrems (hon-brehms) *c* handbrake

håndflate (hon-flaa-ter) *c* palm

håndfull (hon-fewl) *c* handful

håndjern (hon-Υææn) *pl* handcuffs *pl*

håndkle (hong-kler) *nt* (pl -lær) towel

håndkrem (hon-krāym) *c* hand cream

håndlaget (hon-laa-gert) *adj* hand-made

håndledd (hon-lehd) *nt* (pl ~) wrist

håndskrift (hon-skrift) *c* handwriting

håndtak (hon-taak) *nt* (pl ~) handle

håndtere (hon-*tāy*-rer) *v* handle

håndterlig (hon-*tāy*-li) *adj* manageable

håndtrykk (hon-trewk) *nt* (pl ~) handshake

håndvask (hon-vahsk) *c* wash-basin

håndverk (hon-værk) *nt* (pl ~) handicraft

håndveske (hon-vehss-ker) *c* bag, handbag

håne (haw-ner) *v* mock

håp (hawp) *nt* hope

håpe (haw-per) *v* hope

håpefull (haw-per-fewl) *adj* hopeful

håpløs (hawp-lūrss) *adj* hopeless

håpløshet (hawp-lūrss-hāyt) *c* despair

hår (hawr) *nt* hair

hårbalsam (hawr-bahl-sahm) *c* conditioner

hårbørste (hawr-bursh-ter) *c* hairbrush

håret (haw-rert) *adj* hairy

hårfrisyre (hawr-fri-*sēw*-rer) *c* hair-do

hårgelé (hawr-sheh-*lay*) *c* hair gel

hårklipp (hawr-klip) *c* haircut

hårkrem (hawr-krāym) *c* hair cream

hårlakk (hawr-lahk) *c* hair-spray

hårnett (haw-neht) *nt* (pl ~) hairnet

hårrull (haw-rewl) *c* curler

hårskill (haw-shil) *c* parting

hårspenne (haw-shpeh-ner) *c* hairgrip; bobby pin *Am*

hårtørker (haw-turr-kerr) *c* hair-dryer

I

i (ee) *prep* in; for, at

*iaktta (i-*ahk*-tah) *v* observe, watch

iakttakelse (i-*ahk*-taa-kerl-ser) *c* observation

ibenholt (ee-bern-holt) *c/nt* ebony

idé (i-*dáy*) *c* idea

ideal (i-deh-*aal*) *nt* ideal

ideell (i-deh-*ehll*) *adj* ideal

identifisere (i-dehn-ti-fi-*sáy*-rer) *v* identify

identifisering (i-dehn-ti-fi-*sáy*-ring) *c* identification

identisk (i-*dehn*-tisk) *adj* identical

identitet (i-dehn-ti-*táyt*) *c* identity

identitetskort (i-dehn-ti-*táyts*-kot) *nt* (pl ~) identity card

idiom (i-di-*óóm*) *nt* idiom

idiomatisk (i-di-oo-*maa*-tisk) *adj* idiomatic

idiot (i-di-*óót*) *c* idiot

idiotisk (i-di-*óó*-tisk) *adj* idiotic

idol (i-*dóól*) *nt* idol

idrettsmann (*eed*-rehts-mahn) *c* (pl -menn) sportsman

ifølge (i-*furl*-ger) *prep* according to

igjen (i-*Yehn*) *adv* again

ignorere (ig-noo-*ráy*-rer) *v* ignore

ikke (*ik*-ker) *adv* not

ikon (i-*kóón*) *c/nt* icon

ild (ill) *c* fire

ildfast (*il*-fahst) *adj* fireproof, ovenproof

ildfarlig (*ils*-faa-li) *adj* inflammable

ildsted (*il*-stáyd) *nt* hearth

illegal (*il*-leh-gaal) *adj* illegal

illeluktende (*il*-ler-look-ter-ner) *adj* smelly

illevarslende (*il*-ler-vahsh-ler-ner) *adj* sinister, ominous

illusjon (i-lew-*shóón*) *c* illusion

illustrasjon (i-lew-strah-*shóón*) *c* illustration; picture

illustrere (i-lew-*stráy*-rer) *v* illustrate

imens (i-*mehns*) *adv* meanwhile, in the meantime

imidlertid (i-*mid*-ler-ti) *adv* though, in the meantime

imitasjon (i-mi-tah-*shóón*) *c* imitation

imitere (i-mi-*táy*-rer) *v* imitate

immigrant (i-mi-*grahnt*) *c* immigrant

immigrasjon (i-mi-grah-*shóón*) *c* immigration

immigrere (i-mi-*gráy*-rer) *v* immigrate

•gjøre immun (*Yúr*-rer i-*méwn*) immunize

immunitet (i-mew-ni-*táyt*) *c* immunity

imperium (im-*páy*-ri-ewm) *nt* (pl -ier) empire

imponere (im-poo-*náy*-rer) *v* impress

imponerende (im-poo-*náy*-rer-ner) *adj* impressive, imposing

import (im-*pott*) *c* import

importavgift (im-*pot*-taav-Yift) *c* import duty

importere (im-po-*táy*-rer) *v* import

importvarer (im-*pot*-vaa-rerr) *pl* imported goods

importør (im-po-*túrr*) *c* importer

impotens (im-poo-*tehns*) *c* impotence

impotent (im-poo-*tehnt*) *adj* impotent

improvisere (im-proo-vi-*sáy*-rer) *v* improvise

impuls (im-*pewls*) *c* impulse

impulsiv (*im*-pewl-seev) *adj* impulsive

imøtekommende (i-*múr*-ter-ko-mer-ner) *adj* obliging

indeks (*in*-dehks) *c* index

inder (*in*-derr) *c* Indian

India (*in*-di-ah) India

indianer (in-di-*aa*-nerr) *c* Indian

indiansk (in-di-*aansk*) *adj* Indian

indirekte (*in*-di-rehk-ter) *adj* indirect

indisk (*in*-disk) *adj* Indian

individ (in-di-*veed*) *nt* individual

individuell (in-di-vi-dew-*ehll*) *adj* individual

Indonesia (in-doo-*náy*-si-ah) Indonesia

indonesier (in-doo-*náy*-si-err) *c* Indonesian

indonesisk (in-doo-*náy*-sisk) *adj* Indonesian

indre (*in*-drer) *adj* internal; inside, inner

industri (in-dew-*stree*) *c* industry

industriell (in-dew-stri-*ehll*) *adj* industrial

industriområde (in-dew-*stree*-om-raw-der) *nt* industrial area

infanteri (in-fahn-ter-*ree*) *nt* infantry

infeksjon (in-fehk-*shoon*) *c* infection

infinitiv (in-*fin*-ni-teev) *c* infinitive

infisere (in-fi-*say*-rer) *v* infect

inflasjon (in-flah-*shoon*) *c* inflation

influensa (in-flew-*ehn*-sah) *c* flu, influenza

informasjon (in-for-mah-*shoon*) *c* information

informasjonskontor (in-for-mah-*shoons*-koon-toor) *nt* inquiry office, information bureau

informere (in-for-*may*-rer) *v* inform

infrarød (*in*-frah-rūr) *adj* infra-red

ingefær (*in*-nger-fæær) *c* ginger

ingen (*ing*-ngern) *pron* nobody, no one; none; *adj* no; ~ **av dem** neither

ingeniør (in-shern-*Yurr*) *c* engineer

ingensteds (*ing*-ngern-stehss) *adv* nowhere

ingenting (*ing*-ngern-ting) *pron* nil, nothing

ingrediens (ing-greh-di-*ehns*) *c* ingredient

initiativ (i-nit-si-ah-*teev*) *nt* initiative

injeksjon (in-Yehk-*shoon*) *c* injection

inkludert (in-klew-*dayt*) *adj* included; **alt** ~ all included

inklusive (in-klew-*seever*) *adv* inclusive

inkompetent (in-kom-per-*tehnt*) *adj* incompetent

inn (inn) *adv* in; ~ **i** into

innbefatte (*in*-beh-fah-ter) *v* comprise, include

innbille seg (*in*-bi-ler) imagine

innbilsk (*in*-bilsk) *adj* conceited

innbilt (*in*-bilt) *adj* imaginary

innblande (*in*-blah-ner) *v* involve

innblandet (*in*-blah-nert) *adj* concerned, involved

innblanding (*in*-blah-ning) *c* interference

innbringende (*in*-bri-nger-ner) *adj* profitable

innbrudd (*in*-brewd) *nt* burglary

innbruddstyv (*in*-brewds-tewv) *c* burglar

•**innby** (*in*-bew) *v* ask; invite

innbydelse (in-*bew*-derl-ser) *c* invitation

innbygger (*in*-bew-gerr) *c* inhabitant

inndele (*in*-day-ler) *v* *break down, divide into

inne (*in*-ner) *adv* indoors; inside

•**innebære** (*in*-ner-bææ-rer) *v* imply

innehaver (*in*-ner-haa-verr) *c* owner, bearer

•**inneholde** (*in*-ner-ho-ler) *v* contain

innen (*in*-nern) *prep* inside; ~ **lenge** soon, shortly

innendørs (*in*-nern-dūrsh) *adj* indoor

innenfor (*in*-nern-for) *prep* inside; within

innenlands (*in*-nern-lahns) *adj* domestic

innfall (*in*-fahl) *nt* (pl ~) idea; whim; brain-wave

innfatning (*in*-faht-ning) *c* frame

innflytelse (*in*-flew-terl-ser) *c* influence

innflytelsesrik (*in*-flew-terl-serss-reek) *adj* influential

innfødt[1] (*in*-furt) *c* (pl ~e) native

innfødt[2] (*in*-furt) *adj* native

innføre (*in*-fūr-rer) *v* import; introduce

innføring (*in*-fūr-ring) *c* entry

innførsel (*in*-fur-sherl) *c* import

innførselstoll (*in*-fur-sherls-tol) *c* duty

inngang (*in*-gahng) *c* entrance, entry; way in

inngangspenger (*in*-gahngs-peh-ngerr) *pl* entrance-fee

innhold (*in*-hol) *nt* contents *pl*

innholdsfortegnelse (*in*-hols-fo-tay-nerl-ser) *c* table of contents

inni (*in*-ni) *adv* within; inside

innkassere (*in*-kah-say-rer) *v* collect

innkomst (*in*-komst) *c* revenue

innledende (*in*-lay-der-ner) *adj* preliminary

innledning (*in*-layd-ning) *c* introduction

innlysende (*in*-lew-ser-ner) *adj* obvious

innover (*in*-naw-verr) *adv* inwards

innpakning (*in*-pahk-ning) *c* packing, wrapping

innpakningspapir (*in*-pahk-nings-pah-peer) *nt* wrapping paper

innregistreringsblankett (*in*-reh-gi-stray-rings-blahng-kehtt) *c* registration form

innrette (*in*-reh-ter) *v* furnish; arrange

innrømme (*in*-rur-mer) *v* acknowledge, admit

innsamler (*in*-sahm-lerr) *c* collector

innsats (*in*-sahts) *c* achievement; contribution; stake

innsatt (*in*-saht) *c* (pl ~e) prisoner

•**innse** (*in*-say) *v* realize, *see

innside (*in*-see-der) *c* inside; interior

innsikt (*in*-sikt) *c* insight

innsirkle (*in*-seer-kler) *v* encircle

innsjø (*in*-shur) *c* lake

innskipning (*in*-ship-ning) *c* embarkation

innskrenkning (*in*-skrehngk-ning) *c* reduction, restriction

•**innskrive** (*in*-skree-ver) *v* list, enter, register; ~ seg register

•**innskyte** (*in*-shew-ter) *v* insert

innskytelse (*in*-shew-terl-ser) *c* impulse

innsprøyte (*in*-sprur^ew-ter) *v* inject

innstendig (in-*stehn*-di) *adj* urgent

inntekt (*in*-tehkt) *c* income, earnings *pl;* **inntekter** *pl* revenue

inntektsskatt (*in*-tehkt-skaht) *c* income-tax

inntil (*in*-til) *conj* until, till; *prep* till

inntreden (*in*-tray-dern) *c* entrance

inntrengende (*in*-treh-nger-ner) *adj* pressing

inntrykk (*in*-trewk) *nt* impression; •**gjøre ~ på** impress

innvende (*in*-veh-ner) *v* object; ~ **mot** object to

innvendig (*in*-vehn-di) *adv* within

innvending (*in*-veh-ning) *c* objection

innviklet (*in*-vik-lert) *adj* complex, complicated

innvilge (*in*-vil-ger) *v* grant

innvoller (*in*-vo-lerr) *pl* insides

innånde (*in*-no-ner) *v* inhale

insekt (*in*-sehkt) *nt* insect; bug *nAm*

insektmiddel (*in*-sehkt-mi-derl) *nt* (pl -midler) insecticide, insect repellent

insinuere (in-si-new-ay-rer) *v* hint

insistere (in-si-stay-rer) *v* insist

inskripsjon (in-skrip-shoon) *c* inscription

inspeksjon (in-spehk-shoon) *c* inspection

inspektør (in-spayk-turr) *c* inspector

inspirere (in-spi-ray-rer) *v* inspire

inspisere (in-spi-say-rer) *v* inspect

installasjon (in-stah-lah-shoon) *c* installation

installere (in-stah-lay-rer) *v* install

instinkt (in-stingt) *nt* instinct

institusjon (in-sti-tew-shoon) *c* institution

institutt (in-sti-tewtt) *nt* institution,

institute

instruktør (in-strewk-*turr*) *c* instructor

instrument (in-strew-*mehnt*) *nt* instrument

instrumentbord (in-strew-*mehnt*-boor) *nt* (pl ~) dashboard

intakt (in-*tahkt*) *adj* intact; unbroken

intellekt (in-teh-*lehkt*) *nt* intellect

intellektuell (in-teh-lehk-tew-*ehll*) *adj* intellectual

intelligens (in-teh-li-*gehns*) *c* intelligence

intelligent (in-teh-li-*gehnt*) *adj* intelligent; clever

intens (in-*tehns*) *adj* intense

interessant (in-ter-reh-*sahngng*) *adj* interesting

interesse (in-ter-*rehss*-ser) *c* interest

interessere (in-ter-reh-*say*-rer) *v* interest

interessert (in-ter-reh-*sayt*) *adj* interested

internasjonal (*in*-ter-nah-shoo-*naal*) *adj* international

intervall (in-terr-*vahl*) *nt* interval

intervju (in-terr-*vʸew*) *nt* interview

intet (*in*-tert) *nt* nothing

intetkjønns- (*in*-tert-khurns) neuter

intetsigende (*in*-tert-see-er-ner) *adj* insignificant, petty

intim (in-*teem*) *adj* intimate

intrige (in-*tree*-ger) *c* intrigue

introduksjonsskriv (in-troo-dewk-*shoon*-skreev) *nt* (pl ~) letter of recommendation

introdusere (in-troo-dew-*say*-rer) *v* introduce

invadere (in-vah-*day*-rer) *v* invade

invalid (in-vah-*leed*) *c* invalid; *adj* disabled

invasjon (in-vah-*shoon*) *c* invasion

investere (in-vehss-*tay*-rer) *v* invest

investering (in-vehss-*tay*-ring) *c* investment

invitere (in-vi-*tay*-rer) *v* invite

Irak (i-*raak*) Iraq

iraker (i-*raa*-kerr) *c* Iraqi

irakisk (i-*raa*-kisk) *adj* Iraqi

Iran (i-*raan*) Iran

iraner (i-*raa*-nerr) *c* Iranian

iransk (i-*rahnsk*) *adj* Iranian

Irland (*eer*-lahn) Ireland

irlending (*eer*-leh-ning) *c* Irishman

ironi (i-roo-*nee*) *c* irony

ironisk (i-*roo*-nisk) *adj* ironical

irritabel (i-ri-*taa*-berl) *adj* irritable

irritere (i-ri-*tay*-rer) *v* irritate; annoy

irriterende (i-ri-*tay*-rer-ner) *adj* annoying

irsk (eeshk) *adj* Irish

is (eess) *c* ice

isbre (*eess*-bray) *c* glacier

iskald (*eess*-kahl) *adj* freezing

iskrem (*eess*-kraym) *c* ice-cream

Island (*eess*-lahn) Iceland

islandsk (*eess*-lahnsk) *adj* Icelandic

islending (*eess*-leh-ning) *c* Icelander

isolasjon (i-soo-lah-*shoon*) *c* isolation; insulation

isolator (i-soo-*laa*-toor) *c* insulator

isolere (i-soo-*lay*-rer) *v* insulate; isolate

isolert (i-soo-*layt*) *adj* isolated

ispose (*eess*-poo-ser) *c* ice-bag

Israel (*eess*-rah-ehl) Israel

israeler (iss-rah-*ay*-lerr) *c* Israeli

israelsk (iss-rah-*aylsk*) *adj* Israeli

istedenfor (i-*stay*-dern-for) *prep* instead of

isvann (*eess*-vahn) *nt* iced water

især (i-*sæær*) *adv* especially

Italia (i-*taa*-li-ah) Italy

italiener (i-tah-li-*ay*-nerr) *c* Italian

italiensk (i-tah-li-*aynsk*) *adj* Italian

iver (*ee*-verr) *c* zeal

ivrig (*eev*-ri) *adj* zealous; anxious, eager

J

ja (Yaa) yes; ~ vel! well!
jade (Yaa-der) c jade
jage (Yaa-ger) v hunt, chase; ~ bort chase
jakke (Yahk-ker) c jacket
jakt (Yahkt) c hunt; chase
jakte (Yahk-ter) v hunt
jakthytte (Yahkt-hew-ter) c lodge
jamre (Yahm-rer) v moan
januar (Yah-new-aar) January
Japan (Yaa-pahn) Japan
japaner (Yah-paa-nerr) c Japanese
japansk (Yaa-pahnsk) adj Japanese
jeg (Yay) pron I
jekk (Yehkk) c jack
jeksel (Yehk-serl) c (pl -sler) molar
jente (Yehn-ter) c girl
jern (Yææn) nt iron
jernbane (Yææn-baa-ner) c railway; railroad nAm
jernbaneferje (Yææn-baa-ner-fær-Yer) c train ferry
jernbaneovergang (Yææn-baa-ner-aw-verr-gahng) c crossing
jernbanevogn (Yææn-baa-ner-vongn) c coach
jernvarehandel (Yææn-vaa-rer-hahn-derl) c (pl -dler) hardware store
jernvarer (Yææn-vaa-rerr) pl hardware
jernverk (Yææn-værk) nt (pl ~) ironworks
jersey (Yæsh-shi) c jersey
jetfly (Yeht-flew) nt (pl ~) jet
jevn (Yehvn) adj level; smooth, even
jo (Yoo) adv yes; certainly; jo . . . jo the ... the
jobb (Yobb) c job
jockey (Yok-ki) c jockey
jod (Yodd) c iodine
jolle (Yol-ler) c dinghy

jomfru (Yom-frew) c virgin; gammel ~ spinster
jonglere (Yon-gler-rer) v juggle
jonglør (Yon-glür) c juggler
jord (Yoor) c earth; ground, soil
Jordan (Yoo-dahn) Jordan
jordaner (Yoo-daa-nerr) c Jordanian
jordansk (Yoo-daansk) adj Jordanian
jordbruk (Yoor-brewk) nt agriculture; jordbruks- agrarian
jordbunn (Yoor-bewn) c soil
jordbær (Yoor-bæær) nt (pl ~) strawberry
jordklode (Yoor-kloo-der) c globe
jordmor (Yoor-moor) c (pl -mødre) midwife
jordskjelv (Yoor-shehlv) c/nt (pl ~) earthquake
jordsmonn (Yoosh-mon) nt soil
journalist (shoo-nah-list) c journalist
journalistikk (shoor-nah-li-stikk) c journalism
jubileum (Yew-bi-lay-ewm) nt (pl -eer) jubilee; anniversary
jukse (Yook-ser) v cheat
jul (Yewl) c Christmas, Xmas; gledelig ~! Merry Christmas!
juli (Yew-li) July
juling (Yew-ling) c spanking
jumper (Yoom-perr) c jumper
jungel (Yoong-ngerl) c jungle
juni (Yew-ni) June
junior (Yew-ni-oor) adj junior
juridisk (Yew-ree-disk) adj legal
jurisdiksjon (Yew-ris-dik-shoon) c jurisdiction
jurist (Yew-rist) c lawyer
jury (Yew-ri) c jury
justere (Yewss-tay-rer) v adjust
juvel (Yew-vayl) c gem
jøde (Yür-der) c Jew
jødisk (Yür-disk) adj Jewish

K

kabaret (kah-bah-*ray*) *c* cabaret

kabel (*kaa*-berl) *c* (pl kabler) cable; **~-TV** cable tv

kabelfjernsyn (*kaa*-berl-fʸææn-sēwn) *nt* cable television

kabin (kah-*been*) *c* cabin

kabinett (kah-bi-*nehtt*) *nt* cabinet

kafé (kah-*fay*) *c* café

kafeteria (kah-feh-*tay*-ri-ah) *c* cafeteria; self-service restaurant

kaffe (*kahf*-fer) *c* coffee

kaffein (kah-feh-*een*) *c* caffeine

kaffeinfri (kah-feh-*een*-free) *adj* decaffeinated

kaffetrakter (*kahf*-fer-trahk-terr) *c* percolator

kagge (*kahg*-ger) *c* keg

kai (kigh) *c* dock, quay

kajakk (kah-ʸahkk) *c* kayak

kake (*kaa*-keŕ) *c* cake

kaki (*kaa*-ki) *c* khaki

kald (kahll) *adj* cold

kalender (kah-*lehn*-derr) *c* (pl -drer) calendar

kalk (kahlk) *c* lime

kalkulator (*kahl*-koo-lah-toor) *c* calculator

kalkun (kahl-*kēwn*) *c* turkey

kalle (*kahl*-ler) *v* call, name

kalori (kah-loo-*ree*) *c* calorie

kalsium (*kahl*-si-ewm) *nt* calcium

kalv (kahlv) *c* calf

kalvekjøtt (*kahl*-ver-khurt) *nt* veal

kalveskinn (*kahl*-ver-shin) *nt* (pl ~) calf skin

kam (kahmm) *c* (pl ~mer) comb

kamaksel (*kahm*-mahk-serl) *c* (pl -sler) camshaft

kamerat (kah-mer-*raat*) *c* friend, comrade

kamgarn (*kahm*-gaan) *nt* worsted

kamp (kahmp) *c* fight, battle, combat; struggle; match

kampanje (kahm-*pahn*-ʸer) *c* campaign

kanadier (kah-*naa*-di-err) *c* Canadian

kanadisk (kah-*naa*-disk) *adj* Canadian

kanal (kah-*naal*) *c* channel, canal; **Den engelske ~** English Channel

kanarifugl (kah-*naa*-ri-fēwl) *c* canary

kandelaber (kahn-der-*laa*-berr) *c* (pl -bre) candelabrum

kandidat (kahn-di-*daat*) *c* candidate

kanel (kah-*nāyl*) *c* cinnamon

kanin (kah-*neen*) *c* rabbit

kano (*kaa*-noo) *c* canoe

kanon (kah-*nōōn*) *c* gun

kanskje (*kahn*-sher) *adv* perhaps, maybe

kant (kahnt) *c* edge, verge, rim, border

kantine (kahn-*tee*-ner) *c* canteen

kaos (*kaa*-oss) *nt* chaos

kaotisk (kah-*ōō*-tisk) *adj* chaotic

kapasitet (kah-pah-si-*tāyt*) *c* capacity

kapell (kah-*pehll*) *nt* chapel

kapellan (kah-peh-*laan*) *c* chaplain

kapital (kah-pi-*taal*) *c* capital

kapitalanbringelse (kah-pi-*taal*-ahn-bri-ngerl-ser) *c* investment

kapitalisme (kah-pi-tah-*liss*-mer) *c* capitalism

kapitulasjon (kah-pi-tew-lah-*shōōn*) *c* capitulation

kapp (kahpp) *nt* cape

kappe (*kahp*-per) *c* cloak

kappløp (*kahp*-lūrp) *nt* race

kapre (*kaap*-rer) *v* hijack

kaprer (*kaap*-rerr) *c* hijacker

kapsel (*kahp*-serl) *c* (pl -sler) capsule

kaptein (kahp-*tayn*) *c* captain

kar (kaar) *nt* vessel; *c* guy

karaffel (kah-*rahf*-ferl) *c* (pl -afler) carafe

karakter (kah-rahk-*tāyr*) c character; mark

karakterisere (kah-rahk-teh-ri-*sāy*-rer) v characterize

karakteristisk (kah-rahk-teh-*riss*-tisk) adj characteristic

karaktertrekk (kah-rahk-*tāy*-trehk) nt (pl ~) characteristic

karamell (kah-rah-*mehll*) c caramel

karantene (kah-rahn-*tāy*-ner) c quarantine

karat (kah-*raat*) c carat

kardinal (kahr-di-*naal*) c cardinal

karneval (*kaa*-ner-vahl) nt carnival

karosseri (kah-ro-ser-*ree*) nt bodywork; body nAm

karpe (*kahr*-per) c carp

karri (*kahr*-ri) c curry

karriere (kah-ri-*ææ*-rer) c career

kart (kahtt) nt map

kartong (kah-*tongng*) c carton; **kartong**- cardboard

karusell (kah-rew-*sehll*) c merry-go-round

kaserne (kah-*sææ*-ner) c barracks pl

kasino (kah-*see*-noo) nt casino

kasjmir (kahsh-*meer*) c cashmere

kasse (*kahss*-ser) c pay-desk

kassere (kah-*sāy*-rer) v discard

kasserer (kah-*sāy*-rerr) c cashier; treasurer; teller nAm

kassererske (kah-*sāy*-rersh-ker) c cashier

kasserolle (kah-ser-*rol*-ler) c saucepan

kast (kahst) nt throw, cast

kastanje (kah-*stahn*-Yer) c chestnut

kastanjebrun (kah-*stahn*-Yer-brēwn) adj auburn

kaste (*kahss*-ter) v *cast, *throw; toss; ~ opp vomit

katakombe (kah-tah-*koom*-ber) c catacomb

katalog (kah-tah-*lawg*) c catalogue

katarr (kah-*tahrr*) c catarrh

katastrofal (kah-tah-stroo-*faal*) adj disastrous

katastrofe (kah-tah-*stroo*-fer) c catastrophe, calamity, disaster

katedral (kah-ter-*draal*) c cathedral

kategori (kah-ter-goo-*ree*) c category

kateter (kah-*tāy*-terr) nt (pl -tre) desk

katolsk (kah-*tōolsk*) adj catholic

katt (kahtt) c cat

kausjon (kou-*shōon*) c bail, security; guarantee

kausjonist (kou-shoo-*nist*) c guarantor

kaviar (kah-vi-*aar*) c caviar

keiser (*kay*-serr) c emperor

keiserdømme (*kay*-ser-dur-mer) nt empire

keiserinne (kay-ser-*rin*-ner) c empress

keiserlig (*kay*-ser-li) adj imperial

keivhendt (*khayv*-hehnt) adj left-handed

kelner (*kehl*-nerr) c waiter

kenguru (*kehng*-gew-rew) c kangaroo

kennel (*kehn*-nerl) c kennel

Kenya (*kehn*-Yah) Kenya

keramikk (kheh-rah-*mikk*) c ceramics pl; pottery

kikke (*khik*-ker) v peep

kikkert (*khik*-kert) c binoculars pl

kilde (*khil*-der) c fountain, source, well, spring

kile (*khee*-ler) v tickle; c wedge

kilespill (*kee*-ler-spil) nt (pl ~) bowling

kilo (*khee*-loo) c/nt kilogram

kilometer (*khil*-loo-māy-terr) c (pl ~) kilometre

kilometertall (*khil*-loo-māy-ter-tahl) nt (pl ~) distance in kilometres

kim (kheem) c germ

Kina (*khee*-nah) China

kineser (khi-*nāy*-serr) c Chinese

kinesisk (khi-*nāy*-sisk) adj Chinese

kinin (khi-*neen*) c quinine

kinn (khinn) *nt* cheek

kinnbein (khin-bayn) *nt* (pl ~) cheek-bone

kinnskjegg (khin-shehg) *nt* sideburns *pl*, whiskers *pl*

kino (khee-noo) *c* cinema, pictures; movies *Am*, movie theater *Am*

kiosk (khosk) *c* kiosk

kirke (kheer-ker) *c* church; chapel

kirkegård (kheer-ker-gawr) *c* grave-yard, churchyard

kirketjener (kheer-ker-t^Yay-nerr) *c* sexton

kirketårn (kheer-ker-tawn) *nt* (pl ~) steeple

kirsebær (khish-sher-bæær) *nt* (pl ~) cherry

kirurg (khi-rewrg) *c* surgeon

kiste (khiss-ter) *c* chest; coffin

kjede (khāy-deh) *v* bore

kjedelig (khāy-der-li) *adj* dull, boring

kjeft (khehft) *c* mouth

kjeks (khehks) *c* (pl ~) cookie; biscuit

kjele (khāy-ler) *c* kettle

kjelke (khæl-ker) *c* sledge, sleigh

kjeller (khehl-lerr) *c* cellar

kjelleretasje (khehl-lerr-eh-taa-sher) *c* basement

kjemi (kheh-mee) *c* chemistry

kjemisk (khāy-misk) *adj* chemical

kjempe (khehm-per) *v* combat, *fight, struggle, battle; *c* giant

kjenne (khehn-ner) *v* *know; ~ igjen recognize

kjennelse (khehn-nerl-ser) *c* verdict

kjennemerke (khehn-ner-mær-ker) *nt* feature

kjenner (khehn-nerr) *c* connoisseur

kjennetegn (khehn-ner-tayn) *nt* (pl ~) characteristic

kjennetegne (khehn-ner-tay-ner) *v* mark, characterize

kjennskap (khehn-skaap) *nt* knowl-edge

kjent (khehnt) *adj* noted

kjepphest (khehp-hehst) *c* hobby-horse

kjerne (khææ-ner) *c* pip; heart, essence, core, nucleus; **kjerne-** nuclear

kjernehus (khææ-ner-hewss) *nt* (pl ~) fruit core

kjernekraft (khææ-ner-krahft) *c* nuclear energy

kjerre (khæær-rer) *c* cart

kjertel (khæt-terl) *c* (pl -tler) gland

kjetting (kheht-ting) *c* chain

kjeve (khāy-ver) *c* jaw

kjole (khōō-ler) *c* gown, dress; frock; **lang ~** robe

kjælenavn (khāy-ler-nahvn) *nt* (pl ~) nickname

kjær (khæær) *adj* dear

kjæreste (khææ-rerss-ter) *c* darling

kjærlig (khææ-li) *adj* affectionate

kjærlighet (khææ-li-hāyt) *c* love

kjærlighetsaffære (khææ-li-hāyt-sah-fææ-rer) *c* affair

kjærlighetshistorie (khææ-li-hāyts-hiss-tōō-ri-er) *c* love-story

kjøkken (khurk-kern) *nt* kitchen

kjøkkenhage (khurk-kern-haager) *c* kitchen garden

kjøkkenhåndkle (khurk-kern-hong-kler) *nt* (pl -lær) kitchen towel

kjøkkenredskap (t^Yurk-kehn-reh-skaap) *nt* utensil

kjøkkensjef (khurk-kern-shāyf) *c* chef

kjøl (khūrl) *c* keel

kjøleskap (khūr-ler-skaap) *nt* (pl ~) refrigerator, fridge

kjølesystem (khūr-ler-sew-stāym) *nt* cooling system

kjølig (khūr-li) *adj* chilly, cool

kjønn (khurnn) *nt* sex; gender; **kjønns-** genital

kjønnssykdom (khurn-sēwk-dom) *c*

venereal disease
kjøp (khūrp) *nt* purchase; **godt ~** bargain
kjøpe (khūr-per) *v* purchase, *buy
kjøper (khūr-perr) *c* purchaser, buyer
kjøpesum (khūr-per-sewm) *c* (pl ~mer) purchase price
kjøpmann (khūrp-mahn) *c* (pl -menn) shopkeeper; trader, merchant
*kjøpslå (khūrp-shlo) *v* bargain
kjøre (khūr-rer) *v* *drive; *ride; **~ forbi** *overtake; **pass** *vAm;* **~ for fort** *speed
kjørebane (khūr-rer-baa-ner) *c* carriageway; roadway *nAm*
kjøretur (khūr-rer-tewr) *c* drive
kjøretøy (khūr-rer-tur^ew) *nt* vehicle
kjøtt (khurtt) *nt* meat; flesh
klage (klaa-ger) *v* complain; *c* complaint
klagebok (klaa-ger-bōōk) *c* (pl -bøker) complaints book
klandre (klahn-drer) *v* blame
klang (klahngng) *c* tone; sound
klappe (klahp-per) *v* clap
klar (klaar) *adj* clear; serene; ready; *ha klart for seg realize; **~ over** aware
*klargjøre (klaar-Yūr-rer) *v* elucidate, clarify
*klarlegge (klaar-leh-ger) *v* clarify
klasse (klahss-ser) *c* class; form
klassekamerat (klahss-ser-kah-mer-raat) *c* class-mate
klasseværelse (klahss-ser-vææ-rerl-ser) *nt* classroom
klassifisere (klah-si-fi-sāy-rer) *v* classify, class
klassisk (klahss-sisk) *adj* classical
klatre (klaht-rer) *v* climb
klatring (klaht-ring) *c* climb
klausul (klou-sewl) *c* clause
kle (klāy) *v* *become; suit; **~ av seg** undress; **~ på** dress; **~ på seg**

dress; **~ seg** dress; **~ seg om** change
klebe (klāy-beh) *v* *stick
klebrig (klāyb-ri) *adj* sticky
klem (klehm) *c* (pl ~mer) hug
klemme (klehm-mer) *v* squeeze; cuddle, hug
klenodie (kleh-nōō-di-er) *nt* gem
klesbørste (klāyss-bursh-ter) *c* clothes-brush
kleshenger (klāyss-heh-ngerr) *c* coathanger
klesskap (klāy-skaap) *nt* (pl ~) wardrobe
klient (kli-ehnt) *c* client
klikk (klik) *c* set, clique; *nt* click
klima (klee-mah) *nt* climate
klinikk (kli-nikk) *c* clinic
klinkekule (kling-ker-kōō-ler) *c* marble
klippe (klip-per) *v* *cut; *c* cliff, rock; **~ av** *cut off
klistre (kliss-trer) *v* paste
klo (klōō) *c* (pl klør) claw
kloakk (kloo-ahkk) *c* sewer
klok (klōōk) *adj* clever
klokke (klok-ker) *c* clock; bell; **klokken . . .** at ... o'clock
klokkerem (klok-ker-rehm) *c* (pl ~mer) watch-strap
klokkespill (klok-ker-spil) *nt* chimes *pl*
klor (klōōr) *c* chlorine
kloss (kloss) *c* block
klosset (kloss-sert) *adj* awkward, clumsy
kloster (kloss-terr) *nt* (pl -tre) convent, monastery, cloister
klovn (klovn) *c* clown
klubb (klewbb) *c* club
klubbe (klewb-ber) *c* cudgel, club
klukke (klook-ker) *v* chuckle
klump (kloomp) *c* lump
klumpet (kloom-pert) *adj* lumpy
klut (klewt) *c* cloth
*klype (klēw-per) *v* pinch

klær (klæær) *pl* clothes *pl*

kløe (klūr) *v* itch

kløe (klūr-er) *c* itch

kløft (klurft) *c* chasm, cleft

kløver (klurv-verr) *c* clover

kløyve (klur^{ew}-ver) *v* *split

knagg (knahgg) *c* peg

knaggrekke (knahg-reh-ker) *c* hat rack

knapp (knahpp) *c* button; *adj* scarce

knappe (knahp-per) *v* button; ~ **opp** unbutton

knappenål (knahp-per-nawl) *c* pin

knapphet (knahp-hāyt) *c* scarcity, shortage

knapphull (knahp-hewl) *nt* buttonhole

knapt (knahpt) *adv* scarcely

kne (knāy) *nt* (pl knær) knee

kneipe (knay-per) *c* pub

knekk (knehkk) *c/nt* (pl ~) toffee

*knekke (knehk-ker) *v* crack; break

knekt (knehkt) *c* knave

knele (knāy-ler) *v* *kneel

knep (knāyp) *nt* trick

kneskål (knāy-skawl) *c* kneecap

knipetang (knee-per-tahng) *c* (pl -tenger) pincers *pl*

knipling (knip-ling) *c* lace

knirke (kneer-ker) *v* creak

kniv (kneev) *c* knife

knoke (knōō-ker) *c* knuckle

knopp (knopp) *c* bud

knott (knott) *c* knob

knurre (knewr-rer) *v* grumble

knust (knēwst) *adj* broken

knute (knēw-ter) *c* knot

knutepunkt (knēw-ter-poongt) *nt* junction

knytte (knēw-ter) *v* tie, knot; ~ **til** attach to; ~ **opp** untie

knyttneve (knewt-nāy-ver) *c* fist

knyttneveslag (knewt-nāy-ver-shlaag) *nt* (pl ~) punch

koagulere (koo-ah-gew-lāy-rer) *v* coagulate

kobbe (kob-ber) *c* seal

kode (kōō-der) *c* code

koffert (koof-fert) *c* case, suitcase, bag; trunk

kokain (koo-kah-een) *c/nt* cocaine

koke (kōō-ker) *v* boil

kokebok (kōō-ker-bōōk) *c* (pl -bøker) cookery-book; cookbook *nAm*

kokk (kokk) *c* cook

kokosnøtt (kook-kooss-nurt) *c* coconut

koldtbord (kolt-bōōr) *nt* (pl ~) buffet

kolje (kol-Yer) *c* haddock

kolle (kol-ler) *c* hill, peak

kollega (koo-lāy-gah) *c* colleague

kollektiv (kol-lerk-teev) *adj* collective

kollidere (koo-li-dāy-rer) *v* collide, crash

kollisjon (koo-li-shōōn) *c* crash, collision

koloni (koo-loo-nee) *c* colony

kolonialvarer (koo-loo-ni-aal-vaa-rerr) *pl* groceries *pl*

kolonne (koo-lon-ner) *c* column

kolossal (koo-loo-saal) *adj* enormous, tremendous

koma (kōō-mah) *c* coma

kombinasjon (koom-bi-nah-shōōn) *c* combination

kombinere (koom-bi-nāy-rer) *v* combine

komedie (koo-māy-di-er) *c* comedy

komfort (koom-fawr) *c* comfort

komfortabel (koom-fo-taa-berl) *adj* comfortable

komfyr (koom-fēwr) *c* cooker; stove

komiker (kōō-mi-kerr) *c* comedian

komisk (kōō-misk) *adj* funny, comic

komité (koo-mi-tāy) *c* committee

komma (kom-mah) *nt* comma

komme (kom-mer) *nt* coming

*komme (kom-mer) *v* *come; ~ **over** *come across; ~ **på** *think of; ~

seg recover; ~ **tilbake** return

kommende (kom-mer-ner) adj oncoming

kommentar (koo-mehn-taar) c comment

kommentere (koo-mehn-tay-rer) v comment

kommersiell (koo-mæ-shi-ehll) adj commercial

kommisjon (koo-mi-shoon) c commission

kommode (koo-moo-der) c chest of drawers; bureau nAm

kommunal (koo-mew-naal) adj municipal

kommune (koo-mew-ner) c local authority, municipality

kommunestyre (koo-mew-ner-stew-rer) nt local council

kommunikasjon (koo-mew-ni-kah-shoon) c communication

kommuniké (koo-mew-ni-kay) nt communiqué

kommunisme (koo-mew-niss-mer) c communism

kommunist (koo-mew-nist) c communist

kompakt (koom-pahkt) adj compact

kompani (koom-pah-nee) nt company

kompanjong (koom-pahn-Yongng) c partner, associate

kompass (koom-pahss) c/nt compass

kompensasjon (koom-pehn-sah-shoon) c compensation

kompensere (koom-pehn-say-rer) v compensate

kompetent (koom-per-tehnt) adj qualified; capable

kompleks (koom-plehks) nt complex

komplett (koom-plehtt) adj complete

kompliment (koom-pli-mahngng) c compliment

komplimentere (koom-pli-mehn-tay-rer) v compliment

komplisert (koom-pli-sayt) adj complicated

komplott (koom-plott) nt plot

komponist (koom-poo-nist) c composer

komposisjon (koom-poo-si-shoon) c composition

kompromiss (koom-proo-miss) nt compromise

kondisjon (koon-di-shoon) c physical fitness

konditori (koon-di-too-ree) nt pastry shop

kondom (koon-dom) nt condom

konduktør (koon-dewk-turr) c ticket collector

kone (koo-ner) c wife

konfeksjons- (koon-fehk-shoons) ready-made

konfekt (koon-fehkt) c chocolate

konferanse (koon-fer-rahng-ser) c conference

konfidensiell (koon-fi-dehn-si-ehll) adj confidential

konfiskere (koon-fiss-kay-rer) v confiscate

konflikt (koon-flikt) c conflict

konfrontere (kon-fron-tay-rer) v face, confront

konge (kong-nger) c king

kongelig (kong-nger-li) adj royal

kongerike (kong-nger-ree-ker) nt kingdom

kongress (kong-grehss) c congress

konjakk (kon-Yahkk) c cognac

konklusjon (koong-klew-shoon) c conclusion

konkret (koong-krayt) adj concrete

konkurranse (koong-kew-rahng-ser) c contest, competition; rivalry

konkurrent (koong-kew-rehnt) c rival, competitor

konkurrere (koong-kew-ray-rer) v

compete

konkurs (koong-*kewsh*) *adj* bankrupt

konsekvens (kon-ser-*kvehns*) *c* consequence

konsentrasjon (koon-sehn-trah-*shoon*) *c* concentration

konsentrere (koon-sehn-*tray*-rer) *v* concentrate

konsert (koon-*sætt*) *c* concert

konsertsal (koon-*sæt*-saal) *c* concert hall

konservativ (koon-*sær*-vah-teev) *adj* conservative

konservatorium (koon-sær-vah-*too*-riewm) *nt* (pl -ier) music academy

konservere (kon-sær-*vay*-rer) *v* preserve

konservering (kon-sær-*vay*-ring) *c* preservation

konsesjon (koon-seh-*shoon*) *c* licence; concession

konsis (koon-*seess*) *adj* concise

konstant (koon-*stahnt*) *adj* constant; even

konstatere (koon-stah-*tay*-rer) *v* note; diagnose, ascertain

konstruere (koon-strew-*ay*-rer) *v* construct

konstruksjon (koon-strewk-*shoon*) *c* construction

konsul (*kon*-sewl) *c* consul

konsulat (kon-sew-*laat*) *nt* consulate

konsultasjon (kon-sewl-tah-*shoon*) *c* consultation

konsument (koon-sew-*mehnt*) *c* consumer

kontakt (koon-*tahkt*) *c* touch, contact

kontakte (koon-*tahk*-ter) *v* contact

kontaktlinser (koon-*tahkt*-lin-serr) *pl* contact lenses

kontantautomat (*koon*-tahnt-ou-too-*maat*) *c* cash dispenser, ATM

kontanter (koon-*tahn*-terr) *pl* cash

kontinent (koon-ti-*nehnt*) *nt* continent

kontinental (koon-ti-nehn-*taal*) *adj* continental

kontinuerlig (koon-ti-new-*ay*-li) *adj* continuous

konto (*kon*-too) *c* (pl ~er, -ti) account

kontor (koon-*toor*) *nt* office

kontorist (koon-too-*rist*) *c* clerk

kontormann (koon-*toor*-mahn) *c* (pl -menn) clerk

kontortid (koon-*too*-teed) *c* office hours, business hours

kontra (*kon*-trah) *prep* versus

kontrakt (koon-*trahkt*) *c* contract; agreement

kontrast (koon-*trahst*) *c* contrast

kontroll (koon-*troll*) *c* control; inspection

kontrollere (koon-troo-*lay*-rer) *v* verify, check, control

kontrollør (koon-troo-*lurr*) *c* supervisor

kontroversiell (kon-troo-væ-shi-*ehll*) *adj* controversial

kontur (kon-*toor*) *c* outline

konversasjon (koon-væ-shah-*shoon*) *c* conversation

konvolutt (koon-voo-*lewtt*) *c* envelope

kooperativ (koo-*op*-rah-teev) *adj* cooperative

koordinasjon (koo-o-di-nah-*shoon*) *c* co-ordination

kopi (koo-*pee*) *c* copy

kopiere (koo-pi-*ay*-rer) *v* copy

kople (kop-ler) *v* connect; ~ til connect

kopp (kopp) *c* cup

kopper (*kop*-perr) *pl* smallpox; *nt* copper

kor (*koor*) *nt* choir

korall (koo-*rahll*) *c* coral

kordfløyel (*kawd*-flur^(ew)-erl) *c* corduroy

korint (koo-*rint*) *c* currant

kork (kork) *c* cork; stopper
korketrekker (*kor*-ker-treh-kerr) *c* corkscrew
korn (kōōn) *nt* grain, corn
kornåker (*kōō*-naw-kerr) *c* (pl -krer) cornfield
korpulent (kor-pew-*lehnt*) *adj* stout, corpulent
korrekt (koo-*rehkt*) *adj* correct
korrespondanse (koo-rer-spoon-*dahng*-ser) *c* correspondence
korrespondent (koo-rer-spoon-*dehnt*) *c* correspondent
korridor (koo-ri-*dōōr*) *c* corridor
korrigere (koo-ri-*gāy*-rer) *v* correct
korrupt (koo-*rewpt*) *adj* corrupt
kors (koshsh) *nt* cross
korsett (ko-*shehtt*) *nt* corset
korsfeste (kosh-*fehss*-ter) *v* crucify
korsfestelse (kosh-*fehss*-terl-ser) *c* crucifixion
korstog (*kosh*-tawg) *nt* (pl ~) crusade
korsvei (*kosh*-vay) *c* road fork
kort (kott) *adj* short; brief; *nt* card
kortevarehandel (*ko*-ter-vaa-rer-hahn-derl) *c* (pl -dler) haberdashery
kortfattet (*kot*-fah-tert) *adj* brief
kortslutning (*kot*-slewt-ning) *c* short circuit
kortstokk *c* pack *nAm*
kortvarig (*kot*-vaa-ri) *adj* momentary
koselig (*kōō*-ser-li) *adj* cosy; nice
kosmetika (koss-meh-*tikk*) *pl* cosmetics *pl*
kost[1] (kost) *c* fare; ~ **og losji** room and board, bed and board, board and lodging
kost[2] (koost) *c* broom
kostbar (*kost*-baar) *adj* expensive; precious
koste (*koss*-ter) *v* *cost
kostfri (*kost*-free) *adj* free of charge
kostnad (*kost*-nah) *c* cost

kotelett (ko-ter-*lehtt*) *c* cutlet, chop
krabbe (*krahb*-ber) *v* crawl; *c* crab
kraft (krahft) *c* (pl krefter) force; energy, power
kraftig (*krahf*-ti) *adj* strong
kraftverk (*krahft*-værk) *nt* power-station
krage (*kraa*-ger) *c* collar
kragebein (*kraa*-ger-bayn) *nt* (pl ~) collarbone
krageknapp (*kraa*-ger-knahp) *c* collar stud
krampe (*krahm*-per) *c* cramp; clamp
krampetrekning (*krahm*-per-trehk-ning) *c* convulsion
kran (kraan) *c* crane; tap
krangel (*krahng*-ngerl) *c*/*nt* (pl -gler) dispute, row, quarrel
krangle (*krahng*-ler) *v* quarrel
krater (*kraa*-terr) *nt* crater
kratt (krahtt) *nt* scrub
krav (kraav) *nt* demand, claim; requirement
kreditor (*krāy*-di-toor) *c* creditor
kreditt (kreh-*ditt*) *c* credit
kredittkort (kreh-*dit*-kot) *nt* (pl ~) credit card; charge plate *Am*
kreere (kreh-*āy*-rer) *v* create
kreft (krehft) *c* cancer
krem (krāym) *c* cream
kremere (kreh-*māy*-rer) *v* cremate
kremering (kreh-*māy*-ring) *c* cremation
kremgul (*krāy*-m-gēwl) *adj* cream
krenke (*krehng*-ker) *v* offend, injure; trespass
krenkelse (*krehng*-kerl-ser) *c* violation
krenkende (*krehng*-ker-ner) *adj* offensive
kresen (*krāy*-sern) *adj* particular
krets (krehts) *c* ring, circle
kretsløp (*krehts*-lūrp) *nt* (pl ~) cycle
kreve (*krāy*-ver) *v* require, claim; charge

krig (kreeg) c war

krigsfange (kriks-fah-nger) c prisoner of war

krigsmakt (kriks-mahkt) c armed forces

krigsskip (krik-sheep) nt warship

kriminalitet (kri-mi-nah-li-tayt) c criminality

kriminell (kri-mi-nehll) adj criminal

kringkaste (kring-kahss-ter) v *broadcast

kringkasting (kring-kahss-ting) c broadcast

krise (kree-ser) c crisis

kristen¹ (kriss-tern) c (pl -tne) Christian

kristen² (kriss-tern) adj Christian

Kristus (kriss-tewss) Christ

kritiker (kree-ti-kerr) c critic

kritikk (kri-tikk) c criticism

kritisere (kri-ti-say-rer) v criticize

kritisk (kree-tisk) adj critical

kritt (kritt) nt chalk

kro (kroo) c pub, tavern

krok (krook) c hook

kroket (kroo-kert) adj crooked

krokodille (kroo-koo-dil-ler) c crocodile

krom (kroomm) c chromium

kronblad (kroon-blaa) nt (pl ~) petal

krone (kroo-ner) c crown; v crown

kronisk (kroo-nisk) adj chronic

kronologisk (kroo-noo-law-gisk) adj chronological

kropp (kropp) c body

krukke (krook-ker) c jar; pitcher

krum (kroomm) adj curved

krumning (kroom-ning) c bend; curve

krus (krewss) nt mug

krusifiks (krew-si-fiks) nt crucifix

krutt (krewtt) nt gunpowder

krybbe (krewb-ber) c manger

krydder (krewd-derr) nt (pl ~) spice

krydderier (krew-der-ree-err) pl spices

krydret (krewd-rert) adj spiced, spicy

krykke (krewk-ker) c crutch

krympe (krewm-per) v *shrink

krympefri (krewm-per-free) adj shrinkproof

krypdyr (krewp-dewr) nt (pl ~) reptile

***krype** (krew-per) v *creep

***krypskyte** (krewp-shew-ter) v poach

kryss (krewss) nt cross

krysse (krewss-ser) v cross

krysse av (krewss-ser) tick off

krystall (krew-stahll) c/nt crystal; **krystall-** adj crystal

krøll (krurll) c curl

krølle (krurl-ler) v curl; crease

krøllet (krurl-lert) adj curly

krølltang (krurl-tahng) c (pl -tenger) curling-tongs pl

kråke (kraw-ker) c crow

ku (kew) c (pl ~er, kyr) cow

kubaner (kew-baa-nerr) c Cuban

kubansk (kew-baansk) adj Cuban

kubbe (kewb-ber) c log

kube (kew-ber) c cube

kul (kewl) c lump

kulde (kewl-ler) c cold

kuldegysning (kewl-ler-gewss-ning) c chill

kule (kew-ler) c bullet; sphere

kulepenn (kew-ler-pehn) c ballpoint-pen, Biro

kull (kewll) nt coal; litter

kultivert (kewl-ti-vayt) adj cultured

kultur (kewl-tewr) c culture

kun (kewnn) adv only

kunde (kewn-der) c client, customer

***kunne** (kewn-ner) v *can, *be able to; *may, *might

***kunngjøre** (kewn-Yur-rer) v announce; proclaim

kunngjøring (kewn-Yur-ring) c announcement; notice

kunst (kewnst) c art; ~ og håndverk

arts and crafts; **skjønne kunster** fine arts

kunstakademi (*kewnst*-ah-kah-deh-mee) *nt* art school

kunstferdig (*kewnst*-fææ-di) *adj* elaborate

kunstgalleri (*kewnst*-gah-ler-ree) *nt* gallery, art gallery

kunsthistorie (*kewnst*-hiss-t<del>o</del><del>o</del>-ri-er) *c* art history

kunsthåndverk (*kewnst*-hon-værk) *nt* (pl ~) handicraft

kunstig (*kewn*-sti) *adj* artificial

kunstner (*kewnst*-nerr) *c* artist

kunstnerinne (*kewnst*-ner-*rin*-ner) *c* artist

kunstnerisk (*kewnst*-ner-risk) *adj* artistic

kunstsamling (*kewnst*-sahm-ling) *c* art collection

kunstsilke (*kewnst*-sil-ker) *c* rayon

kunstutstilling (*kewnst*-ewt-sti-ling) *c* art exhibition

kunstverk (*kewnst*-værk) *nt* work of art

kupé (kew-*pay*) *c* compartment

kupert (kew-*payt*) *adj* hilly

kupong (kew-pongng) *c* coupon

kuppel (*kewp*-perl) *c* (pl kupler) dome

kur (k<del>e</del>wr) *c* cure

kuriositet (kew-ri-oo-si-*tayt*) *c* curio

kurs (k<del>e</del>wsh) *nt* course; *c* course

kursivskrift (koo-*sheev*-skrift) *c* italics pl

kursted (k<del>e</del>w-sht<del>ay</del>) *nt* spa

kurv (kewrv) *c* basket; hamper

kurve (*kewr*-ver) *c* curve

kusine (kew-*see*-ner) *c* cousin

kusma (*kewss*-mah) *c* mumps

kutt (kewtt) *nt* cut

kuvertavgift (kew-*vææ*-raav-ʸift) *c* cover charge

kuøye (*k<del>e</del>w*-ur^{ew}-er) *nt* porthole

kvadrat (kvah-*draat*) *nt* square

kvadratisk (kvah-*draa*-tisk) *adj* square

kvaksalver (*kvahk*-sahl-verr) *c* quack

kvalifikasjon (kvah-li-fi-kah-*sho͞on*) *c* qualification

kvalifisere seg (kvah-li-fi-*say*-rer) qualify

kvalifisert (kvah-li-fi-*sayt*) *adj* qualified

kvalitet (kvah-li-*tayt*) *c* quality

kvalm (kvahlm) *adj* sick

kvalme (*kvahl*-mer) *c* nausea; sickness

kvantitet (kvahn-ti-*tayt*) *c* quantity

kvart (kvahtt) *c* quarter

kvartal (kvah-*taal*) *nt* quarter; house block *Am*; **kvartals-** quarterly

kvarter (kvah-*tayr*) *nt* quarter of an hour; district; quarter

kveg (kv<del>ay</del>g) *nt* cattle pl

kveite (*kvay*-ter) *c* halibut

kveld (kvehll) *c* evening

kvele (*kvay*-ler) *v* choke; strangle

kveles (*kvay*-lerss) *v* choke

kveste (*kvehss*-ter) *v* injure

kvestelse (*kvehss*-terl-ser) *c* injury

kvikksølv (*kvik*-surl) *nt* mercury

kvinne (*kvin*-ner) *c* woman

kvinnelege (*kvin*-ner-*lay*-ger) *c* gynaecologist

kvise (*kvee*-ser) *c* pimple

kvist (kvist) *c* twig

kvittering (kvi-*tay*-ring) *c* receipt

kvote (*kvo͞o*-ter) *c* quota

kylling (*khewl*-ling) *c* chicken

kyndig (*khewn*-di) *adj* skilled, skilful

kysk (khewsk) *adj* chaste

kyss (khewss) *nt* kiss

kysse (*khewss*-ser) *v* kiss

kyst (khewst) *c* coast; seashore, shore, seaside

kø (k<del>u</del>r) *c* line; queue; ***stå i ~** queue; stand in line *Am*

kølle (*kurl*-ler) *c* club; mallet

køye (*kur*^{ew}-er) *c* bunk, berth

kål (kawl) c cabbage
kåpe (kaw-per) c coat

L

•**la** (laa) v •let; allow to; ~ **være**
•**keep off**
laboratorium (lah-boo-rah-tōō-ri-ewm)
nt (pl -ier) laboratory
labyrint (lah-bew-rint) c labyrinth;
maze
ladning (lahd-ning) c charge
lag (laag) nt layer; team
lage (laa-ger) v •make
lager (laa-gerr) nt (pl lagre) depository
lagerbeholdning (laa-gerr-beh-hold-
ning) c stock
lagerbygning (laagerr-bewg-ning) c
store-house, warehouse
lagerplass (laa-gerr-plahss) c depot
lagre (laag-rer) v store; stock
lagring (laag-ring) c storage
lagune (lah-gēw-ner) c lagoon
laken (laa-kern) nt sheet
lakk (lahkk) c varnish, lacquer
lakkere (lah-kāy-rer) v varnish
lakris (lahk-riss) c liquorice
laks (lahks) c salmon
lam (lahmm) nt lamb; adj lame
lamme (lahm-mer) v paralyse
lammekjøtt (lahm-mer-khurt) nt lamb
lampe (lahm-per) c lamp
lampeskjerm (lahm-per-shærm) c
lampshade
land (lahnn) nt country, land; •**gå i**
~ disembark, land; **i** ~ ashore; **på**
landet in the country
landbruk (lahn-brewk) nt agriculture;
landbruks- agrarian
lande (lahn-ner) v land
landemerke (lahn-ner-mær-ker) nt

landmark
landflyktig c (pl ~e) exile
landgang (lahn-gahng) c gangway
landlig (lahn-li) adj rural
landmerke (lahn-mær-ker) nt land-
mark
landområde (lahnn-om-raw-der) nt
country
landsby (lahns-bew) c village
landsens (lahn-serns) adj rustic
landskap (lahn-skaap) nt scenery,
landscape
landsmann (lahns-mahn) c (pl -menn)
countryman
landsted (lahn-stāy) nt country house
landstryker (lahn-strēw-kerr) c tramp
landtunge (lahn-tew-nger) c isthmus
lang (lahngng) adj long; tall
langs (lahngs) prep past, along; **på** ~
lengthways
langsom (lahng-som) adj slow
langvarig (lahng-vaa-ri) adj longlast-
ing
lapp (lahp) c patch, scrap, note
lappe (lahp-per) v patch
larm (lahrm) c noise
last (lahst) c freight, cargo, load;
bulk
laste (lahss-ter) v charge, load
lastebil (lahss-ter-beel) c lorry; truck
nAm
lasterom (lahss-ter-room) nt (pl ~)
hold
lat (laat) adj idle
•**late som** (laa-ter somm) pretend
•**late til** (laa-ter till) seem
Latin-Amerika (lah-teen-ah-māy-ri-
kah) Latin America
latinamerikansk (lah-tee-nah-māy-ri-
kaansk) adj Latin-American
latter (laht-terr) c laughter, laugh
latterlig (laht-ter-li) adj ridiculous; lu-
dicrous
•**latterliggjøre** (laht-ter-li-ȳūr-rer) v

ridicule

lav (laav) *adj* low

lavland (*laav*-lahn) *nt* (pl ~) lowlands *pl*

lavsesong (*laav*-seh-song) *c* low season

lavtrykk (*laav*-trewk) *nt* (pl ~) low pressure; depression

lavvann (*laa*-vahn) *nt* low tide

*__le__ (lāȳ) *v* laugh

ledd[1] (lehdd) *nt* joint; **gått av ~** dislocated

ledd[2] (lehdd) *nt* link

lede (*lāȳ*-der) *v* *lead, head

ledelse (*lāȳ*-derl-ser) *c* management, administration; lead

ledende (*lāȳ*-der-ner) *adj* leading

ledig (*lāȳ*-di) *adj* vacant, unoccupied

ledning (*lāȳd*-ning) *c* flex; electric cord

ledsage (*lāȳd*-saa-ger) *v* accompany, conduct

ledsager (*lāȳd*-saa-gerr) *c* companion

legal (leh-*gaal*) *adj* legal

legalisasjon (leh-gah-li-sah-*shōōn*) *c* legalization

legasjon (leh-gah-*shōōn*) *c* legation

legat (leh-*gaat*) *nt* legacy

lege (*lāȳ*-ger) *c* physician, doctor; *v* cure, heal; **almenpraktiserende ~** general practitioner

legekontor (*lāȳ*-ger-koon-tōōr) *nt* surgery

legeme (*lāȳ*-ger-mer) *nt* body

legemiddel (*lāȳ*-ger-mi-derl) *nt* (pl -midler) remedy, medicine

legevitenskap (*lāȳ*-ger-vee-tern-skaap) *c* medical science

legg (lehgg) *c* calf

*__legge__ (*lehg*-ger) *v* *put, *lay; pave; **~ igjen** *leave; **~ sammen** add; **~ seg** *go to bed; **~ seg nedpå** *lie down

leggevann (*lehg*-ger-vahn) *nt* setting

lotion

lei av (lay) fed up with, tired of

leie (*lay*-er) *v* hire, rent, lease; *c* rent; **~ ut** *let; lease; **til ~** for hire

leieboer (*lay*-er-bōō-err) *c* lodger, tenant

leiegård (*lay*-er-gawr) *c* block of flats; apartment house *Am*

leiekontrakt (*lay*-er-koon-trahkt) *c* tenancy agreement

lei for (lay) sorry

leilighet (*lay*-li-hāȳt) *c* occasion, opportunity; flat; apartment *nAm*

leir (layr) *c* camp

leire (*lay*-rer) *c* clay

leirvarer (*layr*-vaa-rerr) *pl* ceramics *pl*

lek (lāȳk) *c* play

leke (*lāȳ*-ker) *v* play

lekeplass (*lāȳ*-ker-plahss) *c* recreation ground, playground

leketøy (*lāȳ*-ker-tur^ew) *nt* toy

leketøysforretning (*lāȳ*-ker-tur^ewss-fo-reht-ning) *c* toyshop

lekk (lehkk) *adj* leaky

lekkasje (leh-*kaa*-sher) *c* leak

lekke (*lehk*-ker) *v* leak

lekker (*lehk*-kerr) *adj* delicious, nice

lekkerbisken (*lehk*-kerr-biss-kern) *c* delicacy

lekmann (*lāȳk*-mahn) *c* (pl -menn) layman

leksikon (*lehk*-si-kon) *nt* (pl ~, ~er, -ka) encyclopaedia

leksjon (lehk-*shōōn*) *c* lesson

lektor (*lehk*-toor) *c* master, teacher

lem (lehmm) *nt* (pl ~mer) limb

lene seg (*lāȳ*-ner) *v* *lean

lenestol (*lāȳ*-ner-stōōl) *c* armchair; easy chair

lengde (*lehng*-der) *c* length

lengdegrad (*lehng*-der-graad) *c* longitude

lenge (*lehng*-er) *adv* long

lengsel (*lehng*-serl) *c* (pl -sler) longing; wish

lengte etter (*lehng*-ter) long for

lenke (*lehng*-ker) *c* chain

leppe (*lehp*-per) *c* lip

leppepomade (*lehp*-per-poo-maa-der) *c* lipsalve

leppestift (*lehp*-per-stift) *c* lipstick

lerke (*lær*-ker) *c* lark

lerret (*lær*-rert) *nt* linen

lese (*lāy*-ser) *v* *read

leselampe (*lāy*-ser-lahm-per) *c* reading-lamp

leselig (*lāy*-ser-li) *adj* legible

lesesal (*lāy*-ser-saal) *c* reading-room

lesning (*lāyss*-ning) *c* reading

lesse av (*lehss*-ser) discharge, unload

lete etter (*lāy*-ter) look for, search; hunt for

leting (*lāy*-ting) *c* search

lett (lehtt) *adj* light; easy; gentle

lette (*leht*-ter) *v* *take off

lettelse (*leht*-terl-ser) *c* relief

letthet (*leht*-hāyt) *c* facility, ease

leve (*lāy*-ver) *v* live

levebrød (*lāy*-ver-brūr) *nt* livelihood

levende (*lay*-ver-ner) *adj* alive, live

lever (*lehv*-verr) *c* liver

leveranse (leh-ver-*rahng*-ser) *c* delivery

levere (leh-*vāy*-rer) *v* deliver

levering (leh-*vāy*-ring) *c* delivery; supply

levestandard (*lāy*-ver-stahn-dahr) *c* standard of living

levetid (*lāy*-ver-teed) *c* lifetime

levning (*lehv*-ning) *c* remnant

li (lee) *c* hillside

libaneser (li-bah-*nāy*-serr) *c* Lebanese

libanesisk (li-bah-*nāy*-sisk) *adj* Lebanese

Libanon (*lee*-bah-non) Lebanon

liberal (li-beh-*raal*) *adj* liberal

Liberia (li-*bāy*-ri-ah) Liberia

liberier (li-*bāy*-ri-err) *c* Liberian

liberisk (li-*bāy*-risk) *adj* Liberian

***lide** (*lee*-der) *v* suffer

lidelse (*lee*-derl-ser) *c* suffering; ailment; affliction

lidenskap (*lee*-dern-skaap) *c* passion

lidenskapelig (lee-dern-*skaa*-per-li) *adj* passionate

***ligge** (*lig*-ger) *v* *lie

lighter (*ligh*-terr) *c* lighter

lik[1] (leek) *adj* alike, like; equal; *være ~ equal

lik[2] (leek) *nt* corpse

like (*lee*-ker) *v* *be fond of, fancy, like; *adv* equally, as; *adj* even

likedan (*lee*-ker-dahn) *adv* alike; *adj* alike

likefrem (*lee*-ker-frehm) *adj* direct; simple

likegyldig (*lee*-ker-Yewl-di) *adj* indifferent; careless

likeledes (*lee*-ker-lāy-derss) *adv* likewise; also

likesinnet (*lee*-ker-si-nert) *adj* likeminded

likestrøm (*lee*-ker-strurm) *c* direct current

likeså (*lee*-ker-so) *adv* likewise

likevekt (*lee*-ker-vehkt) *c* balance

likevel (*lee*-ker-vehl) *adv* yet, however; still

likhet (*leek*-hāyt) *c* equality; resemblance, similarity

likne (*lik*-ner) *v* resemble

liknende (*lik*-ner-ner) *adj* similar

liksom (*lik*-som) *conj* like, as

liktorn (*leek*-tōōn) *c* corn

likør (li-*kūrr*) *c* liqueur

lilje (*lil*-Yer) *c* lily

lilla (*lil*-lah) *adj* mauve

lillefinger (*lil*-ler-fi-ngerr) *c* (pl -gre) little finger

lim (leem) *nt* gum, glue

limbånd (*leem*-bon) *nt* (pl ~) adhe-

sive tape
limett (li-*mehtt*) c lime
limonade (li-moo-*naa*-der) c lemonade
lind (linn) c lime
lindetre (*lin*-der-trāy) nt (pl -rær) limetree
lindre (*lin*-drer) v relieve
lindring (*lin*-dring) c relief
line (*lee*-ner) c line
linjal (lin-*Yaal*) c ruler
linje (*lin*-Yer) c line; extension
linse (*lin*-ser) c lens
lintøy (leen-tur^ew) nt linen
lirekasse (*lee*-rer-kah-ser) c street-organ
lisens (li-*sehns*) c licence
lisse (*liss*-ser) c lace
list (list) c cunning, ruse
liste (*liss*-ter) c list
lite (*lee*-ter) adj little
liten (*lee*-tern) adj (pl små) small, little; short; petty, minor; **bitte ~** tiny, minute
liter (*lee*-terr) c (pl ~) litre
litt (litt) pron some
litteratur (li-ter-rah-*tewr*) c literature
litterær (li-ter-*ræær*) adj literary
liv (leev) nt life
livbelte (*leev*-behl-ter) nt lifebelt
livfull (*leev*-fewl) adj vivid
livlig (*liv*-li) adj lively, brisk
livmor (*leev*-mōōr) c womb
livsfarlig (lishs-faa-li) adj perilous
livsforsikring (lifs-fo-shik-ring) c life insurance
livvakt (*lee*-vahkt) c bodyguard
lodd (lodd) c destiny, lot
lodde (*lod*-der) v solder
loddebolt (*lod*-der-bolt) c soldering-iron
loddrett (*lod*-reht) adj perpendicular
loft (loft) nt attic
logikk (loo-*gikk*) c logic
logisk (*lōō*-gisk) adj logical

lojal (loo-*Yaal*) adj loyal
lokal (loo-*kaal*) adj local
lokalisere (loo-kah-li-*sāy*-rer) v locate
lokaltog (loo-*kaal*-tawg) nt (pl ~) local train
lokk (lokk) nt cover, lid, top
lokomotiv (loo-koo-moo-*teev*) nt engine, locomotive
lomme (*loom*-mer) c pocket
lommebok (*loom*-mer-bōōk) c (pl -bøker) wallet, pocket-book
lommekalkulator (*loom*-mer-kahl-koo-lah-too) c (pocket) calculator
lommekam (*loom*-mer-kahm) c (pl ~mer) pocket-comb
lommekniv (*loom*-mer-kneev) c penknife, pocket-knife
lommelykt (*loom*-mer-lewkt) c torch, flash-light
lommeregner (*loom*-mer-*ray*-nerr) c calculator
lommetørkle (*loom*-mer-turr-kler) nt (pl -lær) handkerchief
lommeur (*loom*-mer-ēwr) nt (pl ~) pocket-watch
lord (lord) c lord
los (lōōss) c pilot
losji (loo-*shee*) nt accommodation, lodgings pl
loslitt (*lōō*-shlit) adj threadbare
losse (*loss*-ser) v discharge
lotteri (lo-ter-*ree*) nt lottery
lov (lawv) c law; permission; *ha ~ til *be allowed to
love (*law*-ver) v promise
lovlig (*lawv*-li) adj lawful, legitimate
LP-plate (ehl-*pāy*-plaa-ter) c long-playing record
lubben (*lewb*-bern) adj plump
lue (*lēwer*) c cap
luft (lewft) c air; sky; **luft-** pneumatic
lufte (*lewf*-ter) v air; ventilate; **~ ut** ventilate
luftig (*lewf*-ti) adj airy

luft-kondisjonering (*lewft*-koon-di-shoo-*nāy*-ring) *c* air-conditioning

luft-kondisjonert (*lewft*-koon-di-shoo-*nāyt*) *adj* air-conditioned

luftpost (*lewft*-post) *c* airmail

luftslange (*lewft*-shlahng-er) *c* inner tube

luftsyke (*lewft*-sēw-ker) *c* air-sickness

lufttett (*lewf*-teht) *adj* airtight

lufttrykk (*lewft*-trewkk) *nt* (pl ~) atmospheric pressure

lugar (lew-*gaar*) *c* cabin

luke (*lēw*-ker) *c* hatch

lukke (*look*-ker) *v* close, *shut; ~ opp unlock

lukket (*look*-kert) *adj* closed, shut

luksuriøs (lewk-sew-ri-*ūrss*) *adj* luxurious

luksus (*lewk*-sewss) *c* luxury

lukt (lookt) *c* odour, smell

lukte (*look*-ter) *v* *smell

lumbago (loom-*baa*-goo) *c* lumbago

lund (lewnn) *c* grove

lune (*lēw*-ner) *nt* mood, humour

lunge (*loong*-nger) *c* lung

lungebetennelse (*loong*-nger-beh-teh-nerl-ser) *c* pneumonia

lunken (*loong*-kern) *adj* lukewarm, tepid

lunsj (lurnsh) *c* luncheon, dinner, lunch

lunte (*lewn*-ter) *c* fuse

lur (lēwr) *c* nap; *adj* cunning

lus (lēwss) *c* (pl ~) louse

ly (lēw) *nt* shelter, cover; *gi ~ shelter

lyd (lēwd) *c* sound; noise

lydbånd (*lēwd*-bonn) *nt* (pl ~) tape

***lyde** (*lēw*-der) *v* sound

lydig (*lēw*-di) *adj* obedient

lydighet (*lēw*-di-hāyt) *c* obedience

lydpotte (*lēwd*-po-ter) *c* silencer; muffler *nAm*

lydtett (*lēw*-d-teht) *adj* soundproof

lyge (*lēw*-ger) *v* lie, *tell a lie

lykke (*lewk*-ker) *c* happiness, fortune

lykkelig (*lewk*-li) *adj* happy

lykkes (*lewk*-kerss) *v* manage, succeed

lykkønskning (*lewk*-kurnsk-ning) *c* congratulation

lykt (lewkt) *c* lantern

lyktestolpe (*lewk*-ter-stol-per) *c* lamp-post

lyn (lēwn) *nt* lightning

lyng (lewngng) *c* heather

lyngmo (*lewng*-mōō) *c* moor

lynkurs (*lēwn*-kēwsh) *nt* intensive course

lys (lēwss) *nt* light; *adj* light; **lyse-** pale; **skarpt ~** glare

lysbilde (*lēwss*-bil-der) *nt* slide

lysende (*lēw*-ser-ner) *adj* luminous

lyserød (*lēw*-ser-rūr) *adj* pink

lyshåret (*lēwss*-haw-rert) *adj* fair

lyskaster (*lēwss*-kahss-terr) *c* searchlight

lyske (*lewss*-ker) *c* groin

lysmåler (*lēwss*-maw-lerr) *c* exposure meter

lysning (*lēwss*-ning) *c* clearing

lyspære (*lēwss*-pææ-rer) *c* light bulb

lyst (lewst) *c* desire; zest; *ha ~ til *feel like, fancy

lystbåt (*lewst*-bawt) *c* yacht

lystig (*lewss*-ti) *adj* cheerful, jolly

lystighet (*lewss*-ti-hāyt) *c* gaiety

lystspill (*lewst*-spil) *nt* (pl ~) comedy

lytt (lewtt) *adj* noisy

lytte (*lewt*-ter) *v* listen; eavesdrop

lytter (*lewt*-terr) *c* listener

lær (læær) *nt* leather; **lær-** leather

lærd (læærd) *adj* scholarly

lære (*lææ*-rer) *v* *learn; *teach; *c* teachings *pl*; ~ **utenat** memorize

lærebok (*lææ*-rer-bōōk) *c* (pl -bøker) textbook

lærer (*lææ*-rerr) *c* master, teacher,

schoolmaster, schoolteacher
lærerik (*lææ*-rer-reek) *adj* instructive
løfte (*lurf*-ter) *v* lift; *nt* vow; promise
løgn (lur^(ew)n) *c* lie
løk (lurk) *c* onion
løkke (*lurk*-ker) *c* loop
lønn (lurnn) *c* salary, pay, wages *pl*; maple
lønne (*lurn*-ner) *v* *pay; ~ **seg** *be worthwhile
lønnsom (*lurn*-som) *adj* profitable
lønnstaker (*lurns*-taa-kerr) *c* employee
lønnstillegg (*lurns*-ti-lehg) *nt* (pl ~) *pay rise; raise *nAm*
løp (lūrp) *nt* course
*løpe (*lūr*-per) *v* *run
lørdag (*lūr*-dah) *c* Saturday
løs (lūrss) *adj* loose
løse (*lūr*-ser) *v* solve; unfasten; ~ **opp** *undo
løsepenger (*lūr*-ser-peh-ngerr) *pl* ransom
løsne (lurss-ner) *v* unfasten, detach; loosen
løsning (*lūrss*-ning) *c* solution
løve (*lūr*-ver) *c* lion
løvetann (*lūr*-ver-tahn) *c* dandelion
lån (lawn) *nt* loan
låne (*law*-ner) *v* borrow; ~ **bort** *lend
lår (lawr) *nt* thigh
lås (lawss) *c* lock
låse (*law*-ser) *v* lock; ~ **inne** lock up; ~ **opp** unlock
låve (*law*-ver) *c* barn

M

madrass (mahd-*rahss*) *c* mattress
mage (*maa*-ger) *c* stomach; belly; **mage-** gastric
mager (*maa*-gerr) *adj* lean, thin

magesår (*maa*-ger-sawr) *nt* (pl ~) gastric ulcer
magi (mah-*gee*) *c* magic
magisk (*maa*-gisk) *adj* magic
magnetisk (mahng-*nāy*-tisk) *adj* magnetic
mai (migh) May
mais (mighss) *c* maize; corn *nAm*
maiskolbe (*mighss*-kol-ber) *c* corn on the cob
major (mah-*Yōōr*) *c* major
makrell (mah-*krehll*) *c* mackerel
maksimumshastighet (*mahk*-si-mewms-hahss-ti-hāyt) *c* speed limit
makt (mahkt) *c* might, power; rule
maktesløs (*mahk*-terss-lūrss) *adj* powerless
malaria (mah-*laa*-ri-ah) *c* malaria
Malaysia (mah-*ligh*-si-ah) Malaysia
malaysier (mah-*ligh*-s^Yerr) *c* Malay
malaysisk (mah-*ligh*-sisk) *adj* Malaysian
male (*maa*-ler) *v* paint; *grind
maler (*maa*-lerr) *c* painter
maleri (mah-ler-*ree*) *nt* picture, painting
malerisk (*maa*-ler-risk) *adj* picturesque
malerskrin (*maa*-ler-shkreen) *nt* (pl ~) paint-box
maling (*maa*-ling) *c* paint
malm (mahlm) *c* ore
malplassert (*maal*-plah-sāyt) *adj* misplaced
mammut (*mahm*-mewt) *c* mammoth
man (mahnn) *pron* one
mandag (*mahn*-dah) *c* Monday
mandarin (mahn-dah-*reen*) *c* tangerine, mandarin
mandat (mahn-*daat*) *nt* mandate
mandel (*mahn*-derl) *c* (pl -dler) almond
mandler (*mahn*-dlerr) *pl* tonsils *pl*; **betente** ~ tonsilitis

manerer (mah-*nāy*-rerr) *pl* manners *pl*

manesje (mah-*nāy*-sher) *c* ring

manet (mah-*nāyt*) *c* jelly-fish

mange (*mahng*-nger) *pron* many; much

mangel (*mahng*-ngerl) *c* (pl -gler) shortcoming, want, lack, deficiency; shortage

mangelfull (*mahng*-ngerl-fewl) *adj* faulty, defective

mangle (*mahng*-ler) *v* fail, lack

manglende (*mahng*-ler-ner) *adj* missing, lacking

mani (mah-*nee*) *c* craze

manikyr (mah-ni-*kēwr*) *c* manicure

manikyrere (mah-ni-kew-*rāy*-rer) *v* manicure

mann (mahnn) *c* (pl menn) man; husband

mannekeng (mah-ner-*kehngng*) *c* model

mannskap (*mahn*-skaap) *nt* crew

mansjett (mahn-*shehtt*) *c* cuff

mansjettknapper (mahn-*sheht*-knah-perr) *pl* cuff-links *pl*

manufakturhandler (nah-new-fahk-*tewr*-hahnd-lerr) *c* draper

manuskript (mah-noo-*skript*) *nt* manuscript

marg (mahrg) *c* margin; marrow

margarin (mahr-gah-*reen*) *c* margarine

marine- (mah-*ree*-ner) naval

maritim (mah-ri-*teem*) *adj* maritime

mark (mahrk) *c* worm; field

marked (*mahr*-kerd) *nt* market

markere (mahr-*kāy*-rer) *v* mark; score

marmelade (mahr-mer-*laa*-der) *c* marmalade

marmor (*mahr*-moor) *c* marble

marokkaner (mah-ro-*kaa*-nerr) *c* Moroccan

marokkansk (mah-ro-*kaansk*) *adj* Moroccan

Marokko (mah-*rok*-koo) Morocco

mars (mahshss) March

marsj (mahshss) *c* march

marsjere (mah-*shāy*-rer) *v* march

marsjfart (*mahsh*-faht) *c* cruising speed

marsvin (*maa*-shveen) *nt* (pl ∼) guinea-pig

martyr (*maa*-tēwr) *c* martyr

mas (maass) *nt* fuss

maske (*mahss*-ker) *c* mask; mesh

maskin (mah-*sheen*) *c* machine, engine

maskineri (mah-shi-ner-*ree*) *nt* machinery

maskinskade (mah-*sheen*-skaa-der) *c* breakdown

maskinskrevet (mah-*sheen*-skrāy-vert) *adj* typewritten

*maskinskrive** (mah-*sheen*-skree-ver) *v* type

maskinskriverske (mah-*sheen*-skree-versh-ker) *c* typist

maskulin (*mahss*-kew-leen) *adj* masculine

massasje (mah-*saa*-sher) *c* massage

masse (*mahss*-ser) *c* bulk

masseproduksjon (*mahss*-ser-proo-dewk-shōōn) *c* mass production

massere (mah-*sāy*-rer) *v* massage

massiv (mah-*seev*) *adj* massive; solid

massør (mah-*sūrr*) *c* masseur

mast (mahst) *c* mast

mat (maat) *c* food; **lage** ∼ cook

matbit (*maat*-beet) *c* a bite to eat

mate (*maa*-ter) *v* *feed

matematikk (mah-ter-mah-*tikk*) *c* mathematics

matematisk (mah-ter-*maa*-tisk) *adj* mathematical

materiale (mah-ter-ri-*aa*-ler) *nt* material

materiell (mah-ter-ri-*ehll*) *adj* material

matforgiftning (*maat*-for-ᵞift-ning) *c*

food poisoning

matlyst (*maat*-lewst) *c* appetite

matolje (*maat*-ol-Yer) *c* salad-oil

matt (mahtt) *adj* mat, dull, dim

matte (*maht*-ter) *c* mat

matvareforretning (*maat*-vaa-rer-fo-reht-ning) *c* grocer's

matvarehandler (*maat*-vaa-rer-hahnd-lerr) *c* grocer

matvarer (*maat*-vaa-rerr) *pl* foodstuffs *pl*

maur (mour) *c* ant

mausoleum (mou-soo-*lay*-ewm) *nt* (pl -eer) mausoleum

med (may) *prep* with; by; ~ **mindre** unless

medalje (meh-*dahl*-Yer) *c* medal

•**medbringe** (*may*-bri-nger) *v* *bring

meddele (*may*-day-ler) *v* communicate, inform; notify

meddelelse (*may*-day-lerl-ser) *c* information, communication

medfødt (*may*-furt) *adj* inborn

medfølelse (*mayd*-fūr-lerl-ser) *c* sympathy

medfølende (*mayd*-fūr-leh-ner) *adj* sympathetic

medisin (meh-di-*seen*) *c* medicine; drug

medisinsk (meh-di-*seensk*) *adj* medical

meditere (meh-di-*tay*-rer) *v* meditate

medlem (*mayd*-lehm) *nt* (pl ~mer) member, associate

medlemskap (*mayd*-lehm-skaap) *nt* membership

medlidenhet (mehd-*lee*-dern-hayt) *c* pity; •**ha** ~ **med** pity

medregne (*mayd*-ray-ner) *v* include, count in

medskyldig (*mayd*-shewl-di) *c* accessary

medvirkning (*mayd*-veerk-ning) *c* co-operation

meg (may) *pron* me, myself

meget (*may*-gert) *adv* very; far

megle (*mehg*-ler) *v* mediate

megler (*mehg*-lerr) *c* mediator; broker

meieri (may-er-*ree*) *nt* dairy

meisel (*may*-serl) *c* (pl -sler) chisel

mekaniker (meh-*kaa*-ni-kerr) *c* mechanic

mekanisk (meh-*kaa*-nisk) *adj* mechanical

mekanisme (meh-kah-*niss*-mer) *c* mechanism

meksikaner (mehks-i-*kaa*-nerr) *c* Mexican

meksikansk (mehks-i-*kaansk*) *adj* Mexican

mektig (*mehk*-ti) *adj* powerful, mighty

mel (mayl) *nt* flour

melankoli (meh-lahng-koo-*lee*) *c* melancholy

melde (*mehl*-ler) *v* report; bid; ~ **seg** report

melding (*mehl*-ling) *c* report

melk (mehlk) *c* milk

melkaktig (*mehl*-kahk-ti) *adj* milky

melkemann (*mehl*-ker-mahn) *c* (pl -menn) milkman

mellom (*mehl*-lom) *prep* between; among

mellometasje (*mehl*-lom-eh-*taa*-sher) *c* mezzanine

mellommann (*mehl*-loo-mahn) *c* (pl -menn) intermediary

mellomrom (*mehl*-lom-room) *nt* (pl ~) space

mellomspill (*mehl*-loom-spil) *nt* (pl ~) interlude

mellomste (*mehl*-loom-ster) *adj* middle

mellomtid (*mehl*-loom-teed) *c* interim

i mellomtiden (ee *mehl*-lom-tee-dern) meanwhile

melodi (meh-loo-*dee*) *c* tune; melody

melodisk (meh-$\overline{loo}$-disk) adj tuneful

melodrama (meh-loo-$draa$-mah) nt melodrama

melon (meh-$\overline{loon}$) c melon

membran (mehm-$braan$) c diaphragm

memorandum (meh-moo-$rahn$-dewm) nt (pl -da) memo

men (mehnn) conj but; only

mene ($m\overline{ay}$-ner) v *mean; consider

mened ($m\overline{ay}n$-$\overline{ay}$d) c perjury

mengde (mehng-der) c lot, amount, mass; crowd

menighet ($m\overline{ay}$-ni-h$\overline{ay}$t) c congregation

mening ($m\overline{ay}$-ning) c opinion; meaning, sense

meningsløs ($m\overline{ay}$-nings-l$\overline{u}$rss) adj meaningless, senseless

menneske (mehn-sker) nt human being, man

menneskehet (mehn-sker-h$\overline{ay}$t) c humanity, mankind

menneskelig (mehn-sker-li) adj human

mens (mehns) conj whilst, while

menstruasjon (mehn-strew-ah-$sh\overline{oo}n$) c menstruation

mental (mehn-$taal$) adj mental

meny (meh-$n\overline{ew}$) c menu

mer ($m\overline{ay}$r) adj more; **litt ~** some more

merkbar ($mærk$-baar) adj perceptible, noticeable

merke[1] ($mær$-ker) v mark; nt tick, mark; brand

merke[2] ($mær$-ker) v sense; notice; *legge ~ til notice

merkelapp ($mær$-ker-lahp) c tag; *sette ~ på label

merkelig ($mær$-ker-li) adj funny, queer

merknad ($mærk$-nah) c note

merkverdig (mærk-$vær$-di) adj curious, strange

meslinger (mehsh-li-ngerr) pl measles

messe (mehss-ser) c Mass

messing (mehss-sing) c brass

mester (mehss-terr) c (pl ~e, -trer) master; champion

mesterverk (mehss-terr-vayrk) nt masterpiece

metall (meh-$tahll$) nt metal; **metall-** metal

metalltråd (meh-$tahl$-traw) c wire

meter ($m\overline{ay}$-terr) c (pl ~) metre

metode (meh-$t\overline{oo}$-der) c method

metodisk (meh-$t\overline{oo}$-disk) adj methodical

metrisk ($m\overline{ay}t$-risk) adj metric

Mexico (mehk-si-koo) Mexico

middag (mid-dah) c dinner; midday; **spise ~** dine

middel (mid-derl) nt (pl midler) means; **antiseptisk ~** antiseptic

middelalderen (mid-derl-ahld-rern) Middle Ages

middelaldersk (mid-derl-ahl-dershk) adj mediaeval

Middelhavet (mid-derl-haa-vert) Mediterranean

middelklasse (mid-derl-klah-ser) c middle class

middelmådig (mid-derl-maw-di) adj average, commonplace

middels (mid-derls) adj medium

midje (mid-Yer) c waist

midlertidig (mid-ler-tee-di) adj temporary

midnatt (mid-nahtt) c midnight

midte (mit-ter) c midst, middle

midtpunkt (mit-poongt) nt centre

midtsommer (mit-so-merr) c midsummer

migrene (mig-$r\overline{ay}$-ner) c migraine

mikrobølgeovn (mik-roo-burl-ge-ovnn) c microwave oven

mikrofon (mik-roo-$\overline{foo}n$) c microphone

mikser (mik-serr) c mixer

mild (mill) *adj* mild; gentle
milestein (*mee*-ler-stayn) *c* milestone
militær- (mi-li-*tæær*) *adj* military
miljø (mil-*Yur*) *nt* milieu; environment
million (mil-*Yoon*) *c* million
millionær (mil-Yoo-*næær*) *c* millionaire
min (meen) *pron* my
mindre (*min*-drer) *adv* less; *adj* minor; **ikke desto ~** nevertheless
mindretall (*min*-drer-tahll) *nt* (pl ~) minority
mindreverdig (*min*-drer-vær-di) *adj* inferior
mindreårig (*min*-drer-aw-ri) *c* (pl ~e) minor
mineral (mi-ner-*raal*) *nt* mineral
mineralvann (mi-ner-*raal*-vahn) *nt* mineral water
miniatyr (mi-ni-ah-*tewr*) *c* miniature
minibank (*mee*-ni-bahngk) *c* cash dispenser
minimum (*mee*-ni-moom) *nt* (pl -ima) minimum
mink (mingk) *c* mink
minke (*ming*-ker) *v* decrease
minne (*min*-ner) *nt* remembrance, memory; **~ på** remind
minnes (*min*-nerss) *v* recall
minnesmerke (*min*-nerss-mær-ker) *nt* monument
minnestein (*min*-nerstayn) *c* memorial
minneverdig (*min*-ner-vær-di) *adj* memorable
minoritet (mi-noo-ri-*tayt*) *c* minority
minske (*min*-sker) *v* lessen, reduce, decrease
minst (minst) *adj* least; *adv* at least; **i det minste** at least
minus (*mee*-newss) *adv* minus
minutt (mi-*newtt*) *nt* minute
mirakel (mi-*raa*-kerl) *nt* (pl -kler) miracle

mirakuløs (mi-rah-kew-*lurss*) *adj* miraculous
misbillige (*miss*-bi-li-er) *v* disapprove
misbruk (*miss*-brewk) *nt* abuse, misuse
misdannet (*miss*-dahn-nert) *adj* deformed
misfornøyd (*miss*-fo-nur^(ewd) *adj* discontented
*misforstå (*miss*-fo-shtaw) *v* *misunderstand
misforståelse (*miss*-fo-shtaw-erl-ser) *c* misunderstanding
mishage (*miss*-haa-ger) *v* displease
mislike (*miss*-lee-ker) *v* dislike
mislykkes (*miss*-lew-kerss) *v* fail
mislykket (*miss*-lew-kert) *adj* unsuccessful
mistanke (*miss*-tahng-ker) *c* suspicion
miste (*miss*-ter) *v* miss; *lose
mistenke (*miss*-tehng-ker) *v* suspect
mistenkelig (miss-*tehng*-ker-li) *adj* suspicious
mistenksom (miss-*tehngk*-som) *adj* suspicious
mistenksomhet (*miss*-tehngk-som-hayt) *c* suspicion
mistenkt (*miss*-tehngt) *c* suspect
mistro (*miss*-troo) *v* mistrust
mistroisk (*miss*-troo-isk) *adj* distrustful
misunne (mi-*sewn*-ner) *v* envy; grudge
misunnelig (mi-*sewn*-li) *adj* envious
misunnelse (mi-*sewn*-nerl-ser) *c* envy
mobil (moo-*beel*) *adj* mobile
modell (moo-*dehll*) *c* model
modellere (moo-der-*lay*-rer) *v* model
moden (*moo*-dern) *adj* ripe, mature
modenhet (*moo*-dern-hayt) *c* maturity
moderat (moo-der-*raat*) *adj* moderate
moderne (moo-*dææ*-ner) *adj* modern; fashionable
modifisere (moo-di-fi-*say*-rer) *v* mod-

ify

modig (*moo*-di) *adj* courageous, brave, plucky

mohair (moo-*hæær*) *c/nt* mohair

molo (*moo*-loo) *c* jetty

monark (moo-*nahrk*) *c* monarch, ruler

monarki (moo-nahr-*kee*) *nt* monarchy

monolog (moo-noo-*lawg*) *c* monologue

monopol (moo-noo-*pool*) *nt* monopoly

monoton (moo-noo-*toon*) *adj* monotonous

monter (*moon*-terr) *c* (pl -trer) showcase

monument (moo-new-*mehnt*) *nt* monument

moped (moo-*payd*) *c* moped; motorbike *nAm*

mor (moor) *c* (pl mødre) mother

moral (moo-*raal*) *c* morality; moral

moralsk (moo-*raalsk*) *adj* moral

morbær (*moor*-bæær) *nt* (pl ~) mulberry

mord (moord) *nt* assassination, murder

morder (*moor*-derr) *c* murderer

more (*moo*-rer) *v* amuse; entertain

morfar (*moor*-faar) *c* (pl -fedre) grandfather

morfin (moor-*feen*) *c* morphia, morphine

morgen (*maw*-ern) *c* morning; **i** ~ tomorrow; **i morges** this morning

morgenavis (*maw*-ern-ah-veess) *c* morning paper

morgenkåpe (*maw*-ern-kaw-per) *c* dressing-gown

morgenutgave (*maw*-ern-ewt-gaa-ver) *c* morning edition

mormor (*moor*-moor) *c* (pl -mødre) grandmother

morn! (mon) hello!

moro (*moor*-roo) *c* fun

morsmål (*moosh*-mawl) *nt* mother

tongue, native language

morsom (*moosh*-shom) *adj* enjoyable, entertaining; humorous

mort (moot) *c* roach

mosaikk (moo-sah-*ikk*) *c* mosaic

mose (*moo*-ser) *c* moss; *v* mash

moské (mooss-*kay*) *c* mosque

moskito (mooss-*kee*-too) *c* mosquito

mot (moot) *prep* against; towards; *nt* courage

motbydelig (moot-*bew*-der-li) *adj* disgusting, revolting

mote (*moo*-ter) *c* fashion

motell (moo-*tehll*) *nt* motel

motgang (*moot*-gahng) *c* adversity, hardship

motiv (moo-*teev*) *nt* motive; pattern

motor (*moo*-toor) *c* motor, engine

motorbåt (*moo*-toor-bawt) *c* motorboat

motorstopp (*moo*-toor-stop) *c/nt* (pl ~) breakdown

motorsykkel (*moo*-toor-sew-kerl) *c* (pl -sykler) motor-cycle

motorvei (*moo*-toor-vay) *c* motorway; highway *nAm*

motsatt (*moot*-saht) *adj* opposite, contrary; reverse; **det motsatte** the contrary

motsetning (*moot*-seht-ning) *c* contrast; reverse

•**motsette seg** (*moot*-seh-ter) oppose

•**motsi** (*moot*-see) *v* contradict

motstand (*moot*-stahn) *c* resistance

motstander (*moot*-stahn-derr) *c* opponent

motstridende (*moot*-stree-der-ner) *adj* contradictory

motsvarende (*moot*-svaa-rer-ner) *adj* equivalent

•**motta** (*moo*-taa) *v* receive; accept

mottakelse (*moo*-taa-kerl-ser) *c* reception, receipt

motto (*moot*-too) *nt* motto

motvilje (*mōōt*-vil-Yer) *c* aversion, dislike, antipathy

mugg (mewgg) *c* mildew

mugge (*mewg*-ger) *c* jug

muggen (*mewg*-gern) *adj* mouldy

muldyr (*mewl*-dewr) *nt* (pl ~) mule

mulesel (*mewl*-āy-serl) *nt* (pl -sler) mule

mulig (*mēw*-li) *adj* possible; eventual; realizable

muligens (*mēw*-li-erns) *adv* perhaps

mulighet (*mēw*-li-hāyt) *c* possibility

mulkt (mewlkt) *c* fine

mulle (*mewl*-ler) *c* mullet

multiplikasjon (mool-ti-pli-kah-*shōōn*) *c* multiplication

multiplisere (mool-ti-pli-*sāy*-rer) *v* multiply

munk (moongk) *c* monk

munkeorden (*moong*-ker-or-dern) *c* monastic order

munn (mewnn) *c* mouth

munning (*mewn*-ning) *c* outlet; estuary; muzzle

munnvann (*mewn*-vahn) *nt* mouthwash

munter (*mewn*-terr) *adj* merry, gay

munterhet (*mewn*-terr-hāyt) *c* gaiety

muntlig (*mewnt*-li) *adj* oral, verbal

mur (mewr) *c* brick wall

mure (*mēw*-rer) *v* *lay bricks

murer (*mēw*-rerr) *c* bricklayer

murpuss (*mēwr*-pewss) *c* plaster

murstein (*mēw*-shtayn) *c* brick

mus (mēwss) *c* (pl ~) mouse

museum (mew-*sāy*-ewm) *nt* (pl -eer) museum

musical (*m*Yew-si-kerl) *c* musical

musikalsk (mew-si-*kaalsk*) *adj* musical

musiker (*mēw*-si-kerr) *c* musician

musikk (mew-*sikk*) *c* music

musikkinstrument (mew-*sikk*-in-strew-mehnt) *nt* musical instrument

musikkspill (mew-*sikk*-spil) *nt* (pl ~) musical comedy

muskatnøtt (mewss-*kaat*-nurt) *c* nutmeg

muskel (*mewss*-kerl) *c* (pl -kler) muscle

muskuløs (mewss-kew-*lūrss*) *adj* muscular

musselin (mew-ser-*leen*) *c* muslin

musserende (mew-*sāy*-rer-ner) *adj* sparkling

mutter (*mewt*-terr) *c* (pl ~e, mutrer) nut

mye (*mēw*-er) *adj* much; *adv* much; like ~ as much

mygg (mewgg) *c* (pl ~) mosquito

myggnett (*mewg*-neht) *nt* (pl ~) mosquito-net

myk (mēwk) *adj* supple, smooth, soft; tender

mynde (*mewn*-der) *c* greyhound

myndig (*mewn*-di) *adj* of age

myndighet (*mewn*-di-hāyt) *c* authority; myndigheter authorities *pl;* utøvende ~ executive

mynt (mewnt) *c* coin

mynte (*mewn*-ter) *c* mint

myntenhet (*mewnt*-āyn-hāyt) *c* monetary unit

myr (mēwr) *c* swamp, bog

myrde (*mēwr*-der) *v* murder

mysterium (mewss-*tāy*-ri-ewm) *nt* (pl -ier) mystery

mystisk (*mewss*-tisk) *adj* mysterious

myte (*mēw*-ter) *c* myth

mytteri (mew-ter-*ree*) *nt* mutiny

møbler (*mūrb*-lerr) *pl* furniture

møblere (murb-*lāy*-rer) *v* furnish

møkk (murkk) *c* muck

møll (murll) *c* (pl ~) moth

mølle (*murl*-ler) *c* mill

møller (*murl*-lerr) *c* miller

mønster (*murn*-sterr) *nt* (pl -tre) pattern

mør (mūrr) *adj* tender
mørk (murrk) *adj* obscure, dark
mørke (murr-ker) *nt* dark; gloom
møte (*mūr*-ter) *v* encounter, *meet;
nt encounter, meeting; appointment
møtende (*mūr*-ter-ner) *adj* oncoming
møtested (*mūr*-ter-stāy) *nt* meeting-place
møye (*mur*ᵉʷ-er) *c* difficulty
måke (*maw*-ker) *c* gull
mål (mawl) *nt* measure; goal; target;
tongue, language
målbevisst (*mawl*-beh-vist) *adj* determined
måle (*maw*-ler) *v* measure
målebånd (*maw*-ler-bon) *nt* (pl ∼)
tape-measure
måleinstrument (*maw*-ler-in-strew-mehnt) *nt* gauge
måler (*maw*-lerr) *c* meter
målestokk (*maw*-ler-stok) *c* scale
mållinje (*mawl*-lin-Yer) *c* finish
målløs (*mawl*-lūrss) *adj* speechless
målmann (*mawl*-mahn) *c* (pl -menn)
goalkeeper
måltid (*mawl*-teed) *nt* meal
måne (*maw*-ner) *c* moon
måned (*maw*-nerd) *c* month
månedlig (*maw*-nerd-li) *adj* monthly
månedsblad (*maw*-nerss-blaad) *nt* (pl
∼) monthly magazine
måneskinn (*maw*-ner-shin) *nt* moonlight
måte (*maw*-ter) *c* fashion, way, manner; på hvilken som helst ∼ any
way; på ingen ∼ by no means
*måtte (*mot*-ter) *v* *must, *have to;
*be bound to; need, need to

N

nabo (*naa*-boo) *c* neighbour
nabolag (*naa*-boo-laag) *nt* (pl ∼) vicinity, neighbourhood
naiv (nah-*eev*) *adj* naïve
naken (*naa*-kern) *adj* nude, bare,
naked
nakke (*nahk*-ker) *c* nape of the neck
narkose (nahr-*kōō*-ser) *c* narcosis
narkotika (nahr-*kōō*-ti-kah) *c* (pl ∼)
drug; narkotisk middel narcotic
narre (*nahr*-rer) *v* fool
nasjon (nah-*shōōn*) *c* nation
nasjonal (nah-shoo-*naal*) *adj* national
nasjonaldrakt (nah-shoo-*naal*-drahkt) *c*
national dress
nasjonalisere (nah-shoo-nah-li-*sāy*-rer)
v nationalize
nasjonalitet (nah-shoo-nah-li-*tāyt*) *c*
nationality
nasjonalpark (nah-shoo-*naal*-pahrk) *c*
national park
nasjonalsang (nah-shoo-*naal*-sahng) *c*
national anthem
natt (nahtt) *c* (pl netter) night; i ∼
tonight; om natten by night
nattergal (*naht*-terr-gaal) *c* nightingale
nattfly (*naht*-flew) *nt* (pl ∼) night
flight
nattkjole (*naht*-khōō-ler) *c* nightdress
nattklubb (*naht*-klewb) *c* cabaret,
nightclub
nattkrem (*naht*-krāym) *c* night-cream
nattlig (*naht*-li) *adj* nightly
natt-takst (*naht*-tahkst) *c* night rate
natt-tog (*naht*-tawg) *nt* (pl ∼) night
train
natur (nah-*tewr*) *c* nature
naturlig (nah-*tēw*-li) *adj* natural
naturligvis (nah-*tēw*-li-veess) *adv* of
course, naturally

naturskjønn (nah-*tew*-shurn) *adj* scenic

naturvitenskap (nah-*tewr*-vee-tern-skaap) *c* natural science

navigasjon (nah-vi-gah-*shoon*) *c* navigation

navigere (nah-vi-*gay*-rer) *v* navigate

navle (*nahv*-ler) *c* navel

navn (nahvn) *nt* name; i . . . ~ on behalf of, in the name of

nebb (nehbb) *nt* beak

ned (nayd) *adv* down; downstairs

nedbetale (*nayd*-beh-taa-ler) *v* *pay off

nedbetaling (*nayd*-beh-taa-ling) *c* down payment

nedbør (*nayd*-bürr) *c* precipitation

nede (*nay*-der) *adv* below

nedenfor (*nay*-dern-for) *prep* under, below

nedenunder (*nay*-dern-ew-nerr) *adv* underneath

nederlag (*nay*-der-laag) *nt* (pl ~) defeat

Nederland (*nay*-der-lahn) the Netherlands

nederlandsk (*nay*-der-lahnsk) *adj* Dutch

nederlender (*nay*-der-leh-nerr) *c* Dutchman

nedgang (*nayd*-gahng) *c* decrease; depression

nedkomst (*nayd*-komst) *c* delivery

nedover (*nay*-do-verr) *adv* down, downwards

nedre (*nayd*-rer) *adj* inferior, lower

nedrivning (*nayd*-reev-ning) *c* demolition

nedslått (*nayd*-shlot) *adj* down

nedstamning (*nayd*-stahm-ning) *c* origin

nedstemt (*nayd*-stehmt) *adj* depressed

nedstigning (*nayd*-steeg-ning) *c* descent

nedtrykt (*nayd*-trewkt) *adj* depressed

negativ (*nay*-gah-teev) *adj* negative; *nt* negative

neger (*nay*-gerr) *c* (pl ~e, negrer) Negro

negl (nayl) *c* nail

neglebørste (*nay*-ler-bursh-ter) *c* nailbrush

neglefil (*nay*-ler-feel) *c* nail-file

neglelakk (*nay*-ler-lahk) *c* nail-polish

neglesaks (*nay*-ler-sahks) *c* nail-scissors *pl*

neglisjé (nehg-li-*shay*) *c/nt* negligee

nei (nay) no

nekte (*nehk*-ter) *v* deny

nemlig (*nehm*-li) *adv* namely

neon (*nay*-oon) *c* neon

neppe (*nehp*-per) *adv* hardly

nerve (*nær*-ver) *c* nerve

nervøs (nær-*vürss*) *adj* nervous

nese (*nay*-ser) *c* nose

neseblod (*nay*-ser-bloo) *nt* nosebleed

nesebor (*nay*-ser-boor) *nt* (pl ~) nostril

nesevis (*nay*-ser-veess) *adj* impertinent

neshorn (*nayss*-hoon) *nt* (pl ~) rhinoceros

neste (*nehss*-ter) *adj* next; following

nesten (*nehss*-tern) *adv* nearly, almost

nett (nehtt) *nt* net; *adj* neat

netthinne (*neht*-hi-ner) *c* retina

netto (*neht*-too) *adv* net

nettopp (*neht*-top) *adv* just

nettverk (*neht*-værk) *nt* network

nevne (*nehv*-ner) *v* mention

nevralgi (nehv-rahl-*gee*) *c* neuralgia

nevrose (nehv-*roo*-ser) *c* neurosis

nevø (neh-*vür*) *c* nephew

ni (nee) *num* nine

niende (*nee*-er-ner) *num* ninth

niese (ni-*ay*-ser) *c* niece

nifs (nifs) *adj* creepy
Nigeria (ni-*gáy*-ri-ah) Nigeria
nigerianer (ni-geh-ri-aa-*nerr*) *c* Nigerian
nigeriansk (ni-geh-ri-*aansk*) *adj* Nigerian
nikk (nikk) *nt* nod
nikke (*nik*-ker) *v* nod
nikkel (*nik*-kerl) *c* nickel
nikotin (ni-koo-*teen*) *c* nicotine
nitten (*nit*-tern) *num* nineteen
nittende (*nit*-ter-ner) *num* nineteenth
nitti (*nit*-ti) *num* ninety
nivellere (ni-ver-*láy*-rer) *v* level
nivå (ni-*vaw*) *nt* level
noe (*nōō*-er) *pron* something
noen (*nōō*-ern) *pron* somebody, someone; some; ~ **gang** ever
nok (nokk) *adv* enough
nokså (*nok*-so) *adv* fairly, somewhat
nominasjon (noo-mi-nah-*shōōn*) *c* nomination
nominell (noo-mi-*nehll*) *adj* nominal
nominere (noo-mi-*náy*-rer) *v* nominate
nonne (*non*-ner) *c* nun
nonnekloster (*non*-ner-kloss-terr) *nt* (pl -tre) nunnery
nonsens (*non*-serns) *nt* nonsense
nord (nōōr) *c* north
nordlig (*nōō*-li) *adj* north, northern; northerly
nordmann (*noor*-mahn) *c* (pl -menn) Norwegian
Nordpolen (*nōōr*-pōō-lern) North Pole
nordvest (noor-*vehst*) *c* north-west
nordøst (noor-*urst*) *c* north-east
Norge (*nor*-ger) Norway
norm (norm) *c* standard
normal (noor-maal) *adj* normal; regular
norsk (noshk) *adj* Norwegian
nota (*nōō*-tah) *c* bill
notar (noo-*taar*) *c* notary
notat (noo-*taat*) *nt* note

notere (noo-*táy*-rer) *v* note
notis (noo-*teess*) *c* note
notisblokk (noo-*teess*-blok) *c* note pad
notisbok (noo-*teess*-bōōk) *c* (pl -bøker) notebook
nougat (noogaa) *c* nougat
november (noo-*vehm*-berr) November
null (newll) *nt* zero, nought
nummer (*noom*-merr) *nt* (pl numre) number; act
nummerskilt (*noom*-mer-shilt) *nt* registration plate; licence plate *Am*
ny (nēw) *adj* new; recent
nyanse (new-*ahng*-ser) *c* nuance; shade
nybegynner (*nēw*-beh-Yew-nerr) *c* beginner; learner
nybygger (*nēw*-bew-gerr) *c* pioneer
nyhet (*nēw*-hāyt) *c* news; **nyheter** *pl* news; tidings *pl*
nykke (newk-ker) *nt* fad, whim
nylig (nēw-li) *adv* recently, lately
nylon (nēw-lon) *nt* nylon
nynne (newn-ner) *v* hum
nyre (nēw-rer) *c* kidney
*****nyse** (nēw-ser) *v* sneeze
nysgjerrig (new-*shær*-ri) *adj* curious; inquisitive
nysgjerrighet (new-*shær*-ri-hāyt) *c* curiosity
*****nyte** (nēw-ter) *v* enjoy
nytelse (nēw-terl-ser) *c* enjoyment
nytte (*newt*-ter) *c* utility, use; *v* *be of use
nytteløs (newt-ter-lūrss) *adj* idle
nyttig (newt-ti) *adj* useful
nyttår (newt-tawr) *nt* New Year
Ny-Zealand (nēw-*sáy*-lahn) New Zealand
nær (næær) *adv* near; *adj* close, near
nærende (*næææ*-rer-ner) *adj* nourishing, nutritious
nærhet (*næær*-hāyt) *c* vicinity
nærliggende (*næææ*-li-ger-ner) *adj*

neighbouring, nearby

nærme seg (*nær*-mer) approach

nærsynt (*nææ*-shewnt) *adj* short-sighted

nærvær (*næær*-væær) *nt* presence

nød (nürd) *c* misery, distress

nøde (*nür*-der) *v* compel; **•være nødt til** *•be obliged to

nødsignal (*nürd*-sing-naal) *nt* distress signal

nødssituasjon (*nürd*-si-tew-ah-*shoon*) *c* emergency

nødstilfelle (*nürds*-til-feh-ler) *nt* emergency

nødtvunget (*nürd*-tvoo-ngert) *adv* by force

nødutgang (*nürd*-ewt-gahng) *c* emergency exit

nødvendig (nurd-*vehn*-di) *adj* necessary

nødvendighet (nurd-*vehn*-di-hāyt) *c* necessity, need

nøkkel (*nurk*-kerl) *c* (pl nøkler) key

nøkkelhull (*nurk*-kerl-hewl) *nt* keyhole

nøktern (*nurk*-tern) *adj* down-to-earth, sober

nøle (*nür*-ler) *v* hesitate

nøtt (nurtt) *c* nut

nøtteknekker (*nurt*-ter-kneh-kerr) *c* nutcrackers *pl*

nøtteskall (*nurt*-ter-skahl) *nt* (pl ∼) nutshell

nøyaktig (nur^ew-*ahk*-ti) *adj* accurate, precise, exact; careful

nøyaktighet (nur^ew-*ahk*-ti-hāyt) *c* correctness

nøye seg med (nur^ew-er) *•make do with

nøytral (nur^ew-*traal*) *adj* neutral

nå¹ (naw) *v* reach; *catch; *make

nå² (naw) *adv* now; ∼ **og da** occasionally, now and then

nåde (*naw*-der) *c* mercy, grace

nål (nawl) *c* needle

nåletre (*naw*-ler-trāy) *nt* (pl -rær) fir-tree

når (norr) *adv* when; *conj* when; ∼ **enn** whenever

nåtid (*naw*-teed) *c* present

nåtildags (*naw*-til-dahks) *adv* nowadays

nåværende (*naw*-væææ-er-ner) *adj* current, present

O

oase (oo-*aa*-ser) *c* oasis

obduksjon (ob-dewk-*shoon*) *c* autopsy

oberst (*ōō*-bersht) *c* colonel

objekt (oob-^yehkt) *nt* object

objektiv (ob-^yehk-*teev*) *adj* objective

obligasjon (ob-li-gah-*shoon*) *c* bond

obligatorisk (oob-li-gah-*tōō*-risk) *adj* obligatory, compulsory

observasjon (op-sehr-vah-*shoon*) *c* observation

observatorium (op-sehr-vah-*tōō*-ri-ewm) *nt* (pl -ier) observatory

observere (op-sehr-*vāy*-rer) *v* observe

odde (*od*-der) *c* headland

offensiv (*of*-fahng-seev) *adj* offensive; *c* offensive

offentlig (*of*-fernt-li) *adj* public

•offentliggjøre (o-fernt-li-^yür-rer) *v* publish

offentliggjørelse (*of*-fernt-li-^yür-rerl-ser) *c* publication

offer (*of*-ferr) *nt* (pl ofre) victim; casualty; sacrifice

offiser (o-fi-*sāyr*) *c* (pl ∼er) officer

offisiell (o-fi-si-*ehll*) *adj* official

ofre (*of*-rer) *v* sacrifice

ofte (*of*-ter) *adv* frequently, often

og (o) *conj* and

også (*oss*-so) *adv* also; as well, too

okkupasjon (o-kew-pah-*shoon*) *c* occu-

pation
okse (*ook*-ser) *c* ox
oksekjøtt (*ook*-ser-khurt) *nt* beef
oksygen (ok-sew-*gayn*) *nt* oxygen
oktober (ok-*rōō*-berr) October
oldtid (*ol*-teed) *c* antiquity
oliven (oo-*lee*-vern) *c* (pl ~, ~er) ol-
ive
olivenolje (oo-*lee*-vern-ol-Yer) *c* olive
oil
olje (*ol*-Yer) *c* oil
oljebrønn (*ol*-Yer-brurn) *c* oil-well
oljefilter (*ol*-Yer-fil-terr) *nt* (pl -tre) oil
filter
oljemaleri (*ol*-Yer-maa-ler-ree) *nt* oil-
painting
oljeraffineri (*ol*-Yer-rah-fi-ner-ree) *nt*
oil-refinery
oljet (*ol*-Yert) *adj* oily
oljetrykk (*ol*-Yer-trewk) *nt* (pl ~) oil
pressure
om (oomm) *prep* round; about; in;
conj whether, if
om bord (om bōōr) aboard
omdanne (*oom*-dah-ner) *v* transform
omdreining (*om*-dray-ning) *c* revol-
ution
omegn (*oom*-mayn) *c* surroundings *pl*
omelett (oo-mer-*lehtt*) *c* omelette
omfang (*oom*-fahng) *nt* extent
omfangsrik (*oom*-fahngs-reek) *adj* big,
bulky, extensive
omfatte (*oom*-fah-ter) *v* comprise, in-
clude
omfattende (*oom*-fah-ter-ner) *adj*
comprehensive, extensive
omfavne (*oom*-fahv-ner) *v* embrace,
hug
omfavnelse (*oom*-fahv-nerl-ser) *c* em-
brace
omgang (*oom*-gahng) *c* round; half
time; treatment
•**omgi** (*oom*-Yee) *v* encircle, circle,
surround

omgivelser (*oom*-Yee-verl-serr) *pl* en-
vironment; setting
•**omgå** (*oom*-gaw) *v* by-pass
omgående (*oom*-gaw-er-ner) *adj*
prompt
•**omgås** (*oom*-gawss) *v* associate
with; •~ **med** mix with
omhyggelig (oom-*hew*-ger-li) *adj* care-
ful, thorough
omkjøring (*oom*-khūr-ring) *c* detour,
diversion
•**omkomme** (*oom*-ko-mer) *v* perish
omkostninger (*oom*-kost-ni-ngerr) *pl*
expenses *pl*
omkring (oom-*kringng*) *prep* round,
around; *adv* about
omkringliggende (om-*kring*-li-ger-ner)
adj surrounding
omløp (*oom*-lūrp) *nt* circulation
omregne (*oom*-ray-ner) *v* convert
omregningstabell (*oom*-ray-nings-tah-
behll) *c* conversion chart
omreisende (*oom*-ray-ser-ner) *adj*
itinerant
omringe (*oom*-ri-nger) *v* encircle,
circle, surround
omriss (*oom*-riss) *nt* (pl ~) contour
område (*oom*-raw-der) *nt* zone, area,
territory, region; sphere
omsetning (*oom*-seht-ning) *c* turnover
omsetningsskatt (*oom*-seht-ning-
skaht) *c* purchase tax, turnover tax;
sales tax
omslag (*oom*-shlaag) *nt* reverse;
sleeve, jacket
omsorg (*oom*-sorg) *c* care
omstendighet (oom-*stehn*-di-hāyt) *c*
condition, circumstance
omstridt (*oom*-strit) *adj* controversial
omtale (*oom*-taa-ler) *c* mention
omtanke (*oom*-tahng-ker) *c* consider-
ation
omtenksom (oom-*tehngk*-som) *adj*
thoughtful

omtrent (oom-*trehnt*) *adv* approximately; about

omtrentlig (oom-*trehnt*-li) *adj* approximate

omvei (*oom*-vay) *c* detour

omvende (*oom*-veh-ner) *v* convert

ond (oonn) *adj* wicked, ill, evil

ondartet (*oon*-naa-tert) *adj* malignant

onde (*oon*-der) *nt* evil

ondsinnet (*oon*-si-nert) *adj* evil

ondskapsfull (*oon*-skaaps-fewl) *adj* vicious, spiteful, malicious

onkel (*oong*-kerl) *c* (pl onkler) uncle

onsdag (*oons*-dah) *c* Wednesday

onyks (ōō-newks) *c* onyx

opal (oo-*paal*) *c* opal

opera (oo-per-rah) *c* opera; opera house

operasjon (oo-per-rah-*shōōn*) *c* surgery, operation

operere (oo-per-*rāy*-rer) *v* operate

operette (oo-per-*reht*-ter) *c* operetta

opp (oopp) *adv* up

oppblåsbar (*oop*-blawss-baar) *adj* inflatable

oppdage (*oop*-daa-ger) *v* discover, detect; notice

oppdagelse (*oop*-daa-gerl-ser) *c* discovery

oppdikte (*oop*-dik-ter) *v* invent

*oppdra (*oop*-draa) *v* educate; *bring up; raise; rear

oppdrag (*oop*-draag) *nt* (pl ~) assignment

oppdragelse (*oop*-draa-gerl-ser) *c* upbringing

oppdrette (*oop*-dreh-ter) *v* *breed

oppfarende (*oop*-faa-rer-ner) *adj* irascible

oppfatning (*oop*-faht-ning) *c* opinion, view

oppfatte (*oop*-fah-ter) *v* conceive

*oppfinne (*oop*-fi-ner) *v* invent

oppfinnelse (*oop*-fi-nerl-ser) *c* inven-

tion

oppfinner (*oop*-fi-nerr) *c* inventor

oppfinnsom (*oop*-*fin*-som) *adj* inventive

oppfostre (*oop*-foost-rer) *v* educate; *bring up; raise; rear

oppføre (*oop*-*fūr*-rer) *v* construct; ~ seg act, behave

oppførelse (*oop*-*fūr*-rerl-ser) *c* show; construction

oppførsel (*oop*-fur-sherl) *c* conduct, behaviour

oppgave (*oop*-gaa-ver) *c* duty; task; exercise

*oppgi (*oop*-Yee) *v* declare; *give up

opphav (*oop*-haav) *nt* origin

opphisse (*oop*-hi-ser) *v* excite

opphisselse (*oop*-hi-serl-ser) *c* excitement

opphold (*oop*-hol) *nt* (pl ~) stay

*oppholde seg (*oop*-ho-ler) *v* stay

oppholdstillatelse (*oop*-hols-ti-laa-terl-ser) *c* residence permit

opphøre (*oop*-*hūr*-rer) *v* finish, cease, discontinue, expire, end

opphørssalg (*oop*-hūrsh-sahlg) *nt* (pl ~) clearance sale

oppkalle (*oop*-kahl-ler) *v* name after

opplag (*oop*-laag) *nt* (pl ~) issue

opplagt (*oop*-lahkt) *adj* fit; self-evident

oppleve (*oop*-*lāy*-ver) *v* experience

opplyse (*oop*-*lēw*-ser) *v* inform; illuminate

opplysning (*oop*-*lēwss*-ning) *c* information

oppløp (*oop*-*lūrp*) *nt* (pl ~) riot

oppløse (*oop*-*lūr*-ser) *v* dissolve

oppløselig (*oop*-*lūr*-ser-li) *adj* soluble

oppløsning (*oop*-*lūrss*-ning) *c* solution

oppmerksom (oop-*mærk*-som) *adj* attentive; *være ~ *pay attention; *være ~ på attend to, *pay attention to

oppmerksomhet (oop-*mærk*-som-hāyt) *c* notice, attention

oppmuntre (oop-mewn-trer) *v* encourage; cheer up

oppnå (oop-*naw*) *v* achieve, attain

oppnåelig (oop-*naw*-er-li) *adj* attainable; obtainable

opponere seg (oo-poo-*nāy*-rer) *v* oppose

opposisjon (oo-poo-si-*shōōn*) *c* opposition

oppover (*oop*-paw-verr) *adv* up, upwards

oppreist (*oop*-rayst) *adj* erect

opprette (*oop*-reh-ter) *v* found; institute

•**opprettholde** (*oop*-reht-ho-ler) *v* maintain

opprettstående (*oop*-reht-staw-er-ner) *adj* upright

oppriktig (oop-*rik*-ti) *adj* sincere, honest

oppringning (*oop*-ring-ning) *c* call

opprinnelig (oop-*rin*-ner-li) *adj* original, initial

opprinnelse (oop-*rin*-nerl-ser) *c* origin, source

opprør (*oop*-rūrr) *nt* (pl ~) revolt, rebellion; •**gjøre** ~ revolt

opprørende (*oop*-rūr-rer-ner) *adj* revolting

opprørt (*oop*-rūrt) *adj* •upset

oppsiktsvekkende (*oop*-sikts-veh-ker-ner) *adj* sensational, striking

oppskrift (*oop*-skrift) *c* recipe

oppspore (*oop*-spōō-rer) *v* trace

oppstand (*oop*-stahn) *c* rising, rebellion, revolt

oppstigning (*oop*-steeg-ning) *c* ascent; rise

oppstyr (*oop*-stēwr) *nt* fuss

•**oppstå** (*oop*-staw) *v* •arise

oppsyn (*oop*-sēwn) *nt* (pl ~) supervision

oppsynsmann (*oop*-sēwns-mahn) *c* (pl -menn) warden; custodian

•**oppta** (*oop*-taa) *v* •take up; occupy

opptak (*oop*-taak) *nt* (pl ~) recording

opptakelse (*oop*-taa-kerl-ser) *c* admission

opptatt (*oop*-taht) *adj* busy, engaged; occupied

opptog (*oop*-tawg) *nt* (pl ~) procession

opptre (*oop*-trāy) *v* perform

opptreden (*oop*-trāy-dern) *c* appearance

oppvakt (*oop*-vahkt) *adj* bright

oppvarte (*oop*-vah-ter) *v* wait on

oppvarter (*oop*-vah-terr) *c* waiter

oppvarterske (*oop*-vah-tersh-ker) *c* waitress

oppvise (*oop*-vee-ser) *v* exhibit, show

oppå (*oop*-po) *prep* on top of

optiker (*oop*-ti-kerr) *c* optician

optimisme (oop-ti-*miss*-mer) *c* optimism

optimist (oop-t-*mist*) *c* optimist

optimistisk (oop-ti-*miss*-tisk) *adj* optimistic

orange (oo-*rahng*-sher) *adj* orange

ord (ōōr) *nt* word

ordbok (*ōōr*-bōōk) *c* (pl -bøker) dictionary

orden (*o*-dern) *c* order; **i** ~ in order

ordentlig (*o*-dernt-li) *adj* tidy; neat

ordforråd (*ōōr*-fo-rawd) *nt* vocabulary

ordinær (o-di-*næær*) *adj* vulgar

ordliste (*ōōr*-liss-ter) *c* word list

ordne (*oord*-ner) *v* arrange, settle; sort; fix

ordning (*oord*-ning) *c* arrangement, method; settlement

ordre (*oord*-rer) *c* order

ordreblankett (*oord*-rer-blahng-keht) *c* order-form

ordspråk (*ōōr*-sprawk) *nt* (pl ~) proverb

ordstrid (ōōr-streed) c dispute

ordveksling (ōōr-vehk-shling) c argument

organ (or-gaan) nt organ

organisasjon (or-gah-ni-sah-shōōn) c organization

organisere (or-gah-ni-sāy-rer) v organize

organisk (or-gaa-nisk) adj organic

orgel (or-gerl) nt (pl orgler) organ

orientalsk (o-ri-ehn-taalsk) adj oriental

Orienten (o-ri-ehn-tern) Orient

orientere seg (o-ri-ehn-tāy-rer) orientate

original (o-ri-gi-naal) adj original

orkan (or-kaan) c hurricane

orke (or-ker) v sustain

orkester (or-kehss-terr) nt (pl -tre) orchestra; band

orkesterplass (or-kehss-terr-plahss) c stall; orchestra seat Am

ornament (o-nah-mehnt) nt ornament

ornamental (o-nah-mehn-taal) adj ornamental

ortodoks (o-too-doks) adj orthodox

oss (oss) pron us, ourselves

ost (oost) c cheese

ouverture (oo-ver-tēw-rer) c overture

oval (oo-vaal) adj oval

ovenfor (aw-vern-for) prep above, over; adv above, overhead

ovenpå (aw-vern-paw) adv upstairs

over (aw-verr) prep across, over; adv over; over- upper; ~ ende down, over

overall (aw-ver-rol) c overalls pl

overalt (o-ver-rahlt) adv everywhere, throughout

overanstrenge (aw-ver-rahn-strehnger) v strain; ~ seg overwork

overbevise (aw-verr-beh-vee-ser) v convince, persuade

overbevisning (aw-verr-beh-veessning) c conviction, persuasion

overdreven (aw-drāy-vern) adj extravagant, excessive

*__overdrive__ (aw-ver-dree-ver) v exaggerate

overenskomst (aw-ver-rehns-komst) c settlement, agreement

overensstemmelse (aw-ver-rehnssteh-merl-ser) c agreement; i ~ med in accordance with, according to

overfall (aw-verr-fahl) nt (pl ~) hold-up

overfart (aw-verr-faht) c crossing, passage

overfladisk (aw-verr-flaa-disk) adj superficial

overflate (aw-verr-flaa-ter) c surface

overflod (aw-verr-flōōd) c abundance; plenty

overflødig (aw-verr-flūr-di) adj superfluous; redundant

overfor (aw-verr-for) prep opposite, facing; towards

overfylt (aw-verr-fewlt) adj crowded

overføre (aw-verr-fūr-rer) v transfer; remit

overgang (aw-verr-gahng) c transition

*__overgi seg__ (aw-verr-Yee) surrender

overgivelse (aw-verr-Yee-verl-ser) c surrender

overgrodd (aw-verr-grood) adj overgrown

*__overgå__ (aw-verr-gaw) v exceed, *outdo

overhale (aw-verr-haa-ler) v overhaul

overhodet (o-verr-hōō-der) adv at all

overlagt (aw-verr-lahkt) adj deliberate

*__overlate__ (aw-verr-laa-ter) v *leave to; entrust

overlegen (aw-verr-lāy-gern) adj superior, haughty

overleve (aw-ver-lāy-ver) v survive

overlærer (aw-ver-læææ-rerr) c headmaster, head teacher

overmodig (aw-verr-mōō-di) adj presumptuous

overoppsyn (awv-err-op-sēwn) nt supervision

overraske (aw-ver-rahss-ker) v surprise

overraskelse (aw-ver-rahss-kerl-ser) c surprise

overrekke (aw-ver-reh-ker) v hand, *give

overrumple (aw-ver-roomp-ler) v *catch

overse (aw-ver-shāy) v overlook

oversette (aw-ver-sheh-ter) v translate

oversettelse (aw-ver-sheh-terl-ser) c translation; version

oversetter (aw-ver-sheh-terr) c translator

overside (aw-ver-shee-der) c top side, top

oversikt (aw-ver-shikt) c survey

oversjøisk (aw-ver-shūr-isk) adj overseas

overskride (aw-ver-shkree-der) v exceed

overskrift (aw-ver-shkrift) c heading; headline

overskudd (aw-ver-shkewd) nt (pl ~) surplus

overskyet (aw-ver-shēw-ert) adj overcast, cloudy

overspent (aw-ver-shpehnt) adj overstrung

overstrømmende (aw-ver-shtrur-mer-ner) adj exuberant

oversvømmelse (aw-ver-shvur-merl-ser) c flood

overta (aw-ver-taa) v *take over

overtale (aw-ver-taa-ler) v persuade

overtrett (aw-ver-trehtt) adj overtired

overtro (aw-ver-trōō) c superstition

overveie (aw-verr-vay-er) v consider; deliberate

overveielse (aw-verr-vay-erl-ser) c consideration; deliberation

overvekt (aw-verr-vehkt) c overweit; predominance

overvelde (aw-verr-veh-ler) v overwhelm

overvinne (aw-verr-vi-ner) v *overcome; defeat

overvære (aw-verr-væææ-rerr) v attend, assist at

overvåke (awv-err-vaw-ker) v supervise; patrol

ovn (ovnn) c stove, furnace

P

padde (pahd-der) c toad

padleåre (pahd-ler-aw-rer) c paddle

Pakistan (pah-ki-staan) Pakistan

pakistaner (pah-ki-staa-nerr) c Pakistani

pakistansk (pah-ki-staansk) adj Pakistani

pakke[1] (pahk-ker) c package, parcel

pakke[2] (pahk-ker) v pack; ~ **inn** wrap; ~ **ned** pack up; ~ **opp** unpack, unwrap

pakkhus (pahk-hēwss) nt (pl ~) warehouse

palass (pah-lahss) nt palace

palme (pahl-mer) c palm

panel (pah-nāyl) nt panel

panelverk (pah-nāyl-værk) nt panelling

panikk (pah-nikk) c scare, panic

panne (pahn-ner) c forehead; pan

panser (pahn-serr) nt bonnet; hood nAm

pant (pahnt) c deposit

pantelån (*pahn*-ter-lawn) *nt* mortgage

pantelåner (*pahn*-ter-lawnerr) *c* pawn-broker

•**pantsette** (*pahnt*-seh-ter) *v* pawn

papegøye (pah-per-*gur*ew-er) *c* parrot; parakeet

papir (pah-*peer*) *nt* paper; **papir-** paper

papirhandel (pah-*peer*-hahn-derl) *c* (pl -dler) stationer's

papirkniv (pah-*peer*-kneev) *c* paper-knife

papirkurv (pah-*peer*-kewrv) *c* waste-paper-basket

papirlommetørkle (pah-*peer*-loo-mer-turr-kler) *nt* (pl -lær) tissue

papirpose (pah-*peer*-pōō-ser) *c* paper bag

papirserviett (pah-*peer*-sær-vi-eht) *c* paper napkin

papirvarer (pah-*peer*-vaa-rerr) *pl* stationery

papp (pahpp) *c* cardboard

pappa (*pahp*-pah) *c* daddy

par (paar) *nt* pair; couple

parade (pah-*raa*-der) *c* parade

parafin (pah-rah-*feen*) *c* paraffin

parallell (pah-rah-*lehll*) *c* parallel; *adj* parallel

paraply (pah-rah-*plēw*) *c* umbrella

parasoll (pah-rah-*soll*) *c* sunshade

parat (pah-*raat*) *adj* ready

parfyme (pahr-*fēw*-mer) *c* perfume

park (pahrk) *c* park; **offentlig park-anlegg** public garden

parkere (pahr-*kāy*-rer) *v* park

parkering (pahr-*kāy*-ring) *c* parking; ~ **forbudt** no parking

parkeringsavgift (pahr-*kāy*-rings-aav-Yift) *c* parking fee

parkeringslys (pahr-*kāy*-rings-lēwss) *nt* (pl ~) parking light

parkeringsplass (pahr-*kāy*-rings-plahss) *c* car park; parking lot *Am*

parkeringssone (pahr-*kāy*-ring-sōō-ner) *c* parking zone

parkometer (pahr-koo-*māy*-terr) *nt* (pl ~, -tre) parking meter

parlament (pahr-lah-*mehnt*) *nt* parliament; **parlamentarisk** *adj* parliamentary

parlør (pahr-*lūrr*) *c* phrase-book

parti (pahr-*tee*) *nt* party; side

partisk (*paa*-tisk) *adj* partial

partner (*paat*-nerr) *c* partner; associate

parykk (pah-*rewkk*) *c* wig

pasient (pah-si-*ehnt*) *c* patient

pasifisme (pah-si-*fiss*-mer) *c* pacifism

pasifist (pah-si-*fist*) *c* pacifist

pasifistisk (pah-si-*fiss*-tisk) *adj* pacifist

pass (pahss) *nt* passport; mountain pass

passasje (pah-*saa*-sher) *c* passage

passasjer (pah-sah-*shāyr*) *c* passenger

passasjerbåt (pah-sah-*shāyr*-bawt) *c* liner

passasjervogn (pah-sah-*shāyr*-vongn) *c* carriage; passenger car *Am*

passe (*pahss*-ser) *v* fit, suit; tend; look after; ~ **på** mind, *take care of; ~ **seg for** mind, look out; ~ **til** match

passende (*pahss*-ser-ner) *adj* appropriate, convenient, adequate; proper, just

passere (pah-*sāy*-rer) *v* pass

passfoto (*pahss*-fōō-too) *nt* (pl ~) passport photograph

passiv (*pahss*-seev) *adj* passive

passkontroll (*pahss*-koon-trol) *c* passport control

pasta (*pahss*-tah) *c* paste

patent (pah-*tehnt*) *nt* patent

pater (*paa*-terr) *c* Father

patriot (paht-ri-*ōōt*) *c* patriot

patron (paht-*rōōn*) *c* cartridge

patrulje (paht-*rewl*-Yer) *c* patrol

patruljere (pah-trewl-*Yay*-rer) *v* patrol

pattedyr (*paht*-ter-dewr) *nt* (pl ∼) mammal

pause (*pou*-ser) *c* pause; intermission, interval

pave (*paa*-ver) *c* pope

paviljong (pah-vil-*Yoanng*) *c* pavilion

peanøtt (*pee*-ah-nurt) *c* peanut

pedal (peh-*daal*) *c* pedal

pedikyr (peh-di-*kewr*) *c* pedicure

peis (payss) *c* fireplace

peke (*pay*-ker) *v* point

pekefinger (*pay*-ker-fi-ngerr) *c* (pl -grer) index finger

pelikan (peh-li-*kaan*) *c* pelican

pels (pehls) *c* fur

pelskåpe (*pehls*-kaw-per) *c* fur coat

pelsverk (*pehls*-værk) *nt* furs

pen (payn) *adj* good-looking, handsome, pretty; fine, nice

pendler (*pehnd*-lerr) *c* commuter

pengeanbringelse (*pehng*-nger-ahn-bri-ngerl-ser) *c* investment

pengepung (*pehng*-nger-poong) *c* purse

penger (*pehng*-ngerr) *pl* money

pengeseddel (*pehng*-nger-seh-derl) *c* (pl -sedler) banknote

pengeskap (*pehng*-nger-skaap) *nt* (pl ∼) safe

pengeutpresning (*pehng*-nger-ewt-prehss-ning) *c* blackmail; **presse penger av** blackmail

penicillin (peh-ni-si-*leen*) *nt* penicillin

penn (pehnn) *c* pen

pensel (*pehn*-serl) *c* (pl -sler) paintbrush, brush

pensjon (pahng-*shoon*) *c* pension; board; **full** ∼ full board, board and lodging, bed and board

pensjonat (pahng-shoo-*naat*) *nt* boarding-house, guest-house, pension

pensjonatskole (pahng-shoo-*naat*-skoo-ler) *c* boarding-school

pensjonert (pahng-shoo-*nayt*) *adj* retired

pensjonær (pahng-shoo-*næær*) *c* boarder

pepper (*pehp*-perr) *c* pepper

peppermynte (peh-perr-*mewn*-ter) *c* peppermint

pepperrot (*pehp*-per-root) *c* horseradish

perfeksjon (pær-fehk-*shoon*) *c* perfection

perfekt (pær-*fehkt*) *adj* perfect; faultless

periode (peh-ri-*oo*-der) *c* period

periodevis (peh-ri-*oo*-der-veess) *adj* periodical

perle (*pææ*-ler) *c* pearl, bead

perlekjede (*pææ*-ler-khay-der) *nt* beads *pl*

perlemor (*pææ*-ler-moor) *c* mother-of-pearl

perm (pærm) *c* cover

permanent (pær-mah-*nehnt*) *adj* permanent; *c* permanent wave

permisjon (pær-mi-*shoon*) *c* leave; permit

perrong (peh-*rongng*) *c* platform

perrongbillett (peh-*rong*-bi-leht) *c* platform ticket

perser (*pæsh*-sherr) *c* Persian

Persia (*pæsh*-shi-ah) Persia

persienne (pæ-shi-*ehn*-ner) *c* blind, shutter

persille (pæ-*shil*-ler) *c* parsley

persisk (*pæsh*-shisk) *adj* Persian

person (pæ-*shoon*) *c* person; **per** ∼ per person

personale (pæ-shoo-*naa*-ler) *nt* personnel, staff

personlig (pæ-*shoon*-li) *adj* personal; private

personlighet (pæ-*shoon*-li-hayt) *c* personality

persontog (pæ-*shōōn*-tawg) *nt* (pl ~) passenger train

perspektiv (pæsh-pehk-*teev*) *nt* perspective

pertentlig (pæ-*tehnt*-li) *adj* precise

pese (*pāy*-ser) *v* pant

pessimisme (peh-si-*miss*-mer) *c* pessimism

pessimist (peh-si-*mist*) *c* pessimist

pessimistisk (peh-si-*miss*-tisk) *adj* pessimistic

petisjon (peh-ti-*shōōn*) *c* petition

petroleum (peht-*rōō*-leh-ewm) *c* petroleum; kerosene

pianist (piah-*nist*) *c* pianist

piano (pi-*aa*-noo) *nt* piano

pigg (pigg) *c* spike; peak

pigge (*pigg*-ger) *v* spike; prod

pikant (pi-*kahnt*) *adj* savoury

pike (*pee*-ker) *c* girl

pikenavn (*pee*-ker-nahvn) *nt* (pl ~) maiden name

pikespeider (*pee*-ker-spay-derr) *c* girl guide

pikkolo (*pik*-koo-loo) *c* bellboy, pageboy

piknik (*pik*-nik) *c* picnic; •**dra på ~** picnic

pil (peel) *c* arrow

pilar (pi-*laar*) *c* pillar, column

pilegrim (*pil*-grim) *c* pilgrim

pilegrimsreise (*pil*-grims-ray-ser) *c* pilgrimage

pille (*pil*-ler) *c* pill

pilot (pi-*lōōt*) *c* pilot

pimpstein (*pimp*-stayn) *c* pumice stone

pine (*pee*-ner) *v* torment; *c* torment

pingvin (ping-*veen*) *c* penguin

pinlig (*peen*-li) *adj* embarrassing, awkward

pinnsvin (*pin*-sveen) *nt* (pl ~) hedgehog

pinse (*pin*-ser) *c* Whitsun

pinsett (pin-*sehtt*) *c* tweezers *pl*

pipe (*pee*-per) *c* pipe

piperenser (*pee*-per-rehn-serr) *c* pipe cleaner

pipetobakk (*pee*-per-too-bahk) *c* pipe tobacco

pisk (pisk) *c* whip

pistol (piss-*tōōl*) *c* pistol

pittoresk (pi-too-*rehsk*) *adj* picturesque

plage (*plaa*-ger) *v* bother; *c* nuisance

plagg (plahgg) *nt* garment

plakat (plah-*kaat*) *c* poster, placard

plan (plaan) *c* scheme, project, plan; map; *nt* level; *adj* even, flat, level

planet (plah-*nāyt*) *c* planet

planetarium (plah-neh-*taa*-ri-ewm) *nt* (pl -ier) planetarium

planke (*plahng*-ker) *c* board, plank

*•**planlegge** (*plaan*-leh-ger) *v* plan

planovergang (*plaa*-naw-verr-gahng) *c* level crossing

plantasje (plahn-*taa*-sher) *c* plantation

plante (*plahn*-ter) *c* plant; *v* plant

planteskole (*plahn*-ter-skōōler) *c* nursery

plass (plahss) *c* square; room; seat

plassanviser (*plahss*-sahn-vee-serr) *c* usherette, usher

*•**plassere** (plah-*sāy*-rer) *v* •put, •lay

plaster (*plah*-sterr) *nt* (pl ~, -tre) plaster

plastikk (plahss-*tikk*) *c* plastic; **plastikk-** plastic

plate (*plaa*-ter) *c* plate; sheet

platespiller (*plaa*-ter-spi-lerr) *c* record-player

platina (*plaa*-ti-nah) *c* platinum

pleie (*play*-er) *v* •be in the habit of; nurse

pleieforeldre (*play*-er-fo-rehl-drer) *pl* foster-parents *pl*

pleiehjem (*play*-er-ᵞehm) *nt* (pl ~)

foster-home
plettfri (*pleht*-free) *adj* spotless, stainless
plikt (plikt) *c* duty
plog (ploog) *c* plough
plombe (*ploom*-ber) *c* filling
plomme (*ploom*-mer) *c* plum
plugge inn (*plewg*-er-in) plug in
plukke (*plook*-ker) *v* pick
pluss (plewss) *adv* plus
plutselig (*plewt*-ser-li) *adj* suddenly; sudden
plyndring (*plewn*-dring) *c* robbery
plystre (*plewss*-trer) *v* whistle
pløye (*plur*ᵉʷ-er) *v* plough
pocketbok (*pok*-kert-book) *c* (pl -bøker) paperback
poengsum (po-*ehng*-sewm) *c* (pl ~mer) score
poesi (poo-eh-*see*) *c* poetry
pokal (poo-*kaal*) *c* cup
polakk (poo-*lahkk*) *c* Pole
Polen (*poo*-lern) Poland
polere (poo-*lay*-rer) *v* polish
polio (*poo*-li-oo) *c* polio
polise (poo-*lee*-ser) *c* policy
politi (poo-li-*tee*) *nt* police *pl*
politibetjent (poo-li-*tee*-beh-tᵞehnt) *c* policeman
politiker (poo-*lee*-ti-kerr) *c* politician
politikk (poo-li-*tikk*) *c* politics; policy
politimann (poo-li-*tee*-mahn) *c* (pl -menn) policeman
politisk (poo-*lee*-tisk) *adj* political
politistasjon (poo-li-*tee*-stah-shoon) *c* police-station
polsk (poolsk) *adj* Polish
polstre (*pol*-strer) *v* upholster
pommes frites (pom fritt) chips; French fries *nAm*
ponni (*pon*-ni) *c* pony
poplin (*pop*-lin) *nt* poplin
popmusikk (*pop*-mew-sik) *c* pop music

populær (poo-pew-*læær*) *adj* popular
porselen (poo-sher-*layn*) *nt* china, porcelain
porsjon (poo-*shoon*) *c* portion; helping
port (poott) *c* gate
portier (poo-ti-*æær*) *c* (pl ~er) doorman
portner (*poot*-nerr) *c* porter
porto (*poot*-too) *c* postage
portrett (poot-*rehtt*) *nt* portrait
Portugal (*poo*-tew-gahl) Portugal
portugiser (poo-tew-*gee*-serr) *c* Portuguese
portugisisk (poo-tew-*gee*-sisk) *adj* Portuguese
pose (*poo*-ser) *c* bag
posisjon (poo-si-*shoon*) *c* position; station
positiv (*poo*-si-teev) *adj* positive; **positivt bilde** positive
post (post) *c* mail, post; item; **ledig ~** vacancy; **poste restante** poste restante
postanvisning (*poss*-tahn-veess-ning) *c* money order, postal order; mail order *Am*
postbud (*post*-bewd) *nt* (pl ~) postman
poste (*poss*-ter) *v* mail, post
poster (*poewss*-terr) *c* poster
postisj (poss-*teesh*) *c* hair piece
postkasse (*post*-kah-ser) *c* pillar-box, letter-box; mailbox *nAm*
postkontor (*post*-koon-toor) *nt* post-office
postkort (*post*-kot) *nt* (pl ~) postcard
postnummer (*post*-noo-merr) *nt* (pl -numre) zip code *Am*
postvesen (*post*-vay-sern) *nt* postal service
pote (*poo*-ter) *c* paw
potet (poo-*tayt*) *c* potato

praksis (*prahk*-siss) *c* practice
prakt (prahkt) *c* splendour
praktfull (*prahkt*-fewl) *adj* magnificent, gorgeous, splendid
praktisere (prahk-ti-*say*-rer) *v* practise
praktisk (*prahk*-tisk) *adj* practical; ∼ **talt** practically
prat (praat) *c/nt* chat
prate (*praa*-ter) *v* chat
preke (*pray*-ker) *v* preach
preken (*pray*-kern) *c* sermon
prekestol (*pray*-ker-stool) *c* pulpit
premie (*pray*-mi-er) *c* prize
preposisjon (preh-poo-si-*shoon*) *c* preposition
presang (preh-*sahngng*) *c* gift, present
presenning (preh-*sehn*-ning) *c* tarpaulin
presentasjon (preh-sahng-tah-*shoon*) *c* introduction
presentere (preh-sahng-*tay*-rer) *v* present, introduce
president (preh-si-*dehnt*) *c* president
presis (preh-*seess*) *adj* punctual, precise
press (prehss) *nt* pressure
presse (*prehss*-ser) *v* press; *c* press; **permanent press** permanent press
pressekonferanse (*prehss*-ser-koon-feh-rahng-ser) *c* press conference
presserende (preh-*say*-rer-ner) *adj* urgent, pressing
prest (prehst) *c* clergyman, parson; rector, minister; **katolsk** ∼ priest
prestasjon (prehss-tah-*shoon*) *c* feat, achievement
prestegård (*prehss*-ter-gawr) *c* vicarage, parsonage, rectory
prestere (prehss-*tay*-rer) *v* achieve
prestisje (prehss-*tee*-sher) *c* prestige
prevensjonsmiddel (preh-vahng-*shoons*-mi-derl) *nt* (pl -midler) contraceptive
prikke (*prik*-ker) *v* prick

primær (pri-*mæær*) *adj* primary
prins (prins) *c* prince
prinsesse (prin-*sehss*-ser) *c* princess
prinsipp (prin-*sipp*) *nt* principle
prioritet (pri-oo-ri-*tayt*) *c* priority
pris (preess) *c* cost, price; charge, rate; award
prisfall (*preess*-fahl) *nt* drop in price, slump
prisliste (*preess*-liss-ter) *c* price-list
privat (pri-*vaat*) *adj* private
privatliv (pri-*vaat*-leev) *nt* privacy
privilegere (pri-vi-leh-*gay*-rer) *v* favour
privilegium (pri-vi-*lay*-gi-ewm) *nt* (pl -ier) privilege
problem (proo-*blaym*) *nt* problem; question
produksjon (proo-dook-*shoon*) *c* production; output
produkt (proo-*dewkt*) *nt* product; produce
produsent (proo-dew-*sehnt*) *c* producer
produsere (proo-dew-*say*-rer) *v* produce
profesjon (proo-feh-*shoon*) *c* profession
profesjonell (proo-feh-shoo-*nehll*) *adj* professional
professor (proo-*fehss*-soor) *c* professor
profet (proo-*fayt*) *c* prophet
program (proo-*grahmm*) *nt* (pl ∼mer) programme
progressiv (*proog*-reh-seev) *adj* progressive
promenade (proo-mer-*naa*-der) *c* promenade
pronomen (proo-*noo*-mern) *nt* pronoun
propaganda (proo-pah-*gahn*-dah) *c* propaganda
propell (proo-*pehll*) *c* propeller
proporsjon (proo-poo-*shoon*) *c* pro-

portion

proppfull (*prop*-fewl) *adj* chock-full

prosent (proo-*sehnt*) *c* percent

prosentsats (proo-*sehnt*-sahts) *c* percentage

prosesjon (proo-seh-*shoon*) *c* procession

prosess (proo-*sehss*) *c* process

prosjekt (proo-*shehkt*) *nt* project

prosjektør (proo-shehk-*tūrr*) *c* spotlight

prospekt (proo-*spehkt*) *nt* prospectus

prospektkort (proo-*spehkt*-kot) *nt* (pl ~) picture postcard, postcard

prostituert (proo-sti-tew-*āyt*) *c* prostitute

protein (proo-teh-*een*) *nt* protein

protest (proo-*tehst*) *c* protest

protestantisk (proo-ter-*stahn*-tisk) *adj* Protestant

protestere (proo-ter-*stāy*-rer) *v* protest; object

protokoll (proo-too-*koll*) *c* record

proviant (proo-vi-*ahnt*) *c* provisions *pl*

provins (proo-*vins*) *c* province

provinsiell (proo-vin-si-*ehll*) *adj* provincial

prute (*prew*-ter) *v* bargain

prøve (*prūr*-ver) *v* try, attempt; try on; rehearse; *c* specimen; test; rehearsal; **på** ~ on approval

prøverom (*prūr*-ver-room) *nt* (pl ~) fitting room

psykiater (sew-ki-*aa*-terr) *c* psychiatrist

psykisk (*sēw*-kisk) *adj* psychic

psykoanalytiker (sew-koo-ah-nah-*lewt*-ti-kerr) *c* analyst, psychoanalyst

psykolog (sew-koo-*lawg*) *c* psychologist

psykologi (sew-koo-loo-*gee*) *c* psychology

psykologisk (sew-koo-*law*-gisk) *adj*

psychological

publikum (*pewb*-li-kewm) *nt* audience, public

publisitet (pewb-li-si-*tāyt*) *c* publicity

pudder (*pewd*-derr) *nt* powder

pudderdåse (*pewd*-der-daw-ser) *c* powder compact

pudderkvast (*pewd*-derr-kvahst) *c* powder-puff

puff (pewff) *nt* push

pullover (*pewl*-lo-verr) *c* pullover

puls (pewls) *c* pulse

pulsåre (*pewls*-aw-rer) *c* artery

pult (pewlt) *c* desk

pumpe (*poom*-per) *v* pump; *c* pump

pund (pewnn) *nt* pound

pung (poongng) *c* purse; pouch

punkt (poongt) *nt* point; item

punktering (poong-*tāy*-ring) *c* puncture, blow-out; flat tyre

punktert (poong-*tāyt*) *adj* punctured

punktlig (*poongt*-li) *adj* punctual

punktum (*pewng*-tewm) *nt* full stop, period

pur (pēwr) *adj* sheer

purpurfarget (*pewr*-pewr-fahr-gert) *adj* purple

pusekatt (*pēw*-ser-kaht) *c* pussy-cat

pusle (*pewsh*-ler) *v* potter; busy oneself

puslespil (*pewsh*-ler-spil) *nt* (pl ~) jigsaw puzzle

pusse (*pewss*-ser) *v* polish

pussig (*pewss*-si) *adj* funny

pust (pewst) *c* breath

puste (*pewss*-ter) *v* breathe; ~ **ut** expire, exhale

pute (*pēw*-ter) *c* cushion; pillow; pad

putevar (*pēw*-ter-vaar) *nt* (pl ~) pillow-case

putte (*pewt*-ter) *v* *put

pyjamas (pew-*shaa*-mahss) *c* pyjamas *pl*

pytt (pewtt) *c* puddle

pære (*pææ*-rer) *c* pear
pæreholder (*pææ*-rer-hoa-lerr) *c* socket
pølse (*purl*-ser) *c* sausage
på (paw) *prep* upon, on, at; to
****pådra seg** (*paw*-draa) contract
påfallende (*paw*-fah-ler-ner) *adj* striking
påfugl (*paw*-fewl) *c* peacock
påkledningsrom (*paw*-klaid-nings-room) *nt* dressing-room
påkrevd (*paw*-krehvd) *adj* requisite
pålegg (*paw*-lehg) *nt* (pl ~) rise; sandwich spread, cold cuts
****pålegge** (*paw*-lehg-er) *v* raise, charge
pålitelig (po-*lee*-ter-li) *adj* sound, reliable, trustworthy
påseiling (*paw*-say-ling) *c* ship collision
påske (*pawss*-ker) *c* Easter
påskelilje (*pawss*-ker-lil-Yer) *c* daffodil
påskjønne (*paw*-shur-ner) *v* appreciate
påskrift *c* inscription
påskudd (*paw*-skewd) *nt* (pl ~) pretext, pretence
****påstå** (*paw*-staw) *v* claim
****påta seg** (*paw*-taa) ***take charge of
påvirke (*paw*-veer-ker) *v* affect, influence

R

rabalder (rah-*bahl*-derr) *nt* racket
rabarbra (rah-*bahr*-brah) *c* rhubarb
rabatt (rah-*bahtt*) *c* discount, rebate
rabies (*raa*-bi-ehss) *c* rabies
racket (*ræk*-kert) *c* racquet
rad (raad) *c* row
radering (rah-*day*-ring) *c* etching
radiator (rah-di-*aa*-toor) *c* radiator
radikal (rah-di-*kaal*) *adj* radical
radio (*raa*-di-oo) *c* wireless, radio
radius (*raa*-di-ewss) *c* (pl -ier) radius
raffineri (rah-fi-ner-*ree*) *nt* refinery
rak (raak) *adj* straight
rake (*raa*-ker) *c* rake
rakett (rah-*kehtt*) *c* rocket
ramme (*rahm*-mer) *c* frame; *v* ***hit
rampe (*rahm*-per) *c* ramp
ran (raan) *nt* robbery
rand (rahnn) *c* (pl render) brim
rane (*raa*-ner) *v* rob
rang (rahngng) *c* rank
ransake (*rahn*-saa-ker) *v* search
ransel (*rahn*-serl) *c* (pl -sler) satchel
ransmann (*raans*-mahn) *c* (pl -menn) robber
rapphøne (*rahp*-hūr-ner) *c* partridge
rapport (rah-*pott*) *c* report
rapportere (rah-po-*tay*-rer) *v* report
rar (raar) *adj* odd
rase (*raa*-ser) *c* race; breed; *v* rage; rase- racial
rasende (*raa*-ser-ner) *adj* mad, furious
raseri (raa-ser-*ree*) *nt* rage, anger; passion
rasjon (rah-*shoon*) *c* ration
rask (rahsk) *adj* swift, fast; *nt* trash
raskhet (*rahsk*-hāyt) *c* speed
raspe (*rahss*-per) *v* grate
rastløs (*rahst*-lūrss) *adj* restless
rastløshet (*rahst*-lūrss-hāyt) *c* unrest
ratt (rahtt) *nt* steering-wheel
rattstamme (*raht*-stah-mer) *c* steering-column
rav (raav) *nt* amber
ravn (rahvn) *c* raven
reaksjon (reh-ahk-*shoon*) *c* reaction
realisere (reh-ah-li-*say*-rer) *v* realize
realistisk (reh-ah-*liss*-tisk) *adj* matter-of-fact
redaktør (reh-dahk-*tūrr*) *c* editor
redd (rehdd) *adj* afraid; ***være ~

*be afraid
redde (*rehd*-der) *v* rescue, save
reddik (*rehd*-dik) *c* radish
rede (*rāy*-der) *nt* nest
redegjørelse (*rāy*-der-Yūr-rerl-ser) *c* account
redning (*rehd*-ning) *c* rescue
redningsmann (*rehd*-nings-mahn) *c* (pl -menn) saviour
redsel (*reht*-serl) *c* (pl -sler) terror, horror
redselsfull (*reht*-serls-fewl) *adj* awful, horrible
redskap (*rehss*-kaap) *nt* utensil, tool
reduksjon (*reh*-dewk-*shōōn*) *c* reduction
redusere (*reh*-dew-*sāy*-rer) *v* reduce
referanse (*reh*-fer-*rahng*-ser) *c* reference
referat (*reh*-fer-raat) *nt* minutes
refill (*ri-fill*) *c* (pl ~) refill
refleks (*reh*-*flehks*) *c* reflection
reflektere (*rehf*-lehk-*tāy*-rer) *v* reflect
reflektor (*reh*-*flehk*-toor) *c* reflector
Reformasjonen (*reh*-for-mah-*shōō*-nern) the Reformation
refundere (*reh*-fewn-*dāy*-rer) *v* refund
regatta (*reh*-*gaht*-tah) *c* regatta
regel (*rāy*-gerl) *c* (pl regler) rule; regulation; **som** ~ in general, as a rule
regelmessig (*rāy*-gerl-meh-si) *adj* regular
regent (*reh*-*gehnt*) *c* ruler
regi (*reh*-*shee*) *c* direction, staging
regime (*reh*-*shee*-mer) *nt* régime
regional (*reh*-gi-oo-*naal*) *adj* regional
regissere (*reh*-shi-*sai*-rer) *v* direct
regissør (*reh*-shi-*sūrr*) *c* director
register (*reh*-*giss*-terr) *nt* (pl ~, -tre) index
registrere (*reh*-gi-*strāy*-rer) *v* record
registrering (*reh*-gi-*strāy*-ring) *c* registration

registreringsnummer (*reh*-gi-*strāy*-rings-noo-merr) *nt* (pl -numre) registration number; licence number *Am*
regjere (*reh*-*Yāy*-rer) *v* govern, rule
regjering (*reh*-*Yāy*-ring) *c* government; rule
regjeringstid (*reh*-*Yāy*rings-teed) *c* reign
regn (rayn) *nt* rain
regnbue (*rayn*-bēw-er) *c* rainbow
regne¹ (*ray*-ner) *v* rain
regne² (*ray*-ner) *v* reckon; ~ **for** reckon; ~ **ut** calculate
regnfrakk (*rayn*-frahk) *c* raincoat, mackintosh
regnfull (*rayn*-fewl) *adj* rainy
regning (*ray*-ning) *c* arithmetic; bill; check *nAm*
regnskur (*rayn*-skōōr) *c* shower
regulere (*reh*-gew-*lāy*-rer) *v* regulate
regulering (*reh*-gew-*lāy*-ring) *c* regulation
rehabilitering (*reh*-hah-bi-li-*tāy*-ring) *c* rehabilitation
reinsdyr (*rayns*-dēwr) *nt* (pl ~) reindeer
reise¹ (*ray*-ser) *v* travel; *c* voyage, journey, trip; ~ **bort** depart
reise² (*ray*-ser) *v* erect; ~ **seg** *rise
reisebyrå (*ray*-ser-bew-raw) *nt* travel agency
reisebyråagent (*ray*-ser-bew-raw-ah-gehnt) *c* travel agent
reiseforsikring (*ray*-ser-fo-shik-ring) *c* travel insurance
reisehåndbok (*ray*-ser-hon-bōōk) *c* (pl -bøker) travel guide
reisende (*ray*-ser-ner) *c* (pl ~) traveller
reiseplan (*ray*-ser-plaan) *c* itinerary
reiserute (*ray*-ser-rēw-ter) *c* itinerary

reisesjekk (*ray-ser-shehk*) *c* traveller's cheque

reiseutgifter (*ray-ser-ēwt-Yif-terr*) *pl* travelling expenses

reke (*rāy-ker*) *c* shrimp; prawn

rekke (*rehk-ker*) *c* rank, file; chain

*rekke (*rehk-ker*) *v* pass, *catch

rekkefølge (*rehk-ker-fur-ler*) *c* sequence, order

rekkevidde (*rehk-ker-vi-der*) *c* reach; range

rekkverk (*rehk-værk*) *nt* railing

reklame (*reh-klaa-mer*) *c* advertising; commercial

rekommandere (*reh-koo-mahn-dāy-rer*) *v* register

rekord (*reh-koord*) *c* record

rekreasjon (*rehk-reh-ah-shōōn*) *c* recreation

rekreasjonssenter (*reh-kreh-ah-shōōn-sehn-terr*) *nt* (pl -trer) recreation centre

rekrutt (*rehk-rewtt*) *c* recruit

rektangel (*rehk-tahng-ngerl*) *nt* (pl -gler) oblong, rectangle

rektangulær (*rehk-tahng-gew-lǣær*) *adj* rectangular

rektor (*rehk-toor*) *c* headmaster, principal

relativ (*rehl-lah-teev*) *adj* comparative, relative

relieff (*reh-li-ehff*) *nt* relief

religion (*reh-li-gi-ōōn*) *c* religion

religiøs (*reh-li-gi-ūrss*) *adj* religious

relikvie (*reh-leek-vi-er*) *c* relic

rem (*rehmm*) *c* (pl ~mer) strap

remisse (*reh-miss-ser*) *c* remittance

ren (*rāyn*) *adj* clean; pure; **gjøre rent** clean

rengjøring (*rāyn-Yūr-ring*) *c* cleaning

rengjøringsmiddel (*rāyn-Yūr-rings-mi-derl*) *nt* (pl -midler) detergent

rennestein (*rehn-ner-stayn*) *c* gutter

rense (*rehn-ser*) *v* clean

rensemiddel (*rehn-ser-mi-derl*) *nt* (pl -midler) cleaning fluid

renseri (*rehn-ser-ree*) *nt* dry-cleaner's

renslig (*rāyn-shli*) *adj* clean, cleanly

rente (*rehn-ter*) *c* interest

rep (*rāyp*) *nt* rope

reparasjon (*reh-pah-rah-shōōn*) *c* reparation, repair

reparere (*reh-pah-rāy-rer*) *v* repair; mend, fix

repertoar (*reh-peh-too-aar*) *nt* repertory

reporter (*reh-paw-terr*) *c* reporter

representant (*reh-preh-sern-tahnt*) *c* agent

representasjon (*reh-preh-sern-tah-shōōn*) *c* representation

representativ (*reh-preh-sehn-tah-teev*) *adj* representative

representere (*reh-preh-sern-tāy-rer*) *v* represent

reproduksjon (*reh-proo-dewk-shōōn*) *c* reproduction

reprodusere (*reh-proo-dew-sāy-rer*) *v* reproduce

republikansk (*reh-pewb-li-kaansk*) *adj* republican

republikk (*reh-pew-blikk*) *c* republic

resepsjon (*reh-sehp-shōōn*) *c* reception office

resepsjonsdame (*reh-sehp-shōōns-daa-mer*) *c* receptionist

resept (*reh-sehpt*) *c* prescription

reservasjon (*reh-sær-vah-shōōn*) *c* reservation, booking

reserve (*reh-sær-ver*) *c* reserve; **reserve-** spare

reservedekk (*reh-sær-ver-dehk*) *nt* (pl ~) spare tyre

reservedel (*reh-sær-ver-dāyl*) *c* spare part

reservehjul (*reh-sær-ver-Yēwl*) *nt* (pl ~) spare wheel

reservere (*reh-sær-vāy-rer*) *v* reserve;

book

reservert (reh-sær-*vayt*) *adj* reserved

reservoar (reh-sær-voo-*aar*) *nt* reservoir

resirkulerbar (reh-seer-kew-*layr*-bahr) *adj* recyclable

resirkulere (reh-seer-kew-*lay*-rer) *v* recycle

resonnere (reh-soo-*nay*-rer) *v* reason

respekt (rehss-*pehkt*) *c* esteem, respect; regard

respektabel (rehss-pehk-*taa*-berl) *adj* respectable

respektere (rehss-pehk-*tay*-rer) *v* respect

respektiv (rehss-pehk-teev) *adj* respective

rest (rehst) *c* rest; remainder, remnant

restaurant (rehss-tew-*rahngng*) *c* restaurant

resterende (rehss-*tay*-rer-ner) *adj* remaining

resultat (reh-sewl-*taat*) *nt* result; outcome, issue

resultere (reh-sewl-*tay*-rer) *v* result

resymé (reh-sew-*may*) *nt* résumé

retning (*reht*-ning) *c* direction; way

rett¹ (rehtt) *c* dish, course

rett² (rehtt) *c* law, justice; *adj* right; appropriate; *adv* straight; *ha ~ * be right; ~ **frem** straight on, straight ahead

rette¹ (*reht*-ter) *v* correct; **med ~** rightly

rette² (*reht*-ter) *v* direct; ~ **mot** aim at

rettelse (*reht*-terl-ser) *c* correction

rettergang (*reht*-terr-gahng) *c* trial

rettferdig (reht-*fær*-di) *adj* just, fair, right

rettferdighet (reht-*fær*-di-hayt) *c* justice

rettighet (*reht*-ti-hayt) *c* right

rettslig (*reht*-shli) *adj* legal

rettssak (*reht*-saak) *c* lawsuit, trial

returnere (reh-tewr-*nay*-rer) *v* *send back

reumatisme (rehv-mah-*tiss*-mer) *c* rheumatism

rev (*rayv*) *c* fox; *nt* reef

revers (reh-*væshsh*) *c* reverse

revidere (reh-vi-*day*-rer) *v* revise

revisjon (reh-vi-*shoon*) *c* revision

revolusjon (reh-voo-lew-*shoon*) *c* revolution

revolusjonær (reh-voo-lew-shoo-*nævr*) *adj* revolutionary

revolver (reh-*vol*-verr) *c* gun, revolver

revy (reh-*vew*) *c* revue

revyteater (reh-*vew*-teh-aa-terr) *nt* (pl ~, -tre) music-hall

ribbein (*rib*-bayn) *nt* (pl ~) rib

ridder (*rid*-derr) *c* knight

***ride** (*ree*-der) *v* *ride

rideskole (*ree*-der-skoo-ler) *c* riding-school

ridning (*reed*-ning) *c* riding

rift (rift) *c* tear

rik (reek) *adj* wealthy, rich

rikdom (*reek*-dom) *c* (pl ~mer) wealth, riches *pl*

rike (*reeker*) *nt* kingdom

rikelig (*ree*-ker-li) *adj* plentiful; abundant

rikelighet (*reek*-li-hayt) *c* plenty

rikstelefonsamtale (*riks*-teh-ler-foon-sahm-taa-ler) *c* trunk-call; long distance call *Am*

riksvei (*riks*-vay) *c* highway

riktig (*rik*-ti) *adj* correct, just, right; proper; *adv* rather

rim (reem) *nt* rhyme

rimelig (*ree*-mer-li) *adj* reasonable

ring (ringng) *c* ring

ringe (*ring*-nger) *v* *ring; *adj* small; ~ **opp** call; ring up, phone; call up *Am*

ringeakt (*ring*-nger-ahkt) c contempt, disdain

ringeklokke (*ring*-nger-klo-ker) c doorbell, bell

ringvei (*ring*-vay) c by-pass

rips (rips) c (pl ~) currant

ris (reess) c rice

risikabel (ri-si-*kaa*-berl) adj risky; precarious, critical

risikere (ri-si-*kay*-rer) v risk

risiko (*riss*-si-koo) c risk; hazard, chance

risp (risp) nt scratch

rispe (*riss*-per) v scratch

rist (rist) c grate

riste (*riss*-ter) v roast; *shake

rival (ri-*vaal*) c rival

rivalisere (ri-vah-li-*say*-rer) v rival

rivalitet (ri-vah-li-*tayt*) c rivalry

***rive** (*ree*-ver) v *tear; ~ **i stykker** rip; ~ **ned** demolish

rivjern (*reev*-Yæn) nt (pl ~) grater

ro[1] (rōō) c quiet; **falle til** ~ calm down; **roe seg** calm down; ~ **og mak** leisure

ro[2] (rōō) v row

robust (roo-*bewst*) adj robust

robåt (*rōō*-bawt) c rowing-boat

rogn (rongn) c roe

rolig (*rōō*-li) adj quiet, calm, tranquil; serene

rom (roomm) nt room, chamber; space

roman (roo-*maan*) c novel

romanforfatter (roo-*maan*-for-faht-terr) c novelist

Romania (roo-*maa*-ni-ah) Rumania

romantisk (roo-*mahn*-tisk) adj romantic

romerbad (*rōō*-merr-baad) nt (pl ~) Turkish bath

romersk-katolsk (*rōō*-mersh-kah-tōōlsk) adj Roman Catholic

romme (*room*-mer) v contain

rommelig (*room*-mer-li) adj spacious, roomy; large

rop (rōōp) nt call, cry; shout

rope (*rōō*-per) v cry, call; shout

ror (rōōr) nt helm, rudder

rorgjenger (*rōōr*-Yeh-ngerr) c helmsman

rormann (*rōōr*-mahn) c (pl -menn) helmsman

ros (rōōss) c glory, praise

rosa (*rōō*-sah) adj rose

rose (*rōō*-ser) c rose; v praise

rosenkrans (*rōō*-sern-krahns) c beads pl, rosary

rosenkål (*rōō*-sern-kawl) c sprouts pl

rosin (roo-*seen*) c raisin

rot[1] (rōōt) c (pl røtter) root

rot[2] (rōōt) nt muddle, mess

rote (*rōō*-ter) v muddle; ~ **til** mess up

rotte (*rot*-ter) c rat

rouge (rōōsh) c rouge

rovdyr (*rawv*-dewr) nt (pl ~) beast of prey

ru (rew) adj rough; harsh

rubin (rew-*been*) c ruby

rubrikk (rew-*brikk*) c column

ruin (rew-*een*) c ruins

rulett (rew-*lehtt*) c roulette

rull (rewll) c roll

rulle (*rewl*-ler) v roll

rullegardin (*rewl*-ler-gah-deen) c/nt blind

rulleskøyteløping (*rewl*-ler-shur^ew-ter-lürp-ing) c roller-skating

rullestein (*rewl*-ler-stayn) c boulder

rullestol (*rewl*-ler-stōōl) c wheelchair

rulletrapp (*rewl*-ler-trahp) c escalator

rumener (roo-*may*-nerr) c Rumanian

rumensk (roo-*maynsk*) adj Rumanian

rumpeballe (*room*-per-bah-ler) c buttock

rund (rewnn) adj round

runde (*rewn*-der) c round

rundhåndet (*rewn*-ho-nert) *adj* generous

rundkjøring (*rewn*-khūr-ring) *c* roundabout

rundreise (*rewn*-ray-ser) *c* tour

rundspørring (*rewn*-spur-ring) *c* enquiry

rundstykke (*rewn*-stew-ker) *nt* roll; bun *nAm*

rundt (rewnt) *prep* about; *adv* around

rushtid (*rursh*-teed) *c* rush-hour, peak hour

russer (*rewss*-serr) *c* Russian

russisk (*rewss*-sisk) *adj* Russian

Russland (*rewss*-lahn) Russia

rust (rewst) *c* rust

rusten (*rewss*-tern) *adj* rusty

rustning (*rewst*-ning) *c* armour

rute (*rew*-ter) *c* check; pane; route

ruteplan (*rew*-ter-plaan) *c* schedule

rutet (*rew*-tert) *adj* chequered

rutine (rew-*tee*-ner) *c* routine

rutsjebane (*rewt*-sher-baa-ner) *c* slide

rydde opp (*rewd*-der) tidy up

rydde vekk (*rewd*-der vehkk) *put away

rye (*rēw*-er) *c* rug

rygg (rewgg) *c* back

rygge (*rewg*-ger) *v* reverse

ryggrad (*rewg*-raad) *c* spine, backbone

ryggsekk (*rewg*-sehk) *c* knapsack, rucksack; haversack

ryggsmerter (*rewg*-smæ-terr) *pl* backache

rykk (rewkk) *nt* wrench, tug

rykte (*rewk*-ter) *nt* rumour; reputation, fame

rynke (*rewng*-ker) *c* wrinkle; crease

ryste (*rewss*-ter) *v* *shake

rytme (*rewt*-mer) *c* rhythm

rytter (*rewt*-terr) *c* horseman, rider

rød (rūr) *adj* red

rødbete (*rūr*-bāy-ter) *c* beetroot

rødme (*rurd*-mer) *v* blush

rødspette (*rūr*-speh-ter) *c* plaice

rødstrupe (*rūr*-strēw-per) *c* robin

røkelse (*rūr*-kerl-ser) *c* incense

rømling (*rurm*-ling) *c* runaway

rømme (*rurm*-mer) *c* sour cream, *v* escape

røntgenbilde (*rurnt*-kern-bil-der) *nt* X-ray

røntgenfotografere (*rurnt*-kern-foo-too-grah-fāy-rer) *v* X-ray

røpe (*rūr*-per) *v* *give away

rør (rūrr) *nt* tube, pipe; cane

røre (*rūr*-rer) *v* touch; stir; ~ **seg** move

rørende (*rūr*-rer-ner) *adj* touching

rørlegger (*rūr*-leh-gerr) *c* plumber

røyk (rurᵉʷk) *c* smoke

røyke (rurᵉʷ-ker) *v* smoke; **røyking forbudt** no smoking

røykekupé (rurᵉʷ-ker-kew-pāy) *c* smoking-compartment, smoker

røyker (rurᵉʷ-kerr) *c* smoker

røykerom (rurᵉʷ-ker-room) *nt* (pl ~) smoking-room

rå (raw) *adj* raw

råd (rawd) *nt* advice; counsel, council; *ha ~ til *can afford

råde (*raw*-der) *v* advise

rådgiver (*rawd*-ʸee-verr) *c* counsellor

rådhus (*rawd*-hēwss) *nt* (pl ~) town hall

rådslagning (*rawd*-shlaag-ning) *c* deliberation

***rådslå** (*rawd*-shlaw) *v* deliberate

rådsmedlem (*rawds*-māyd-lerm) *nt* (pl ~mer) councillor

***rådspørre** (*rawd*-spur-rer) *v* consult

råmateriale (*raw*-mah-ter-ri-aa-ler) *nt* raw material

råtten (*rot*-tern) *adj* rotten

S

safe (sayf) *c* safe
safir (sah-*feer*) *c* sapphire
saft (sahft) *c* juice
saftig (*sahf*-ti) *adj* juicy
sag (saag) *c* saw
sagbruk (*saag*-brook) *nt* (pl ~) saw-mill
sagflis (*saag*-fleess) *c* sawdust
sak (saak) *c* matter, cause; case; issue
sakfører (*saak*-fűr-rerr) *c* solicitor
sakkarin (sah-kah-*reen*) *c/nt* saccharin
sakkyndig (*saak*-khewn-di) *adj* expert
saks (sahks) *c* scissors *pl*
sakte (*sahk*-ter) *adj* slow
sal (saal) *c* hall; saddle
salat (sah-*laat*) *c* salad, lettuce
saldo (*sahl*-doo) *c* balance
salg (sahlg) *nt* sale; **til salgs** for sale
salgbar (*sahlg*-baar) *adj* saleable
salme (*sahl*-mer) *c* hymn
salmiakk (sahl-mi-*ahkk*) *c* ammonia
salong (sah-*longng*) *c* salon; lounge, drawing-room
salt (sahlt) *nt* salt; *adj* salty
saltkar (*sahlt*-kaar) *nt* (pl ~) salt-cellar
salve (*sahl*-ver) *c* ointment, salve
samarbeid (*sahm*-mahr-bayd) *nt* co-operation
samarbeidsvillig (*sahm*-mahr-bayds-vi-li) *adj* co-operative
same (*saa*-mer) *c* Lapp
samfunn (*sahm*-fewn) *nt* (pl ~) society; community; **samfunns-** social
samle (*sahm*-ler) *v* collect, gather; assemble; compile; ~ **inn** collect
samler (*sahm*-lerr) *c* collector
samles (*sahm*-lerss) *v* gather

samling (*sahm*-ling) *c* collection
samme (*sahm*-mer) *adj* same
sammen (*sahm*-mern) *adv* together
sammendrag (*sahm*-mern-draag) *nt* (pl ~) summary
sammenføye (*sahm*-mern-fur^{ew}-er) *v* join
sammenheng (*sahm*-mern-hehng) *c* connection; coherence
sammenkomst (*sahm*-mern-komst) *c* meeting, assembly
sammenligne (*sahm*-mern-ling-ner) *v* compare
sammenligning (*sahm*-mern-ling-ning) *c* comparison; **uten** ~ by far
sammensetning (*sahm*-mern-seht-ning) *c* composition
sammensmeltning (*sahm*-mern-smehlt-ning) *c* merger
sammenstille (*sahm*-mern-sti-ler) *v* combine
sammenstøt (sahm-mern-sturt) *nt* (pl ~) collision
sammensvergelse (*sahm*-mern-svær-gerl-ser) *c* plot
sammensverge seg (*sahm*-mern-svær-ger) conspire
sammentreff (sahm-mern-trehf) *nt* (pl ~) coincidence
samordne (*sahm*-mor-dner) *v* co-ordinate
samtale (*sahm*-taa-ler) *c* talk, conversation; discussion
samtidig¹ (*sahm*-tee-di) *adj* simultaneous; contemporary; *adv* simultaneously
samtidig² (*sahm*-tee-di) *c* (pl ~e) contemporary
samtykke (*sahm*-tew-ker) *v* consent; *nt* consent
samvirkelag (*sahm*-veer-ker-laag) *nt* co-operative
samvittighet (sahm-*vit*-ti-hayt) *c* conscience

sanatorium (sah-nah-*tōō*-ri-ewm) *nt* (pl -ier) sanatorium

sand (sahnn) *c* sand

sandal (sahn-*daal*) *c* sandal

sanddyne (*sahn*-dew-ner) *c* dune

sandet (*sahn*-nert) *adj* sandy

sandpapir (*sahn*-pah-peer) *nt* sandpaper

sang (sahngng) *c* song

sanger (*sahng*-ngerr) *c* vocalist, singer

sanitetsbind (sah-ni-*tāyts*-bin) *nt* (pl ~) sanitary towel

sanitær (sah-ni-*tæær*) *adj* sanitary

sann (sahnn) *adj* true

sannferdig (sahn-*fær*-di) *adj* truthful

sannhet (*sahn*-hāyt) *c* truth

sannsynlig (sahn-*sēwn*-li) *adj* probable, likely

sannsynligvis (sahn-*sēwn*-li-veess) *adv* probably

sans (sahns) *c* sense

sardin (sah-*deen*) *c* sardine

satellitt (sah-ter-*litt*) *c* satellite; ~-TV satellite tv

satellittoverføring (sah-ter-*litt*-aw-verr-fūr-ing) *c* satellite television

sateng (sah-*tehngng*) *c* satin

satt (sahtt) *adj* sedate

sau (sou) *c* sheep

Saudi-Arabia (*sou*-di-ah-rah-bi-ah) Saudi Arabia

saudiarabisk (*sou*-di-ah-raa-bisk) *adj* Saudi Arabian

saus (souss) *c* sauce

savn (sahvn) *nt* lack

savne (*sahv*-ner) *v* miss; lack; **savnet person** missing person

scene (*sāy*-ner) *c* stage; scene; shot

*se (sāy) *v* *see; look; notice; ~ **opp** look out; ~ **på** look at; ~ **ut** look

sebra (*sāyb*-rah) *c* zebra

seder (*sāy*-derr) *pl* customs; morals

sedvane (*sāyd*-vaa-ner) *c* usage

sedvanlig (sehd-*vaan*-li) *adj* customary

seer (*sāy*-err) *c* spectator

seg (say) *pron* himself, herself, itself, oneself; themselves

segl (sayl) *nt* seal

seier (say-err) *c* victory

seig (say) *adj* tough

seil (sayl) *nt* sail

seilbar (*sayl*-baar) *adj* navigable

seilbåt (*sayl*-bawt) *c* sailing-boat

seilduk (*sayl*-dewk) *c* canvas

seile (*say*-ler) *v* sail

seilerforening (*say*-lerr-fo-rāy-ning) *c* yacht-club

seilsport (*sayl*-spot) *c* yachting

sekk (sehkk) *c* sack

sekretær (sehk-rer-*tæær*) *c* secretary; clerk

seks (sehks) *num* six

seksjon (sehk-*shōōn*) *c* section

seksten (*sayss*-tern) *num* sixteen

sekstende (*sayss*-ter-ner) *num* sixteenth

seksti (*sehks*-ti) *num* sixty

seksualitet (sehk-sew-ah-li-*tāyt*) *c* sexuality

seksuell (sehk-sew-*ehll*) *adj* sexual

sekund (seh-*kewnn*) *nt* second

sekundær (seh-kewn-*dæær*) *adj* secondary; subordinate

sel (*sāyl*) *c* seal

*selge (*sehl*-ler) *v* *sell; ~ **i detalj** retail

selleri (seh-ler-*ree*) *c* celery

selskap (*sehl*-skaap) *nt* party, company; society

selskapsantrekk (*sehl*-skaap-sahn-trehk) *nt* (pl ~) evening dress

selskapsdyr *nt* (pl ~) pet

selters (*sehl*-tersh) *c* soda-water

selv (sehll) *pron* myself, yourself, herself, himself, itself, oneself, ourselves, yourselves, themselves; ~ **om** though, although

selvbetjening (sehl-beh-t$\overline{vay}$-ning) c
self-service

selvbetjeningsvaskeri (sehl-beh-t$\overline{vay}$-nings-vahss-ker-ree) nt launderette

selvfølgelig (sehl-furl-ger-li) adv naturally, of course

selvgod (sehl-goo) adj conceited

selvisk (sehl-visk) adj selfish

selvmord (sehl-moord) nt (pl ~) suicide

selvopptatt (sehl-lop-taht) adj self-centred

selvstendig (sehl-stehn-di) adj independent; self-employed

selvstyre (sayl-stew-rer) nt self-government

selvstyrt (sehl-st$\overline{ew}$t) adj autonomous

sement (seh-mehnt) c cement

semikolon (seh-mi-k$\overline{oo}$-lon) nt semicolon

sen (s$\overline{ay}$n) adj late; **for sent** too late; **senere** afterwards

senat (seh-naat) nt senate

senator (seh-naa-toor) c senator

sende (sehn-ner) v *send; transmit; ~ **av sted** dispatch, *send off; ~ **bort** dismiss; ~ **tilbake** *send back

sendemann (sehn-ner-mahn) c (pl -menn) envoy

sender (sehn-nerr) c transmitter

sending (sehn-ning) c consignment; transmission

sene (s$\overline{ay}$-ner) c sinew, tendon

seng (sehngng) c bed

sengeteppe (sehng-nger-teh-per) nt bedspread

sengetøy (sehng-nger-tur^{ew}) nt bedding

senil (seh-neel) adj senile

senit (s$\overline{ay}$-nit) nt zenith

senke (sehng-ker) v lower

sennep (sehn-nerp) c mustard

sensasjon (sehn-sah-sh$\overline{oo}$n) c sensation

sensasjonell (sehn-sah-shoo-nehll) adj sensational

sensur (sehn-s$\overline{ew}$r) c censorship

sentimental (sehn-ti-mehn-taal) adj sentimental

sentral (sehn-traal) adj central

sentralbord (sehn-traal-b$\overline{oo}$r) nt (pl ~) switchboard

sentralborddame (sehn-traal-b$\overline{oo}$r-daa-mer) c telephone operator

sentralfyring (sehn-traal-f$\overline{ew}$-ring) c central heating

sentralisere (sehn-trah-li-s$\overline{ay}$-rer) v centralize

sentralstasjon (sehn-traal-stah-sh$\overline{oo}$n) c central station

sentrum (sehn-trewm) nt (pl -ra) town centre, centre

separat (seh-pah-raat) adv apart, separately

separere (seh-pah-r$\overline{ay}$-rer) v separate

september (sehp-tehm-berr) September

septisk (sehp-tisk) adj septic

seremoni (seh-reh-moo-nee) c ceremony

serie (s$\overline{ay}$-ri-er) c series, sequence

seriøs (seh-ri-$\overline{urss}$) adj serious

serum (s$\overline{ay}$-rewm) nt (pl sera) serum

servere (sær-v$\overline{ay}$-rer) v serve

serveringsavgift (sær-v$\overline{ay}$-ring-saav-Yift) c service charge

serviett (sær-vi-ehtt) c napkin, serviette

servise (sær-vee-ser) nt dinner-service

sesjon (seh-sh$\overline{oo}$n) c session

sesong (seh-songng) c season; **utenfor sesongen** off season

sesongkort (seh-song-kot) nt (pl ~) season-ticket

sete (s$\overline{ay}$-ter) nt seat; chair

setning (seht-ning) c sentence

sett (sehtt) *nt* set

*sette (*seht*-ter) *v* *lay, place, *set; ~ **i gang** launch; ~ **inn** insert; ~ **i stand** enable; ~ **opp** *make up; *draw up; ~ **på** turn on; ~ **sammen** compose, assemble; ~ **seg** *sit down

severdighet (sāy-*vær*-di-hāyt) *c* sight; scenic place

sex (sehks) *c* sex

shorts (shawts) *c* (pl ~) shorts *pl*

*si (see) *v* *say, *tell

Siam (*si*-ahm) Siam

siameser (si-ah-*māy*-serr) *c* Siamese

siamesisk (si-ah-*māy*-sisk) *adj* Siamese

side (*see*-der) *c* page; side; **på den andre siden** across; **på den andre siden av** across, beyond; **til ~ aside**; **til siden** sideways; aside; **ved siden av** next-door

sidegate (*see*-der-gaa-ter) *c* side-street

sidelys (*see*-der-lēwss) *nt* (pl ~) side-light

siden (*see*-dern) *adv* since; *prep* since; *conj* since; **for . . . siden** ago

siffer (*sif*-ferr) *nt* (pl ~, sifre) digit

sifong (si-*fongng*) *c* syphon, siphon

sigar (si-*gaar*) *c* cigar

sigarbutikk (si-*gaar*-bew-tik) *c* cigar shop

sigarett (si-gah-*rehtt*) *c* cigarette

sigarettenner (si-gah-*reht*-teh-nerr) *c* cigarette-lighter

sigarettetui (si-gah-*reht*-teh-tew-ee) *nt* cigarette-case

sigarettmunnstykke (si-gah-*reht*-mewn-stew-ker) *nt* cigarette-holder

sigarettobakk (si-gah-*reht*-too-bahk) *c* cigarette tobacco

signal (sing-naal) *nt* signal

signalement (sing-nah-ler-*mahngng*) *nt* description

signalere (sing-nah-*lāy*-rer) *v* signal

signalhorn (sing-*naal*-hōōn) *nt* (pl ~) horn

signatur (sing-nah-*tēwr*) *c* signature

sigøyner (si-*gurew*-nerr) *c* gipsy

sikker (*sik*-kerr) *adj* secure, safe; certain, sure

sikkerhet (*sik*-kerr-hāyt) *c* security, safety

sikkerhetsbelte (*sik*-kerr-hāyts-behl-ter) *nt* seat-belt, safety-belt

sikkerhetsforanstaltning (*sik*-kerr-hāyts-fo-rahn-stahlt-ning) *c* precaution

sikkerhetsnål (*sik*-kerr-hāyts-nawl) *c* safety-pin

sikkert (*sik*-kert) *adv* surely; **helt ~** without fail

sikre seg (*sik*-rer) secure

sikring (*sik*-ring) *c* fuse

sikt (sikt) *c* visibility

sikte¹ (*sik*-ter) *nt* aim; ***ta ~ på** aim at

sikte² (*sik*-ter) *v* aim; ~ **på** aim at

sil (seel) *c* sieve

sild (sill) *c* (pl ~) herring

sile (*see*-ler) *v* strain

silke (*sil*-ker) *c* silk; **silke-** silken

simpel (*sim*-perl) *adj* common; vulgar

simpelthen (*sim*-pehlt-hehn) *adv* simply

simulere (si-mew-*lāy*-rer) *v* simulate

sindig (*sin*-di) *adj* sedate, sober-minded

sink (singk) *c* zinc

sinke (*sing*-ker) *v* impede

sinn (sinn) *nt* mind

sinne (*sin*-ner) *nt* anger, temper

sinnsbevegelse (*sins*-beh-vāy-gerl-ser) *c* emotion

sinnsforvirring (*sins*-for-vi-ring) *c* insanity

sinnssvak (*sin*-svaak) *adj* mad

sinnssyk¹ (*sin*-sēwk) *adj* insane,

crazy; lunatic

sinnssyk² (*sin*-sēwk) c (pl ~e) lunatic

sint (sint) adj cross, angry

sirene (si-rāy-ner) c siren

siriss (si-*riss*) c cricket

sirkel (*seer*-kerl) c (pl -kler) circle

sirkulasjon (seer-kew-lah-*shōōn*) c circulation

sirkus (*seer*-kewss) nt circus

sirup (*seer*-rewp) c syrup

sist (sist) adj last

siste (*siss*-ter) adj ultimate; **i det ~** lately

sitat (si-*taat*) nt quotation

sitere (si-*tāy*-rer) v quote

sitron (si-*trōōn*) c lemon

***sitte** (*si*-ter) v *sit

sitteplass (*sit*-ter-plahss) c seat

situasjon (si-tew-ah-*shōōn*) c position, situation

siv (seev) nt rush, reed

sivil (si-*veel*) adj civil; civilian

sivilisasjon (si-vi-li-sah-*shōōn*) c civilization

sivilisert (si-vi-li-*sāyt*) adj civilized

sivilperson (si-*veel*-pæ-shōōn) c civilian

sivilrett (si-*veel*-reht) c civil law

sjakk (shahkk) c chess; sjakk! check!

sjakkbonde (*shahk*-boo-ner) c (pl -bønder) pawn

sjakkbrett (*shahk*-breht) nt (pl ~) chessboard; checkerboard nAm

sjal (shaal) nt shawl

sjalu (shah-*lew*) adj jealous; envious

sjalusi (shah-lew-*see*) c jealousy

sjampinjong (shahm-pin-*Yongng*) c mushroom

sjampo (*shahm*-poo) c shampoo

sjanse (*shahng*-ser) c chance

sjarlatan (*shaa*-lah-tahn) c quack

sjarm (shahrm) c charm; glamour, attraction

sjarmerende (shahr-*māy*-rer-ner) adj charming

sjef (shāyf) c manager, boss, chief

sjekk (shehkk) c cheque; check nAm

sjekke (*shehk*-ker) v check

sjekkhefte (*shehk*-hehf-ter) nt cheque-book; check-book nAm

sjel (shāyl) c soul

sjelden (*shehl*-dern) adv rarely, seldom; adj rare, uncommon, infrequent

sjenere (sheh-*nāy*-rer) v embarrass

sjenert (sheh-*nāyt*) adj shy

sjenerthet (sheh-*nāyt*-hāyt) c timidity

sjetong (sheh-*tong*) c token

sjette (*sheht*-ter) num sixth

sjofel (*shōōf*-erl) adj mean

sjokk (shokk) nt shock

sjokkere (sho-*kāy*-rer) v shock

sjokkerende (sho-*kāy*-rer-ner) adj shocking

sjokolade (shoo-koo-*laa*-der) c chocolate

sjokoladeforretning (shoo-koo-*laa*-der-fo-reht-ning) c sweetshop; candy store Am

sju (shew) num seven

sjuende (*shew*-er-ner) num seventh

sjusket (*shewss*-kert) adj slovenly

sjy (shew) c gravy

sjø (shūr) c sea

sjøbilde (*shūr*-bil-der) nt seascape

sjøfugl (*shūr*-fewl) c sea-bird

sjøkart (*shūr*kaht) nt chart

sjøkyst (*shūr*-khewst) c sea-coast

sjømann (*shūr*-mahn) c (pl -menn) sailor, seaman

sjøpinnsvin (*shūr*-pin-sveen) nt (pl ~) sea-urchin

sjøreise (*shūr*-ray-ser) c cruise

sjørøver (*shūr*-rūr-verr) c pirate

sjøsetning (*shūr*-seht-ning) c launching

sjøsyk (*shūr*-sēwk) adj seasick

sjøsyke (*shūr*-sēw-ker) *c* seasickness

sjøvann (*shūr*-vahn) *nt* sea-water

sjåfør (sho-*fūr*) *c* chauffeur

skade (*skaa*-der) *c* injury, damage; harm, mischief; *v* *hurt, harm, injure; damage

skadelig (*skaa*-der-li) *adj* harmful, hurtful

skadeserstatning (*skaa*-der-sææsh-taht-ning) *c* compensation, indemnity

skadet (*skaa*-dert) *adj* injured

skaffe (*skahf*-fer) *v* provide, furnish

skaft (skahft) *nt* handle

skala (*skaa*-lah) *c* scale

skall (skahll) *nt* shell; skin

skalldyr (*skahl*-dewr) *nt* (pl ~) shellfish

skalle (*skahl*-ler) *c* skull

skallet (*skahl*-lert) *adj* bald

skam (skahmm) *c* shame, disgrace

skamfull (*skahm*-fewl) *adj* ashamed

skamme seg (*skahm*-mer) *be ashamed

skandale (skahn-*daa*-ler) *c* scandal

skandinav (skahn-di-*naav*) *c* Scandinavian

Skandinavia (skahn-di-*naa*-vi-ah) Scandinavia

skandinavisk (skahn-di-*naa*-visk) *adj* Scandinavian

skap (skaap) *nt* cupboard, closet

skape (*skaaper*) *v* create

skapning (*skaap*-ning) *c* creature

skarlagenrød (skah-*laa*-gern-rur) *adj* scarlet

skarp (skahrp) *adj* keen

skatt (skahtt) *c* treasure; tax; darling

skattefri (*skaht*-ter-free) *adj* tax-free

*skattlegge (*skaht*-leh-ger) *v* tax

ski (shee) *c* (pl ~) ski; ***gå på** ~ ski

skibukse (*shee*-book-ser) *c* ski pants

skifer (*shee*-ferr) *c* slate

skift (shift) *nt* shift

skifte (*shif*-ter) *v* switch; change

skiftenøkkel (*shif*-ter-nur-kerl) *c* (pl -nøkler) spanner; monkey wrench *nAm*

skiheis (*shee*-hayss) *c* ski-lift

skihopp (*shee*-hop) *nt* (pl ~) ski-jump

skikk (shikk) *c* custom

skikkelse (*shi*-kerl-ser) *c* figure

skille (*shil*-ler) *v* separate, part; divide

skilles (*shil*-lerss) *v* divorce

skillevegg (*shil*-ler-vehg) *c* partition

skillevei (*shil*-ler-vay) *c* road fork

skilpadde (*shil*-pah-der) *c* turtle

skilsmisse (*shils*-mi-ser) *c* divorce

skiløper (*shee*-lūr-perr) *c* skier

skiløping (*shee*-lūr-ping) *c* skiing

skimte (*shim*-ter) *v* glimpse

skinke (*shing*-ker) *c* ham

skinn (shinn) *nt* skin; hide; glare; **semsket** ~ suede; **skinn-** leather

skinne (*shin*-ner) *v* *shine

skinnegang (*shin*-ner-gahng) *c* railway

skinnende (*shin*-ner-ner) *adj* bright

skinnhellig (*shin*-heh-li) *adj* hypocritical

skip (sheep) *nt* boat, ship

skipe (*shee*-per) *v* ship

skipsfart (*ships*-faht) *c* navigation, navigation; shipping

skipsfartslinje (*ships*-fahts-lin-Yer) *c* shipping line

skipsreder (*ships*-rāy-derr) *c* shipowner

skipsverft (*ships*-værft) *nt* shipyard

skisse (*shiss*-ser) *c* sketch

skissebok (*shiss*-ser-bōōk) *c* (pl -bøker) sketch-book

skissere (shi-*sāy*-rer) *v* sketch

skistaver (*shee*-staa-verr) *pl* ski sticks; ski poles *Am*

skistøvler (*shee*-sturv-lerr) *pl* ski boots

skitt (shitt) *c* dirt

skitten (*shit*-tern) *adj* filthy, dirty,

foul; soiled

skive (*shee*-ver) *c* disc; slice

skiveprolaps (*shee*-ver-pro-lahps) *c* slipped disc

skje (shāy) *v* occur, happen; *c* spoon

skjebne (*shāyb*-ner) *c* destiny, fate; fortune, luck

skjebnesvanger (*shāyb*-ner-svahngerr) *adj* fatal

skjefull (*shāy*-fewl) *c* spoonful

skjegg (shehgg) *nt* beard

skjelett (sheh-lehtt) *nt* skeleton

skjell (shehll) *nt* shell, sea-shell; scale

skjelle (*shehl*-ler) *v* scold; ~ **ut** call names

skjelne (*shehl*-ner) *v* distinguish

*• **skjelve** (*shehl*-ver) *v* tremble, shiver

skjeløyd (*shāyl*-ur^(ew)d) *adj* cross-eyed

skjema (*shāy*-mah) *nt* scheme

skjemme bort (*shehm*-mer boot) *v* *spoil

skjenke (*shehng*-ker) *v* pour; donate

skjenne på (*shehn*-ner) *v* scold

skjerf (shærf) *nt* scarf

skjerm (shærm) *c* screen

skjermbrett (*shærm*-breht) *nt* folding screen

skjev (shāyv) *adj* slanting

skjorte (*shoot*-ter) *c* shirt

skjul (shēwl) *nt* cover

skjule (*shēw*-ler) *v* *hide, conceal

skjær (shæær) *adj* sheer; *nt* rock

skjære (*shææ*-rer) *c* magpie

*• **skjære** (*shææ*-rer) *v* *cut; carve; ~ **av** *cut off; ~ **i** carve; ~ **ned** *cut; ~ **ut** carve

skjødesløs (*shūr*-derss-lūrss) *adj* careless

skjønn (shurnn) *adj* wonderful, lovely

skjønne (*shurn*-ner) *v* *understand, *see

skjønnhet (shurn-hāyt) *c* beauty

skjønnhetspleie (shurn-hāyts-play-er) *c* beauty treatment

skjønnhetssalong (shurn-hāyt-sah-long) *c* beauty parlour, beauty salon

skjønt (shurnt) *conj* though, although

skjør (shūr) *adj* fragile

skjørt (shurtt) *nt* skirt

skjøteledning (*shūr*-ter-lāyd-ning) *c* extension cord

skli (sklee) *v* slip

sko (skōō) *c* (pl ~) shoe

skog (skōōg) *c* wood, forest

skogkledd (*skōōg*-klehd) *adj* wooded

skogtrakt (*skōōg*-trahkt) *c* woodland

skokrem (*skōō*-krāym) *c* shoe polish

skole (*skōō*-ler) *c* school; **høyere** ~ secondary school

skolebestyrer (*skōō*-ler-beh-stēw-rerr) *c* principal

skolegutt (*skōō*-ler-gewt) *c* schoolboy

skolelærer (*skōō*-ler-læær-rerr) *c* teacher

skolepike (*skōō*-ler-pee-ker) *c* schoolgirl

skolisse (*skōō*-li-ser) *c* shoe-lace

skomaker (*skōō*-maa-kerr) *c* shoemaker

skorpe (*skor*-per) *c* crust

skorstein (*skosh*-tayn) *c* chimney

skotsk (skotsk) *adj* Scottish, Scotch

skotte (*skot*-ter) *c* Scot

Skottland (*skot*-lahn) Scotland

skotøy (*skōō*-tur^(ew)) *nt* footwear

skotøyforretning (*skōō*-tur^(ew)-fo-reht-ning) *c* shoe-shop

skramme (*skrahm*-mer) *c* scratch

skrap (skraap) *nt* junk

skrape (*skraa*-per) *v* scrape, scratch

skrapjern (*skraap*-Yæn) *nt* scrap-iron

skravle (*skrahv*-ler) *v* chat

skravlebøtte (*skrahv*-ler-bur-ter) *c* chatterbox

skredder (*skrehd*-derr) *c* tailor

skreddersydd (*skrehd*-der-shewd) *adj* tailor-made

skrekk (skrehkk) c fright
skrekkelig (skreh-ker-li) adj horrible
skrell (skrehll) nt peel
skrelle (skrehl-ler) v peel
skremme (skrehm-mer) v scare, terrify
skremmende (skrehm-mer-ner) adj terrifying
skremt (skrehmt) adj frightened
skrifte (skrif-ter) v confess
skriftemål (skrif-ter-mawl) nt (pl ~) confession
skriftlig (skrift-li) adj in writing; written
skrik (skreek) nt scream, cry
*****skrike** (skree-ker) v shout, scream, cry; shriek
skritt (skritt) nt step, pace, move
*****skrive** (skree-ver) v *write; ~ **bak på** endorse; ~ **inn** book; ~ **ned** *write down; ~ **seg inn** check in; ~ **seg på** book
skriveblokk (skree-ver-blok) c writing-pad
skrivebord (skree-ver-boōr) nt desk, bureau
skrivemaskin (skree-ver-mah-sheen) c typewriter
skrivemaskinpapir (skree-ver-mah-sheen-pah-peer) nt typing paper
skrivepapir (skree-ver-pah-peer) nt writing-paper
skriver (skree-verr) c clerk
skru (skrēw) v screw; ~ **av** turn off; ~ **på** turn on
skrubbe (skrewb-ber) v scrub
skrubbsår (skrewb-sawr) nt (pl ~) graze
skrue (skrēw-er) c screw
skruestikke (skrēw-er-sti-ker) c clamp
skrujern (skrēw-Yææn) nt (pl ~) screw-driver
skrukke (skrook-ker) v crease
skrunøkkel (skrēw-nur-kerl) c (pl

-nøkler) wrench
*****skryte** (skrēw-ter) v boast
skrøne (skrūr-ner) v *tell tall tales
skrøpelig (skrūr-per-li) adj fragile
skrå (skraw) adj slanting
skråne (skraw-ner) v slant
skrånende (skraw-ner-ner) adj sloping, slanting
skråning (skraw-ning) c incline, slope
skudd (skewdd) nt shot
skuddår (skewd-dawr) nt (pl ~) leap-year
skue (skoō-er) nt sight
skuespill (skēw-er-spil) nt (pl ~) drama
skuespiller (skēw-er-spi-lerr) c actor, comedian
skuespillerinne (skēw-er-spi-ler-rin-ner) c actress
skuespillforfatter (skēw-er-spil-for-fah-terr) c playwright
skuff (skooff) c drawer
skuffe (skewf-fer) v disappoint; *****være skuffende** *be disappointing
skuffelse (skewf-ferl-ser) c disappointment
skulder (skewl-derr) c (pl -drer) shoulder
skulke (skewl-ker) v play truant
*****skulle** (skewl-ler) v *shall; *should
skulptur (skewlp-tēwr) c sculpture
skum (skoomm) nt froth, foam; lather
skumgummi (skoom-gew-mi) c foam-rubber
skumme (skoom-mer) v foam
skumring (skoom-ring) c twilight
skur (skēwr) nt shed; c shower
skurd (skewrd) c carving
skurk (skewrk) c bastard, villain, rascal
skvette (skveht-ter) v splash
skvettskjerm (skveht-shærm) c mud-guard

sky (*shew*) *c* cloud; *adj* shy
skybrudd (*shew*-brewd) *nt* (pl ~) cloud-burst
skyet (*shew*-ert) *adj* cloudy
skyffel (*shewf*-ferl) *c* (pl skyfler) shovel
skygge (*shewg*-ger) *c* shadow, shade
skyggefull (*shewg*-ger-fewl) *adj* shady
skyggelue (*shewg*-er-lew-er) *c* cap
skyhet (*shew*-hayt) *c* shyness
skyld (*shewll*) *c* blame, guilt
skylde (*shewl*-ler) *v* owe
skyldig (*shewl*-di) *adj* guilty; due;
  •**være** ~ owe
skylle (*shewl*-ler) *v* rinse
skylling (*shewl*-ling) *c* rinse
skynde seg (*shewn*-ner) hurry, hasten
skyskraper (*shew*-skraa-perr) *c* skyscraper
•**skyte** (*shew*-ter) *v* fire, *shoot
skyteskive (*shew*-ter-shee-ver) *c* mark, target
•**skyve** (*shew*-ver) *v* push
skyvedør (*shew*-ver-durr) *c* sliding door
skøyeraktig (*skur*ew-er-rahk-ti) *adj* mischievous
skøyte (*shur*ew-ter) *c* skate; •**gå på skøyter** skate
skøytebane (*shur*ew-ter-baa-ner) *c* skating-rink
skøyteløping (*shur*ew-ter-lūr-ping) *c* skating
skål (*skawl*) *c* saucer; toast
sladder (*shlahd*-derr) *c* gossip
sladre (*shlahd*-rer) *v* gossip
slag (*shlaag*) *nt* blow; breed; battle; lapel
slaganfall (*shlaagahn*-fahl) *nt* (pl ~) stroke
slagord (*shlaa*-gōōr) *nt* (pl ~) slogan
slags (*shlahks*) *c/nt* sort; **alle** ~ all sorts of

slakter (*shlahk*-terr) *c* butcher
slange (*shlahng*-nger) *c* snake
slank (*shlahngk*) *adj* slender, slim
slanke seg (*shlahng*-ker) slim
slapp (*shlahpp*) *adj* limp
slappe av (*shlahp*-per) relax
slave (*shlaa*-ver) *c* slave
slede (*shlay*-er) *c* sleigh, sledge
sleip (*shlayp*) *adj* slippery
slekt (*shlehkt*) *c* family
slektning (*shlehkt*-ning) *c* relation, relative
slem (*shlehmm*) *adj* naughty, bad
slenge (*shlehng*-nger) *v* *throw
slentre (*shlehn*-trer) *v* stroll
slepe (*shlay*-per) *v* haul, drag
slepebåt (*shlay*-per-bawt) *c* tug
slette (*shleht*-ter) *c* plain
slettvar (*shleht*-vaar) *c* brill
slik (*shleek*) *pron* such; *adv* thus, so, such; ~ **at** so that; ~ **som** such as
slikke (*shlik*-ker) *v* lick
slips (*shlips*) *nt* tie, necktie
•**slite** (*shlee*-ter) *v* labour; ~ **ut** wear out
sliten (*shlee*-tern) *adj* weary, worn out
slitt (*shlitt*) *adj* worn
slokke (*shlook*-ker) *v* *put out, extinguish
slott (*shlott*) *nt* castle
slu (*shlew*) *adj* sly, cunning
sludder (*shlewd*-derr) *nt* rubbish
sluke (*shlew*-ker) *v* swallow
slukt (*shlewkt*) *c* gorge
slum (*shlewmm*) *c* slum
slump (*shloomp*) *c* chance; **på** ~ by chance
slurk (*shlewrk*) *c* sip
slurvet (*shlewr*-vert) *adj* sloppy
sluse (*shlew*-ser) *c* lock, sluice
slutning (*shlewt*-ning) *c* conclusion; end
slutt (*shlewtt*) *c* finish, end; **til** ~ at

last

slutte (*shlewt*-ter) v finish, end; quit; ~ **seg til** join

sluttresultat (*shlewt*-reh-sewl-taat) nt final result

slyngel (*shlewng*-ngerl) c (pl -gler) rascal

slør (shlūrr) nt veil

sløse bort (*shlū*-ser boot) waste

sløseri (shlūr-ser-*ree*) nt waste

sløv (shlūrv) adj dull, blunt

sløyfe (*shlur^ew*-fer) c bow tie

slå (shlaw) c bolt

•**slå** (shlaw) v *strike, *beat, *hit; punch; bruise; ~ **av** switch off; ~ **hakk i** chip; ~ **igjen** slam; ~ **i hjel** kill; ~ **i stykker** crack; ~ **ned** knock down; ~ **opp** look up; ~ **på** switch on; ~ **seg ned** settle down; ~ **til** *strike

slående (*shlaw*-er-ner) adj striking

•**slåss** (shloss) v *fight; struggle

smak (smaak) c taste; flavour; •**sette** ~ **på** flavour

smake (*smaa*-ker) v taste; ~ **på** taste

smakløs (*smaak*-lūrss) adj tasteless

smal (smaal) adj narrow

smaragd (smah-*rahgd*) c emerald

smart (smaat) adj smart

smed (smāy) c smith

smekke (*smehk*-ker) v smack

smell (smehll) nt crack

•**smelle** (*smehl*-ler) v crack

smelte (*smehl*-ter) v melt, thaw

smerte (*smæt*-ter) c pain; grief, sorrow

smertefri (*smæt*-ter-free) adj painless

smertefull (*smæ*-ter-fool) adj painful

•**smette** (*smeht*-ter) v slip

smidig (*smee*-di) adj supple

smil (smeel) nt smile

smile (*smee*-ler) v smile

sminke (*sming*-ker) c make-up

smitte (*smit*-ter) v infect

smittende (*smi*-ter-ner) adj contagious

smittsom (*smit*-som) adj infectious, contagious

smoking (*smaw*-king) c dinner-jacket; tuxedo nAm

smug (smēwg) nt alley, lane

smugle (*smewg*-ler) v smuggle

smul (smēwl) adj smooth

smule (*smēw*-ler) c crumb; bit

smykke (*smewk*-ker) nt jewel; **smykker** jewellery

smør (smurr) nt butter

smørbrød (*smūrr*-brūr) nt (pl ~) open sandwich

•**smøre** (*smū*-rer) v grease; lubricate

smøreolje (*smūr*-rer-ol-Yer) c lubrication oil

smøring (*smūr*-ring) c lubrication

smøringssystem (*smūr*-rings-sewss-tāym) nt lubrication system

smågris (*smaw*-greess) c piglet

småkake (*smaw*-kaa-ker) c biscuit; cracker nAm

smålig (*smaw*-li) adj stingy

småpenger (*smaw*-peh-ngerr) pl petty cash, change

smårolling (*smaw*-ro-ling) c toddler

småstein (*smaw*-stayn) c pebble

snackbar (*snæk*-baar) c snack-bar

snakke (*snahk*-ker) v *speak, talk

snakkesalig (*snahk*-ker-saa-li) adj talkative

snapshot (*snæp*-shot) nt (pl ~) snapshot

snart (snaat) adv presently, soon, shortly; **så** ~ **som** as soon as

snegl (snayl) c snail

snekker (*snehk*-kerr) c carpenter

snever (*snāy*-verr) adj narrow, restricted

sneversynt (*snāy*-ver-shēwnt) adj narrow-minded

snikskytter (*sneek*-shew-terr) c sniper

snill (snill) *adj* good, nice, kind

snitte (snit-ter) *v* *cut, slice

sno (snoo) *v* twist; ~ **seg** *wind

snor (snoor) *c* string; cord

snorke (snor-ker) *v* snore

snorkel (snor-kerl) *c* (pl -kler) snorkel

snu (snew) *v* turn round; ~ **om** invert; ~ **seg** turn round

snuble (snewb-ler) *v* stumble

snurre (snewr-rer) *v* *spin

snute (snew-ter) *c* snout

***snyte** (snew-ter) *v* cheat

snø (snur) *v* snow; *c* snow

snødekket (snur-deh-kert) *adj* snowy

snøskred (snur-skrayd) *nt* (pl ~) avalanche

snøslaps (snur-shlahps) *nt* slush

snøstorm (snur-storm) *c* blizzard, snowstorm

sodavann (soo-dah-vahn) *nt* soda-water

sofa (soof-fah) *c* sofa

sogn (songn) *nt* parish

sogneprest (song-ner-prehst) *c* rector, vicar

sokk (sokk) *c* sock

sol (sool) *c* sun

solbrent (sool-brehnt) *adj* sunburned

solbriller (sool-bri-lerr) *pl* sun-glasses *pl*

solbær (sool-bæær) *nt* (pl ~) black-currant

soldat (sool-daat) *c* soldier

sole seg (soo-ler) *v* sunbathe

solid (soo-leed) *adj* solid, firm

solistkonsert (soo-list-koon-sæt) *c* recital

sollys (sool-lewss) *nt* sunlight

solnedgang (sool-nay-gahng) *c* sunset

sololje (soo-lol-Yer) *c* suntan oil

soloppgang (soo-lop-gahng) *c* sunrise

solrik (sool-reek) *adj* sunny

solseil (sool-sayl) *nt* (pl ~) awning

solskinn (sool-shin) *nt* sunshine

solstikk (sool-stik) *nt* (pl ~) sun-stroke

som (somm) *pron* who, that, which; ~ *conj* as; ~ **om** as if

somletog (soom-ler-tawg) *nt* (pl ~) slow train; milk train *nAM*

sommer (som-merr) *c* (pl somrer) summer

sommerfugl (som-merr-fewl) *c* butter-fly

sommertid (som-mer-teed) *c* summer time

sone (soo-ner) *c* zone

sopp (sopp) *c* mushroom; toadstool

sorg (sorg) *c* sorrow, grief

sort (sott) *c* kind, sort

sortere (so-tay-rer) *v* sort, assort

sortiment (so-ti-mahngng) *nt* assortment

sosial (soo-si-aal) *adj* social

sosialisme (soo-si-ah-liss-mer) *c* socialism

sosialist (soo-si-ah-list) *c* socialist

sosialistisk (soo-si-ah-liss-tisk) *adj* socialist

sosiologi (soo-si-oo-loo-gee) *c* sociology

***sove** (saw-ver) *v* *sleep; ~ **inn** fall asleep

sovende (saw-ver-ner) *adj* asleep

sovepille (saw-ver-pi-ler) *c* sleeping-pill

sovepose (saw-ver-poo-ser) *c* sleeping-bag

sovesal (saw-ver-saal) *c* dormitory

sovevogn (saw-ver-vongn) *c* sleeping-car; Pullman

soveværelse (saw-ver-væææ-rerl-ser) *nt* bedroom

sovne (sov-ner) *v* *fall asleep

spade (spaa-er) *c* spade

spalte (spahl-ter) *c* column

spandere (spahn-day-rer) *v* *spend

Spania (spaa-ni-ah) Spain

spanier (*spaa*-ni-err) *c* Spaniard

spanjol (spahn-*yóol*) *c* Spaniard

spann (spahnn) *nt* pail, bucket

spansk (spahnsk) *adj* Spanish

spare (*spaa*-rer) *v* save; economize

sparebank (*spaa*-rer-bahngk) *c* savings bank

sparepenger (*spaa*-rer-peh-ngerr) *pl* savings *pl*

spark (spahrk) *nt* kick

sparke (*spahr*-ker) *v* kick; •gi sparken dismiss

sparsommelig (spaa-*shom*-mer-li) *adj* thrifty, economical

spasere (spah-*sáy*-rer) *v* walk

spaserstokk (spah-*sáy*-shtok) *c* walking-stick

spasertur (spah-*sáy*-tewr) *c* stroll, walk

spedalskhet (speh-*daalsk*-háyt) *c* leprosy

spedbarn (*spáy*-baan) *nt* (pl ~) infant

speil (spayl) *nt* looking-glass, mirror

speilbilde (*spayl*-bil-der) *nt* reflection

spekulere (speh-kew-*láy*-rer) *v* speculate

spenne (*spayn*-ner) *c* buckle

spennende (*spehn*-ner-ner) *adj* exciting

spenning (*spehn*-ning) *c* tension; voltage

spe opp (*speh*) dilute

sperre (*spehr*-rer) *v* block; ~ inne lock up

spesialisere seg (speh-si-ah-li-*sáy*-rer) specialize

spesialist (speh-si-ah-*list*) *c* specialist

spesialitet (speh-si-ah-li-*táyt*) *c* speciality

spesiell (speh-si-*ehll*) *adj* particular, special

spesifikk (speh-si-*fikk*) *adj* specific

spidd (spidd) *nt* spit

spiker (*spee*-kerr) *c* (pl ~, -krer) nail

spill (spill) *nt* game

spille (*spil*-ler) *v* play; act

spillemerke (*spil*-ler-mær-ker) *nt* chip

spiller (*spil*-lerr) *c* player

spillkort (*spil*-kot) *nt* (pl ~) playing-card

spillopper (spi-*lop*-perr) *pl* mischief

spinat (spi-*naat*) *c* spinach

spindelvev (*spin*-derl-váyv) *c* (pl ~) cobweb, spider's web

•spinne (*spin*-ner) *v* •spin

spion (spi-*óon*) *c* spy

spir (speer) *nt* spire

spirituosa (spi-ri-tew-*óo*-sah) *pl* spirits

spise (*spee*-ser) *v* •eat

spisekart (*spee*-ser-kaht) *nt* menu

spiselig (*spee*-ser-li) *adj* edible

spisesal (*spee*-ser-saal) *c* dining-room

spiseskje (*spee*-ser-sháy) *c* tablespoon

spisestue (*spee*-ser-stéw-er) *c* dining-room

spisevogn (*spee*-ser-vongn) *c* dining-car

spiskammer (*spiss*-kah-merr) *nt* (pl ~, -kamre) larder

spiss (spiss) *adj* pointed, sharp; *c* tip, point

spissborgerlig (*spiss*-bor-ger-li) *adj* bourgeois

spisse (*spiss*-ser) *v* sharpen

splint (splint) *c* splinter

splinter ny (*splin*-terr néw) brand-new

spole (*spóo*-ler) *c* spool

spor (spóor) *nt* trace; trail, track

sport (spott) *c* sport

sportsbil (*spotsh*-beel) *c* sports-car

sportsjakke (*spotsh*-Yah-ker) *c* blazer, sports-jacket

sportsklær (*spotsh*-klæær) *pl* sportswear

sprang (sprahng) *nt* jump

spray (spray) *c* atomizer

sprayflaske (*spray*-flahss-ker) *c* atomizer

spre (sprāy) *v* *spread; scatter; *shed

sprekk (sprehkk) *c* crack, chink

***sprekke** (sprehk-ker) *v* *burst; crack

sprengstoff (sprehng-stof) *nt* explosive

springvann (spring-vahn) *nt* (pl ~) fountain

sprinkelkasse (spring-kerl-kah-ser) *c* crate

sprit (spreet) *c* liquor; **denaturert** ~ methylated spirits

spritapparat (spree-tah-pah-raat) *nt* spirit stove

sprut (sprēwt) *c* squirt

sprø (sprūr) *adj* crisp

sprøyte (sprur^{ew}-ter) *c* syringe; shot

språk (sprawk) *nt* language

språklaboratorium (sprawk-lah-boo-rah-tōō-ri-ewm) *nt* (pl -ier) language laboratory

spurv (spewrv) *c* sparrow

spyd (spēwd) *nt* spear

spytt (spewtt) *nt* spit

spytte (spewt-ter) *v* *spit

spøk (spūrk) *c* joke

spøkelse (spūr-kerl-ser) *nt* ghost; spirit, spook

***spørre** (spurr-rer) *v* ask

spørrelek (spurr-rer-lāyk) *c* quiz

spørsmål (spursh-mawl) *nt* (pl ~) question; matter; issue

spørsmålstegn (spursh-mawls-tayn) *nt* (pl ~) question mark

spå (spaw) *v* predict, tell fortunes

sta (staa) *adj* dogged, head-strong, stubborn, pig-headed, obstinate

stabel (staa-berl) *c* (pl -bler) stack

stabil (stah-beel) *adj* stable

stable (stahb-ler) *v* pile

stadig (staa-di) *adj* continual, frequent

stadion (staa-di-oon) *nt* stadium

stadium (staa-di-ewm) *nt* (pl -ier) stage, phase

stakitt (stah-kitt) *nt* picket fence

stall (stahll) *c* stable

stamme (stahm-mer) *c* trunk; tribe; *v* stammer

stampe (stahm-per) *v* stamp

stand[1] (stahnn) *c* (pl stender) state; *gjøre i ~ mend; i ~ til able

stand[2] (stahnn) *c* stand

standard- (stahn-dahr) standard

standhaftig (stahn-hahf-ti) *adj* steadfast

stang (stahngng) *c* (pl stenger) bar, pole; rod

stanse (stahn-ser) *v* stop, halt, pull up

start (staat) *c* take-off; beginning, start

startbane (staat-baa-ner) *c* runway

starte (staht-ter) *v* start, *begin

starter (staa-terr) *c* starter motor

stasjon (stah-shōōn) *c* station; depot *nAm*

stasjonsmester (stah-shōōns-mehss-terr) *c* station-master

stat (staat) *c* state; **stats-** national

statistikk (stah-ti-stikk) *c* statistics *pl*

statsborgerskap (staats-bor-ger-shkaap) *nt* citizenship

statskasse (staats-kahs-ser) *c* public purse

statsmann (staats-mahn) *c* (pl -menn) statesman

statsminister (staats-mi-niss-terr) *c* (pl ~e, -trer) premier, Prime Minister

statsoverhode (staat-saw-verr-hōō-der) *nt* head of state

statsråd (staats-rawd) *c* minister

statstjenestemann (staats-t^yāy-ner-ster-mahn) *c* (pl -menn) civil servant

statue (staa-tew-er) *c* statue

stave (staa-ver) *v* *spell

stavelse (*staa*-verl-ser) *c* syllable

stavemåte (*staa*-ver-maw-ter) *c* spelling

stearinlys (steh-ah-*reen*-lewss) *nt* (pl ~) candle

stebarn (*stay*-baan) *nt* (pl ~) step-child

sted (stay) *nt* spot, site, place; locality

stedfortreder (*stay*-fo-tray-derr) *c* substitute; deputy

stedlig (*stayd*-li) *adj* local; resident

stefar (*stay*-faar) *c* (pl -fedre) stepfather

steg (stayg) *nt* step

steil (stayl) *adj* steep

stein (stayn) *c* stone; **stein-** stone

steinbrudd (*stayn*-brewd) *nt* (pl ~) quarry

steinet (*stay*-nert) *adj* rocky

steintøy (*stayn*-tur^{ew}) *nt* earthenware, stoneware, crockery

steke (*stay*-ker) *v* fry; roast

stekeovn (*stay*-ker-ovn) *c* oven

stekepanne (*stay*-ker-pah-ner) *c* frying-pan

stemme (*stehm*-mer) *c* voice; vote; *v* vote; ~ **overens** agree

stemmerett (*stehm*-mer-reht) *c* franchise, suffrage

stemning (*stehm*-ning) *c* atmosphere; mood

stemor (*stay*-moōr) *c* (pl -mødre) stepmother

stempel (*stehm*-perl) *nt* (pl ~, -pler) stamp; piston

stempelring (*stehm*-perl-ring) *c* piston ring

stempelstang (*stehm*-perl-stahng) *c* (pl -stenger) piston-rod

stenge (*stehng*-nger) *v* fasten; ~ **av** turn off; *cut off; ~ **inne** *shut in

stengt (stehngt) *adj* closed, shut

stenografi (steh-noo-grah-*fee*) *c* short-hand

stereoanlegg (*stayh*-rayoo-ahn-lehg) *nt* stereo

steril (steh-*reel*) *adj* sterile

sterilisere (steh-ri-li-*say*-rer) *v* sterilize

sterk (stærk) *adj* strong; powerful

stevning (*stehv*-ning) *c* summons

sti (stee) *c* trail, path

stift (stift) *c* staple

stifte (*stif*-ter) *v* found, institute

stiftelse (*stif*-terl-ser) *c* foundation

stigbøyle (*steeg*-bur^{ew}-ler) *c* stirrup

stige (*stee*-ger) *c* ladder

*stige** (*stee*-ger) *v* ascend, *rise; ~ **av** *get off; ~ **opp** ascend; ~ **på** *get on

stigning (*steeg*-ning) *c* increase; ascent

stikk (stikk) *nt* bite, sting; picture, engraving

*stikke** (*stik*-ker) *v* *sting

stikkelsbær (*stik*-kerls-bæær) *nt* (pl ~) gooseberry

stikkontakt (*stik*-koon-tahkt) *c* plug

stikkpille (*stik*-pi-ler) *c* suppository

stil (steel) *c* style; essay

stilk (stilk) *c* stem

stillas (sti-*laass*) *nt* scaffolding

stille (*stil*-ler) *adj* calm, quiet, still; silent; *v* place, *put; ~ **inn** tune in

Stillehavet (*stil*-ler-haa-ver) Pacific Ocean

stillestående (*stil*-ler-staw-er-ner) *adj* stationary

stillferdig (stil-*fæædi*) *adj* quiet

stillhet (*stil*-hayt) *c* silence, stillness, quiet

stilling (*stil*-ling) *c* position; job

stimulans (sti-mew-*lahngs*) *c* stimulant

stimulere (sti-mew-*lay*-rer) *v* stimulate

sting (stingng) *nt* stitch

*stinke** (*sting*-ker) *v* *smell, *stink

stipend (sti-*pehnd*) *nt* grant, scholarship

stipulere (sti-pew-*lay*-rer) *v* stipulate

stirre (*steer*-rer) *v* stare, gaze

stiv (steev) *adj* stiff

stive (*stee*-ver) *v* starch

stivelse (*stee*-verl-ser) *c* starch

***stjele** (st* yay*-ler) *v* *steal

stjerne (st*yææ*-ner) *c* star

stoff (stoff) *nt* cloth, material, fabric; matter

stokk (stokk) *c* cane, stick

stokke (*stok*-ker) *v* shuffle

stol (st*oo*l) *c* chair

stola (st*oo*-lah) *c* stole

stole på (st*oo*-ler) trust; rely on

stolpe (*stol*-per) *c* post; pillar

stolt (stolt) *adj* proud

stolthet (*stolt*-h*ay*t) *c* pride

stopp! (stopp) stop!

stoppe (*stop*-per) *v* stop; quit; darn

stoppegarn (*stop*-per-gaan) *nt* (pl ~) darning wool

stor (st*oo*r) *adj* great, major, big; large

storartet (*st*oo-raa-tert) *adj* superb, grand, terrific

Storbritannia (st*oo*r-bri-tah-ni-ah) Great Britain

stork (stork) *c* stork

storm (storm) *c* gale; storm

stormagasin (st*oo*r-mah-gah-seen) *nt* department store

stormfull (*storm*-fewl) *adj* stormy

stormlykt (*storm*-lewkt) *c* hurricane lamp

storslått (*st*oo-shlot) *adj* magnificent

Stortinget (st*oo*r-ti-nger) Norwegian Parliament

stortingsmann (*st*oo-tings-mahn) *c* (pl -menn) Member of Parliament

straff (strahff) *c* punishment; penalty

straffe (*strahf*-fer) *v* punish

strafferett (*strahf*-fer-reht) *c* criminal law

straffespark (*strahf*-fer-spahrk) *nt* (pl ~) penalty kick

straks (strahks) *adv* instantly, at once, immediately

stram (strahmm) *adj* tight

stramme (*strahm*-mer) *v* tighten; **strammes** to be tightened

strand (strahnn) *c* (pl strender) beach

strebe (*stray*-ber) *v* aspire; ~ **etter** pursue, aim at

streife omkring (*stray*-fer) roam

streik (strayk) *c* strike

streike (stray-ker) *v* *strike

strek (str*ay*k) *c* line

strekning (*strehk*-ning) *c* stretch

streng (strehngng) *adj* strict, severe, harsh; *c* string

stress (strehss) *nt* stress

strid (streed) *c* contest; fight, battle, strife, struggle

***strides** (*stree*-derss) *v* dispute

strikk (strikk) *c* rubber band

strikke (*strik*-ker) *v* *knit

strimmel (*strim*-merl) *c* (pl strimler) strip

stripe (*stree*-per) *c* stripe

stripet (*stree*-pert) *adj* striped

strofe (str*oo*-fer) *c* stanza

struktur (strewk-t*ewr*) *c* structure; texture, fabric

strupekatarr (str*ew*per-kah-tahr) *c* laryngitis

struts (strewts) *c* ostrich

***stryke** (str*ew*-ker) *v* iron; *strike; fail an exam

strykefri (str*ew*-ker-free) *adj* drip-dry, wash and wear

strykejern (str*ew*-ker-Yææn) *nt* (pl ~) iron

strøm (strurmm) *c* (pl ~mer) current, stream; **med strømmen** downstream; **mot strømmen** upstream

strømfordeler (*strurm*-fo-dày-lerr) *c* distributor

strømme (*strurm*-mer) *v* flow, stream

strømpe (*strurm*-per) *c* stocking

strømpebukse (*strurm*-per-book-ser) *c* tights *pl*, panty-hose

strømpeholder (*strurm*-per-ho-lerr) *c* suspender belt; garter belt *Am*

stråle (*straw*-ler) *c* beam, ray; spout, jet; *v* *shine

strålende (*straw*-ler-ner) *adj* brilliant; glorious

student (stew-*dehnt*) *c* student

studere (stew-*dày*-rer) *v* study

studerværelse (stew-*dàyr*-vææ-rerl-ser) *nt* study

studium (*stēw*-di-oom) *nt* (pl -ier) study

stue (*stēw*-er) *c* sitting-room

stuert (*stōō*-ert) *c* steward

stum (stewmm) *adj* mute, dumb

stund (stewnn) *c* while

stup (stēwp) *nt* precipice

stupe (*stēw*-per) *v* dive

stusse (*stewss*-ser) *v* trim

stygg (stewgg) *adj* ugly

stykke (*stewk*-ker) *nt* piece, fragment, lump, part; *gå i stykker *break down; i stykker broken; stort ~ chunk

styrbord (*stewr*-bōōr) starboard

styre (*stēw*-rer) *v* direct; *nt* board, direction; government, rule

styrke (*stewr*-ker) *c* power, strength; force; væpnede styrker armed forces

styrkemiddel (*stewr*-ker-mi-derl) *nt* (pl -midler) tonic, restorative

styrte (*stewr*-ter) *v* crash; rush, dash

stær (stæær) *c* starling

stø (stūr) *adj* steady

stønne (*sturn*-ner) *v* groan

støpejern (*stūr*-per-Yææn) *nt* (pl ~) cast iron

størkne (*sturr*-kner) *v* coagulate, harden

størrelse (*sturr*-rerl-ser) *c* size; stor ~ outsize

størsteparten (*sturrsh*-ter-pah-tern) *c* bulk, the greater part of

støt (stūrt) *nt* bump

støtdemper (*stūrt*-dehm-perr) *c* shock absorber

støte (*stū*-ter) *v* bump; ~ på run into, *come across; knock against; ~ sammen bump

støtfanger (*stūrt*-fah-ngerr) *c* bumper

støtte (*sturt*-ter) *v* *hold up; *c* support

støttestrømpe (*sturt*-ter-strurm-per) *c* support hose

støv (stūrv) *nt* dust

støvel (*sturv*-verl) *c* (pl -vler) boot

støvet (*stūr*-vert) *adj* dusty

støvsuge (*stūrv*-sēw-ger) *v* hoover; vacuum *vAm*

støvsuger (*stūrv*-sēw-gerr) *c* vacuum cleaner

støy (stur^ew) *c* noise

støyende (*stur^ew*-er-ner) *adj* noisy

*stå (staw) *v* *stand; ~ opp *get up; *rise

stående (*staw*-er-ner) *adj* erect

stål (stawl) *nt* steel; rustfritt ~ stainless steel

ståltråd (*stawl*-traw) *c* wire

subjekt (sewb-*Yehkt*) *nt* subject

substans (sewb-*stahns*) *c* substance

substansiell (sewb-stahn-si-*ehl*) *adj* substantial

substantiv (*sewp*-stahn-teev) *nt* noun

subtil (sewb-*teel*) *adj* subtle

suge (*sēw*-ger) *v* suck

suite (*svit*-ter) *c* suite

sukke (*sewk*-ker) *v* sigh

sukker (*sook*-kerr) *nt* sugar

sukkerbit (*sook*-kerr-beet) *c* lump of sugar

sukkerlake (sook-kerr-laa-ker) c syrup

sukkersyke (sook-ker-shēw-ker) c diabetes

sukkersykepasient (sook-ker-shēw-ker-pah-si-ehnt) c diabetic

sukkertøy (sook-ker-tur^ew) nt sweet; candy nAm

sukre (sook-rer) v sweeten

suksess (sewk-sehss) c success; hit

sult (sewlt) c hunger

sulten (sewl-tern) adj hungry

sum (sewmm) c (pl ~mer) sum; amount

sump (soomp) c marsh

sumpet (soom-pert) adj marshy

sunn (sewnn) adj healthy; wholesome

superlativ (sew-pæl-lah-teev) c superlative

superlativisk (sew-pæl-lah-tee-visk) adj superlative

supermarked (sēw-perr-mahr-kerd) nt supermarket

suppe (sewp-per) c soup

suppeskje (sewp-per-shāy) c soupspoon

suppetallerken (sewp-per-tah-lær-kern) c soup-plate

suppeøse (sewp-per-ūr-ser) c soup ladle

sur (sewr) adj sour

surfingbrett (surr-fing-breht) nt surfboard

surstoff (sēw-shtof) nt oxygen

suspendere (sewss-pahng-dāy-rer) v suspend

suvenir (sew-ver-neer) c souvenir

svak (svaak) adj weak, feeble; faint; slight

svakhet (svaak-hāyt) c weakness

svale (svaa-ler) c swallow

svamp (svahmp) c sponge

svane (svaa-ner) c swan

svanger (svahng-ngerr) adj pregnant

svar (svaar) nt answer, reply; **som ~** in reply

svare (svaa-rer) v answer, reply; **~ til** correspond

svart (svahtt) adj dirty; black

svartebørs (svaht-ter-būrsh) c black market

svarttrost (svaht-rost) c blackbird

sveise (svay-ser) v weld

sveisesøm (svay-ser-surm) c (pl ~mer) joint

Sveits (svayts) Switzerland

sveitser (svayt-serr) c Swiss

sveitsisk (svayt-sisk) adj Swiss

svelge (svehl-ger) v swallow

svelle (svehl-ler) v *swell

svensk (svehnsk) adj Swedish

svenske (svehn-sker) c Swede

sverd (sværd) nt sword

*sverge (svær-ger) v vow, *swear

Sverige (svær-Yer) Sweden

svette (sveht-ter) v perspire, sweat; c perspiration, sweat

*svi (svee) v *burn

svigerfar (svee-gerr-faar) c (pl -fedre) father-in-law

svigerforeldre (svee-gerr-fo-rehl-drer) pl parents-in-law pl

svigerinne (svee-ger-rin-ner) c sister-in-law

svigermor (svee-gerr-mōōr) c (pl -mødre) mother-in-law

svigersønn (svee-ger-shurn) c son-in-law

svikte (svik-ter) v *let down

svimmel (svim-merl) adj dizzy, giddy

svimmelhet (svim-merl-hāyt) c dizziness, vertigo, giddiness

svindel (svin-derl) c swindle

svindle (svin-dler) v swindle

svindler (svin-dlerr) c swindler

svinekjøtt (svee-ner-khurt) nt pork

svinelær (svee-ner-læær) nt pigskin

sving (svingng) c turning, bend, turn

svingdør (*sving*-dūrr) *c* revolving door

svinge (*sving*-nger) *v* turn; *swing

sviske (*sviss*-ker) *c* prune

svoger (*svaw*-gerr) *c* (pl ~e, -grer) brother-in-law

svulst (svewlst) *c* tumour, growth

svær (svææer) *adj* huge

svært (svæært) *adv* very

svømme (*svurm*-mer) *v* *swim

svømmebasseng (*svurm*-mer-bah-sehng) *nt* swimming pool

svømmer (*svurm*-merr) *c* swimmer

svømming (*svurm*-ming) *c* swimming

swahili (svah-*hee*-li) *c* Swahili

sy (sēw) *v* *sew; ~ **sammen** *sew up

syd (sēwd) *c* south

sydame (*sēw*-daa-mer) *c* dressmaker

sydlig (*sēwd*-li) *adj* southerly

Sydpolen (*sēwd*-pōō-lern) South Pole

syk (sēwk) *adj* sick, ill

sykdom (*sēwk*-dom) *c* (pl ~mer) sickness, illness; disease; ailment

sykebil (*sēw*-ker-beel) *c* ambulance

sykehus (*sēw*-ker-hēwss) *nt* (pl ~) hospital

sykepleierske (*sēw*-ker-play-ersh-ker) *c* nurse

sykestue (*sēw*-ker-stew-er) *c* infirmary

sykesøster (*sēw*-ker-surss-terr) *c* (pl -tre) nurse

sykkel (*sewk*-kerl) *c* (sykler) bicycle, cycle

syklist (sewk-*list*) *c* cyclist

syklus (*sēwk*-lewss) *c* cycle

sylinder (sew-*lin*-derr) *c* (pl ~e, -drer) cylinder

syltetøy (*sewl*-ter-tur^ew) *nt* jam

symaskin (*sēw*-mah-sheen) *c* sewing-machine

symbol (sewm-*bōōl*) *nt* symbol

symfoni (sewm-foo-*nee*) *c* symphony

sympati (sewm-pah-*tee*) *c* sympathy

sympatisk (sewm-*paa*-tisk) *adj* nice

symptom (sewm-*tōōm*) *nt* symptom

syn (sēwn) vision; outlook, view; sight, spectacle

synagoge (sew-nah-*gōō*-ger) *c* synagogue

synd (sewnn) *c* sin; **så synd!** what a pity!; **synes ~ på** pity

synde (*sewnn*-der) *v* sin

syndebukk (*sewnn*-der-book) *c* scapegoat

synder (*sewnn*-derr) *c* sinner

synes (*sēw*-nerss) *v* appear, look, seem

*synge (*sewng*-nger) *v* *sing

*synke (*sewng*-ker) *v* *sink

synlig (*sēwn*-li) *adj* visible

synonym (sew-noo-*nēwm*) *nt* synonym

synspunkt (*sēwns*-poongt) *nt* point of view

syntetisk (sewn-*tāy*-tisk) *adj* synthetic

syre (*sēw*-rer) *c* acid

syrer (*sēw*-rerr) *c* Syrian

Syria (*sēw*-ri-ah) Syria

syrisk (*sēw*-risk) *adj* Syrian

system (sewss-*tāym*) *nt* system

systematisk (sewss-teh-*maa*-tisk) *adj* systematic

sytten (*surt*-tern) *num* seventeen

syttende (*surt*-ter-ner) *num* seventeenth

sytti (*surt*-ti) *num* seventy

syv (sēwv) *num* seven

syvende (*sēw*-ver-ner) *num* seventh

sær (sæær) *adj* queer

særdeles (sæ-*dāy*-lerss) *adv* quite

i særdeleshet (ee sæ-⊗*āy*-lerss-hāyt) in particular

særegen (*sææ*-reh-gern) *adj* particular

særskilt (*sææ*-shilt) *adj* separate

søke (*sūr*-ker) *v* *seek

søker (*sūr*-kerr) *c* view-finder

søknad (*sūrk*-nah) *c* application

søle (*sū*-ler) *v* *spill; *c* mud

sølet (*sū*-lert) *adj* muddy

sølibat (sur-li-*baat*) *nt* celibacy

sølv (surll) *nt* silver; **sølv-** silver

sølvsmed (*surl*-smāy) *c* silversmith

sølvtøy (*surl*-tur^(ew)) *nt* silverware

søm (summ) *c* (pl ~mer) seam; **uten ~** seamless

sømmelig (*summ*-mer-li) *adj* proper

søndag (*surn*-daa) *c* Sunday

sønn (surnn) *c* son

sønnedatter (*surn*-ner-dah-terr) *c* (pl -døtre) granddaughter

sønnesønn (*surn*-ner-surn) *c* grandson

søppel (*surp*-perl) *nt* garbage, litter

søppelbøtte (*surp*-perl-bur-ter) *c* rubbish-bin; waste basket *nAm*

søppelkasse (*surp*-perl-kah-ser) *c* dustbin; trash can *Am*

sør (sūrr) *c* south

Sør-Afrika (*sū*-rahf-ri-kah) South Africa

sørge (*surr*-ger) *v* grieve; ~ **for** see to, look after

sørgespill (*surr*-ger-spil) *nt* (pl ~) drama

sørgetid (*surr*-ger-teed) *c* time of mourning

sørlig (*sū*-li) *adj* southern

sørvest (surr-*vehst*) *c* south-west

sørøst (surr-*urst*) *c* south-east

søster (*surss*-terr) *c* (pl -tre) sister

søt (sūrt) *adj* sweet

søtsaker (*sūrt*-saa-kerr) *pl* candy *nAm*

søvn (survn) *c* sleep

søvnig (*surv*-ni) *adj* sleepy

søvnløs (*survn*-lūrss) *adj* sleepless

søvnløshet (*survn*-lūrss-hāyt) *c* insomnia

søyle (*sur^(ew)*-ler) *c* column

så (saw) *adv* so; then; *conj* so, so that; *v* *sow; ~ **vel som** as well as;

~ **vidt** barely; as much

såkalt (*saw*-kahlt) *adj* so-called

såle (*saw*-ler) *c* sole

sånn (sonn) *adj* such

såpe (*saw*-per) *c* soap

såpepulver (*saw*-per-pewl-verr) *nt* soap powder

sår (sawr) *nt* wound; ulcer, sore; *adj* sore

sårbar (*sawr*-baar) *adj* vulnerable

såre (*saw*-rer) *v* wound; *hurt

T

*ta (taa) *v* *take; ~ **bort** *take out; ~ **ille opp** resent; ***~ imot** accept; ~ **inn** stay; ~ **med** *bring; ~ **med seg** *take away; ~ **opp** pick up; *bring up; ~ **på** *put on; ~ **seg av** attend to, *deal with; ~ **seg i vare** beware; ~ **vare på** *take care of; ~ **vekk** *take away

tabell (tah-*behll*) *c* chart, table

tablett (tahb-*lehtt*) *c* tablet

tabu (*taa*-bew) *nt* taboo

tak (taak) *nt* roof; ceiling; grip

takk (tahkk) thank you

takke (*tahk*-ker) *v* thank; ***ha å ~ for** owe

takknemlig (tahk-*nehm*-li) *adj* grateful, thankful

takknemlighet (tahk-*nehm*-li-hāyt) *c* gratitude

taksameter (tahk-sah-*māy*-terr) *nt* (pl ~, -tre) taxi-meter

taksere (tahk-*sāy*-rer) *v* value, estimate

takstein (*taak*-stayn) *c* tile

taktikk (tahk-*tikk*) *c* tactics *pl*

tale (*taa*-ler) *c* speech

taleevne (*taa*-ler-ehv-ner) *c* speech

talent (tah-*lehnt*) *nt* talent

talerstol (*taa*-ler-shtool) *c* pulpit
talkum (*tahl*-kewm) *c* talc powder
tall (tahll) *nt* figure, number
tallerken (tah-*lær*-kern) *c* plate, dish
tallord (*tahl*-loor) *nt* (pl ∼) numeral
tallrik (*tahl*-reek) *adj* numerous
talong (tah-*longng*) *c* stub, counterfoil
tam (tahmm) *adj* tame
tampong (tahm-*pongng*) *c* tampon
tang (tahngng) *c* (pl tenger) tongs *pl*, pliers *pl*
tank (tahngk) *c* tank
tankbåt (*tahngk*-bawt) *c* tanker
tanke (*tahng*-ker) *c* thought, idea
tankefull (*tahng*-ker-fewl) *adj* thoughtful
tankestrek (*tahng*-ker-strayk) *c* dash
tann (tahnn) *c* (pl tenner) tooth
tannbørste (*tahn*-bursh-ter) *c* toothbrush
tannkjøtt (*tahn*-khurt) *nt* gum
tannkrem (*tahnn*-kraym) *c* toothpaste
tannlege (*tahn*-lay-ger) *c* dentist
tannpasta (*tahn*-pahss-tah) *c* toothpaste
tannpine (*tahn*-pee-ner) *c* toothache
tannpirker (*tahn*-peer-kerr) *c* toothpick
tannpulver (*tahn*-pewl-verr) *nt* toothpowder
tante (*tahn*-ter) *c* aunt
tap (taap) *nt* loss
tape (*taa*-per) *v* *lose
tapet (tah-*payt*) *nt* wallpaper
tapper (*tahp*-perr) *adj* brave, courageous
tapperhet (*tahp*-perr-hayt) *c* courage
tariff (tah-*riff*) *c* rate, tariff
tarm (tahrm) *c* intestine, gut; **tarmer** bowels *pl*, intestines
tau (tou) *nt* cord
taue (*tou*-er) *v* tow, tug
taus (touss) *adj* silent
tavle (*tahv*-ler) *c* blackboard; board

taxi (*tahk*-si) *c* taxi
te (tay) *c* tea
teater (teh-*aa*-terr) *nt* (pl ∼, -tre) theatre
teaterstykke (teh-*aa*-ter-shtew-ker) *nt* play
tegn (tayn) *nt* sign, token, signal; indication
tegne (*tay*-ner) *v* *draw; sketch; ∼ **opp** design
tegnefilm (*tay*-ner-film) *c* cartoon
tegnestift (*tay*-ner-stift) *c* drawing-pin; thumbtack *nAm*
tegning (*tay*-ning) *c* sketch, drawing
tekanne (*tay*-kah-ner) *c* teapot
tekniker (*tehk*-ni-kerr) *c* technician
teknikk (tehk-*nikk*) *c* technique
teknisk (*tehk*-nisk) *adj* technical
teknologi (tehk-noo-loo-*gee*) *c* technology
tekopp (*tay*-kop) *c* teacup
tekst (tehkst) *c* text; subtitle
tekstil (tehk-*steel*) *c*/*nt* textile
tekstilvarer (tehk-*steel*-vaa-rerr) *pl* drapery
telefax (*teh*-ler-fahks) *c* fax; **sende en ∼** send a fax
telefon (teh-ler-*foon*) *c* phone, telephone
telefonere (teh-ler-foo-*nay*-rer) *v* phone
telefonist (teh-ler-fo-*nist*) *c* operator, telephonist
telefonkatalog (teh-ler-*foon*-kah-tah-lawg) *c* telephone directory; telephone book *Am*
telefonkiosk (teh-ler-*foon*-khosk) *c* telephone booth
telefonoppringning (teh-ler-*foo*-nop-ring-ning) *c* telephone call
telefonrør (teh-ler-*foon*-rurr) *nt* (pl ∼) receiver
telefonsamtale (teh-ler-*foon*-sahm-taa-ler) *c* telephone call

telefonsentral (teh-ler-*fōōn*-sehn-traal) *c* telephone exchange

telefonsvarer (teh-ler-*fōōn*-svaa-rerr) *c* answering machine

telegrafere (teh-ler-grah-*fāy*-rer) *v* cable, telegraph

telegram (teh-ler-*grahmm*) *nt* (pl ~mer) cable, telegram

teleobjektiv (*tāy*-ler-ob-ʏehk-teev) *nt* telephoto lens

telepati (teh-ler-pah-*tee*) *c* telepathy

*****telle** (*tehl*-ler) *v* count; ~ **opp** count

telt (tehlt) *nt* tent

tema (*tāy*-mah) *nt* theme

temme (*tehm*-mer) *v* tame

temmelig (*tehm*-mer-li) *adv* rather, pretty, fairly, quite

tempel (*tehm*-perl) *nt* (pl ~, -pler) temple

temperatur (tehm-per-rah-*tēwr*) *c* temperature

tempo (*tehm*-poo) *nt* pace

tendens (tehn-*dehns*) *c* tendency; *****ha ~ til** tend

tenke (*tehng*-ker) *v* *****think; ~ **over** *****think over; ~ **på** *****think of; ~ **seg** imagine, fancy; ~ **ut** conceive

tenker (*tehng*-kerr) *c* thinker

tenne (*tehn*-ner) *v* *****light

tenning (*tehn*-ning) *c* ignition

tennis (*tehn*-niss) *c* tennis

tennisbane (*tehn*-niss-baa-ner) *c* tennis-court

tennissko (*tehn*-ni-skōō) *pl* tennis shoes

tennplugg (*tehn*-plewg) *c* sparking-plug

tennspole (*tehn*-spōō-ler) *c* ignition coil

tenåring (*tāy*-naw-ring) *c* teenager

teologi (teh-oo-loo-*gee*) *c* theology

teoretisk (teh-oo-*rāy*-tisk) *adj* theoretical

teori (teh-oo-*ree*) *c* theory

teppe (*tehp*-per) *nt* blanket; carpet; curtain

terapi (teh-rah-*pee*) *c* therapy

termin (tær-*meen*) *c* term

termometer (tær-moo-*māy*-terr) *nt* (pl ~, -tre) thermometer

termosflaske (*tær*-mooss-flahss-ker) *c* vacuum flask, thermos flask

termostat (tær-moo-*staat*) *c* thermostat

terning (*tææ*-ning) *c* cube; dice *pl*

terpentin (tær-pehn-*teen*) *c* turpentine

terrasse (tæ-*rahss*-ser) *c* terrace

terreng (tæ-*rehngng*) *nt* terrain

terror (*tær*-roor) *c* terror

terrorisme (tæ-roo-*riss*-mer) *c* terrorism

terrorist (tæ-roo-*rist*) *c* terrorist

terskel (*tæsh*-kerl) *c* threshold

terylen (teh-rew-*lāyn*) *c* terylene

tesalong (*tāy*-sah-long) *c* tea-shop

tese (*tāy*-ser) *c* thesis

teservise (*tāy*-sær-vee-ser) *nt* tea-set

teskje (*tāy*-shāy) *c* teaspoon; teaspoonful

test (tehst) *c* test

testamente (tehss-tah-*mehn*-ter) *nt* will

teste (*tehss*-ter) *v* test

tett (tehtt) *adj* dense, thick

tettpakket (*teht*-pah-kert) *adj* crowded

Thailand (*tigh*-lahn) Thailand

thailandsk (*tigh*-lahnsk) *adj* Thai

thailender (*tigh*-leh-nerr) *c* Thai

ti (tee) *num* ten

tid (teed) *c* time; period; **hele tiden** all the time; **i tide** in time

tidevann (*tee*-der-vahn) *nt* tide

tidlig (*tee*-li) *adj* early; **tidligere** before, former, previous, formerly, *adv* before; past

tidsbesparende (*tits*-beh-spaa-rer-ner)

adj time-saving

tidsskrift (*tit*-skrift) *nt* magazine, periodical, review, journal

tie (*tee*-er) *v* *be silent, *keep quiet

tiende (*tee*-er-ner) *num* tenth

tiger (*tee*-gerr) *c* tiger

tigge (*tig*-ger) *v* beg

tigger (*tig*-gerr) *c* beggar

til (till) *prep* to; for; until, till; **en ~** another

tilbake (til-*baa*-ker) *adv* back; •**gå ~** *get back

tilbakebetale (til-*baa*-ker-beh-taa-ler) *v* reimburse, *repay

tilbakebetaling (til-*baa*-ker-beh-taa-ling) *c* repayment, refund

tilbakeflyvning (til-*baa*-ker-flewv-ning) *c* return flight

tilbakegang (til-*baa*-ker-gahng) *c* recession

tilbakekalle (til-*baa*-ker-kah-ler) *v* recall

tilbakekomst (til-*baa*-ker-komst) *c* return

tilbakereise (til-*baa*-ker-ray-ser) *c* return journey

tilbakevei (til-*baa*-ker-vay) *c* way back

tilbakevise (til-*baa*-ker-vee-ser) *v* reject

•**tilbe** (til-*bay*) *v* worship

tilbehør (*til*-beh-hūrr) *nt* accessories *pl*

tilberede (til-beh-*rāy*-der) *v* prepare; cook

•**tilbringe** (til-*bri*-nger) *v* *spend

tilbud (*til*-bewd) *nt* (pl ~) offer; supply

•**tilby** (til-*bew*) *v* offer

tilbøyelig (til-*bur*ew-er-li) *adj* inclined; •**være ~ til** tend to

tilbøyelighet (til-*bur*ew-er-li-hāyt) *c* inclination, tendency

tildele (*til*-dāy-ler) *v* allot; award; assign to; administer

tilfeldig (til-*fehl*-di) *adj* incidental, accidental, casual

tilfeldigvis (til-*fehl*-di-veess) *adv* by chance

tilfelle (*til*-feh-ler) *nt* case, instance; chance; **i ~ av** in case of

tilfluktssted (*til*-flewkt-steh) *nt* shelter

tilfreds (til-*frehts*) *adj* content; satisfied

tilfredshet (til-*frehts*-hāyt) *c* satisfaction

tilfredsstille (til-*freht*-sti-ler) *v* satisfy

tilfredsstillelse (til-*freht*-sti-lerl-ser) *c* satisfaction

tilfredsstilt (*til*-freht-stilt) *adj* satisfied

tilførsel (*til*-fur-sherl) *c* (pl -sler) supply

tilføye (*til*-fur*ew*-er) *v* add

tilføyelse (*til*-fur*ew*-erl-ser) *c* addition

tilgang (*til*-gahng) *c* access

•**tilgi** (*til*-Yee) *v* *forgive

tilgivelse (*til*-Yee-verl-ser) *c* pardon

tilgjengelig (til-*Yehng*-nger-li) *adj* available; accessible

tilhenger (*til*-heh-ngerr) *c* trailer; supporter

tilhøre (*til*-hūr-rer) *v* belong, belong to

tilhører (*til*-hūr-rerr) *c* auditor

•**tilintetgjøre** (ti-*lin*-tert-Yūr-rer) *v* destroy; destroy, ruin

•**tillate** (*til*-laa-ter) *v* permit, allow; •**være tillatt** *be allowed

tillatelse (*til*-laa-terl-ser) *c* permission, authorization; permit; •**gi ~** license

tillegg (*til*-lehg) *nt* (pl ~) supplement; surcharge; annex

tillit (*til*-leet) *c* faith, confidence, trust

tillitsfull (*til*-leets-fewl) *adj* confident

tilpasse (*til*-pah-ser) *v* adapt, suit; adjust

tilrettevise (til-*reht*-ter-vee-ser) *v* reprimand

tilråde (*til*-raw-der) *v* recommend

tilsiktet (*til*-sik-tert) *adj* intentional

•**tilskrive** (*til*-skree-ver) v assign to

tilskudd (*til*-skewd) nt (pl ~) subsidy; grant

tilskuer (*til*-skew-err) c spectator

tilsluttet (*til*-shlew-tert) adj affiliated

tilstand (*til*-stahn) c condition

tilstedeværelse (til-*stay*-der-vææ-rerl-ser) c presence

tilstedeværende (til-*stay*-der-vææ-rer-ner) adj present

tilstrekkelig (til-*streh*-ker-li) adj enough, sufficient; adequate; •**være ~** suffice; *do

tilstøtende (*til*-stür-ter-ner) adj neighbouring, adjacent

•**tilstå** (*til*-staw) v confess, admit

tilståelse (*til*-staw-erl-ser) c confession

tilsvare (*til*-svaa-rer) v correspond

tilsvarende (*til*-svaa-rer-ner) adj equivalent

tilsynelatende (til-*sew*-ner-laa-ter-ner) adj apparent

•**tilta** (*til*-taa) v increase

tiltakende (*til*-taa-ker-ner) adj progressive

•**tiltrekke** (*til*-treh-ker) v attract

tiltrekkende (*til*-treh-ker) adj attractive

tiltrekning (*til*-trehk-ning) c attraction

time (*tee*-mer) c hour; lesson; **hver ~** hourly

timeplan (*ti*-mer-plaan) c schedule

timian (*tee*-mi-ahn) c thyme

tind (tinn) c peak

tine (*tee*-ner) v thaw

ting (tingng) c (pl ~) thing

tingest (*ting*-ngerst) c gadget

tinn (tinn) nt pewter, tin

tinnfolie (*tin*-foo-li-er) c tinfoil

tinning (tin-ning) c temple

tirsdag (*teesh*-dah) c Tuesday

tispe (*tiss*-per) c bitch

tistel (*tiss*-terl) c (pl -tler) thistle

tittel (*tit*-terl) c (pl titler) title

tiur (tee-*ewr*) c wood grouse

tjene (t*yay*-ner) v earn; *make

tjener (t*yay*-nerr) c boy, servant, domestic

tjeneste (t*yay*-nerss-ter) c favour; service

tjue (*khew*-er) num twenty

tjuende (*khew*-er-ner) num twentieth

tjære (*khææ*-rer) c tar

to (too) num two

toalett (too-ah-*lehtt*) nt bathroom, lavatory, toilet; washroom nAm

toalettbord (too-ah-*leht*-boor) nt dressing-table

toalettpapir (too-ah-*leht*-pah-peer) nt toilet-paper

toalettsaker (too-ah-*leht*-saa-kerr) pl toiletry

toalettveske (too-ah-*leht*-vehss-ker) c toilet case

tobakk (too-*bahkk*) c tobacco

tobakksforretning (too-*bahks*-fo-reht-ning) c tobacconist's

tobakkshandler (too-*bahks*-hahnd-lerr) c tobacconist

tobakkspung (too-*bahks*-poong) c tobacco pouch

todelt (*too*-dehlt) adj two-piece

tog (tawg) nt train, parade

tolk (tolk) c interpreter

tolke (*tol*-ker) v interpret

toll (toll) c Customs duty; Customs pl

tollavgift (*tol*-laav-yift) c Customs duty

toller (*tol*-lerr) c Customs officer

tollfri (*toll*-free) adj duty-free

tolv (toll) num twelve

tolvte (*tol*-ter) num twelfth

tom (tomm) adj empty

tomat (too-*maat*) c tomato

tommelfinger (*tom*-merl-fi-ngerr) c (pl -gre) thumb

tomt (tomt) *c* grounds, plot
tone (*tōō*-ner) *c* note, tone
tonn (tonn) *nt* ton
topp (topp) *c* summit, top; peak
topplokk (*top*-lok) *nt* (pl ∼) cylinder head
torden (*too*-dern) *c* thunder; **torden**-thundery
tordenvær (*too*-dern-væær) *nt* (pl ∼) thunderstorm
tordne (*tood*-ner) *v* thunder
***tore** (*tōō*-rer) *v* dare
torg (torg) *nt* market-place
torn (tōōn) *c* thorn
torsdag (*tawsh*-dah) *c* Thursday
torsk (toshk) *c* (pl ∼) cod
tortur (too-*tewr*) *c* torture
torturere (too-tew-*rāy*-rer) *v* torture
tosk (tosk) *c* fool
tospråklig (*tōō*-sprawk-li) *adj* bilingual
total (too-*taal*) *adj* total; overall; utter
totalisator (too-tah-li-*saa*-toor) *c* totalizator; bookmaker
totalitær (too-tah-li-*tæær*) *adj* totalitarian
totalsum (too-*taal*-sewm) *c* (pl ∼mer) total
totalt (too-*taalt*) *adv* completely
tradisjon (trah-di-*shōōn*) *c* tradition
tradisjonell (trah-di-shoo-*nehll*) *adj* traditional
trafikk (trah-*fikk*) *c* traffic
trafikk-kork (trah-*fik*-kork) *c* jam, traffic jam
trafikklys (trah-*fik*-lēwss) *nt* (pl ∼) traffic light
tragedie (trah-*gāy*-di-er) *c* tragedy
tragisk (*traa*-gisk) *adj* tragic
trakt (trahkt) *c* region; funnel
traktat (trahk-*taat*) *c* treaty
traktor (*trahk*-toor) *c* tractor
trang (trahngng) *adj* tight, narrow; *c* urge

transaksjon (trahn-sahk-*shōōn*) *c* deal, transaction
transatlantisk (*trahn*-saht-lahn-tisk) *adj* transatlantic
transformator (trahns-for-*maa*-toor) *c* transformer
transpirasjon (trahn-spi-rah-*shōōn*) *c* perspiration
transpirere (trahn-spi-*rāy*-rer) *v* perspire
transport (trahns-*pott*) *c* transport, transportation
transportabel (trahns-po-*taa*-berl) *adj* portable
transportere (trahns-po-*tāy*-rer) *v* transport
trapp (trahpp) *c* stairs *pl*, staircase
travel (*traa*-verl) *adj* busy
travelhet (*traa*-verl-hāyt) *c* bustle
***tre** (trāy) *v* step; thread
tre[1] (trāy) *num* three
tre[2] (trāy) *nt* (pl trær) tree; wood; tre- wooden
tredje (*trāyd*-Yer) *num* third
***treffe** (*trehf*-fer) *v* *hit; *meet
treg (trāyg) *adj* slack
trekant (*trāy*-kahnt) *c* triangle
trekantet (*trāy*-kahn-tert) *adj* triangular
trekk (trehkk) *nt* move; trait; *c* draught
***trekke** (*trehk*-ker) *v* pull, *draw; upholster; ∼ **fra** deduct; subtract; ∼ **opp** *wind; uncork; ∼ **tilbake** *withdraw; ∼ **ut** extract
trekkpapir (*trehk*-pah-peer) *nt* blotting paper
trekløver (*trāy*-klur-verr) *c* shamrock
trekning (*trehk*-ning) *c* draw
trekull (*trāy*-kewl) *nt* charcoal
trene (*trāy*-ner) *v* drill; train
trener (*trāy*-nerr) *c* coach
trenge (*trehng*-nger) *v* need; ∼ **seg**

frem push

trening (*trǣy*-ning) *c* training

treskjærerarbeid (*trǣy*-shææ-rerr-ahr-bayd) *nt* wood-carving

tresko (*trǣy*-skōō) *c* (pl ~) wooden shoe

trett (trehtt) *adj* tired, weary

trette (*treht*-ter) *v* argue, quarrel; tire; *c* quarrel

tretten (*treht*-tern) *num* thirteen

trettende (*treht*-ter-ner) *num* thirteenth; *adj* tiring

tretti (*treht*-ti) *num* thirty

trettiende (*treht*-ti-er-ner) *num* thirtieth

trevle opp (*trehv*-ler) fray

tribune (tri-*bēw*-ner) *c* stand

trick (trikk) *nt* trick

trikk (trikk) *c* tram; streetcar *nAm*

trikotasje (tri-koo-*taa*-sher) *c* hosiery

trillebår (*tril*-ler-bawr) *c* wheelbarrow

trinn (trinn) *nt* step

trinse (*trin*-ser) *c* pulley

trist (trist) *adj* sad

triumf (tri-*ewmf*) *c* triumph

triumfere (tri-ewm-*fǣy*-rer) *v* triumph

triumferende (tri-ewm-*fǣy*-rer-ner) *adj* triumphant

tro (trōō) *v* believe; reckon; *c* belief, faith; *adj* faithful

trofast (*trōō*-fahst) *adj* faithful, true

trolig (*trōō*-li) *adj* credible

trolldom (*trol*-dom) *c* magic

trolleybuss (*trol*-li-bewss) *c* trolley-bus

tromme (*troom*-mer) *c* drum

trommehinne (*troom*-mer-hi-ner) *c* ear-drum

trompet (troom-*pǣyt*) *c* trumpet

trone (*trōō*-ner) *c* throne

tropene (*trōō*-per-ner) *pl* tropics *pl*

tropisk (*trōō*-pisk) *adj* tropical

tropper (*trop*-perr) *pl* troops *pl*

tross (tross) *prep* in spite of, despite;

til ~ for in spite of

trost (trost) *c* thrush

true (*trēw*-er) *v* threaten

truende (*trēw*-er-ner) *adj* threatening

trumf (trewmf) *c* trump, trump card

trupp (trewpp) *c* band; company

trusel (*trewss*-serl) *c* (pl -sler) threat; **~ brev** threatening letter

truser (*trēw*-serr) *pl* briefs *pl*, knickers *pl*, panties *pl*; underpants *plAm*

trygle (*trēw*-ger-ler) *v* plead, beseech, beg

trykk¹ (trewkk) *nt* pressure

trykk² (trewkk) *nt* engraving, print

trykk³ (trewkk) *nt* stress; *legge ~ på** stress

trykke¹ (*trewk*-ker) *v* press; **~ på** press

trykke² (*trewk*-ker) *v* print

trykkende (*trewk*-ker-ner) *adj* stuffy

trykknapp (*trewk*-knahp) *c* push-button; press-stud

trykkoker (trewk-kōō-kerr) *c* pressure-cooker

trykksak (*trewk*-saak) *c* printed matter

tryllekunstner (*trewl*-ler-kewnst-nerr) *c* magician

trøbbel (*trurb*-berl) *nt* trouble

trøffel (*trur*-ferl) *c* truffle

trøst (trurst) *c* comfort

trøste (*trurss*-ter) *v* comfort

trøstepremie (*trurss*-ter-prǣy-mi-er) *c* consolation prize

trå (traw) *v* step

tråd (traw) *c* thread

tube (*tēw*-ber) *c* tube

tuberkulose (tew-bær-kew-*lōō*-ser) *c* tuberculosis

tulipan (tew-li-*paan*) *c* tulip; **~-løk** tulip bulb

tull (tewll) *nt* rubbish

tunfisk (*tēwn*-fisk) *c* tuna

tung (toongng) *adj* heavy

tunge (*toong*-nger) *c* tongue

tungnem (*toong*-nehm) *adj* slow

tunika (tēw-ni-kah) *c* tunic

Tunisia (tew-*nee*-si-ah) Tunisia

tunisier (tew-*nee*-si-err) *c* Tunisian

tunisisk (tew-*nee*-sisk) *adj* Tunisian

tunnel (tew-*nehll*) *c* tunnel

tur (tēwr) *c* ride, trip; turn

turbin (tewr-*been*) *c* turbine

turbojet (*tewr*-boo-Yeht) *c* turbojet

turgjenger (*tēwr*-Yeh-ngerr) *c* walker

turist (tew-*rist*) *c* tourist

turistklasse (tew-*rist*-klah-ser) *c* tourist class

turistkontor (tew-*rist*-koon-tōōr) *nt* tourist office

turisttrafikk (tew-*riss*-trah-fik) *c* tourism

turnbukse (*tēwn*-book-ser) *c* trunks *pl*

turner (*tew*-nerr) *c* gymnast

turnering (tew-*nāy*-ring) *c* tournament

turnsko (*tēwn*-skōō) *pl* gym shoes; sneakers *plAm*

tur-retur (*tēwr*-reh-tēwr) round trip *Am*

tusen (*tēw*-sern) *num* thousand

tusmørke (*tewss*-murr-ker) *nt* dusk

tut (tēwt) *c* nozzle

tute (*tēw*-ter) *v* hoot; honk *vAm*, toot *vAm*

tvang (tvahng) *c* constraint; force

tverr (tværr) *adj* cross

tvert imot (*tvæt* i-*mōōt*) on the contrary

tvert om (*tvæt* om) the other way round

tvetydig (tv*āy*-tēw-di) *adj* ambiguous

tvil (tveel) *c* doubt; uten ~ without doubt

tvile (*tvee*-ler) *v* doubt

tvillinger (*tvil*-li-ngerr) *pl* twins *pl*

tvilsom (*tveel*-som) *adj* doubtful

****tvinge** (*tving*-nger) *v* force

tvist (tvist) *c* dispute

tydelig (*tēw*-der-li) *adj* clear, distinct, plain; evident, apparent; explicit

tyfus (*tēw*-fewss) *c* typhoid

tygge (tewg-ger) *v* chew

tyggegummi (*tewg*-ger-gew-mi) *c* chewing-gum

tykk (tewkk) *adj* thick; corpulent, fat, big

tykkelse (*tewk*-kerl-ser) *c* thickness

tykkfallen (*tewk*-fah-lern) *adj* stout

tykne (*tewk*-ner) *v* thicken

tyngde (*tewng*-der) *c* weight

tyngdekraft (*tewng*-der-krahft) *c* gravity

tynge (*tewng*-nger) *v* oppress

tynn (tewnn) *adj* thin; sheer; weak

type (*tēw*-per) *c* type

typisk (*tēw*-pisk) *adj* typical

tyr (tēwr) *c* bull

tyrann (tew-*rahnn*) *c* tyrant

tyrefektning (*tēw*-rer-fehkt-ning) *c* bullfight

tyrefektningsarena (*tēw*-rer-fehkt-ning-sah-r*āy*-nah) *c* bullring

tyrker (*tewr*-kerr) *c* Turk

Tyrkia (*tewr*-ki-ah) Turkey

tyrkisk (*tewr*-kisk) *adj* Turkish

tysk (tewsk) *adj* German

tysker (*tewss*-kerr) *c* German

Tyskland (*tewsk*-lahn) Germany

tyv (tēwv) *c* thief

tyve (*tēw*-ver) *num* twenty

tyvende (*tēw*-ver-ner) *num* twentieth

tyveri (tēw-ver-*ree*) *nt* robbery, theft

tøffel (*turf*-ferl) *c* (pl tøfler) slipper

tømme (*turm*-mer) *v* empty

tømmer (*turm*-merr) *nt* timber

tømmermenn (*turm*-merr-mehn) *pl* hangover

tømming (*turm*-ming) *c* emptying

tønne (*turn*-ner) *c* cask, barrel

tørke (*turr*-ker) *c* drought; *v* wipe,

dry; ~ av wipe; ~ bort wipe
tørkeapparat (*turr*-ker-ah-pah-raat) *nt* dryer
tørr (turrr) *adj* dry
tørst (tursht) *adj* thirsty; *c* thirst
tøvær (*tūr*-væær) *nt* thaw
tøye (*turew*-er) *v* stretch
tøyelig (*turew*-er-li) *adj* elastic
tøyelighet (*turew*-er-li-hayt) *c* elasticity
tøyle (*turew*-ler) *v* curb; restrain
tå (taw) *c* (pl tær) toe
tåke (*taw*-ker) *c* mist, fog
tåkelykt (*taw*-ker-lewkt) *c* foglamp
tåket (*taw*-kert) *adj* foggy
tålmodig (tol-*mōō*-di) *adj* patient
tålmodighet (tol-*mōō*-di-hayt) *c* patience
tåpe (*taw*-per) *c* fool
tåpelig (*taw*-per-li) *adj* silly, foolish; crazy
tåre (*taw*-rer) *c* tear
tåreperse (*taw*-rer-pæ-sher) *c* tearjerker
tårn (tawn) *nt* tower

U

ualminnelig (ew-ahl-*mi*-ner-li) *adj* unusual
uanselig (ew-ahn-*say*-li) *adj* inconspicuous, insignificant
uanstendig (*ēw*-ahn-stehn-di) *adj* indecent; obscene
uantakelig (*ēw*-ahn-*taa*-ker-li) *adj* unacceptable
uavbrutt (*ēw*-ahv-brewt) *adj* continuous
uavhengig (*ēw*-ahv-heh-ngi) *adj* independent
uavhengighet (*ēwahv*-heh-ngi-hayt) *c* independence

ubebodd (*ēw*-beh-bood) *adj* uninhabited
ubeboelig (*ēw*-beh-*bōō*-er-li) *adj* uninhabitable
ubegrenset (*ēw*-beh-grehn-sert) *adj* unlimited
ubehagelig (*ēw*-beh-haa-ger-li) *adj* disagreeable, unpleasant; nasty
ubekvem (*ēw*-beh-kvehm) *adj* uncomfortable
ubekymret (*ēw*-beh-khewm-rert) *adj* carefree
ubeleilig (*ēw*-beh-lay-li) *adj* inconvenient
ubeleilighet (*ēw*-beh-lay-li-hayt) *c* inconvenience
ubemyndiget (*ēw*-beh-mewn-di-ert) *adj* unauthorized
ubesindig (*ēw*-beh-sin-di) *adj* rash
ubeskjeden (*ēw*-beh-shay-dern) *adj* immodest
ubeskyttet (*ēw*-beh-shew-tert) *adj* unprotected
ubestemt (*ēw*-beh-stehmt) *adj* indefinite
ubesvart (*ēw*-beh-svaat) *adj* unanswered
ubetydelig (*ēw*-beh-*rēw*-der-li) *adj* insignificant; slight, petty
ubevisst (ew-ber-vist) *adj* unconscious
ubotelig (ew-*bōō*-ter-li) *adj* irreparable
udugelig (ew-*dēw*-ger-li) *adj* incapable
udyrket (ew-dewr-kert) *adj* uncultivated
uegnet (*ēw*-ay-nert) *adj* unsuitable, unfit
uekte (*ēw*-ehk-ter) *adj* false
uendelig (ew-*ehn*-ner-li) *adj* endless, infinite
•være uenig (vææ-rer ew-*ay*-ni) disagree

uerfaren (ēw-ær-faa-rern) *adj* inexperienced

ufaglært (ēw-faag-lææt) *adj* unskilled

uflaks (ēw-flahks) *c* bad luck

uforklarlig (ēw-for-klaa-li) *adj* unaccountable

uformell (ēw-for-mehll) *adj* casual, informal

uforskammet (ēw-fo-shkah-mert) *adj* insolent, impertinent, impudent; rude

uforskammethet (ēw-fo-shkah-mert-hāyt) *c* insolence

uforståelig (ēw-fo-shtaw-er-li) *adj* puzzling

ufortjent (ēw-fo-tˇaynt) *adj* unearned

ufremkommelig (ēw-frehm-ko-mer-li) *adj* impassable

ufullkommen (ēw-fewl-ko-mern) *adj* imperfect

ufullstendig (ēw-fewl-stehn-di) *adj* incomplete

ufølsom (ēw-fur-l-som) *adj* insensitive

ugift (ēw-ˇift) *adj* single

ugjenkallelig (ew-ˇehn-kahl-ler-li) *adj* irrevocable

ugle (ewg-ler) *c* owl

ugress (ēw-grehss) *nt* weed

ugunstig (ēw-gewn-sti) *adj* unfavourable

ugyldig (ēw-ˇewl-di) *adj* invalid, void

uhelbredelig (ēw-hehl-brāy-der-li) *adj* incurable

uheldig (ew-hehl-di) *adj* unfortunate, unlucky

uheldigvis (ew-hehl-di-veess) *adv* unfortunately

uhell (ēw-hehl) *nt* misfortune; accident

uhyggelig (ew-hew-ger-li) *adj* creepy; ominous

uhøflig (ew-hurf-li) *adj* impolite

ujevn (ēw-ˇehvn) *adj* uneven

uke (ēw-ker) *c* week

ukentlig (ēw-kernt-li) *adj* weekly

ukeslutt (ēw-ker-slewt) *c* weekend

ukjent (ēw-khehnt) *adj* unknown, unfamiliar

uklar (ēw-klaar) *adj* obscure, dim

uklok (ēw-klōōk) *adj* unwise

uknuselig (ew-knēw-ser-li) *adj* unbreakable

ukvalifisert (ēw-kvah-li-fi-sāyt) *adj* unqualified

uleilighet (ew-lay-li-hāyt) trouble

ulempe (ēw-lehm-per) *c* disadvantage; nuisance

uleselig (ew-lāy-ser-li) *adj* illegible

ulik (ēw-leek) *adj* unequal, uneven

ulike (ēw-lee-ker) *adj* odd

ull (ewll) *c* wool; **ull-** woollen

ulljakke (ewl-ˇah-ker) *c* sweater, cardigan

ulovlig (ēw-lawv-li) *adj* illegal, unlawful

ultrafiolett (ewl-trah-fi-oo-leht) *adj* ultraviolet

ulv (ewlv) *c* wolf

ulykke (ēw-lew-ker) *c* accident, misfortune; calamity, disaster; misery

ulykkelig (ew-lewk-ker-li) *adj* unhappy; miserable

ulærd (ēw-læærd) *adj* uneducated

umake (ēw-maa-ker) *c* pains; *•være umaken verd* *be worthwhile

umiddelbart (ēw-mi-derl-baat) *adv* immediately, instantly

umoderne (ēw-moo-dææ-ner) *adj* out of date

umulig (ew-mēw-li) *adj* impossible

umyndig (ēw-mewn-di) *adj* under age

umøblert (ēw-murb-lāyt) *adj* unfurnished

umåtelig (ew-maw-ter-li) *adj* vast, immense

under¹ (ewn-derr) *nt* wonder

under² (oon-nerr) *prep* below, during, beneath, under; *adv* beneath

underbukse (*ewn*-nerr-book-ser) c panties pl, drawers, pants pl; shorts plAm

underernæring (*ewn*-nerr-æ-næææ-ring) c malnutrition

undergang (*ewn*-nerr-gahng) c ruin, destruction

undergrunnsbane (*ewn*-nerr-grewns-baa-ner) c underground; subway nAm

•**underholde** (*ewn*-nerr-ho-ler) v entertain, amuse

underholdende (*ewn*-nerr-ho-ler-ner) adj entertaining

underholdning (*ewn*-nerr-hol-ning) c entertainment

underholdsbidrag (*ewn*-nerr-hols-bee-draag) nt alimony

underjordisk (*ewn*-nerr-Yoor-disk) adj underground

underkaste seg (*ewn*-nerr-kahss-ter) submit

underkjole (*ewn*-nerr-khōo-ler) c slip

underkue (*ewn*-nerr-kēw-er) v subject

underlagskrem (*ewn*-ner-laags-krāym) c foundation cream

underlegen (*ewn*-ner-lāy-gern) adj inferior

underlig (*ewn*-der-li) adj odd, strange, queer; peculiar

underordnet (*ewn*-ner-oord-nert) adj subordinate; minor, secondary; additional

underretning (*ewn*-ner-reht-ning) c notice

underrette (*ewn*-ner-reh-ter) v inform; notify

underskrift (*ewn*-nerr-skrift) c signature

underskudd (*ewn*-ner-shkewd) nt (pl ~) deficit

understreke (*ewn*-ner-shtrāy-ker) v underline; emphasize

understrøm (*ewn*-ner-shtrurm) c (pl

~mer) undercurrent

undersøke (*ewn*-ner-shūr-ker) v enquire; examine

undersøkelse (*ewn*-ner-shūr-kerl-ser) c investigation, enquiry; check-up, examination

undersått (*ewn*-ner-shot) c subject

undertegne (*ewn*-ner-tay-ner) v sign

undertegnede (*ewn*-ner-tay-ner-der) c (pl ~) undersigned

undertrykke (*ewn*-ner-trew-ker) v oppress, suppress

undertrøye (*ewn*-ner-trur^ew-er) c undershirt, vest

undertøy (*ewn*-ner-tur^ew) pl underwear

undervanns- (*ewn*-nerr-vahns) underwater

undervise (*ewn*-nerr-vee-ser) v *teach; instruct

undervisning (*ewn*-nerr-veess-ning) c tuition, instruction

undervurdere (*ewn*-ner-vew-dāy-rer) v underestimate

undre seg (*ewn*-drer) wonder; marvel

ung (oongng) adj young

ungarer (oong-gaa-rerr) c Hungarian

Ungarn (ewng-gaan) Hungary

ungarsk (ewng-gaashk) adj Hungarian

ungdom (oong-dom) c (pl ~mer) youth; **ungdoms-** juvenile

ungdomsherberge (oong-doms-hær-bær-ger) nt youth hostel

unge (oong-nger) c kid

ungkar (oong-kaar) c bachelor

uniform (ew-ni-*form*) c uniform

union (ew-ni-ōon) c union

univers (ew-ni-væshsh) nt universe

universell (ew-ni-væ-shehll) adj universal

universitet (ew-ni-væ-shi-tāyt) nt university

•**unngå** (*ewn*-gaw) v avoid; escape

unnskyld! (ewn-shewl) sorry!

unnskylde (ewn-shew-ler) v excuse

unnskyldning (ewn-shewl-ning) c apology, excuse; *be om ~ apologize

*unnslippe (ewn-shli-per) v escape

unntagen (ewn-taa-gern) prep but, except

unntak (ewn-taak) nt (pl ~) exception

unntatt (ewn-taht) prep except

*unnvike (ewn-vee-ker) v avoid

*unnvære (ewn-væææ-rer) v spare

unyttig (ēw-new-ti) adj useless

unødvendig (ēw-nurd-vern-di) adj unnecessary

unøyaktig (ēw-nur^ew-ahk-ti) adj inaccurate

uoffisiell (ēw-o-fi-si-erl) adj unofficial

uopphørlig (ēw-oop-hūr-li) adv continually

uorden (ēw-o-dern) c disorder; **i ~** out of order; broken

uordentlig (ēw-ont-li) adj untidy

uoverkommelig (ēw-o-verr-ko-mer-li) adj prohibitive, insurmountable

uovertruffen (ēw-o-ver-troo-fern) adj unsurpassed

upartisk (ēw-paa-tisk) adj impartial

upassende (ēw-pah-ser-ner) adj improper

upersonlig (ēw-pæ-shōōn-li) adj impersonal

upopulær (ēw-poo-pew-læær) adj unpopular

upålitelig (ēw-po-lee-ter-li) adj unreliable, untrustworthy

ur (ēwr) nt watch

uregelmessig (ēw-rāy-gerl-meh-si) adj irregular

uren (ēw-rāyn) adj unclean

urett (ēw-reht) c wrong, injustice; *gjøre ~ wrong; *ha ~ *be wrong

urettferdig (ēw-reht-fæ-di) adj unfair, unjust

uriktig (ew-rik-ti) adj incorrect, wrong

urimelig (ew-ree-mer-li) adj unreasonable; absurd

urin (ew-reen) c urine

urmaker (ēwr-maa-kerr) c watchmaker

uro (ēw-rōō) c unrest

urolig (ēw-rōō-li) adj restless; uneasy

urskog (ēw-shkōōg) c jungle

urt (ewtt) c herb

urtids- (ēw-tits) ancient

Uruguay (ew-rew-gew-igh) Uruguay

uruguayaner (ew-rew-gew-igh-aa-nerr) c Uruguayan

uruguayansk (ew-rew-gew-igh-aansk) adj Uruguayan

usann (ēw-sahn) adj untrue

usannsynlig (ēw-sahn-sēwn-li) adj improbable, unlikely

usedvanlig (ew-sehd-vaan-li) adj uncommon, extraordinary, exceptional

uselvisk (ēw-sehl-visk) adj unselfish

usikker (ēw-si-kerr) adj uncertain; doubtful; unsafe

uskadd (ēw-skahd) adj unhurt; whole

uskadelig (ew-skaa-der-li) adj harmless

uskikkelig (ew-shik-ker-li) adj naughty

uskyld (ēw-shewl) c innocence

uskyldig (ew-shewl-di) adj innocent

uspiselig (ew-spee-ser-li) adj inedible

ustabil (ēw-stah-beel) adj unstable

ustadig (ew-staa-di) adj unsteady

ustø (ēw-stūr) adj unsteady

usunn (ēw-sewn) adj unhealthy, unsound

usympatisk (ēw-sewm-paa-tisk) adj unpleasant

usynlig (ew-sēwn-li) adj invisible

ut (ēwt) adv out; •gå ~ *go out; ~ over beyond

utad (ēw-taad) adv outwards

utakknemlig (ēw-tahk-nehm-li) adj ungrateful

utbre (ēwt-brāy) v expand

utbrudd (ēwt-brewd) nt (pl ~) outbreak

•**utbryte** (ēwt-brēw-ter) v exclaim

utbytte (ēwt-bew-ter) nt benefit; •ha ~ av profit

utdanne (ēwt-dah-ner) v educate

utdannelse (ēwt-dah-nerl-ser) c education; background

utdele (ēwt-dāy-ler) v distribute

utdrag (ēwt-draag) nt (pl ~) extract, excerpt

utdype (ēwt-dēw-per) v elaborate

ute (ēw-ter) adv out

•**utelate** (ēw-ter-laa-ter) v omit, *leave out

utelukke (ēw-ter-loo-ker) v exclude

utelukkende (ēw-ter-loo-ker-ner) adv solely, exclusively

uten (ēw-tern) prep without

utenat (ēw-ter-naht) adv by heart

utendørs (ēw-tern-dūrsh) adv outdoors

utenfor (ēw-tern-for) prep outside; adv outside

utenkelig (ew-tehng-ker-li) adj inconceivable

utenlands (ēw-tern-lahns) adv abroad

utenlandsk (ēw-tern-lahnsk) adj alien, foreign

utflukt (ēwt-flookt) c trip, excursion

utfolde (ēwt-fo-ler) v unfold, display

utfordre (ēwt-foord-rer) v challenge; dare; **utfordrende** challenging, defiant

utforske (ēwt-fosh-ker) v explore

utføre (ēwt-fūr-rer) v execute, perform, implement, carry out; export

utførlig (ewt-fūr-li) adj detailed

utførsel (ēwt-fur-sherl) c (pl -sler) exportation, export

utgang (ēwt-gahng) c way out, exit; outcome

utgangspunkt (ēwt-gahngs-poongt) nt starting-point

utgave (ēwt-gaa-ver) c edition

•**utgi** (ēwt-Yee) v publish; issue

utgift (ēwt-Yift) c expense; **utgifter** expenditure

utgravning (ēwt-graav-ning) c excavation

•**utgyte** (ēwt-Yēw-ter) v *shed

•**utholde** (ēwt-ho-ler) v endure

utholdelig (ēwt-ho-ler-li) adj tolerable

utholdenhet (ēwt-ho-lern-hāyt) c stamina

utilfreds (ēw-til-frehts) adj dissatisfied

utilfredsstillende (ēw-til-freht-sti-ler-ner) adj unsatisfactory

utilgjengelig (ēw-til-Yehng-nger-li) adj inaccessible

utilsiktet (ēw-til-sik-tert) adj unintentional

utilstrekkelig (ēw-til-streh-ker-li) adj insufficient; inadequate

utiltalende (ēw-til-taa-ler-ner) adj unpleasant

utjevne (ēwt-Yehv-ner) v equalize

utkant (ēwt-kahnt) c outskirts pl

utkast (ēwt-kahst) nt draft

utkjørsel (ēwt-khur-sherl) c exit, driveway

utklippsbok (ēwt-klips-bōōk) c (pl -bøker) scrap-book

utkople (ēwt-kop-ler) v disconnect

utlede (ēwt-lāy-der) v deduce, infer

utlending (ēwt-lehn-ing) c alien, foreigner

utlikne (ēwt-lik-ner) v level

utluftning (ēwt-lewft-ning) c ventilation

utløp (ēwt-lūrp) nt (pl ~) expiry

*utløpe (*ewt*-lūr-per) *v* expire

utløpt (*ewt*-lurpt) *adj* expired

utmatte (*ewt*-mah-ter) *v* exhaust

utmattet (*ewt*-mah-tert) *adj* tired

utmerke seg (*ewt*-mær-ker) *v* excel

utmerket (*ewt*-mær-kert) *adj* fine, excellent

utnevne (*ewt*-nehv-ner) *v* appoint

utnevnelse (*ewt*-nehv-nerl-ser) *c* nomination, appointment

utnytte (*ewt*-new-ter) *v* exploit

utpresse (*ewt*-preh-ser) *v* extort

utpressing (*ewt*-preh-sing) *c* extortion

utregning (*ewt*-ray-ning) *c* calculation

utrivelig (ew-*tree*-ver-li) *adj* unpleasant

utro (*ew*-trōō) *adj* unfaithful

utrolig (ew-*trōō*-li) *adj* incredible

utrop (*ewt*-rōōp) *nt* (pl ~) exclamation

utruste (*ewt*-rewss-ter) *v* equip

utrustning (*ewt*-rewst-ning) *c* outfit

utsalg (*ewt*-sahlg) *nt* (pl ~) sales

utseende (*ewt*-*say*-er-ner) *nt* look, appearance; semblance

utsending (*ewt*-seh-ning) *c* delegate

*utsette (*ewt*-seh-ter) *v* postpone, delay, ***put off**, adjourn; expose; **utsatt for** liable to; subject to

utsettelse (*ewt*-seh-terl-ser) *c* delay

utside (*ewt*-seeer) *c* outside; exterior

utsikt (*ewt*-sikt) *c* view; prospect, outlook

utskeielse (*ewt*-shay-erl-ser) *c* excess

utslett (*ewt*-sleht) *nt* rash

utslitt (*ewt*-shlit) *adj* worn-out

utsolgt (*ewt*-solt) *adj* sold out

utstedelse (*ewt*-*stay*-derl-ser) *c* issue

utstikker (*ewt*-sti-kerr) *c* pier

utstille (*ewt*-sti-ler) *v* *show, exhibit; display

utstilling (*ewt*-sti-ling) *c* exposition, exhibition, show, display

utstillingsdukke (*ewt*-sti-lings-dew-ker) *c* mannequin

utstillingslokale (*ewt*-sti-lings-loo-kaa-ler) *nt* showroom

utstillingsvindu (*ewt*-sti-lings-vin-dew) *nt* shop-window

utstrakt (*ewt*-strahkt) *adj* extensive, broad

utstyr (*ewt*-stēwr) *nt* equipment; kit, gear

utstyre (*ewt*-stēw-rer) *v* equip

utsøkt (*ewt*-surkt) *adj* exquisite, select

uttale (*ew*-taa-ler) *c* pronunciation; *v* pronounce; ~ **galt** mispronounce

uttenke (*ew*-tehng-ker) *v* devise

uttrykk (*ew*-trewk) *nt* (pl ~) expression; phrase; term; ***gi ~ for** express

uttrykke (*ew*-trew-ker) *v* express

uttrykkelig (ew-*trewk*-ker-li) *adj* explicit, express

uttørret (*ew*-tur-rert) *adj* arid

utvalg (*ewt*-vahlg) *nt* (pl ~) choice, selection; variety, assortment; committee

utvalgt (*ewt*-vahlt) *adj* select

utvandre (*ewt*-vahn-drer) *v* emigrate

utvei (*ewt*-vay) *c* way out; course

utveksle (*ewt*-vehk-shler) *v* exchange

*utvelge (*ewt*-vehl-ger) *v* select

utvendig (*ewt*-vehn-di) *adj* external, outward

utvide (*ewt*-vee-der) *v* widen; extend, expand, enlarge

utvidelse (*ewt*-vee-derl-ser) *c* extension

utvikle (*ewt*-vik-ler) *v* develop

utvikling (*ewt*-vik-ling) *c* development

utvilsomt (ew-*tveel*-somt) *adv* undoubtedly

utvise (*ewt*-vee-ser) *v* expel

utvungenhet (*ew*-tvoo-ngern-hāyt) *c* ease

utydelig (ew-*tēw*-der-li) *adj* dim

utøve (ew-tūr-ver) *v* exercise

utålelig (ew-*taw*-ler-li) *adj* intolerable

utålmodig (ew-tol-mōō-di) *adj* eager, impatient

uunngåelig (ew-ewng-*gaw*-er-li) *adj* unavoidable, inevitable

uunnværlig (ew-ewn-*vææ*-li) *adj* essential

uutholdelig (ew-ewt-*hol*-ler-li) *adj* unbearable

uvanlig (ew-*vahn*-li) *adj* unusual

uvant (ew-vahnt) *adj* unaccustomed

uvedkommende (ew-vāyd-ko-mer-ner) *c* (pl ~) trespasser

uvel (ew-vehl) *adj* unwell

uvennlig (ew-vehn-li) *adj* unkind, unfriendly

uventet (ew-vehn-tert) *adj* unexpected

uvesentlig (ew-*vāy*-sernt-li) *adj* insignificant

uviktig (ew-vik-ti) *adj* unimportant

uvillig (ew-vi-li) *adj* unwilling; averse

uvirkelig (ew-veer-ker-li) *adj* unreal

uvirksom (ew-veerk-som) *adj* idle

uviss (ew-viss) *adj* uncertain

uvitende (ew-vi-ter-ner) *adj* ignorant

uvurderlig (ew-vew-*dāy*-li) *adj* priceless

uvær (ew-væær) *nt* (pl ~) tempest

uærlig (ew-ææ-li) *adj* dishonest; crooked

uønsket (ew-urn-skert) *adj* undesirable

V

vable (*vahb*-ler) *c* blister

vadested (*vaa*-der-stāy) *nt* ford

vaffel (*vahf*-ferl) *c* (pl vafler) waffle

vaffelkjeks (*vahf*-ferl-khehks) *c* wafer

vag (vaag) *adj* vague, faint

vagabond (vah-gah-*bonn*) *c* tramp

vagabondere (vah-gah-bon-*dāy*-rer) *v* tramp

vakker (*vahk*-kerr) *adj* handsome, fair, beautiful

vakle (*vahk*-ler) *v* falter

vaklende (*vahk*-ler-ner) *adj* shaky

vaksinasjon (vahk-si-nah-*shōōn*) *c* inoculation

vaksinere (vahk-si-*nāy*-rer) *v* vaccinate, inoculate

vaksinering (vahk-si-*nāy*-ring) *c* vaccination

vakt (vahkt) *c* guard; attendant

vaktel (*vahk*-terl) *c* (pl -tler) quail

vaktmann (*vahkt*-mahn) *c* (pl -menn) warden

vaktmester (*vahkt*-mehss-terr) *c* (pl ~e, -trer) concierge, caretaker, janitor

vakuum (*vaa*-kewm) *nt* vacuum

valen (*vaa*-lern) *adj* numb

valg (vahlg) *nt* choice, pick; election

valgfri (*vahlg*-free) *adj* optional

valgkrets (*vahlg*-krehts) *c* constituency

valgspråk (*vahlg*-sprawk) *nt* (pl ~) slogan

valmue (*vahl*-mēwer) *c* poppy

valnøtt (*vaal*-nurt) *c* walnut

vals (vahls) *c* waltz

valuta (vah-*lewt*-tah) *c* currency

valutakurs (vah-*lewt*-tah-kēwsh) *c* rate of exchange, exchange rate

vandre (*vahn*-drer) *v* wander

vane (*vaa*-ner) *c* custom, habit

vanfør (*vahn*-fürr) *adj* invalid, crippled, disabled

vanilje (vah-*nil*-Yer) *c* vanilla

vanlig (*vaan*-li) *adj* common, usual, ordinary, habitual; customary, regular, simple

vanligvis (*vaan*-li-veess) *adv* as a rule, usually

vann (vahnn) *nt* water; **innlagt ~** running water

vannfarge (*vahn*-fahr-ger) *c* water-colour

vannkarse (*vahn*-kah-sher) *c* watercress

vannkopper (*vahn*-ko-perr) *pl* chickenpox

vannkran (*vahn*-kraan) *c* faucet *nAm*

vannmelon (*vahn*-meh-lōōn) *c* watermelon

vannpumpe (*vahn*-poom-per) *c* water pump

vannski (*vahn*-shee) *c* water ski

vannstoff (*vahn*-stof) *nt* hydrogen; **~ hyperoksyd** peroxide

vanntett (*vahn*-teht) *adj* rainproof, waterproof

vannvei (*vahn*-vay) *c* waterway

vanskapt (*vahn*-skahpt) *adj* deformed

vanskelig (*vahn*-sker-li) *adj* difficult; hard

vanskelighet (*vahn*-sker-li-hāyt) *c* difficulty

vant (vahnt) *adj* accustomed; ***være ~ til** *be used to

vanvidd (*vahn*-vid) *nt* lunacy

vanvittig (*vahn*-vi-ti) *adj* mad

vaporisator (vah-poo-ri-*saa*-toor) *c* atomizer

vare (*vaa*-rer) *v* last

varebil (*vaa*-rer-beel) *c* pick-up van, van, delivery van

varehus (*vaa*-rer-hewss) *nt* (pl ~) department store

varemerke (*vaa*-rer-mær-ker) *nt* trademark

varemesse (*vaa*-rer-meh-ser) *c* fair

vareopptelling (*vaa*-rer-oop-teh-ling) *c* inventory

vareprøve (*vaarer*-prūr-ver) *c* sample

varer (*vaa*-rerr) *pl* merchandise, wares *pl*, goods *pl*

varetekt (*vaa*-rer-tehkt) *c* custody

variabel (vah-ri-*aa*-berl) *adj* variable

variere (vah-ri-*āy*-rer) *v* vary

variert (vah-ri-*āyt*) *adj* varied

varietéforestilling (vah-ri-er-*tāy*-fawr-rer-sti-ling) *c* variety show

varietéteater (vah-ri-er-*tāy*-teh-aa-terr) *nt* (pl -tre) variety theatre

varig (*vaa*-ri) *adj* lasting; permanent

varighet (*vaa*-ri-hāyt) *c* duration

varm (vahrm) *adj* hot, warm

varme (*vahr*-mer) *c* heat, warmth; *v* warm; **~ opp** heat

varmeflaske (*vahr*-mer-flahss-ker) *c* hot-water bottle

varmeovn (*vahr*-mer-ovn) *c* heater

varmepute (*vahr*-mer-pēw-ter) *c* heating pad

varsle (*vahsh*-ler) *v* forecast

vase (*vaa*-ser) *c* vase

vask (vahsk) *c* washing; laundry; sink

vaskbar (*vahsk*-baar) *adj* washable

vaske (*vahss*-ker) *v* wash; **~ opp** wash up

vaskeekte (*vahss*-ker-ehk-ter) *adj* fast-dyed

vaskemaskin (*vahss*-ker-mah-sheen) *c* washing-machine

vaskepulver (*vahss*-ker-pewl-verr) *nt* washing-powder

vaskeri (vahss-ker-*ree*) *nt* laundry

vaskeservant (*vahss*-ker-sær-vahnt) *c* wash-stand

vasse (*vahss*-ser) *v* wade

vaterpass (*vaa*-terr-pahss) *nt* (pl ~) spirit level

vatt (vahtt) *c* cotton-wool

vatt-teppe *nt* quilt

ved (vāy) *c* firewood; *prep* by; on; **~ siden av** beside, next to

vedde (*vehd*-der) *v* *bet

veddeløp (*vehd*-der-lūrp) *nt* race

veddeløpsbane (*vehd*-der-lūrps-baa-ner) *c* race-course; race-track

veddeløpshest (*vehd*-der-lūrps-hehst)

c race-horse

veddemål (*vehd*-der-mawl) *nt* (pl ~) bet

vedlegg (*vāy*-lehg) *nt* enclosure

***vedlegge** (*vāy*-leh-ger) *v* attach, enclose

vedlikehold (veh-*lee*-ker-hol) *nt* maintenance, upkeep

vedrøre (*vāy*-rūr-rer) *v* affect

vedrørende (*vāy*-rūr-rer-ner) *prep* with reference to, concerning

***vedta** (*vāy*-taa) *v* adopt, decide

vedvarende (*vāy*-vaa-rer-ner) *adj* permanent

veg (vay) *c* road; way

vegetarianer (veh-ger-tah-ri-*aa*-nerr) *c* vegetarian

vegg (vehgg) *c* wall

veggedyr (*vehg*-ger-dēwr) *nt* (pl ~) bug

veggteppe (*vehg*-teh-per) *nt* tapestry

vei (vay) *c* road; way; **på ~ til** bound for

veiarbeid (*vay*-ahr-bayd) *nt* road work

veiavgift (*vay*-aav-ʸift) *c* toll

veidekke (*vay*-deh-ker) *nt* pavement

veie (*vay*-er) *v* weigh

veikant (*vay*-kahnt) *c* roadside, wayside

veikart (*vay*-kaht) *nt* road map

veikryss (*vay*-krewss) *nt* (pl ~) intersection, junction

veilede (*vay*-lāy-der) *v* direct

veinett (*vay*-neht) *nt* (pl ~) road system

veiskilt (*vay*-shilt) *nt* road sign

veivaksel (*vayv*-ahk-sherl) *c* (pl -sler) crankshaft

veiviser (*vay*-vee-serr) *c* signpost

veivkasse (*vayv*-kah-ser) *c* crankcase

vekk (vehkk) *adv* off

vekke (*vehk*-ker) *v* *wake, *awake

vekkerklokke (*vehk*-kerr-klo-ker) *c* alarm-clock

veksel (*vehk*-serl) *c* (pl -sler) draft

vekselstrøm (*vehk*-serl-strurm) *c* alternating current

vekselvis (*vehk*-sherl-veess) *adv* alternate

veksle (*vehk*-shler) *v* change; exchange

vekslepenger (*vehk*-shler-peh-ngerr) *pl* change

vekslingskontor (*vehk*-shlings-koon-tōōr) *nt* money exchange, exchange office

vekst (vehkst) *c* growth

vekstliv (*vehkst*-leev) *nt* vegetation

vekt (vehkt) *c* weight; scales *pl*; ***legge ~ på** stress

vektstang (*vehkt*-stahng) *c* (pl -tenger) lever

velbefinnende (*vehl*-beh-fi-ner-ner) *nt* ease

velbegrunnet (*vehl*-beh-grew-nert) *adj* well-founded

velbehag (*vehl*-beh-haag) *nt* pleasure

veldig (*vehl*-di) *adj* huge; immense

velferd (*vehl*-fæær) *c* welfare

***velge** (*vehl*-ger) *v* *choose; pick; elect; ~ **ut** select

velgjørenhet (*vehl*-ʸūr-rern-hāyt) *c* charity

velhavende (*vehl*-haa-ver-ner) *adj* well-to-do

velkjent (*vehl*-khehnt) *adj* familiar; well-known

velkommen (vehl-*kom*-mern) *adj* welcome; **hilse ~** welcome

velkomst (*vehl*-komst) *c* welcome

vellykket (*vehl*-lew-kert) *adj* successful

velsigne (vehl-*sing*-ner) *v* bless

velsignelse (vehl-*sing*-nerl-ser) *c* blessing

velsmakende (*vehl*-smaa-ker-ner) *adj* tasty, savoury

velstand (*vehl*-stahn) *c* prosperity

velstående (*vehl*-stawer-ner) *adj* prosperous

velvære (*vehl*-væææ-rer) *nt* comfort

vemmelig (*vehm*-mer-li) *adj* nasty

vemod (*vāy*-mōōd) *nt* sadness

vemodig (*vāy*-mōō-di) *adj* sad

vende (*vehn*-ner) *v* turn; ~ **bort** avert; ~ **om** turn over; ~ **tilbake** return; *go back, turn back

vendepunkt (*vehn*-ner-pewngt) *nt* turning-point

vending (*vehn*-ning) *c* turn

Venezuela (veh-neh-sew-*āy*-lah) Venezuela

venezuelaner (veh-neh-sew-eh-*laa*-nerr) *c* Venezuelan

venezuelansk (veh-neh-sew-eh-*laansk*) *adj* Venezuelan

venn (vehnn) *c* friend

venne (*vehn*-ner) *v* accustom

venninne (veh-*nin*-ner) *c* friend

vennlig (*vehn*-li) *adj* kind, friendly

vennligst (*vehn*-likst) please

vennskap (*vehn*-skaap) *nt* friendship

vennskapelig (vehn-*skaa*-per-li) *adj* friendly

***venstre** (*vehn*-strer) *adj* left; left-hand

vente (*vehn*-ter) *v* wait; expect; ~ **på** await

venteliste (*vehn*-ter-liss-ter) *c* waiting-list

ventet (*vehn*-tert) *adj* due

venteværelse (*vehn*-ter-væææ-rerl-ser) *nt* waiting-room

ventil (vehn-*teel*) *c* valve

ventilasjon (vehn-ti-lah-*shōōn*) *c* ventilation

ventilator (vehn-ti-*laa*-toor) *c* ventilator

ventilere (vehn-ti-*lāy*-rer) *v* ventilate

venting (*vehn*-ting) *c* waiting

veps (vehps) *c* wasp

veranda (væ-*rahn*-dah) *c* veranda

verb (værb) *nt* verb

verd (værd) *nt* worth; *være ~ *be worth

verden (*vær*-dern) *c* world

verdensberømt (*vær*-derns-beh-rurmt) *adj* world-famous

verdensdel (*vær*-derns-dāyl) *c* continent

verdenskrig (*vær*-derns-kreeg) *c* world war

verdensomfattende (*vær*-dern-soom-fah-ter-ner) *adj* global

verdensomspennende (*vær*-dern-soom-speh-ner-ner) *adj* world-wide

verdensrom (*vær*-derns-room) *nt* outer space

verdi (væ*ædee*) *c* value

verdifull (væ-*dee*-fewl) *adj* valuable

verdig (væ-di) *adj* dignified; worthy of

verdiløs (væ-*dee*-lūrss) *adj* worthless

verdipapirer (væ-*dee*-pah-pee-rerr) *pl* stocks and shares

verdisaker (væ-*dee*-saa-kerr) *pl* valuables *pl*

***verdsette** (*værd*-seh-ter) *v* appreciate; estimate

verdsettelse (*værd*-seh-terl-ser) *c* appreciation

verk (værk) *c* ache; pus

verke (*vær*-ker) *v* ache

verken ... eller (*vær*-kern ... ehl-err) neither ... nor

verksted (*værk*-stāy) *nt* workshop

verktøy (*værk*-tur^(ew)) *nt* implement, tool

verktøykasse (værk-tur^(ew)-kah-ser) *c* tool kit

vern (vææn) *nt* defence

vernepliktig (vææ-ner-plik-ti) *c* conscript

verre (*vær*-rer) *adv* worse; *adj* worse; **verst** worst

vers (væshsh) *nt* verse

versjon (væ-*shōōn*) c version

vert (vætt) c host; landlord

vertikal (væ-ti-*kaal*) adj vertical

vertinne (væ-*tin*-ner) c hostess; land-lady

vertshus (væts-hēwss) nt (pl ~) public house; inn; c roadside restaurant

vertshusholder (væts-hēwss-ho-lerr) c inn-keeper

vesen (*vay*-sern) nt being; essence

vesentlig (*vay*-sernt-li) adj essential; vital

veske (*vehss*-ker) c bag

vest (vehst) c west; waistcoat; vest nAm

vestlig (*vehst*-li) adj western, wester-ly

veterinær (veh-ter-ri-*næær*) c veterin-ary surgeon

vett (vehtt) nt brains, sense

vev (vāyv) c loom; nt tissue

veve (*vāy*-ver) v *weave

vever (*vāy*-verr) c weaver

vi (vee) pron we

via (*vee*-ah) prep via

viadukt (vi-ah-*dewkt*) c viaduct

vibrasjon (vi-brah-*shōōn*) c vibration

vibrere (vi-*brāy*-rer) v vibrate

vid (vee) adj wide

video-kamera (*vid*-eoo-kah-meh-raa) nt video camera

video kassett (*vid*-eoo-kah-*sehtt*) c video cassette

video spiller (*vid*-eoo-spil-lerr) c video recorder

videre (*vee*-der-rer) adj further; **og så** ~ and so on, etcetera

vidstrakt (*vee*-strahkt) adj vast, broad

vidunder (vi-*dewn*-derr) nt (pl ~, ~e) marvel

vidunderlig (vi-*dewn*-der-li) adj won-derful, marvellous

vie (*vee*-er) v devote; marry

vielse (*vee*-erl-ser) c wedding

vielsesring (*vee*-erl-serss-ring) c wed-ding-ring

vifte (*vif*-ter) c fan

vifterem (*vif*-ter-rehm) c fan belt

vik (veek) c inlet, creek

vikle (*vik*-ler) v *wind

viktig (*vik*-ti) adj important; big, capital

viktighet (*vik*-ti-hāyt) c importance

vilje (*vil*-Yer) c will; **med** ~ on pur-pose

viljestyrke (*vil*-Yer-stewr-ker) c will-power

vilkår (*vil*-kawr) nt condition

vilkårlig (vil-*kaw*-li) adj arbitrary

vill (vill) adj savage, wild; fierce; **gått** ~ lost

villa (*vil*-lah) c villa

***ville** (*vil*-ler) v *will, want

villig (*vil*-li) adj willing

vilt (vilt) nt game, quarry

vilthandler (*vilt*-hahnd-lerr) c poulter-er

viltreservat (*vilt*-reh-sær-vaat) nt game reserve

vin (veen) c wine

vind (vinn) c wind

vindebro (*vin*-ner-brōō) c drawbridge

vindhard (*vin*-haar) adj windy

vindkast (*vin*-kahst) nt (pl ~) blow, gust

vindmølle (*vin*-mur-ler) c windmill

vindu (*vin*-dew) nt window

vindusvisker (*vin*-dewss-viss-kerr) c windscreen wiper; windshield wiper Am

vinge (vingng-er) c wing

vingård (*veen*-gawr) c vineyard

vinhandler (*veen*-hahnd-lerr) c wine-merchant

vinhøst (*veen*-hurst) c vintage

vink (vingk) nt sign

vinkart (*veen*-kaht) nt wine-list

vinke (*ving*-ker) *v* wave

vinkel (*ving*-kerl) *c* (pl -kler) angle

vinkelner (*veen*-kehl-nerr) *c* wine-waiter

vinkjeller (*veen*-kheh-lerr) *c* wine-cellar

vinmonopol (*veen*-moo-noo-pool) *nt* off-licence

*****vinne** (*vin*-ner) *v* gain, *win

vinnende (*vin*-ner-ner) *adj* winning

vinner (*vin*-nerr) *c* winner

vinranke (*veen*-rahng-ker) *c* vine

vinter (*vin*-terr) *c* (pl -trer) winter

vintersport (*vin*-ter-shpot) *c* winter sports

vipe (*vee*-per) *c* pewit

vippe (*vip*-per) *c* seesaw

virke (*veer*-ker) *v* work; operate

virkelig (*veer*-ker-li) *adj* actual, real; very, true; substantial; *adv* indeed, really

*****virkeliggjøre** (*veer*-ker-li-Yūr-rer) *v* realize

virkelighet (*veer*-ker-li-hāyt) *c* reality; **i virkeligheten** as a matter of fact

virkemåte (*veer*-ker-maw-ter) *c* mode of operation

virkning (*veerk*-ning) *c* effect

virkningsfull (*veerk*-nings-fewl) *adj* effective, efficient

virkningsløs (*veerk*-nings-lūrss) *adj* inefficient, ineffective

virksom (*veerk*-som) *adj* active

virksomhet (*veerk*-som-hāyt) *c* enterprise, business; hairpin

virvar (*veer*-vahr) *nt* muddle

vis (veess) *adj* wise; *nt* way, manner

visdom (*veess*-dom) *c* wisdom

vise (*vee*-ser) *v* *show; point out; display; ~ **frem** *show; ~ **seg** appear; prove

vise vei guide

visepresident (*vee*-ser-preh-si-dehnt) *c* vice-president

visitere (vi-si-*tāy*-rer) *v* search

visitt (vi-*sitt*) *c* call, visit

visittkort (vi-*sitt*-kot) *nt* (pl ~) visiting-card

viskelær (*viss*-ker-læær) *nt* (pl ~) rubber, eraser

vispe (*viss*-per) *v* whip, whisk

viss (viss) *adj* certain

visse (*viss*-ser) *pron* some

visum (*vee*-sewm) *nt* (pl visa) visa

vitamin (vi-tah-*meen*) *nt* vitamin

*****vite** (*vee*-ter) *v* *know

vitebegjærlig (*vee*-ter-beh-Yææ-li) *adj* curious

vitenskap (*vee*-tern-skaap) *c* science

vitenskapelig (*vee*-tern-skaaper-li) *adj* scientific

vitenskapsmann (*vee*-tern-skaaps-mahn) *c* (pl -menn) scientist

vitne (*vit*-ner) *nt* witness; *v* testify

vitnesbyrd (*vit*-nerss-bewrd) *nt* certificate

vits (vits) *c* joke

vittig (*vit*-ti) *adj* humorous, witty

vogn (voangn) *c* carriage

vokal (voo-*kaal*) *c* vowel; *adj* vocal

voks (voks) *c* wax

vokse (*vok*-ser) *v* *grow

voksen¹ (*vok*-sern) *c* (pl -sne) adult, grown-up

voksen² (*vok*-sern) *adj* adult, grown-up

vokskabinett (*voks*-kah-bi-neht) *nt* waxworks *pl*

vokte seg (*vok*-ter) beware

vold (voll) *c* violence; force

volde (*vol*-ler) *v* cause

voldshandling (*vols*-hahnd-ling) *c* outrage

voldsom (*vol*-som) *adj* violent

*****voldta** (*vol*-taa) *v* rape; assault

vollgrav (*vol*-graav) *c* moat

volt (volt) *c* volt

volum (voo-*lēwm*) *nt* volume

vond (voonn) *adj* bad, painful; evil;
  •**gjøre vondt** *hurt; •**ha vondt**
  *have a pain

vorte (*vor*-ter) *c* wart

votter (*vot*-terr) *pl* mittens *pl*

vrak (vraak) *nt* wreck

vrengt (vrehngt) *adj* inside out

•**vri** (vree) *v* twist, wrench; ~ **om**
  turn

vridning (*vreed*-ning) *c* twist

vrien (*vree*-ern) *adj* difficult

vrøvle (*vrurv*-ler) *v* talk rubbish

vugge (*vewg*-ger) *c* cradle

vulgær (vewl-*gææ*r) *adj* vulgar

vulkan (vewl-*kaan*) *c* volcano

vurdere (vew-*day*-rer) *v* evaluate;
  value, estimate

vurdering (vew-*day*-ring) *c* estimate;
  appreciation

vær (væær) *nt* weather

•**være** (*vææ*-rer) *v* *be; **vær så god**
  here you are

værelse (*vææ*-rerl-ser) *nt* room; ~
  med frokost bed and breakfast

værelsesbetjening (*vææ*-rerl-serss-
  beh-t^*yay*-ning) *c* room service

værelsespike (*vææ*-rerl-serss-pee-ker)
  c chambermaid

værelsestemperatur (*vææ*-rerl-serss-
  tehm-peh-rah-tewr) *c* room tempera-
  ture

værmelding (*væær*-meh-ling) *c*
  weather forecast

væske (*vehss*-ker) *c* fluid

våge (*vaw*-ger) *v* dare; venture

vågemot (*vaw*-ger-mōōt) *nt* guts

våken (*vaw*-kern) *adj* awake

våkne (*vok*-ner) *v* wake up

våningshus (*vaw*-nings-hēwss) *nt* (pl
  ~) farmhouse

våpen (*vaw*-pern) *nt* (pl ~) arm,
  weapon

vår[1] (vawr) *pron* our

vår[2] (vawr) *c* spring; springtime

våt (vawt) *adj* wet; moist

W

watt (vahtt) *c* watt

Y

ydmyk (*ēwd*-mēwk) *adj* humble

ynde (*ewn*-der) *c* grace

yndig (*ewn*-di) *adj* lovely, graceful

yndling (*ewnd*-ling) *c* favourite; **ynd-
  lings-** pet, favourite

ynkelig (*ewng*-ker-li) *adj* lamentable

yrke (*ewr*-ker) *nt* trade; occupation

yte (*ēw*-ter) *v* yield, produce

ytre (*ewt*-rer) *v* utter; express; *adj* ex-
  terior

ytterfrakk (*ewt*-terr-frahk) *c* overcoat

ytterlig (*ewt*-ter-li) *adj* extreme

ytterligere (*ewt*-ter-li-er-rer) *adj* addi-
  tional, further

ytterlighet (*ewt*-ter-li-hāyt) *c* extreme

ytterside (*ewt*-ter-shee-der) *c* outside

ytterst (*ewt*-tersht) *adj* utmost, ex-
  treme

Z

zoo (sōō) *c* zoo; **zoologisk hage** zo-
  ological gardens

zoologi (soo-loo-*gi*) *c* zoology

zoomlinse (*sōōm*-lin-ser) *c* zoom lens

Æ

ærbødig (ær-*būr*-di) *adj* respectful
ærbødighet (ær-*būr*-di-hāyt) *c* respect
ære (ææ-rer) *c* honour; glory; *v* honour
ærefull (ææ-rer-fewl) *adj* honourable
ærend (ææ-rern) *nt* errand
æresfølelse (ææ-rerss-fūr-erl-ser) *c* sense of honour
ærgjerrig (ær-ʸær-ri) *adj* ambitious
ærlig (ææ-li) *adj* honest; straight
ærlighet (ææ-li-hāyt) *c* honesty
ærverdig (ær-vær-di) *adj* venerable

Ø

øde (ūr-der) *adj* desert; waste
*ødelegge (ūr-der-leh-ger) *v* wreck, destroy; ruin; *spoil
ødeleggelse (ūr-der-leh-gerl-ser) *c* destruction; ruination
ødsel (urt-serl) *adj* wasteful; lavish
øke (ūr-ker) *v* increase; raise
økning (ūrk-ning) *c* increase
økonom (ur-koo-nōōm) *c* economist
økonomi (ur-koo-noo-mee) *c* economy
økonomisk (ur-koo-nōō-misk) *adj* economic; economical
øks (urks) *c* axe
øl (urll) *nt* beer; ale
øm (urmm) *adj* sore; gentle, tender
ønske (urns-ker) *v* wish, want, desire; *nt* wish, desire; ~ **til lykke** compliment
ønskelig (urns-ker-li) *adj* desirable
øre (ūr-rer) *nt* ear
øredobb (ūr-rer-dob) *c* earring
øreverk (ūr-rer-værk) *c* earache
ørken (urr-kern) *c* desert
ørn (ūrn) *c* eagle

ørret (urr-rert) *c* trout
øsregn (ūrss-rayn) *nt* downpour
øst (urst) *c* east
Østerrike (urss-ter-ree-ker) Austria
østerriker (urss-ter-ree-kerr) *c* Austrian
østerriksk (urss-ter-reeksk) *adj* Austrian
østers (urss-tersh) *c* (pl ~) oyster
østlig (urst-li) *adj* eastern; easterly
østre (urst-rer) *adj* eastern
øve (ūr-ver) *v* exercise; ~ **seg** practise
øvelse (ūrv-erl-ser) *c* exercise
øverst (ūr-versht) *adj* top
øvre (ūrv-rer) *adj* upper
for øvrig (for ūrv-ri) moreover
øy (urew) *c* island
øye (urew-er) *nt* (pl øyne) eye
øyeblikk (urew-er-blik) *nt* instant, second, moment
øyeblikkelig (urew-er-*blik*-li) *adv* instantly, immediately; *adj* immediate
øyenblyant (urew-ern-blew-ahnt) *c* eye-pencil
øyenbryn (urew-ern-brewn) *nt* (pl ~) eyebrow
øyenlege (urew-ern-lāy-ger) *c* oculist
øyenlokk (urew-ern-lok) *nt* eyelid
øyenskygge (urew-ern-shew-ger) *c* eye-shadow
øyensverte (urew-ern-svæ-ter) *c* mascara
øyensynlig (ur-ew-ern-*sewn*-li) *adv* apparently
øyenvippe (urew-ern-vi-per) *c* eyelash
øyenvitne (urew-ern-vit-ner) *nt* eyewitness

Å

åbor (*ob*-boor) *c* bass, perch
åk (awk) *nt* yoke
åker (*aw*-kerr) *c* (pl åkrer) field
ål (awl) *c* eel
ånd (onn) *c* spirit; ghost
åndedrett (*on*-der-dreht) *nt* breathing, respiration
åndelig (*on*-der-li) *adj* spiritual
åpen (*aw*-pern) *adj* open
åpenbare (aw-pern-*baa*-rer) *v* reveal
åpenbaring (o-pern-*baa*-ring) *c* apparition
åpenbart (aw-pern-baat) *adv* apparently
åpenhjertig (aw-pern-Yæ-ti) *adj* open
åpne (*awp*-ner) *v* open; *undo
åpning (*awp*-ning) *c* opening; breach, gap

åpningstid (*awp*-nings-teed) *c* business hours
år (awr) *nt* year; per ~ per annum
årbok (*awr*-b$\overline{oo}$k) *c* (pl -bøker) annual
åre (*aw*-rer) *c* oar; vein
åreknute (*aw*-rer-kn$\overline{ew}$-ter) *c* varicose vein
århundre (*awr*-hewn-drer) *nt* century
årlig (*awr*-li) *adj* yearly, annual
årsak (*aw*-shaak) *c* reason, cause
årsdag (*awsh*-daag) *c* anniversary
årstid (*awsh*-teed) *c* season
årvåken (*awr*-vaw-kern) *adj* vigilant
åtte (*ot*-ter) *num* eight
åttende (*ot*-ter-ner) *num* eighth
åtti (*ot*-ti) *num* eighty

Food

agurk cucumber
ananas pineapple
and duck
ansjos marinated sprats
appelsin orange
aprikos apricot
arme riddere French toast; slices
  of bread dipped in batter and
  fried, served with jam
asparges asparagus
  ~ **bønne** French bean
  (US green bean)
  ~ **topp** asparagus tip
bakt baked
banan banana
bankebiff slices or chunks of beef
  simmered in gravy
bekkørret river trout
benløse fugler rolled slices of veal
  stuffed with minced meat
betasuppe thick soup of meat,
  bone marrow and vegetables
biff beefsteak
  ~ **med løk** with fried onions
  ~ **tartar** steak tartare, minced
  raw steak
bjørnebær blackberry
blandede grønnsaker mixed vege-
  tables
blodpudding black pudding
  (US blood sausage)
blomkål cauliflower

bløtkake rich sponge layer cake
blåbær bilberry (US blueberry)
blåskjell mussel
brekkbønne French bean
  (US green bean)
bringebær raspberry
brisling sprat
broiler specially fed 2-months-old
  chicken
brød bread
buljong broth, consommé
bønne bean
daddel (pl dadler) date
dagens meny day's menu
dagens rett day's special
drue grape
dyrestek roast venison
eddik vinegar
egg egg
  ~ **og bacon** bacon and eggs
  bløtkokt ~ soft-boiled
  forlorent ~ poached
  hårdkokt ~ hard-boiled
  kokt ~ boiled
  speil~ fried (US sunny side
  up)
eggerøre scrambled eggs
elgstek roast elk (US moose)
eple apple
  ~ **kake** apple cake
ert pea
ertesuppe pea soup

estragon tarragon
fasan pheasant
fenalår cured leg of mutton
fersken peach
ferskt kjøtt og suppe meat-and-vegetable soup
fiken fig
fisk fish
fiskebolle fish ball
fiskegrateng fish casserole
fiskekabaret fish and shellfish in aspic
fiskekake fried fish ball
fiskepudding fish pudding
fiskesuppe fish soup
flatbrød thin wafer of rye and sometimes barley
fleskepannekake thick oven-baked pancake with bacon
fleskepølse pork sandwich spread
flyndrefilet fillet of flounder
fløte cream
 ~ **ost** cream cheese
 ~ **vaffel** cream-enriched waffle often served with Arctic cloud-berries or jam
forrett first course, starter
frokost breakfast
fromasj mousse, blancmange
frukt fruit
 ~ **is** water-ice, sherbet
 ~ **salat** fruit salad
 ~ **terte** fruit tart
fugl fowl
fyll stuffing, forcemeat
fårefrikassé mutton or lamb fricassee
fårekjøtt mutton
fårestek leg of lamb
fårikål mutton or lamb in cabbage stew
gaffelbiter salt- and sugar-cured herring fillets
gammelost a semi-hard cheese

with grainy texture and strong flavour
geitekilling kid
geitost a bitter-sweet brown cheese made from goat's milk
gjedde pike
grapefrukt grapefruit
gravet ørret salt-cured trout flavoured with dill
gravlaks salt- and sugar-cured salmon flavoured with dill, often served with creamy dill-and-mustard sauce
gressløk chive
griljert breaded
grillet grilled
grovbrød brown bread
grønnsak vegetable
grøt porridge, cereal
gudbrandsdalsost a slightly sweet brown cheese made from goat's and cow's milk
gulrot (pl **gulrøtter**) carrot
gås goose
gåselever(postei) goose liver (paste)
gåsestek roast goose
hasselnøtt hazelnut
havre oats
 ~ **grøt** oatmeal (porridge)
 ~ **kjeks** oatmeal biscuit (US oatmeal cookie)
helkornbrød wholemeal (US whole-wheat) bread
hellefisk halibut
helstekt roasted whole
hjemmelaget home-made
hoffdessert layers of meringue and whipped cream, topped with chocolate sauce and toasted almonds
honning honey
hummer lobster
hvalbiff steak of whale

hvetebolle sweet roll, bun
~ **med rosiner** with raisins
hvitløk garlic
hvitting whiting
hønsefrikassé chicken fricassée
is ice, water ice (US sherbet)
~ **krem** ice-cream
italiensk salat salad of diced cold meat or ham, apples, potatoes, gherkins and other vegetables in mayonnaise
jordbær strawberry
julekake rich fruit cake (Christmas speciality)
kake cake, tart
kalkun turkey
kalvekjøtt veal
kalvekotelett veal chop
kalvemedaljong a small round fillet of veal
kalvetunge calf's tongue
kanel cinnamon
karamellpudding caramel blancmange (US pudding)
karbonadekake hamburger steak
kardemomme cardamom
karri curry
karve caraway seed
kastanje chestnut
kirsebær cherry
kjeks biscuit (US cracker or cookie)
kjøtt meat
~ **bolle** meat ball
~ **deig** minced meat
~ **kake** small hamburger steak
~ **pudding** meat loaf
~ **suppe** broth with diced meat or sausage
klippfisk salted and dried cod
knekkebrød crisp bread (US hardtack)
kokosmakron coconut macaroon
kokosnøtt coconut

kokt cooked, boiled
koldtbord a buffet of cold dishes such as fish, meat, salad, cheese and dessert
kolje haddock
korint currant
kotelett chop, cutlet
krabbe crab
kransekake cone-shaped pile of almond-macaroon rings
krem whipped cream
kreps crayfish
kringle ring-twisted bread with raisins
kryddersild soused herring
kumle potato dumpling
kylling chicken
~ **bryst** breast
~ **lår** leg, thigh
~ **vinge** wing
kål cabbage
~ **ruletter** cabbage leaves stuffed with minced meat
laks salmon
lammebog shoulder of lamb
lammebryst brisket of lamb
lammekotelett lamb chop
lapskaus thick stew of diced or minced meat (generally beef, lamb or pork), potatoes, onions and other vegetables
lefse thin pancake (without eggs)
lettstekt sautéed
lever liver
~ **postei** liver paste
loff white bread
lompe kind of potato pancake
lungemos hash of pork lungs and onions
lutefisk boiled stockfish, served with white sauce or melted butter and potatoes
løk onion
makrell mackerel

mandel (pl **mandler**) almond
marengs meringue
marinert marinated
medisterkake hamburger steak made of pork
meny bill of fare, menu
middag dinner
morell morello cherry
morkel (pl **morkler**) morel mushroom
multe Arctic cloudberry
musling mussel
mysost a brown whey cheese similar to *gudbrandsdalsost*
mørbrad rumpsteak
napoleonskake custard slice (US napoleon)
normannaost blue cheese
nype rose hip
nyre kidney
nøtt nut
oksefilet fillet of beef
oksehalesuppe oxtail soup
oksekjøtt beef
okserull rolled stuffed beef, served cold
oksestek roast beef
omelett med sjampinjonger button mushroom omelet
ost cheese
pai pie
pale young coalfish
panert breaded
pannekake pancake
pepperkake ginger biscuit (US ginger snap)
pepperrot horse-radish
  ~**saus** horse-radish sauce
persille parsley
pinnekjøtt salted and fried ribs of mutton roasted on twigs (Christmas speciality)
pir small mackerel
pisket krem whipped cream

plomme plum
  ~**grøt med fløtemelk** stewed plums and cream
plukkfisk poached fish (usually dried cod or haddock) in white sauce
pommes frites potato chips (US French fries)
postei 1) vol-au-vent 2) meat or fish pie
potet potato
  ~**chips** crisps (US chips)
  ~**gull** crisps (US chips)
  ~**kake** potato fritter
pultost a soft, sometimes fermented cheese, usually flavoured with caraway seeds
purre leek
pyttipanne diced meat and potatoes fried with onions, sometimes topped with a fried egg
pære pear
pølse sausage
rabarbra rhubarb
rakørret salt-cured trout
rapphøne partridge
reddik radish
regnbueørret rainbow trout
reinsdyrstek roast reindeer
reke shrimp
remuladesaus mayonnaise mixed with cream, chopped gherkins and parsley
rips redcurrant
ris rice
risengrynsgrøt rice pudding sprinkled with cinammon and sugar, served warm
riskrem boiled rice mixed with whipped cream, served with raspberry or strawberry sauce
rislapp small sweet rice cake
ristet grilled, sautéed, toasted

rogn roe
rosenkål brussels sprout
rosin raisin
rundstykke roll
rype ptarmigan, snow grouse
rødbete beetroot
rødgrøt fruit pudding served with vanilla custard or cream
rødkål red cabbage
rødspette plaice
røkelaks smoked salmon
røkt smoked
rømme thick sour cream
  ~ grøt boiled and served with sugar
rørte tyttebær cranberry jam made without cooking
rå raw
  ~ stekt underdone
saus sauce
sei coalfish
selleri celery
sennep mustard
service inkludert service included
sild herring
sildekake herring patty
sildesalat salad of diced salt herring, cucumber, onions, vegetables, spices and mayonnaise
sirupssnipp ginger biscuit (US ginger snap)
sitron lemon
  ~ fromasj lemon blancmange (US lemon custard)
sjampinjong button mushroom, champignon
sjokolade chocolate
sjøtunge sole
sjøørret sea trout
skalldyr shellfish
skilpaddesuppe turtle soup
skinke ham
skive slice
slangeagurk cucumber

smør butter
  ~ brød open-faced sandwich
småkake biscuit (US cookie)
snittebønner sliced French beans
solbær blackcurrant
sopp mushroom
speilegg fried egg
spekemat cured meat (beef, mutton, pork, reindeer), often served with scrambled eggs and chives
spekepølse large air-dried sausage
spekesild salted herring, often served with cabbage, potatoes and pickled beetroot
spekeskinke cured ham
spinat spinach
stangselleri branch celery
stek roast
stekt fried, roasted
stikkelsbær gooseberry
stuet 1) stewed (of fruit) 2) creamed (of vegetables)
sukker sugar
  ~ brød sponge cake
  ~ ert sugar pea
suppe soup
surkål boiled cabbage flavoured with sugar, vinegar and caraway seeds
sursild soused herring
svinekjøtt pork
svinekotelett pork chop
svineribbe spare-rib
svinestek roast pork
sviske prune
  ~ grøt stewed prunes
sylte brawn (US head cheese)
  ~ agurk pickled gherkin (US pickle)
syltelabb boiled and salt-cured pig's trotter (US pig's foot)
syltetøy jam
terte tart, cake

tilslørte bondepiker dessert made from layers of apple sauce and bread-crumbs, topped with whipped cream
timian thyme
torsk cod
torskerogn cod roe
torsketunge cod tongue
trøffel (pl **trøfler**) truffle
tunfisk tunny (US tuna)
tunge tongue
tyttebær kind of cranberry
vaffel waffle

vaktel quail
valnøtt walnut
vannbakkels cream puff
vannis water-ice (US sherbet)
vilt game
voksbønne butter bean (US wax bean)
vørterkake spiced malt bread
wienerbrød Danish pastry
ørret (salmon) trout
østers oyster
ål eel
årfugl black grouse

Drinks

akevitt spirits distilled from potatoes or grain, often flavoured with aromatic seeds and spices
alkoholfri non-alcoholic
aperitiff aperitif
appelsinbrus orangeade
bar neat (US straight)
brennevin brandy, spirit
brus fizzy (US carbonated) fruit drink
dobbel double
dram shot of spirit
eplemost applejuice
fløte cream
fruktsaft fruit juice
gløgg similar to mulled wine, with spirits and spices
is ice
  med ~ on the rocks
kaffe coffee
  ~ **med fløte** with cream
  ~ **uten fløte** black
  ~**likør** coffee-flavoured liqueur
  is~ iced
kakao cocoa
kefir kefir, fermented milk
konjakk cognac

likør liqueur
melk milk
  kald ~ cold
  varm ~ warm
mineralvann mineral water
pils lager
pjolter long drink of whisky or brandy and soda water
portvin port (wine)
rom rum
rødvinstoddi mulled wine
saft squash (US fruit drink)
sjokolade chocolate drink
te tea
  ~ **med sitron** with lemon
vann water
vin wine
  hvit~ white
  musserende ~ sparkling
  rød~ red
  tørr ~ dry
øl beer
  bayer~ medium-strong, dark
  bokk~ bock
  export~ strong, light coloured
  lager~ light lager
  vørter~ non-alcoholic beer

Mini-grammar

Articles

Norwegian nouns are either common (masculine), feminine or neuter. The majority of feminine* nouns also have a common form, so we have chosen to simplify matters by using only the two most frequently met genders: the common and the neuter.

1. Indefinite article (a/an)

common:	**en** bil		*a* car
neuter:	**et** eple		*an* apple

2. Definite article (the)

Where we, in English, say "the house" Norwegians tag the definite article onto the end of the noun and say "house-the". In common nouns "the" is **-(e)n**, in neuter nouns **-(e)t**.

common:	bil**en**		*the* car
neuter:	eple**t**		*the* apple

Nouns

The plural of most nouns is formed by an **-(e)r** ending (indefinite plural) and an **-(e)ne** ending (definite plural).

common:	bil**er**	car*s*	bil**ene**		*the* cars
neuter:	eple**r**	apple*s*	eple**ne**		*the* apples

Many monosyllabic nouns have irregular plurals.

en mann	a man	**menn**	men	**mennene**		the men
en sko	a shoe	**sko**	shoes	**skoene**		the shoes

Adjectives

1. Adjectives agree with the noun in gender and number. For the indefinite form, the neuter is generally formed by adding **-t**, the plural by adding **-e**.

(en) stor hund	(a) big dog	**store hunder**	big dogs
(et) stort hus	(a) big house	**store hus**	big houses

2. The ending **-e** (common, neuter and plural) is used when the adjective is preceded by **den, det, de** (the definite article used with adjectives) or by a demonstrative or a possessive adjective.

den store hunden	the big dog	**det store huset**	the big house
de store hundene	the big dogs	**de store husene**	the big houses

3. Comparative and superlative

The comparative and superlative are normally formed either by adding the endings **-(e)re** and **-(e)st**, respectively, to the adjective or by putting **mer** (more) and **mest** (most) before the adjective.

---

*In the feminine form "a night, the night" would be *ei* natt, natt*a*; the common form is *en* natt, natt*en*.

stor/større/størst	big/bigger/biggest
lett/lettere/lettest	easy/easier/easiest
imponerende/ *mer* imponerende/ *mest* imponerende	impressive/more impressive/ the most impressive

4. Possessive adjectives agree in number and gender with the noun they modify, i.e. with the thing possessed and not the possessor.

	common	neuter	plural
my	**min**	**mitt**	**mine**
your	**din**	**ditt**	**dine**
his	**sin, hans**	**sitt, hans**	**sine, hans**
her	**sin, hennes**	**sitt, hennes**	**sine, hennes**
its	**sin, dens/dets***	**sitt, dens/dets**	**sine, dens/dets**
our	**vår**	**vårt**	**våre**
their	**sin, deres**	**sitt, deres**	**sine, deres**

Personal pronouns

	subject	object	genitive
I	**jeg**	**meg**	–
you	**du**	**deg**	–
he	**han**	**ham/han**	**hans**
she	**hun**	**henne**	**hennes**
it	**den/det**	**den/det**	**dens/dets**
we	**vi**	**oss**	–
you (plural)	**dere**	**dere**	–
they	**de**	**dem**	**deres**

Norwegian has two forms for "you", an informal one (**du**) and a formal one (**De**). However, today the use of the formal **De** has practically disappeared from the language.

Verbs

The present tense is simple, because it has the same form for all persons.

	to ask	to buy	to go	to do
Infinitive	**å spørre**	**å kjøpe**	**å gå**	**å gjøre**
Present tense	**spør**	**kjøper**	**går**	**gjør**
Imperative	**spør**	**kjøp**	**gå**	**gjør**

There is no equivalent to the English present continuous tense. Thus:

| **Jeg reiser.** | I travel/I am travelling. |

Negation is expressed by using the adverb **ikke** (not). It is usually placed immediately after the verb in a main clause. In compound tenses, **ikke** appears between the auxiliary and the main verb.

| **Jeg snakker norsk.** | I speak Norwegian. |
| **Jeg snakker ikke norsk.** | I do not speak Norwegian. |

*Use **dens** if "it" is of common gender and **dets** if "it" is neuter.